书山有路勤为径，优质资源伴你行
注册世纪波学院会员，享精品图书增值服务

U0526234

性格解码
解锁你的职业天赋
〔第6版〕

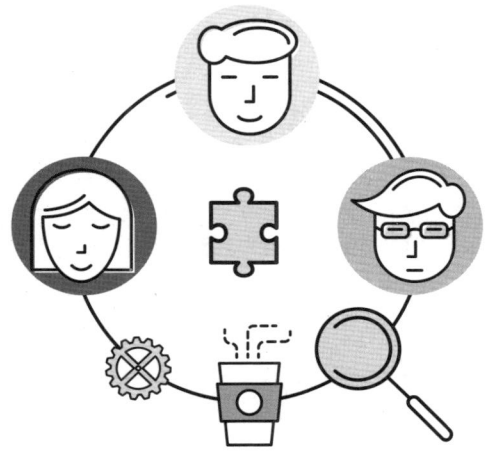

［美］
保罗·D.蒂格尔
Paul D. Tieger
芭芭拉·巴伦
Barbara Barron
凯利·蒂格尔
Kelly Tieger
著

丁波 丁雪 译

DO WHAT YOU ARE
DISCOVER THE PERFECT CAREER FOR YOU THROUGH
THE SECRETS OF PERSONALITY TYPE (SIX EDITION)

電子工業出版社
Publishing House of Electronics Industry
北京·BEIJING

Do What You Are: Discover the Perfect Career for You Through the Secrets of Personality Type(Six Edition) by Paul D. Tieger, Barbara Barron, and Kelly Tieger
Copyright © 2021 by Paul D. Tieger, Barbara Barron, and Kelly Tieger
This edition published by arrangement with Little, Brown and Company, New York, USA.
All rights reserved.
Simplified Chinese translation copyright © 2025 by Publishing House of Electronics Industry.

本书中文简体字版由 Little,Brown and Company 授权电子工业出版社独家出版发行。未经书面许可，不得以任何方式抄袭、复制或节录本书中的任何内容。

版权贸易合同登记号　图字：01-2024-6607

图书在版编目（CIP）数据

性格解码：解锁你的职业天赋 /（美）保罗·D. 蒂格尔（Paul D. Tieger）等著；丁波，丁雪译 . -- 6 版 . -- 北京：电子工业出版社，2025. 7. -- ISBN 978-7-121-50595-9

Ⅰ . C913.2

中国国家版本馆 CIP 数据核字第 20255TT155 号

责任编辑：晋　晶
印　　刷：三河市兴达印务有限公司
装　　订：三河市兴达印务有限公司
出版发行：电子工业出版社
　　　　　北京市海淀区万寿路 173 信箱　　邮编：100036
开　　本：720×1000　1/16　印张：22.25　字数：498.4 千字
版　　次：2025 年 7 月第 1 版（原著第 6 版）
印　　次：2025 年 7 月第 1 次印刷
定　　价：88.00 元

凡所购买电子工业出版社图书有缺损问题，请向购买书店调换。若书店售缺，请与本社发行部联系，联系及邮购电话：（010）88254888，88258888。
质量投诉请发邮件至 zlts@phei.com.cn，盗版侵权举报请发邮件至 dbqq@phei.com.cn。
本书咨询联系方式：（010）88254199，sjb@phei.com.cn。

写在前面的话

▶ 为什么选择本书

自1992年首次出版以来，已有超过100万人凭借本书找到了满意的职业方向，并在求职中取得了更大成功。我们从数百位读者的反馈中得知，本书帮助他们找到了适合自己的职业，彻底改变了他们的生活，使他们感到更具成就感、更受重视，从而获得了更大的满足感。

市面上帮助人们进行职业选择的图书众多，不下百种。但本书与其他指导图书截然不同，它不提供一般性、千篇一律的建议。因为人与人各不相同，对某人适用的建议，对另一人可能完全错误。我们拥有一套名为"性格类型"的科学理论，该理论备受关注，其知识使我们能够真正将求职过程个性化，帮助你了解自身，找到最能发挥自身天赋的职业。

既然互联网上的建议如此丰富，那为什么还要向图书寻求帮助呢？事实上，许多网站可以帮助你发现自己的性格类型，或提供工具来归类并了解自身，但这些网站的内容都无法达到本书的深度。因此，你可以先上网验证自己的性格类型，看看还有什么其他资源（确实有一些不错的资源）。然而，若想从细微处和个性化角度深入了解职业满意度，还请回到本书。

▶ 了解你自己

我们假定，你阅读本书是因为你正处于职业的转折点。也许你是一名学生，正准备选择第一份工作；也许你经过一段时间的休整后重返职场，正在几个工作岗位之间进行选择；也许你遭遇解雇，需要另谋出路；也许你对目前的工作不满意，而且相信一定会有更好的选择；或者，你刚好完成了一份工作，正准备开始下一份工作。那么，恭喜你——你找对书了！

对于想换工作的人，我们应当给予某些特别的鼓励。倘若你拿不定主意，并对工作中的重大变动是否明智心存疑虑，那么，你应当清楚，每年都有数百万人更换工作。事实上，据估计，在美国，大多数人在其一生中会从事12~15种不同的工作。然而，倘若你发现自己被困在一份不满意且无法抽身离开的工作里，这些统计数据可能无法给你太多慰藉。

因为一些现实因素，人们无法因一时冲动就离开现有工作而转向新的职业方向。比如，你需要支付账单、养家糊口。放弃一份稳定的收入需要很大的勇气，即使这份工作并不是那么理想。同时兼顾现有工作与寻找新工作的过程相当困难，这种感觉就如同在同时做两份工作。然而，为了寻找新工作而放弃现有工作也同样令人畏惧。我们中的大多数人都没有足够的经济来源来支撑自己度过失业这段时间，如果无法保证能够在短期内找到新工作，情况会更糟糕。

违背他人对你的期待可能是一件极为困难的事。即使对当前的工作不满意，你也会感受到来自他人的压力，让你难以离开。在职业转换的过程中，来自家人和朋友的支持和鼓励非常重要。如果与你亲近的人反对你做出变动，你很有可能选择继续从事现在的工作。

同样，一旦你确立了某种生活方式，便很难想象如果换了一种方式，生活会是什么样。你以这种方式生活的时间越长，就越不想做出改变。如果你已经取得了一定程度的成功，且习惯于被视作成功人士，那么，一切从头再来似乎无法想象。

更糟糕的是，大多数人并不清楚自己需要什么。他们只知道自己不喜欢什么——这是通过经验得知的——但他们并不知道如何找到一个满意的职业方向。此外，变换工作可能会带来巨大压力，而找工作的时间持续数月也不罕见。

好消息是，通过了解自己的性格类型，你就能找到一份理想的职业，从而提高生活质量。尽管变换工作如同冒险，而继续做当前的工作会更容易，我们还是希望你通过阅读本书去发现你在工作中需要什么，以及如何找到真正适合你的工作。这是可以做到的，而且是值得努力去争取的——我们保证！

▶ 本书将如何改变你的生活

编写本书的目的是帮助你在择业时做出更好的决策，助你成功求职，并使你在后续工作中表现出色。我们在研究"性格类型"与"职业满足"过程中积累了诸多经验，深感振奋，并希望与你分享这些心得。不过，请注意，本书不会编入那些可以从其他地方轻易获得的信息，例如，如何撰写简历或求职信等内容。我们的主要目标是帮助你找到适合自己的职业满足感，并助你找到理想的工作。

当你阅读本书时，便可以开始享受不断深入了解"性格类型"所带来的诸多益处。认识和了解自己的性格类型能够改变你对自己的看法，并在你的每一个行动以及生活的方方面面得以体现。"性格类型"受到高度重视，甚至《财富》杂志500强企业中的大多数公司都在日常工作中频繁使用它。在过去30年中，我们借助"性格类型"帮助管理者与员工进行有效沟通并激励他们；协助老师理解性格迥异的学生；助力工作团队认清自身优势与劣势，从而提高工作效率。当然，我们还利用它培训了成千上万的职业顾问和就业指导人员，使他们能够为委托人提供最佳的职业选择建议。如果你是一位家长，"性格类型"将为你带来对家庭未来发展的全新认知，并帮助你更好地理解孩子，以便与他们进行更有效的沟通。如果你有伴侣，"性格类型"将帮助你理解、接受并欣赏你与伴侣之间的相似之处与差异。总之，我们相信，你从本书中获得的知识将永久性地改变你看待自己和他人的方式。

▶ 如何使用本书

阅读本书需要你的积极参与。实际上，我们并非要告诉你应该做什么，而是向你介绍一种有效的方法，这种方法将使你终身受益。因此，尽管我们会先提出一些适当的问题，再给出尽可能多的信息和例子，但最终的答案必须由你给出，因为只有你最了解自己。我们将此视为一种合作：我们提供专业知识和丰富经验，而你提供关于自己的重要信息。相信通过我们的共同努力，定能帮你找到最适合的工作。

全书分为三个部分。第 1 部分是"揭开性格类型的奥秘"，将引导你逐步发现并了解自己的性格类型。第 2 部分是"获得职业满足的公式"，将向你介绍真正令你满意的职业所具备的三个要素。第 3 部分是"步入正题"，将教你如何学以致用。这部分内容按不同性格类型划分为若干章节。在对应章节中，你将遇到许多与你性格类型相同的人，你可以了解他们找到的满意工作是什么样的。观察他们的经历，了解他们的喜好，体会他们的欢喜与痛苦，有助于你明确适合自己的职业是什么样的。为了进一步提供帮助，我们针对不同性格类型列出了一些清单：职业满足关键要素清单、关于理想工作环境的建议、工作优势一览表、强调基本价值的练习，以及一份可能令你满意的职业选择表。最后，我们专门为你和性格类似的人设计了一系列有效的求职策略。我们将指导你在收集信息、自我推销、面试、度过试用期和最终决策过程中，避开自身劣势，最大限度地发挥优势。如果你选择继续从事目前的职业，我们还将列出一些可以使你更开心、更有成就感的工作建议供你参考。

▶ 关于作者

40 多年前，我们开始学习"性格类型"的相关知识，并有幸得到几位世界著名专家的指导。在为那些寻求择业指导的个人客户提供帮助的过程中，我们不断验证了"性格类型"这一工具的实用性。此后，我们策划并主持创办了首个培训工作室，为职业顾问提供专业培训。多年来，我们已培训了数千名职业顾问、人力资源专业人员以及失业人员就业顾问。1986 年，我们将多年的研究经验总结于《性格类型工具箱》一书，该书出版后获得了职业顾问的高度评价。在撰写这本书时，我们不仅参考了与客户以及参加培训的顾问交流中所积累的经验，还借鉴了顾问与客户交流中所获得的反馈。

随着我们对"性格类型"专业知识的不断积累，尤其是有了孩子之后，我们发现"性格类型"在帮助家长理解孩子并与孩子顺畅沟通方面具有重要作用。我们以自身经验为基础，对数百位家长进行了广泛调查和研究，并将成果撰写成《遵循天性：了解孩子的性格类型——成为更好的父母》一书（该书于 1997 年出版）。在这本书中，读者可以发现孩子的性格类型，并学到如何更有效地教育他们的方法。

在开展研究和写作的同时，我们还提供咨询服务，包括为企业管理者提供培训，帮助他们组建更高效的团队；为实习律师选择合适的陪审团成员，并指导他们进行出色的法庭辩护。通过与律师的合作，我们开发了一套速成系统，用于快速识别他人的性格类型，并找到共同语言与他们交流。这些经历促成了我们第三本书《快速解读他人的艺术：如何判断他人性格并与之交流》的出版。这本书于1998年发行，成为销售人员、经理、人力资源专业人员及其他读者的实用工具书。此外，这本书也成为求职者的有力工具，能够帮助他们快速判断面试官的性格类型，并有针对性地展现自己，给面试官留下深刻印象。

我们曾在美国全国范围内开展巡回讲座，与各地的人们讨论"性格类型"，发现人们非常愿意运用"性格类型"的知识来了解同事并改善人际关系。虽然我们积累了大量轶事趣闻，证明"性格类型"能够为维持良好的情侣关系提供丰富见解，但我们尚未对其进行严谨的科学研究。这促使我们开展更广泛的研究，包括一项有2500多人参加的在线调查活动，以及对数百对情侣的访谈。这些研究成果构成了我们第四本书——《这就是你的性格类型：用性格类型的奥秘营造你期待已久的人际关系》（该书于2000年出版）的基础。

接下来，你将踏上——或继续——一段神奇的自我探索之旅。本书旨在提供实用且规范的择业建议，同时还将帮助你发展对生活其他方面的洞察力。祝你成功！

保罗·蒂格尔

芭芭拉·巴伦

▶ 知识仍在更新

由"性格类型专家"抚养长大，可以说是一种非常有趣的成长方式！在我的童年时期，父母常常为身边的每一个人——无论是学校的朋友还是餐厅的服务员——划分"性格类型"。在这种"性格类型"体系中长大，对我产生了全方位的塑造。我相信它是一种审视世界的非常有用的视角——尽管它并非唯一的视角，但无疑是一个有价值的视角。

在负责本书这一版本的修订工作中，我尽力对其进行全面而严谨的修订。自1992年首次出版以来，世界发生了巨大变化，本书也历经多次修订，目前已是第6版。我仔细斟酌每一处内容，确保每条信息、每项建议在现在依然像在20世纪90年代那样适用。在这个过程中，我既感到惭愧，又深受启发。

对我而言，"性格类型"的最大价值体现在两个方面：自我认知和同理心。它让我能够深入探索内心，理解自身的动机、优势和成长空间。它常常如同一束光，照亮我的行为，帮助我不断反思；同时，它又像一盏指路明灯，引导我遵循白金法则——以他人期望的方式对待他人。

我期待你能像我一样发现"性格类型"的价值，也祝你在追求职业满足的道路上一切顺利！

凯利·蒂格尔

未来，去哪里找工作

自第 5 版发行至今已过七年，世界的变化之大令人始料未及。一场全球性的传染病改变了人们日常的生活与工作节奏，其后续影响仍需时间来观察。随着工作方式和家庭观念的转变，我们难以确切预知未来的工作将如何发展。从经济到健康，从技术发展到社会交往，社会规则似乎都发生了改变。当许多人还在为能有一份工作而苦苦挣扎时，寻找一份能够带来"职业满足"的工作似乎成了奢望。

即便如此，我们依然坚信：从事适合自己的工作并非奢侈之举。并非所有工作都同等重要，也几乎总有其他选择或道路可循。既然社会规则正在改变，为何不让它更贴合自身需求呢？借助本书提供的自我认知方法，你可以在工作中做出选择并进行调整，从而获得更大的满足感。你手中的这本书是一个强大的工具，它能让你在竞争激烈的人才市场中脱颖而出；无论世界如何变化，本书都能助你找到满意且能发挥自身优势的工作。我们还可以为你指出那些在全球变化中仍能保持较高韧性的行业，以及那些在未来几年中将变得不可或缺的职业。

一些人的工作是以自身热情为导向的。他们投身工作，仅仅是因为觉得自己"应该"去从事艺术创作、音乐创作，或是去寻找癌症的治疗方法。当然，我们也从他们的努力中受益匪浅。另一些人则更为务实，在选择职业时更注重考虑一些实际问题。无论属于哪一种，求职者只要认真分析专家的预测，识别出哪些工作是未来社会最需要的，就一定能从中受益。以下是一些新的就业趋势信息。

根据美国劳工统计局发布的最新版《职业前景手册：就业和职业趋势预测》，2018 至 2028 年，就业增长点将高度集中在医疗保健和社会服务行业。预计到 2028 年，医疗保健行业的增长幅度将超过其他所有行业，增速可达 14%，新增约 190 万个工作岗位。如今，拥有一支强大的医疗保健队伍显得尤为重要，这也表明社会对医疗保健行业的需求将继续增长，甚至可能超出上述预期。

技术行业也在蓬勃发展。随着人工智能技术的不断进步，它已与家居设计、交通等多个行业深度融合。与传统"朝九晚五"的工作模式相比，"零工经济"更具灵活性，许多人正在寻找机会加入其中，以便更好地安排自己的工作日程和收入来源。新能源技术的不断发展对化石燃料行业造成了巨大冲击，但同时也带来了许多高薪工作岗位。尽管工业自动化的发展淘汰了一些传统工作岗位，但也为人们创造了新的就业机会，并提高了工作效率。

预计在 2018 至 2028 年间，需求增长最快的十大职业如下：

光伏安装人员：63.3%
风力涡轮机技术人员：56.9%
家庭保健师：36.6%
个人护理人员：36.4%
理疗师：33.1%
信息安全工程师：31.6%
医务助理：31.1%
统计学家：30.7%
护士：28.2%
语音语言病理学家：27.3%

其他预计可实现快速增长的职业还包括理疗师助理（27.1%）、遗传咨询师（27.0%）、数学家（26.0%）、数据分析师（25.6%）、应用软件开发人员（25.6%）、森林防火员和森林防火专家（24.1%）、高等学校卫生护理老师（23.2%）以及检验科抽血员（23.0%）。

▶ 医疗保健：从未如此重要

在过去的 15 年中，美国医疗保健行业一直是韧性最强的行业之一。无论经济形势如何变化，该行业所提供的工作岗位数量始终保持持续增长，其增长率几乎是美国社会平均水平的三倍。医疗技术研发的数量和质量的提升，以及人口老龄化，共同推动了社会对医疗保健服务需求的增长。随着人类平均寿命的延长，医疗保健行业将继续为社会提供大量就业机会。

医疗保健行业不仅是美国规模最大、增长最快的行业之一，其平均薪酬也通常高于其他行业。美国医疗保健行业从业人员的年薪中位数几乎是美国平均水平的两倍。这一庞大的行业涵盖了大量工作岗位，且工作场所分布广泛。除了医生和护士这些广为人知的职业，该行业还包括医疗技术人员、社会工作者、行政人员等多种职业。因此，不难看出，每个人都可以在医疗保健行业找到适合自己的工作岗位。

▶ "零工经济"

你可能听说过"零工经济"，它是过去十年自由职业热潮中自由职业者及其生产的产品和服务的总称。随着各种应用程序和生活服务平台的迅速崛起，"零工经济"创造了众多灵活的工作机会，例如外卖送餐、代驾和家政服务等，为从业者提供了极大的灵活性。零工可以自由地加入或退出某项工作，从而能够合理安排时间，在工作之余照顾老人、孩子或从事其他兼职工作。

与全职员工不同，零工的工作量和报酬通常以项目为单位计算。零工通常通过某个服务平台（如应用程序）承接工作项目，并为客户完成任务。这种工作方式的优点是自主性和灵活性更强；缺点是工作稳定性较差，福利较少。

仅从 2005 年到 2015 年，美国零工人数就增长了 19% 以上。这一增长在很大程度上得益于这十年间科技的进步，以及 2009 年经济衰退期间全职就业机会的减少。2017 年，美国有 36% 的劳动力从事零工工作。Upwork（一个服务平台）和自由职业者联盟估计，到2027年，这一比例将上升到50%。

虽然"零工经济"创造的工作岗位主要面向零工从业者，但也为提供服务的平台创造了大量工作岗位，例如应用程序开发人员、客服代表、营销策划师等，不胜枚举。

▶ 未来是绿色的

这对地球是好消息，对就业市场同样也是好消息！可再生能源行业正在蓬勃发展，新技术的推广成本也在逐年降低。鉴于世界各国政府纷纷设定了降低碳足迹的目标，对清洁能源的需求只会不断增加，这也将持续拉动对熟练工人的需求。难怪美国劳工统计局预测，增长最快的两个职业是光伏安装人员和风力涡轮机技术人员！

这一趋势已然开启。2019年的一份报告显示，从事清洁能源工作的美国人数量是从事化石燃料工作的三倍。这意味着在绿色能源领域有约330万美国人！全美五十个州都设有风力发电厂，煤炭消费量降至39年来的最低点，清洁能源似乎已准备好取代化石燃料。由于清洁能源行业的薪酬往往高于煤炭行业，从煤炭到清洁能源的经济转型迫在眉睫，这对工人来说是好事，从长远来看对我们所有人都有益。

▶ 自动化：优势

人工智能对许多美国人来说是一个颇具争议的话题，往往会让人联想到人形机器人和科幻作品。围绕自动化的诸多恐惧，其核心在于机器人可能会抢占人类的工作岗位，从而导致失业。尽管自动化程度的不断提高必然会改变工作的性质，但许多人忽略了技术一直在改变人们所从事的工作（试想一下，曾经手工缝制衣物的人是如何因工业革命的推动和工厂制衣的发展而逐渐"过时"的）。随着商品大规模生产的发展，又出现了向手工制作新市场回归的趋势。

牛津大学近期的一项分析指出，在未来25年内，近50%的工作岗位可能会被自动化取代，主要集中在制造业和服务业领域。这将显著改变经济格局。但需要记住的是，我们无法预知未来会发生什么。当自动取款机首次出现时，许多人担心银行柜员会变得多余。然而，由于在营业网点增设自动取款机节省了成本，许多银行得以开设更多分支机构，最终增加了就业机会。自动化将为人类创造新的工作类型，包括对人工智能伦理的开发和实施人员的强烈需求，以及对编程人员、设计人员、监督人工智能在工作场所实施的管理人员，还有市场营销等方面人员的需求。对于在办公室工作的人员而言，将程序性任务自动化可以使他们能够专注于工作中更具创造力和批判性思维的部分。

▶ 教育与培训：寻求最佳匹配

在高等教育成本不断攀升的当下，所选职业的学位和培训要求不可忽视。即使是全职攻读学位的人，也常常需要同时赚取收入，这使得短期或授课时间

IX

灵活的课程变得尤为必要。再加上职业转换者（那些因需求或渴望而追求不同兴趣领域的人）日益增多，整个群体都在努力平衡新的学业、职业转型以及对伴侣和子女的责任。幸运的是，我们接受教育的方式也在发生变化。例如，经过认证的在线大学等选择能够为你提供一条经济高效且灵活的途径，以获取你期望的学位。

右表来自美国劳工统计局，列出了未来 7 年内增长最为迅速的职业所需的教育和培训水平。当你开始确定适合自身性格类型的工作时，这张表或许能为你从当下迈向目标工作提供有益的参考。实际上，如果你对教育和培训本身感兴趣，你可以在教育、培训或图书馆职业领域预计的 170 万个职位空缺中选择一个！

在阅读本书中与你的性格类型相关的章节时，你可能会发现有些内容适用于你这种性格类型的人，而有些内容则不太适用。若想了解更多相关信息，请访问美国劳工统计局网站——那里有更丰富的资源可供参考。

教育或培训水平	增长最快的职业
硕士或更高学位	医生助理 统计学家 数学家 执业护士 语音语言病理学家 遗传咨询师
学士学位	信息安全工程师 业务分析员 软件开发人员 注册护士 总经理和业务经理 市场研究分析师 管理分析师
副学士学位	风力涡轮机技术人员 职业治疗助理 医疗助理 理疗师助理
短期在职培训	光伏安装人员 家庭保健助理 个人护理助理 森林防火员和森林防火专家 厨师 服务员 建筑工人

CONTENTS 目录

第 1 部分
揭开性格类型的奥秘

第 1 章　适合的才是最好的：获得职业满足的秘诀　　—3

第 2 章　正确认识自己：发现你的性格类型　　—9

第 3 章　镜子，镜子：验证你的性格类型　　—28

第 2 部分
获得职业满足的公式

第 4 章　好一种个性：四种气质类型　　—47

第 5 章　谁更突出：识别你的先天优势　　—56

第 6 章　在成长中完善：随着时间的推移发展你的能力　　—63

第 3 部分
步入正题——职业满足人士介绍

第 7 章　ENFJ 类型（外向、直觉、情感、判断）：公共关系专家　　—77

第 8 章　INFJ 类型（内向、直觉、情感、判断）：积极变革的催化剂　　—92

第 9 章　ENFP 类型（外向、直觉、情感、知觉）：对于未来，一切皆有可能

—106

第 10 章　INFP 类型（内向、直觉、情感、知觉）：大智若愚　　—120

第 11 章　ENTJ 类型（外向、直觉、思考、判断）：一切顺利——尽在掌握 —135

第 12 章　INTJ 类型（内向、直觉、思考、判断）：能力+独立=完美　　—149

第 13 章　ENTP 类型（外向、直觉、思考、知觉）：天生的企业家　　—163

第 14 章　INTP 类型（内向、直觉、思考、知觉）：匠心独具的问题解决者 —177

第 15 章　ESTJ 类型（外向、感觉、思考、判断）：事务处理高手　　—192

第 16 章　ISTJ 类型（内向、感觉、思考、判断）：从容地做好自己的事情 —206

第 17 章　ESFJ 类型（外向、感觉、情感、判断）：我能为你做些什么？　—221

第 18 章　ISFJ 类型（内向、感觉、情感、判断）：以我的名誉发誓，我一定

会尽职尽责……　　—236

第 19 章　ESTP 类型（外向、感觉、思考、知觉）：让我们行动起来　—252

第 20 章　ISTP 类型（内向、感觉、思考、知觉）：让一切顺利进行　—267

第 21 章　ESFP 类型（外向、感觉、情感、知觉）：保持好心情　　—281

第 22 章　ISFP 类型（内向、感觉、情感、知觉）：思想起决定作用　—296

第 23 章　综述：为自己制定职业计划　　—310

第 24 章　再来一次！再来一次！成功案例第二弹　　—317

第 25 章　写给职业专家的话　　—335

1

第 1 部分

揭开性格类型的奥秘

第1章

适合的才是最好的：获得职业满足的秘诀

找到一份适合自己的工作至关重要。人们常常幻想中彩票大奖、购买豪车和豪宅，或者在新奇的地方与有趣的伙伴一起从事令人着迷的工作……然而，对我们大多数人来说，现实却是必须长期努力地工作。如果你花费了三四十年的时间去做一份自己并不热爱的工作（这种情况并不少见），那么你实际上是在浪费时间和生命。这种浪费是不必要的，也是令人惋惜的，尤其是当你错过了一份本可以获得的合适工作时。

▶ 那么，什么是理想的工作呢

一份理想的工作能够提升你的生活品质。它能让你实现自我价值，因为它能够滋养你性格类型中最重要的方面。它符合你的做事风格，并能够反映出你是怎样的一个人。它能让你自然而然地发挥自己的天赋，而不会经常强迫你去做不擅长的事情。

如何判断一份工作是否合适呢？以下几条标准可供参考。如果你正在求职，请务必牢记这些标准；如果你已经工作，也可以对照这些标准来评估自己的工作是否合适。

当你找到一份理想的工作时，你应该会：

- 期待每天去工作。
- 因工作而感到充实和精力充沛（大多数时间如此）。
- 感到自己的付出得到尊重和赞赏。
- 在向他人介绍自己的工作时感到自豪。
- 喜欢并尊重自己的同事。
- 对未来的职业发展充满信心。

这里需要说明的是，获得职业满足的途径有很多，找到理想工作的人也不在少数。没有一份工作能让所有人都满意，但总有一份工作能满足你。

工作场所中存在许多不确定因素。要想获得职业满足，你需要明确自己的喜好，然后找到一份能满足这些喜好的工作。一些工作充满人情味且稳定，另一些工作则充满机遇和挑战；一些工作条理清晰，另一些则相对混乱；一些工作需要较强的社交能力，而另一些工作则更注重专注力。你知道哪类工作最适合你吗？你是否曾停下来思考过这个问题？

社会中有如此多不同类型的工作可供选择，这是一件好事，因为人们的个人能力和优先考虑的事项各不相同。一些人喜欢从事高级别的管理决策工作，而另一些人则并不适合。对一些人来说，金钱是首要考虑的因素，他们渴望赚大钱；而另一些人则更希望为社会做出贡献，赚钱多少对他们来说并不那么重要。有些人擅长处理实际的、具体的和统计学相关的工作，而另一些人甚至连阅读一份损益表都感到困难，等等。

当我们受聘为行政招聘人员或猎头举办一系列个人能力培训班时，遇到了一个令人印象深刻的事例：一份对一个人来说近乎完美的工作，对另一个人来说却完全无法接受。

我们培训的是在同一家招聘公司工作的几名猎头。他们的工作内容是为不同公司的职位空缺寻找合适的候选人，他们联系在职人员，说服他们申请这些职位。如果候选人成功跳槽，并在新公司工作3个月以上，这位猎头将获得一笔丰厚的佣金。这是一份竞争激烈且以结果为导向的工作，需要具备出色的沟通能力以及尽可能快速且高效地填补职位空缺的能力。

其中一位名叫阿瑟的猎头非常喜欢这份快节奏的工作。阿瑟精力充沛，口才出众，善于与人交流。他能够运用自己出色的说服技巧，让他人考虑新的工作机会，并且在完成任务后获得强烈的满足感。阿瑟清楚地知道任务达成的"公式"：每尝试联系50个人，就会有10个人对他的推荐产生兴趣，而在这些人中，他可能会成功说服2~3个人跳槽。阿瑟的"厚脸皮"对他帮助很大：尽管他每天都会收到很多拒绝，但他从不在意。真正让他兴奋的是完成任务，并迎接下一个挑战。阿瑟每天都在努力工作，也因此收入颇丰。

朱莉的情况则完全不同。和阿瑟一样，朱莉也喜欢与许多人交流并建立联系。然而，与阿瑟不同的是，朱莉希望帮助每个人找到真正适合自己的工作。她喜欢寻找更合适的工作机会，以便让应聘者获得成长，体验个人成功和满足感。朱莉的上司曾多次告诫她，不应在个人身上花费太多时间，而应迅速判断某个人是否对某个职位感兴趣，若不感兴趣，则转向下一个潜在客户。与其说朱莉在为客户提供职位空缺，不如说她在为客户提供职业咨询。她对获取高收入兴趣不大，也不愿意把那些可能并不适合这个职位的人硬拉过去。

六周后，当我们回来继续之前的培训时，发现朱莉已经辞职了，这并不令人意外。

人们的需求、欲望、兴趣、技能、价值观和个性等各不相同。除非你和我性格类型非常相似，否则，一份你觉得身心愉悦的工作，于我而言可能会产生截然不同的效果。不同的工作，甚至同一工作的不同方面，适合不同性格类型的人。我们认为，直到现在，这一基本事实才被职业顾问或择业指南充分认识到。

▶ 若要找到满意的工作，必须先了解自己

正如我们前面所述，对工作满意的

第 1 章
适合的才是最好的：获得职业满足的秘诀

关键在于做自己热爱的工作。少数幸运儿很早就发现了这一秘诀，但大多数人都陷入了一场心理角力，纠结于自己可以做的工作、自己（或他人）觉得应该做的工作以及自己真正想做的工作之间，难以自拔。我们的建议是：先弄清楚你是一个什么样的人，其余问题便会迎刃而解。

不久前，朋友艾伦给我们打电话。她当时气得不行。她的一位被她称为"史上最无趣之人"的同事，被委以重任，负责为一家不断扩张的零售连锁店设计复杂的计算机升级系统。而艾伦正是在六个月前受雇来做这份工作的，她为此感到非常震惊。显然，事情出了问题——但究竟是哪里出了问题呢？

在接受这份新工作之前，艾伦对其进行了极为审慎的评估。她具备这份工作所需的分析能力和背景经验。她在公司里很受器重，并且清楚这份工作在技术方面的挑战性。此前，她曾有过一些不太理想的工作，但这次本应有所不同。那么，问题究竟出在哪里呢？

我们觉得已经找到了答案。正如艾伦所描述的那样，她的那位同事是一位能够耐得住寂寞并长时间全身心投入工作的人，他能够安静且踏实地完成工作。在办公室里，他并非有趣之人，但他聪明又可靠，且从不惹是生非。实际上，他是这份工作的最佳人选——更何况他本人也喜欢做这份工作。

而艾伦的情况则完全相反。她喜欢激励员工完成任务，也喜欢与客户进行交流。她口齿清晰，擅长把复杂的计算机技术阐述得一清二楚，她颇具个人魅力，能够引导他人取得杰出的成果。她喜欢参加行业会议，即使开一整天的会也乐此不疲。但遗憾的是，这些活动与她的新工作关系不大。

我们很清楚，尽管艾伦能够胜任她的工作职责，但这份工作需要更多的独处、专注力，以及所谓的"任务聚焦"，而这些都不是她喜欢的。当艾伦把整件事情说清楚时（有些人就是这样，喜欢边陈述边思考），她才开始意识到，在她精心的规划中，唯一忽略的一件事情就是——她自己的性格类型！

谈话进行到这里，艾伦慌了神。她害怕自己在错误的工作岗位上虚度了 8 年的时光。难怪她对以前的工作都提不起兴趣！其实，她并没有选错职业——她只是选错了工作部门。很快，艾伦转到了公司的市场营销部，如今她在新的工作岗位上干得风生水起。

也许一个小实验可以说明我们的观点。在一张纸上，甚至是页边的空白处，写下你的名字。完成了吗？好的。现在换另一只手做同样的事（如果你感觉不太习惯，这是正常的，因为大多数人都是这样）。用你习惯的那只手写字时的感觉如何？大多数人会用"自然""轻松""快速""毫不费力"这样的词语来形容。用另一只手写字时又有什么感觉呢？一些典型的回答有："很慢""笨拙""困难""费劲""很累""花的时间更长""花费的精力和心思更多"。

我们认为，以上用手的习惯可以很好地说明在工作中发挥自身优势的道理。使用我们习惯的那只手时，感觉既舒适又自信。如果被迫使用另一只手，当然这可以发展我们的能力，但使用另一只手绝对不会像使用习惯的那只手那样轻松自如，最终的效果也不会那么令人满意。

▶ 传统的方法——为何行不通

职业专家早已发现，某种性格类型的人会更适合做特定的工作，而且人们的性格类型和所选择的工作类型之间尽可能匹配是非常重要的。传统方法的问题在于没有充分考虑各种可能的影响因素，通常只分析"三大要素"：能力、兴趣和价值观。

作为职业顾问，我们认识到这些因素的重要性。当然，要做好一份工作，你得掌握正确的技能；如果再对工作内容感兴趣，那就更好了；另外，对这份工作感到满意也是非常重要的。但这还远远不够！你的性格也应该是被重视的方面。一般来说，你的性格在各个方面越适合你的工作，你对工作的满意度就越高。

就像我们在艾伦的例子中看到的那样，一个重要的考虑因素——它经常被忽视——就是你在工作中需要从周围的人获得多少刺激。你是大部分时间与许多人在一起时更有活力，还是身处小团体更舒适？你更喜欢一对一交流，还是热爱独自工作？你会发现这些偏好对你的工作选择会产生多么大的影响。还有其他重要因素，包括：你自然而然关注的信息类型，你做出决策的方式，以及你是更喜欢有条理的生活方式还是随性的生活方式。这些偏好反映了人类的基本心理过程，而这些心理过程因人而异。如果不考虑这些因素，却想找到最适合自己的工作，就好比没有航海图却想在茫茫大海中找到一座小岛。如果运气够好，你可能会找到，但你也可能永远都找不到！

乔安妮是我们的一位客户，她找到我们时正处于职业危机中。年仅30岁的她，仿佛已经山穷水尽。在小学当了七年的数学老师后，她感觉精疲力尽，不知道自己的职业选择是否正确。

对乔安妮来说，成为一名老师似乎是世界上最自然不过的事。作为四个孩子中的老大，她习惯于照顾小孩子。她的数学成绩一向很好，又对教育教学很感兴趣。乔安妮早前接受过一些职业建议，所有的迹象似乎都指向同一个方向。在高中和大学，乔安妮都参加过标准化的职业倾向测试和评估，以确定她的技能、兴趣和价值观。每一次，职业顾问都鼓励她取得老师学位，给小孩子教数学。一切看起来都很完美。

在经历了充满挑战的第一年后，乔安妮对公立小学僵化的管理方式越来越失望。她不喜欢她和她的学生都必须刻板遵守那些没完没了的规章制度，她也不喜欢去执行那些规章制度。她讨厌提前六周备课，因为这让她无法满足学生的兴趣爱好，也让自己灵感全无。她觉得标准化的教材很无趣又空洞，而那些她和她的学生们都必须完成的繁忙工作让她精疲力竭、烦躁不安。乔安妮感到非常孤独，因为她的同事们看上去似乎与她的兴趣和价值观都很不同，而且她开始发现自己失去了与志同道合的人一起完成具有挑战性的项目所带来的兴奋感。她曾经尝试过调换年级，甚至调换学校，但都无济于事。

与我们交谈后，乔安妮发现自己并没有疯，这让她松了一口气，她只是选错了职业。她以前的职业顾问的判断没错，乔安妮的确具备许多从事老师工作的条件。然而，那些她最感兴趣的事情——对智力的挑战、提高能力的机会、创新与改革——在这份工作中却少之又少。此外，公立小学要求的那种高度刻板和细致的工作方式，完全不是她喜欢的。

幸运的是，解决方案很快就出来了。我们建议乔安妮重返校园并取得硕士学位，以便可以继续教授数学——这是她一直以来的兴趣所在——但工作地点变为高等教育院校。在那里，她可以拥有更灵活的工作任务和时间安排，教授更复杂的课程，并置身于学术环境之中。

乔安妮获得了硕士学位，不久后，她供职于一所小型学院的数学系。如今，她在给研究生教授数学课程之余，还在继续攻读博士学位。

对职业顾问来说，传统的方法之所以不够完善，还有另外一个原因。能力、兴趣和价值观这"三大要素"都会随着一个人年龄的增长而发生变化。随着你获得工作经验，你也会掌握新的技能。随着时间的流逝，你可能会产生新的兴趣，而丢弃旧的兴趣。你后期的目标往往与前期的不同。你可以根据自己在那些特定时间点的状态不断调整工作，也可以根据一开始对自己的深刻理解（以及对自己将来发展变化的预期）而选择一份长久不变的工作。

亚历克斯是一名39岁的内科医生，他在芝加哥近郊有一份成功的事业。在他的成长过程中，所有人都认为他会继承家庭传统，成为一名医生。经过12年的大学、医学院、实习医生和实习过程，他从未怀疑过自己的选择。然而，在从业5年后，他做出了一个痛苦的决定，这个决定对他和家人都有深远的影响：他不想再当医生了，而且，他认为自己永远不会做医生了。

亚历克斯的困境并不罕见。如果你不相信，可以随便挑10个你认识的人问："如果你可以得到任何一份期望中的工作，它会是什么？"我们作为职业顾问的经验表明，至少有一半的人宁愿选择其他职业。

大多数人都是在还没有完全准备好的时候做出自己重要的职业选择的。这些我们在早期做出的决定会引发一连串的事件，进而影响我们的一生。在我们年轻的时候，我们几乎没有任何选择职业的经验，而且那时我们往往怀有过多理想主义的热情，对将来的后果并未进行过认真思考。我们还没有足够的时间去亲身体验各种不同的工作，很容易接受来自父母、老师、职业顾问或朋友的善意但可能是错误的建议。难怪很多人的职业起点都不好。

解决的办法是什么呢？那就是在做出任何会对职业生涯产生深远影响的决策之前，最大限度地认知自我。幸运的是，"认知自我"并不需要专家指导，不需要花费大量金钱，也不需要做任何试验。

▶ 没办法，你天生如此！

由于适合你的工作会直接显现于你性格类型的各个要素之中，因此，你需要花些时间去弄清楚自己的动力源自哪里。通过有意识地努力探寻"真实的自我"，你就能学会如何将你的天赋和爱好融入一份你愿意终生追求的职业中。这便是"性格类型"的有用之处。它提供了一种系统且有效的方式来评估你的优势和可能的弱点。一旦你弄清了这些，就会知道如何确保自己占得先机。

每个人都有独特的性格，犹如与生俱来且伴随一生的蓝图。我们生来便具有某种性格类型，它伴随我们生活、成长，直到我们最终得到安息（期望是漫长而硕果累累的人生终点），它依然不会发生改变。

此时你或许会问："等一下。我可能有时是一种状态，但在某些时刻又会与之前截然不同。难道客观的环境就不会影响我的性格类型吗？"

答案是：不，不会的。我们的行为会随着客观环境的变化而发生改变吗？当然会！大多数人都拥有多种行为方式，否则我们就不能很好地生活。诚然，我们在工作中的表现与在家时不同，我们与陌生人相处和与朋友相处，

在球场看比赛和参加葬礼时的行为也是有区别的。但人们不会因进入新的环境而改变自己的基本性格。

这并不是说环境因素不重要，它们非常重要。父母、兄弟姐妹、老师以及经济、社会和政治环境等都在影响着我们的人生走向。一些人会因环境所迫而改变行为方式，直至完全"失去自我"（这在后面会谈到）。但我们从一开始就被某种特定的性格类型所支配，它使我们一生都在以某种特定的方式行事。

假如你对性格类型的天然性心存疑虑，不妨观察一下同一家庭里的不同孩子。他们可以是你的子女、你的兄弟姐妹，甚至是你熟悉的某个家庭的孩子。他们是否具有不同的性格类型？答案是肯定的，而且这些差异往往从一出生起就是显而易见的。

"性格类型"这一概念并不是新鲜事物。人们早就能够感知个体之间性格类型的异同。在20世纪，人们已经开发出许多用于理解和区分这些差异的系统和模型。今天，我们对于人类行为的理解已经上升到一个很高的层次，可以准确地鉴别16种不同的性格类型。

为这16种不同的性格类型寻找合适的工作似乎是一个异常艰巨的任务。然而，这16种性格类型确实都在世界上发挥着作用。正如我们将要看到的，确定你和他人的性格类型、理解特定性格类型为何适合特定工作、阐明人们为何通过不同的方式获得职业满足已经成为可能。

第2章

正确认识自己：发现你的性格类型

在本章中，你将了解性格类型是如何发挥作用的，更为重要的是，你将发现自己的性格类型。然而，在此之前，我们认为有必要让你了解"性格类型"这一概念是如何被如此众多的人以如此多样的方式使用的，这将有助于你加深对这一主题的理解。

▶ **性格类型的发展简史**

性格类型这一概念的提出应归功于瑞士心理学家卡尔·荣格（Carl Jung）以及两位美国女性凯瑟琳·布里格斯（Katharine Briggs）及其女儿伊莎贝尔·布里格斯·迈尔斯（Isabel Briggs Myers）。荣格是一位具有广泛包容性的精神分析学家，同时也是西格蒙德·弗洛伊德（Sigmund Freud，奥地利精神病医师、心理学家，精神分析学派创始人）的弟子。他认识到，倘若能够了解人们潜在的心理活动与行事风格，那么原本看似不可预测的行为实际上是可以被预测的。

在荣格进行研究的同时，长期以来对研究人类性格的异同怀有浓厚兴趣的凯瑟琳·布里格斯也开始开发自己的一套确定人类性格的方法。1921年，荣格将自己的性格理论写入一本名为《心理学类型》的书中，并出版发行。当凯瑟琳读到1923年出版的这本书的英文版时，她意识到荣格已经发现了她一直在寻找的东西，因此，她采用了荣格的模型，并开始认真研究他的理论。幸运的是，她也使女儿伊莎贝尔对这项研究产生了兴趣。

对性格类型的研究以及对荣格著作内容的深入探讨，促使凯瑟琳及其女儿伊莎贝尔开启了开创性的研究与写作工作。凯瑟琳和伊莎贝尔的研究以荣格的性格类型理论为基础，她们不仅对该理论进行了拓展，还将其付诸实践并加以应用。荣格曾提出世界上存在3种性格偏好维度和8种性格类型；然而，经过多年的深入研究，凯瑟琳和伊莎贝尔认为应当有4种性格偏好维度和16种不同的性格类型。这16种性格类型正是本书将要探讨的重点。本书所讨论的大部分内容均来源于伊莎贝尔以及其他作者的著作，这些作者与伊莎贝尔一样，其作品均由美国心理学家出版社出版发行。本书中引用的部分素材和引文已获得美国心理学家出版社的授权许可。

自20世纪40年代起，凯瑟琳和伊莎贝尔着手开发MBTI（迈尔斯-布里格斯性格类型指标）测试方法，这是一种用于具体测试心理学类型的工具。经过多年的发展与完善，该测试方法已日益精炼。自首次开展MBTI测试以来，便开始收集并分析相关数据，为测试结果及结论提供了坚实的科学依据。

正如伊莎贝尔所言，并经由我们的测试所证实，世界上共有16种不同的性格类型，每个人均属于其中一种。这并非否定人类个体的独一无二性，人类当然具有独特性。即便将100个具有相同性格类型的人聚集于同一房间，他们仍会因不同的父母、基因、经历、兴趣等因素而各有差异。然而，他们之间也会存在诸多共同点。确定你的性格类型能够帮助你发现并学会利用这些共同点。

随着对性格类型理解的不断加深，你会发现每一种性格类型都具有同等的价值，它们各自拥有优势与不足。性格类型之间不存在所谓的好坏、优劣、智愚以及健康与否的区别。性格类型无法决定一个人的智力水平，也不能预示其成功与否，更不能将其作为衡量一个人适应能力的标准。然而，它能够帮助我们发现哪些因素最能激励和鼓舞我们，进而促使我们在所选择的工作中积极寻找这些因素。

▶ 如何确定你的性格类型

如前文所述，确定性格类型的一种方式是完成MBTI测试，并由专业人士对其结果进行分析解读。然而，鉴于该测试方法对本书内容并无实际助益，因此，我们将为你提供另一种测试方法。我们已运用此方法成功协助数百位客户确定其真实性格类型。

测试需分两步完成。第一步，阅读以下内容，我们将逐一介绍性格类型的四种维度。

在阅读每种性格类型维度时，请思考哪一种更贴近你的实际情况。你所读到的关于大多数偏好的描述虽然听起来似乎符合你，但需谨记，这些偏好仅具有一般性，并且是基于极端情况而设定的。你不应将注意力局限于个别偏好事例上，而应着重关注整体的行为模式，比较哪种行为模式与你更为相似（相较于另一种而言）。即使某些个别事例看似与你高度契合，你也应在阅读完所有事例之后再做出最终判断。

在对每一种维度的讨论结束后，你将看到一个连续统（也可称为标度）。请在最能准确反映你偏好程度的位置上做出标记。你的标记越靠近刻度中心，你的偏好就越不明显；你的标记越远离刻度中心，你的偏好就越强烈。即便你对自己的偏好不确定，也请尽量指出你可能处于刻度中心的哪一侧，因为确定你性格类型的关键因素在于你偏向于哪一侧，而非你的偏好有多明确或不明确。

通过这种方法从四种维度评估你的性格偏好，你将获得一个由四个字母组成的代码。对大多数人而言，此代码将代表你的性格类型，或者与你的性格类型非常接近。在本章末尾，我们将为你预留空间以记录你的性格类型代码。

判断自己性格类型的第二步将在阅读完对每种偏好的描述并完成评估之后进行，相关内容稍后阐述。现在，让我们开始学习性格类型。

▶ 性格类型的四种维度

性格类型评估系统基于人类性格的四个基本方面：我们与世界的互动方式以及精力投放的方向；我们自然而然关注的信息类型；我们做出决策的方式；我们是更倾向于有条理的生活方式（即做出决策），还是更倾向于随意的生活方式（即接受信息）。我们将人类性格的这些方面称为性格偏好维度，因为每个方面都可以通过两个相反极端之间的连续统来表示，具体如下：

我们与世界的互动方式以及精力投放的方向	（E）外向———（I）内向
我们自然而然关注的信息类型	（S）感觉———（N）直觉
我们做出决策的方式	（T）思考———（F）情感
我们是更倾向于有条理的生活方式（即做出决策），还是更倾向于随意的生活方式（即接受信息）	（J）判断———（P）知觉

每个人的性格均处于四种维度中每一种的中心一侧或另一侧。我们将每种维度的两侧称为偏好。例如，如果你处于外向一侧，则可认为你具有外向偏好；若处于内向一侧，则表明你具有内向偏好。

实际上，在日常生活中，你会同时运用每一种维度的两侧，但你仍会天然地偏爱其中一侧。你是否还记得分别用两只手签名的实验？一般来说，你的偏好会让你感觉更舒适、更主动、更值得信赖，也正因为如此，你在运用它时会更容易取得成功。如果你在每一个连续统上都没有特别明显的偏好，你也可能只是略微偏向刻度中心的一侧。如果你有极端的偏好，你将处于连续统的这一端或那一端。那些处于连续统两端的人具有强烈偏好，他们之间的差异会非常明显。

目前，你无须对描述这四种维度的术语过于担忧（例如"感觉"与"直觉"）。在某些情况下，这些术语的含义可能与你的想象不同。尽管这些词语你都熟悉，但它们在特定上下文中的含义有所不同。我们稍后会对它们进行详细解释。

你会发现，由于每个连续统包含两个相反的偏好，因此共有八个偏好，每个偏好均用一个特定字母表示。将这些字母组合起来，便能代表16种性格类型。字母组合所表达的意义将比任何一个单一字母更为丰富。

此时，你或许会好奇，"16"这个数字究竟有何神奇之处。为何不是12种、20种或200种性格类型呢？答案其实隐藏在简单的数学原理之中。若你计算八个字母（即偏好）可能形成的组合数量，便会得出16种性格类型。将它们整理成表格形式，会更加直观，正

内向、感觉、思考、判断（ISTJ）	内向、感觉、情感、判断（ISFJ）	内向、直觉、情感、判断（INFJ）	内向、直觉、思考、判断（INTJ）
内向、感觉、思考、知觉（ISTP）	内向、感觉、情感、知觉（ISFP）	内向、直觉、情感、知觉（INFP）	内向、直觉、思考、知觉（INTP）
外向、感觉、思考、知觉（ESTP）	外向、感觉、情感、知觉（ESFP）	外向、直觉、情感、知觉（ENFP）	外向、直觉、思考、知觉（ENTP）
外向、感觉、思考、判断（ESTJ）	外向、感觉、情感、判断（ESFJ）	外向、直觉、情感、判断（ENFJ）	外向、直觉、思考、判断（ENTJ）

如伊莎贝尔最初所列出的表格那样。

每个人均能在上述 16 种性格类型中找到自己的位置。尽管"性格类型"具有一定的规则性，但它同时具备灵活性。正是由于其存在一定的限制性，才使其具有实用性；而其又足够包容，足以适合每一个人。

外向（E）/内向（I）

性格类型的第一种维度涉及我们喜欢如何与世界互动，以及我们将精力投向何处。荣格首次提出了"外向"和"内向"的概念，用以描述我们在外部世界和内部世界中的生存方式。每个人都有天然的对外部世界或内部世界的偏好，尽管我们必然要在两个世界中发挥作用。在我们偏好的世界中生活会让我们精力充沛；而在相反的世界中生活则会让我们感觉更为艰难，甚至可能让人感到疲惫。我们将偏好外部世界的人称为外向型的人（Extravert），将偏好内部世界的人称为内向型的人（Introvert）。

大多数人将"外向"等同于"健谈"，而将"内向"视为"腼腆"。这恰恰是一个很好的例子，说明用来描述类型偏好的术语常常会被误解。"外向"和"内向"的含义远不止是否"健谈"这么简单。

由于外向型的人和内向型的人把精力投向相反的方向，因此他们之间存在清晰、显著且深刻的区别。外向型的人将注意力和精力投向外部世界。他们寻求他人并享受大量的互动，无论是一对一还是在群体中。他们总是（且自然地）被外部世界的人和事物所吸引。由于外向型的人需要通过体验来理解世界，他们往往喜欢参加许多活动。外向型的人通过与他人在一起和经常认识许多人的方式来给自己"充电"。因为他们喜欢成为活动的焦点，而且又容易接近，往往能更频繁且更轻松地结识新朋友。外向型的人面对一种情况时会问自己："我要怎样才能影响它？"

内向型的人将注意力和精力投向内部世界。他们倾向于独处，并通过这种方式为自己"充电"。内向型的人喜欢在体验世界之前先去了解它，这意味着他们的大部分活动都属于精神层面。他们更偏好小范围的社交互动，例如一对一交流或参与小群体活动。内向型的人通常会尽量避免成为关注的焦点，相较于外向型的人，他们往往表现得更为含蓄。他们倾向于逐渐结识新朋友。当面对一种情况时，内向型的人会问自己："它会如何影响我？"

彼得，一个典型的外向型的人，曾这样描述自己的经历："每当我从超市购物归来，我的妻子总会问我，'嗯，这次顺利吗？'你或许会以为她是在询问我是否买到了所需之物，但实际上，鉴于她深知我外向的性格，她真正想问的是，'你遇到了多少熟人？'对我来说，与人交往，尤其是与朋友相处，是一件既有趣又充满活力的事情。我享受这种状态，无论我走到哪里，几乎总能遇到熟人。"

布伦特，一个较为内向的人，对此有着截然不同的感受。"我喜欢与人相处，"他解释道，"但我并不愿意进行那种快速而肤浅的交往。我的妻子热衷于参加聚会，但我却觉得那是一件令人精疲力竭的事情。对我来说，不得不与那些我记不住名字且可能再也不会见面的人交往，是令人疲惫且不快的。这究竟有什么意义呢？"

一个人对外向或内向的偏好实际上可以从他所做的每一件事中体现出来。以大学二年级学生吉尔的学习习惯为例，吉尔说："我喜欢和朋友们一起学习。在一门课程中，我们组建了一个学习小组，学习效果非常好。如果周围没人，我就去图书馆。我觉得这比一个人坐在寝室里看书有意思多了。在图书馆，我总能遇到认识的人，学累了可以一起聊一会儿。"

我们可以肯定地说，大多数外向型的人去图书馆并不是为了学习，而是为了能有人在身边。

如果你不知道外向型的人在想什么……那一定是因为你没有仔细去听，因为他们会告诉你。如果你不知道内向型的人在想什么……那一定是因为你没有问，或者在某些情况下，你没有花足够长的时间来等待答案。当被问到问题时，外向型的人通常会立即开始说话，因为外向型的人愿意把想法都表达出来（在外部世界）。事实上，外向型的人需要通过交谈来思考。相反，内向型的人总要等一会儿再回答问题，因为他们更喜欢安静地思考（在内部世界）。内向型的人在心中默默地准备他们的回答，就像蛋糕在烤箱里烘烤，烤好之后才能拿出来。外向型的人虽然也在心里"烘烤"他们的想法，但更愿意在外部世界完成它们（当然，这偶尔会产生"半生不熟"的想法！）。不过，外向型的人最终还是会把想法补充完整的。

肖恩，另一个外向型的人，回忆说："我在上小学时，经常因为想让老师提问而感到非常兴奋。我会使劲挥舞胳膊，并用另一只手扶着它，以免太累！但当老师终于叫到我时，我却常常不知道答案。老师自然会说一些非常体贴和善意的话，例如：'如果你不知道答案，为什么要举手呢？'我当时不知道这是为什么，但我现在明白了：我需要通过交谈来思考，我无法仅仅安静地在头脑里思考。"

与肖恩不同，内向型的学生需要时间在脑海中形成答案，然后才能回答老师的问题。由于大多数小学老师都是外向型的，他们往往会快速地从一个学生转向另一个学生。在我们的培训班中，我们给了一些老师这样的指导：让他们在向内向型学生提问后等待一会儿。之后从这些老师的反馈中得知，他们的课堂参与率提高了两倍！

许多外向型的人发现，他们的偏好对工作有所帮助，因为他们能够快速地进行独立思考。当被提问时，他们会立刻做出反应。最终，他们能够得出答案，并且通常能够让他人相信这个答案是合理的。

像大多数内向型的人一样，马雅有着截然不同的经历。"我永远也不会忘记第一份工作对我来说是多么令人沮丧。"她告诉我们，"公司里的每个人，包括老板，似乎都是外向型的人。首先，我总是被迫参加一些集体活动，例如头脑风暴会议、销售会议——我们似乎总是在开会！更糟糕的是，老板从不给我足够的时间回答他的问题。我猜他一定觉得我很笨，或者他会认为我花那么长时间回答问题是因为我根本就不知道答案。"

外向型的人往往比内向型的人更喜欢交际，他们也更愿意自由地分享个人信息。而内向型的人则更注重保护隐私，内向型的贝莉的一段经历就可以说明这一点。"我们部门新来的一个同事，听说我厨艺不错，"贝莉说，"因此她一直缠着我，让我请她吃饭。最后我同意了，饭菜也做得很不错。可是第二天，在每周一次的员工会议上，她向大家介绍我做的这顿大餐有多美味。她的赞美之词已经让我难以忍受了，而接着她竟然又

非常详细地描述了我整个房子里的物品！她把我过去30年来收集的珍藏物品说了个遍。我气坏了。如果我想让我的同事都这么了解我，我早就亲自邀请他们过来参观了！"

顺便说一下，这位性格外向的新同事在得知自己泄露了贝莉的隐私后，感到非常羞愧。她的出发点是好的，她的本意只是要真诚地赞美贝莉的美味大餐。

认识到这一点非常重要：外向带来的是广度，而内向带来的是深度。通常情况下，外向型的人对很多事情感兴趣，但不一定了解得很深入；内向型的人兴趣较少，但他们追求的是更深层次的理解。一旦你让一个内向型的人谈论起他的兴趣，他可能会滔滔不绝。

尽管萨姆和米格尔竭力想摆脱，但他们还是去参加了两人妻子所在的公司举办的年度假日聚会。由于两人都是内向型的人，可以想象他们在接下来的4小时里与120个完全陌生的人相处时的"喜悦"心情。幸运的是，两人很快就在酒吧点饮料时相识了。在一番不愉快的闲聊之后，他们（偶然地）得知对方都是水手迷。于是在整个聚会期间，他们一直在谈论船只、设备和航海地点，以及那些近乎灾难的海上事故。

比尔的妻子也就职于同一家公司，而比尔却对这次聚会期待已久。他在去年结识了公司里许多员工的家属，这次他很想跟他们叙下旧。一来到聚会地点，比尔和他的妻子——她也是个外向型的人——就分头行动了，到聚会结束时，比尔已经和一大半的人畅聊过了，聊过

的话题大约是人数的 2 倍。比尔和妻子被这些刺激"充满了电",以至于在其他人离开后,他们和一群外向型的人一起把聚会地点转移饭店的休息室。

尽管对于世界上究竟有多少外向型的人和内向型的人这一问题存在争议,但最新的研究表明,美国人中外向型的人和内向型的人的比例大致相当。然而,由于外向型的人往往更喜欢说话,而且声音比内向型的人更大,因此看起来在美国外向型的人似乎比内向型的人所占的比例更大一点。

外向型的人	内向型的人
与他人在一起时充满活力	独处时充满活力
希望成为众人的焦点	避免成为众人的焦点
先行动,再思考	先思考,再行动
喜欢一边讲话一边思考	喜欢在头脑中思考
容易被了解,愿意与众人分享个人信息	注重个人隐私,只与少数人分享个人信息
说得比听得多	听得比说得多
愿意表达热情	缓慢释放热情
反应迅速,喜欢快节奏	思考之后再反应,喜欢慢节奏
重广度、轻深度	重深度、轻广度

现在你已经阅读过关于外向型的人和内向型的人的资料,你能够判断自己属于哪一类吗?有时,我们很难在这两种偏好中做出选择,因为随着年龄的增长,我们可能会发生改变(例如,你现在可能比以前更关注内部世界了),或者是因为工作对我们提出了要求(例如,你可能已经学会了如何在外部世界中很好地发挥作用,因为这是工作需要)。如果你还对自己到底属于哪一类犹豫不决,不妨问自己这样一个问题:"如果我在余生中必须选择一种生活方式,我会选择哪一种?"一个深思熟虑的回答往往会把那些选择困难的人推向他真正偏好的方向。

请在下面的连续统上标注你的偏好。

外向(E)——+——内向(I)

感觉(S)/直觉(N)

性格类型的第二种维度是关于我们自然注意到的信息类型的。有些人关注"是什么",而另一些人则关注"可能是什么"。虽然这两种方法都有其合理性,但它们却有着本质的区别。

同样,我们也需要一些定义。我们用"感觉"这个术语来描述通过"五感"收集数据的过程。我们把偏好"感觉"的人称为感觉型的人(Sensor),他们专注于可以看到、听到、感觉到、闻到或尝到的事物。他们只相信那些可以测量或有证据的东西,并且专注于真实和具体的事物。感觉型的人相信他们的五种感官为他们提供的关于世界的准确信息，他们也信赖自己的经验。他们面向当下，关注此时此刻发生的事情。感觉型的人看到一种情况，就会想明确地知晓其前因后果。

显而易见，我们都会用"五感"来获取信息，但一些人对基于事实的暗示、关系和可能性比对事实本身更感兴趣。可以说，这些人更相信他们的"第六感"（直觉，Intuition），而不是其他五感。我们把偏好直觉的人称为直觉型的人（Intuitive），他们会本能地在字里行间中寻求事物的来龙去脉。直觉型的人注重未来，他们喜欢预测事物，并且通常愿意改变事物，而不是维持现状。直觉型的人看到一种情况，想知道它意味着什么。

每个人在日常生活中都会用到五感和直觉。直觉型的人对五官所收集到的信息非常敏感，而感觉型的人则可以解释他人话语中的隐含意思，或者找出解决问题的新方法。即便如此，每个人都会对感官或直觉有偏好。我们都会更自然、更频繁地使用其中一种，也因此获得更大的成功。

直觉型的人擅长将不同的想法结合起来，得出关于某个事物的可行结论；而感觉型的人则更擅长注意到和记住事实，以便让结论站得住脚。下面的故事就证明了这一点。

伊丽莎白，一个感觉型的人，以及莫妮克，一个直觉型的人，她们同为一家化妆品制造公司的员工。一天，总经理召集所有部门经理进行季度总结。当他看了几张与公司财务健康状况有关的幻灯片时，语气很轻松。幻灯片的内容包括广告预算、与主要竞争对手相比本公司的市场份额状况以及下一阶段的业务目标。然而，总经理突然终止了会议。

莫妮克和伊丽莎白立即开始秘密地核对彼此的会议记录。莫妮克认为，尽管总经理的语气很轻松，但她一走进会场就感觉有些不对劲。她注意到几个部门的经理在偷偷地交换眼神。她对伊丽莎白说，总经理和负责研发的副总经理之间的关系似乎特别紧张。尽管在会议上没有提及此事，但莫妮克猜测可能是公司寄予很高期望的正在开发中的新皮肤护理产品生产线的运行情况没有达到预期。

伊丽莎白想起了会议上播放过的一张幻灯片，上面提到了新产品线的预计利润，她将这些数字与自己一直在做的广告预算进行了比较。当她观察到总经理轻松的语气与广告资金吃紧的这种反差时，她认同了莫妮克的预感。

事实证明，莫妮克和伊丽莎白都是对的。几天后，总经理宣布了这个坏消息——而且是出自完全不同的原因，如我们所知，伊丽莎白和莫妮克都没有感到惊讶。虽然她们在会议上关注到不同的危险信号，但最终得出了相同的结论。

直觉型的人和感觉型的人在处理事务时也会采用不同的方法，下面的故事可以说明这一点。感觉型的人通常会采取务实的方法，收集数据，按部就班地完成任务；而直觉型的人则思维灵活，

第 2 章
正确认识自己：发现你的性格类型

富有创意，可能会选取更为创新或独特的方法解决问题。

莉齐和玛利亚是一对好朋友，她们结婚的时间仅相隔数月。自然，她们互为对方的伴娘。两位女士开始为即将到来的婚礼挑选婚纱。莉齐试穿了十几件婚纱，却没有一件令她完全满意。她试穿的最后一件甚至都不是婚纱——而是一条长长的、飘逸的裙子。身为直觉型的莉齐，她产生了一个大胆的想法：她买下这条裙子，并请一位家族友人用裙底多余的布料为其制作配套的上衣。尽管过程曲折，莉齐最终收获了一件她钟爱的、独一无二的婚纱。她对理想中的礼服有清晰的构想，并最终得偿所愿。

玛利亚则是一个感觉型的人，她的选择方法则更为传统。她先在 Pinterest 网站上创建了一个图板，并在里面收集了几十件婚纱的素材，其中包含了她确定喜欢的元素。到了试穿婚纱时，她对第二件婚纱一见钟情，它完全符合她的要求。实际上，玛利亚最终选择的那件婚纱几乎和她一直以来的想象一模一样。每一处细节都完全合她心意，她再满意不过了。

感觉型的人善于享受当下的体验，他们通常满足于让事情顺其自然地发展。而直觉型的人则着眼于未来，并倾向推动变革。

阿卜杜勒，一个感觉型的人，以及杰西，一个直觉型的人，两人经常一起在镇上的水库边散步。阿卜杜勒喜欢这样散步，因为这使他有一种与大自然亲密接触的感觉。他喜欢树林中散发的气味，并且能辨识大多数途经的树木品种。他喜欢观察四季的更迭，常能留意到两天前还是花蕾的花朵现在正在盛开。杰西也喜欢户外活动。在散步时，她大部分时间都在思考或谈论她当前项目的新构想。对于杰西来说，和阿卜杜勒的户外交流极为珍贵，那是她获得灵感和交流想法的地方。虽然她也像阿卜杜勒一样喜欢大自然，但她的快乐更多地来自周围的环境所激发和提醒她的东西，而不是树木和花朵本身。

在组织中，直觉型的人和感觉型的人都扮演着重要角色。直觉型的人关注可能性，而感觉型的人则重视现实。每天，在全美范围内，不管这两种类型的人何时相遇，他们对同一事物态度的差异会无数次地出现。感觉型的人和直觉型的人以截然不同的方式认识世界，他们经常会忽视对方观点的价值。

正如亚历克斯，一个直觉型的人，所说的那样，"我是一个有想法的人。我最喜欢做的事就是接手一个烂摊子，找出新的解决办法让它更好地运转。公司的问题在于没有一个人有远见——特别是我的老板沃伦。我提出来一个能对公司未来产生重大影响的好主意，而他却只想知道：'要花多少钱？需要多长时间？你做这个新项目的时候，谁来接手你现在的工作？'"。

对此，沃伦，一个感觉型的人，却有不同的看法。"也许是因为亚历克斯比我更有创造力吧，但说实话，我不知道他的那些想法是怎么得来的。我并不是说他的想法不好，只是其中的大部分

17

都不切实际。亚历克斯根本就不明白怎样才能把事情做好。向我的老板推荐一个新的计划，我必须得给出经过深思熟虑的成本效益分析，这意味着我需要掌握有关费用、时间规划和对公司的预期影响等方面的实际数据。这一切都需要进行认真而有计划的研究，但亚历克斯似乎对这些并不感兴趣。"

与外向型的人一样，感觉型的人在社会中占有一定的优势，因为他们的人数更多。约65%的美国人是感觉型的人，而直觉型的人则成为少数。

感觉型的人	直觉型的人
相信确定而具体的事物	相信灵感和推理
喜欢具有实际意义的新想法	喜欢自己的新主意和新概念
推崇现实主义和常识	推崇想象力和创新
喜欢运用和精炼已有的技能	喜欢学习新技能，但掌握后又容易感到厌倦
倾向于具体的和本义的，喜欢给予详细描述	倾向于概括的和象征性的，喜欢使用隐喻和类比
循序渐进地给出信息	跳跃、迂回地给出信息
着眼于过去和现在	面向未来

到这里你应该很清楚，人们是通过两种截然不同的方式来获取信息的。请在下面的连续统上标注你的偏好。

感觉（S）————┼————直觉（N）

思考（T）/情感（F）

性格类型的第三种维度是关于我们做出决策并得出结论的。就像我们与世界互动和获取信息都有两种不同的方式一样，做出决策也有两种不同的方式：思考与情感。

在性格类型中，思考指的是用客观的方式做出决策，而情感指的是依照个人价值观做出决策。尽管在做出决策时，感情可以起到一定的作用，但这里的"情感"仅仅代表所做出决策的基础为自己和他人的利益。

思考型的人（Thinker）更喜欢逻辑上合理的决定。他们为自己所做出决策中体现的客观性和分析性而感到自豪。他们通过分析和权衡证据来做出决策，即使这意味着会得出令人不快的结论。情感型的人（Feeler）依据他们是否关心或依照他们自认为是正确的道理来做出决策。他们为自己具有同理心和同情心而自豪。显然，思考型的人和情感型的人有非常不同的偏好。

一些人很难在思考型和情感型之间做出判断。有时，这两个术语带有一定的含义，可能会暗示其中一种选择不如另一种可取。此外，在美国的文化中，对特定的行为存在非常强烈的性别偏见。不同的性别角色期望会导致一些人错误地理解自己的性格偏好。一个天生是思考型的女性因被社会化而可能表现得更像一个情感型的人（生命的创造者、母亲、养育者、永远充满同情心并给予支持），而一个天生为情感型的男性可能会表现得更像一个思考型的人（猎人、竞争者、头脑冷静、客观、不容易动感情）。当你阅读以下内容时，请思考哪种偏好与真实的你更符合，而不是你从小被培养或被鼓励成为的类型。对于那些长时间与真实自我偏离的人来说，弄清自己的真实偏好非常具有启发性和解放性。

正如我们前面所说的（毫无疑问，我们还会再说一遍，因为这一点非常重要），每个人都会用到这两种偏好。思考型的人也有情感和个人价值观，而情感型的人也可能颇具逻辑性。然而，我们每个人都会更自然、更频繁、更成功地运用其中的一种。

"思考"常常被看作一种理性的做出决策方式，而"情感"则被认为是一种非理性的做出决策的方式。事实并非如此。"思考"和"情感"都是理性的方法，它们只是在做出决策过程中使用了不同的标准。

以罗伯特为例，他是一个情感型的人。他是一所小型文理学院的学生处主任助理，负责听取被指控违反校规的学生的申诉案，并有权决定做出何种处罚。一名叫亨利的学生在宿舍抽烟时被抓了个正着。这种违反校规的行为通常会被处以停课一个学期，然后留校察看两个学期的处罚。罗伯特在调查此事时发现，大学一年级学生亨利被分配与两个经常惹麻烦的高年级学生住一个宿舍。罗伯特还了解到，亨利的学习成绩非常好，而且从未惹过麻烦。亨利非常后悔，他不敢想如果自己被停课，父母会是什么反应，他们为了供他上学做出了很大牺牲。考虑到所有这些情况，罗伯特最终把对亨利的惩罚定为：强制参加为期六周的校园禁烟活动，留校观察一个学期。

但学生处主任，一个思考型的人，却认为这样的惩罚太轻了，没有太多的惩戒意义。她认为，不以统一的标准来要求学生是在开一个危险的先例，她要求罗伯特对此做出解释。

罗伯特是这么解释的："我知道我应该让亨利停课。但我是这么看待这件事的：我们不应该给亨利安排那样的室友，尤其是在我们明白大一学生有多么渴望被室友接纳的情况下。在我看来，问题是我们造成的。亨利是个好孩子、好学生，这是学校宝贵的财富。毕竟，我们首先是一个教育机构。我觉得亨利已经从这次经历中得到了教训，所以没有必要用那种可能给他一生造成不良影响的方式来处罚这种小错。"

虽然罗伯特的决定是基于自己的价值观和对情况的了解，但你可以看到，他并没有做出非理性的决定。

情感型的劳伦和思考型的杰罗姆就是一个很好的例子，说明在这一偏好上不同的人如何能为彼此提供重要的平衡。他们在一家健康与健身杂志的编辑部共事，并逐渐欣赏对方的价值观。"劳伦对人很有研究，"杰罗姆解释说，"当我和某位作者意见不一致时，或者当我不明白某人为什么那样行事时，我就会向劳伦请教。她总能分析出其中的原因——而有时其中也有我的责任。劳伦关于如何处理特殊情况的见解和建议多次帮助我走出困境。"

劳伦则说："杰罗姆可能是我所见过的最诚实的人。他不是最圆滑的，但是最诚实的。每当我想知道怎样处理事情才更合乎逻辑时，我总去请教他，而不是只听命于自己的感觉。我并不总是喜欢杰罗姆说的话，也不喜欢他那直率的表达方式，但我知道我总能从中得到真正客观的看法——这是我最需要也是最欣赏的东西！"

思考型的人善于分析，以至于显得冷酷无情，而情感型的人则身心投入，以至于显得过于情绪化。当思考型的人和情感型的人发生冲突时，结果往往是情感型的人因感觉受到伤害而愤怒，而思考型的人却还不明白发生了什么。

托尼，一个情感型的人，是一家大型办公家具制造企业的销售员。他预订了上午飞往芝加哥的航班，去参加一个午餐会议，参会的代表所在的公司正准备重新装修办公室。托尼的老板前一天晚上就到了，为设宴款待这些潜在客户做准备。

这个重要的会议在10点开始，但当托尼赶到时，已经迟到一个半小时。他的老板显然很生气。托尼跟老板解释，说他乘坐的头一班飞机有一个引擎在途中起火，被迫紧急降落在底特律——消防车也在一旁待命。在等了两小时以后，航空公司才在另一个航班的头等舱给托尼安排了一个座位，这样他才得以完成整个旅程。

当老板问的第一个问题是，换头等舱额外花费了公司多少费用时，托尼吃惊地注视着老板，被老板对自己刚刚经历的事故漠不关心伤害到了。

托尼的老板困惑地说："我不明白你为什么会生我的气。我并不是不关心你的安全。但很明显你没出事，所以我才会关心额外费用的问题。"

为了帮你选择哪种偏好最适合你，在下面的分歧中，看看你会站在哪一边。

塔拉，一个情感型的人，需要做出一个艰难的决定。由于公司重组，她需要在市场部解雇一名员工。候选人有两个，一个是在公司工作了22年的57岁的泰德，另一个是两年前才入职公司的36岁的艾伦。这两个人的工作内容相似，工作业绩也都令人满意。

在一次会议上，塔拉向她的老板凯特解释了她选择留下泰德而解雇艾伦的原因。"泰德是一名忠诚的员工，我也很欣赏他那种为了让工作尽善尽美而加倍努力并帮助他人取得成功的精神。再考虑他的个人情况，泰德有一个儿子在上大学，另一个儿子也将在明年秋天上大学。他的妻子玛丽身体不太好。我担心，以他这样的年纪，而且有这么长的时间只为一家公司工作，很难再找到一份类似的工作。艾伦年轻、有雄心、机灵，他能很容易地找到一份好工作。此外，我觉得通过奖励对公司的忠诚和对工作的努力，可以让所有员工感到在这里工作非常好。"

凯特，一个思考型的人，对此有不同的看法："没有人说泰德不是一个好人,也没有人说他不是一个优秀的员工。我个人也一直很欣赏他。但是做这个决定的依据是怎样才能对公司最有利,而不是怎样对个人最有利。泰德工作的黄金时期已经过去了,他不太可能再升职。而艾伦最美好的时光就要到来。他是成为高级管理者的好材料,经过适当的培养,他可以成为公司非常重要的财富。何况,由于他俩级别上有差距,我们每年付给泰德的薪水要比艾伦的多出2万美元,而且在以后,公司给泰德支付的医疗费用很可能比艾伦高得多。被裁员是不幸的,但我们没有理由留下泰德而解雇艾伦。"

如果你选择留下泰德,说明你很可能是一个情感型的人。如果你赞同留下艾伦,那么你可能是一个思考型的人。

美国人口中思考型的人和情感型的人各占一半。然而,这是唯一一个表现出明显性别差异的维度类型。大约2/3的男性趋向于思考型,而大约2/3的女性趋向于情感型。我们无法确定这种结果在多大程度上是由社会化因素造成的。

思考型的人	情感型的人
后退一步,客观地看待问题	前进一步,考虑行动给他人带来的影响
注重逻辑、公正和公平,有统一的标准	注重感情和睦,看到规则中的例外性
能天然地发现缺点,有吹毛求疵倾向	天然地喜欢让他人快乐,能轻松表达自己的欣赏之情
可能被视为无情、麻木、冷漠	可能被视为情绪化、无逻辑和脆弱
认为诚实比机敏更重要	认为诚实和机敏同样重要
认为只有合乎逻辑的感情才是有效的	相信所有感情都是有效的,无论它是否有意义
受到成功欲的驱使	受到被赏识、被需要的趋势

请在下面的连续统上标注你的偏好。

思考(T)————┼————情感(F)

判断(J)/知觉(P)

性格类型的第四种维度是关于我们是更喜欢严谨(做出决策)的方式,还是更喜欢自由(接受信息)的方式的。同样,这里也有两种极端的行为方式。

我们把偏好判断的人称为判断型的人(Judger),他们喜欢秩序感,而且当他们的生活被安排得有条不紊,事情尘埃落定时,他们是最快乐的。他们有进行判断的态度,喜欢做出决策。判断型的人喜欢尽自己所能管理和控制生活。我们把偏好知觉的人称为知觉型的人(Perceiver),他们崇尚自由的生活方式,当他们的生活灵活多变时,他们是最快乐的。他们有知觉的态度,并且愿意让生活充满各种可能性。知觉型的人试图理解生活,而不愿控制生活。

判断型的人不一定执着于做出判断(固执己见),他们只是喜欢去解决问题。知觉型的人也不见得拥有洞察力(精准地看待事物),他们只是喜欢去感知事物。

判断型的人和知觉型的人之间的一个重要的区别在于他们如何看待事情的结束。判断型的人在事情结束之前会一直处于紧张状态，并不断地被吸引着做出决策；而知觉型的人在被迫做出决策时会感受到压力，他们避免事情的一锤定音，更期待拥有开放式的结局。

每个人在日常生活中都会用到判断和知觉。与其他偏好一样，没有人只以其中的一种方式生活。在判断和知觉之间寻求一种平衡是很好的，因为判断型的人有变得僵化、教条和不懂变通的风险，而知觉型的人则有可能把事情无限期地搁浅，以至于浪费人生。

当辛西娅，一个知觉型的人，自愿为本地的一家书店创建博客时，书店的其他员工都非常热心。辛西娅似乎很适合这份工作：她性格随和，在本地也小有名气；她很有艺术天分，且此前曾经创建过博客。辛西娅开始着手收集重要的日期和好点子，但几周过去了，却没有发布任何博文。当被要求做出解释时，辛西娅很平静。她解释说，她的母亲来看她，她的一个孩子生病了，再加上她和丈夫在一个周末去滑雪，所以她未能完成自己预计的工作量。此外，她在收集信息时也遇到了困难，而且还有一些相关的人物没来得及联系。最后，辛西娅发布了一些博文——不过，同样的过程又重新开始了。六个月后，书店只发布了四篇非正式的、娱乐性质的博文，而辛西娅却为自己的这些成果深感自豪。

这一切让书店的经理阿什利非常生气。阿什利是一个判断型的人，她希望每周都能发布一篇新的博文，她还希望书店博客的主页包含一个日历，上面标出当月所有的重要日期。阿什利被辛西娅的表现激怒了，最终她自己接管了这个博客。她毫不费力地收集到所需的信息，如果出于某些原因某周没拿到文章，她也会在没有文章的情况下直接发布博文。阿什利管理下的博客专业而简洁，虽然有些博文很枯燥，但绝对按时发布。

判断型的人喜欢有计划、有秩序的环境，他们期望每件事都能够有始有终。他们喜欢掌控正在发生的事情，并且喜欢做出决策。判断型的人倾向于用非黑即白的方式看待问题，而且总要得到一个确定的结果。他们会因为事情尘埃落定而感到舒服，不喜欢那种悬而未决的状态——就算他们不是当事人！判断型的人可能不太容易通融，他们大多不喜欢出现意外的情况。

知觉型的人希望他们所处的环境能够灵活变通，从而使他们的生活更加自由宽松。他们认为结构带来很大压力，更喜欢事情顺其自然地发展。知觉型的人乐于适应新的、变化的环境，并总是推迟做出决策。他们会尽可能地让事情悬而不决，并且尽可能一再拖延做出决策。知觉型的人不关注结局，并且在生活的几乎所有领域都期盼着意外的事情。

杰夫和艾米认为要保持身体健康他们应该锻炼身体，于是他们一起去运动

第2章
正确认识自己：发现你的性格类型

用品店购买自行车。杰夫，一个知觉型的人，叫来了一位售货员，用了半小时的时间向他询问了上百个问题。他还是不能确定哪辆自行车最适合自己，并且对商店的退货政策感到犹豫（可以退货，但货款只能以店内积分的形式返还）。杰夫最终离开了运动用品店，说要考虑一下再做出决策。在回家的路上，他在另外两家运动用品店停了下来，想要"获取更多的信息"。

艾米，一个判断型的人，她花了几分钟时间看完所有展示的自行车，然后叫来一位销售员，问道："你推荐哪一辆自行车？"当销售员向她展示了店内最畅销的自行车时，她说："好吧，我就要它了。"

在工作领域，这两种不同的性格偏好的人可能会引发冲突，尤其是在他们都在承受压力的情况下。由于这类事情时常发生，因此了解他人的偏好对我们是有益的。在了解到不同的人天生就有不同的行为方式后，一些恼人的行为可能变得更容易被容忍，而且更容易被预料到。

艾琳和苏珊娜是同一家公司培训部门的员工，被安排共同负责一个为期一天的管理发展项目的培训。她们在此前都曾多次单独负责过类似项目，这是她们两个人的首次合作。她们把全部的工作分成了两个部分：知觉型的艾琳在上午8点启动项目，并负责完成一个30分钟的介绍；随后，判断型的苏珊娜进行第一个部分的讲解，该部分将持续一个半小时，10点是休息时间。

早上8点，25名参与者中还有7名没有到场。苏珊娜认为无论情况怎样，培训都应该按时开始，但艾琳决定等待所有人到齐再开始。这花了大约15分钟的时间。在艾琳作介绍时，有几个人对项目提出了问题。苏珊娜以委婉的方式试图打断提问，并解释说这些问题将在稍后进行解答，但艾琳却认为当即解答更好。艾琳介绍完已经9点了，这意味着苏珊娜只能用一小时的时间来完成她90分钟的讲解。她紧赶慢赶，勉强讲完了必要的信息，顶着巨大的压力草草收了尾。

在10点休息时，苏珊娜非常生气，她找到艾琳理论。很快她们就争吵起来。苏珊娜指责艾琳没有时间观念，也没有责任心。她指出，艾琳时间管理不善使她不得不匆忙完成讲解。苏珊娜认为让18名准时到场的人去等待7名迟到的人非常荒谬，而且在讲解中匆忙浏览笔记的样子也让自己看起来很可笑。她没有获得足够的时间很好地完成自己的讲解内容，并且她也因为自己精心准备的一切被毫无理由地破坏而感到非常生气。

艾琳觉得苏珊娜反应过度，并且非常刻板。她认为等待缺席的三分之一参与者是完全合理的。此外，她认为提问是整个项目中正常且非常必要的环节。她觉得尽早回答问题很重要，这可以为整个项目设定一个正确的基调，而且她也知道她们在后面可以完成项目余下的内容。艾琳不但没有意识到苏珊娜不得不缩短讲解这个事实，反而认为苏珊娜在众人面前削弱了她的权威。

　　由于两位女士还有大半天的任务安排，她们最终意识到，两人必须要想办法更好地合作。艾琳承诺一定会遵守时间安排，但仍然要求保持自己与参与者之间的顺畅沟通。苏珊娜答应尽量灵活地安排交流的时间，但她依然有权在众人面前提醒艾琳注意时间。所幸，项目的剩余部分顺利进行，没有再出现问题。

　　关于你究竟是倾向于判断型的人还是知觉型的人，从你办公桌的状况就可以判定。通常（但不总是）情况下，判断型的人的办公桌相当整洁，一切都被整理得井井有条。像笔、本、镇纸之类的东西都有固定的摆放位置，而且能够很容易找到——至少在一天的开始和结束时。内篮子里装的是等待审查的信息，外篮子里装的是已经完成的工作。重要的信息都以一种便于调用的方式存放起来。在判断型的人的办公桌上，经常可以看到一张待办事项清单，在一天工作结束时，清单上的大部分（如果不是全部的话）事项都已经完成。

　　而相反，知觉型的人的办公桌通常（但不总是）看起来杂乱无章。办公桌上可能堆放着许多"进行中的工作"、需要回复的邮件、玩具、坏掉的圆珠笔……总之，最明显的标志就是"暂时搁置"的一堆（或几堆）的文件。当受到质疑时，知觉型的人总会说自己可以在办公桌上找到任何需要的东西（他们只是不承认这需要花费多长时间！）。

　　你的办公桌（也许是你的衣柜内部、手提包里面或汽车里面）的状况有效地反映你的思维方式。假设一个判断型的人和一个知觉型的人都收到了一本宣传册，里面介绍的是4个月后将举行的一场会议。判断型的人可能会采取以下行动之一：①扔掉宣传册，因为他去年已经参加过该会议或者有其他重要安排；②填写申请表，开出支付注册费的支票，并一起邮寄出去；③把宣传册转交给其他可能感兴趣的人。总之，他们会做出一个决定，然后把宣传册处理掉。

　　然而，在相同情形下，知觉型的人可能有不同的表现。首先，4个月是一段很长的时间。从现在到那时可能会发生很多事情（或许会有更好的机会出现），所以知觉型的人认为现在做出决策还为时尚早。他认为应该把宣传册放到某个地方，但如果这样，他很可能会把这件事忘得一干二净，所以他只好把宣传册放到办公桌那已经堆积如山的"暂时搁置"的文件和文件夹中。除非特别重要，否则这本宣传册很可能被遗忘在这堆东西里，直到已经过了报名截止日期（甚至会议已经结束）才被发现。知觉型的人不做出决策，于是宣传册就这样一直被留在办公桌上，直至做出决策的期限过去。

　　每个人都有一张"待办事项"清单或者一个"暂时搁置"文件堆，这并不罕见。但是知觉型的人很可能会在"暂时搁置"文件堆里加入各种各样的东西，他们可能回忆出许多由于拖延时间太长而错过的机会。

在美国人中，大约60%是判断型的人，另外40%是知觉型的人。在这两种偏好上没有性别差异。

判断型的人	知觉型的人
做完决定后感觉快乐	因不用做出决策而快乐
具有"职业道德"：先工作，后娱乐（如果有时间的话）	具有"娱乐道德"：先娱乐，再工作（如果有时间的话）
设定目标并努力按时完成	根据新情况不断改变目标
更愿意了解自己的处境	更愿意适应新环境
看重结果	看重过程
通过完成任务获得满足感	通过上手新任务而获得满足感
把时间视为有限的资源，认真对待最后期限	把时间视为无限的资源，认为最后期限是灵活的

当你在考虑哪种偏好适合自己时，请记住，环境常常迫使我们以某些方式行事，而这些方式不一定能反映出真实的自我。大多数人都不得不表现得像一个判断型的人，至少在部分时间里是这样，尤其是在工作中。如果你从事的工作有着严苛的要求，你必须按时到岗、按时完成任务并做出众多决策。让事情更加复杂的是，随着个人生活和工作越来越紧密地交织在一起，要分辨出哪个是"真正的你"可能会越发困难。在此情况下，不妨退后一步，设想如果你能够按照自己的意愿行事，哪种偏好会给你带来最大的满足感。

又到了在下面的连续统中估算你的偏好的时候了。

判断（J）————┼————知觉（P）

现在你已经评估了你的偏好的四种维度，请在下面的横线上写出代表字母。

E 或 I　　S 或 N　　T 或 F　　J 或 P

```
         代表字母
    E = 外向      I = 内向
    S = 感觉      N = 直觉
    T = 思考      F = 情感
    J = 判断      P = 知觉
```

恭喜你！通过以上的测试，你应该已经确定了自己的性格类型。不过，要确保你正确地识别自己的性格类型，还需要最后一个步骤，我们称其为"验证"。

▶ 验证你的类型

第3章包含对这16种性格类型的"性格类型轮廓图"。在阅读了本章对性格类型的简要介绍后，你需要从中找出与你在第一步确定的性格代码相符合的轮廓图。

例如，假设你对自己性格偏好的评估结果为：外向、感觉、思考和判断（或ESTJ），你就需要先找到并阅读有关ESTJ类型的内容。

如果 ESTJ 确定是你的性格类型，那么你会觉得它对你的描述非常准确。实际上，大多数人都会惊讶于它对你的描述非常准确！如果你有这样的感觉，那么你很有可能已经找到了自己的性格类型。在这里说"很有可能"只是为了提醒那些喜欢快速做出决策的人（你知道自己是什么样的人！），不要错过其他可能更适合自己的选择。因此，在你阅读完其他章节内容，更详细地了解了性格类型之前，我们建议你将通过此测试得出的性格类型当作一种工作假设。

另外，如果你阅读了有关 ESTJ 性格类型的描述，觉得它有些像你，有些又不像，那么你很有可能还没有找到自己真正的性格类型。

如果你发现自己处于这种情况，可以按照以下方法去做。回到那些有关性格偏好的连续统（即尺度）上，注意那些在中点附近的标记（指偏好不太明确），然后再看看那些远离中点的标记（指偏好很明确）。

还以 ESTJ 类型为例，假设通过回顾，你发现自己对外向（E）、感觉（S）和思考（T）的偏好比较明确，但对是否偏好判断（J）不太确定。那么，你实际上可能更趋近于 ESTP 而不是 ESTJ。你很快就会知道，虽然这两种类型的前三个字母相同，但在很多方面却大相径庭。因此，你可能还需要阅读有关 ESTP 类型的轮廓图。

如果你发现你的偏好的确是知觉而不是判断，那么 ESTP 类型的轮廓图应该更适合你。因此，你可能需要阅读一

两种类型（很少情况下是几种类型），来找到自己真实的性格类型。

你可能会问："难道我不能立刻识别自己的性格类型吗？"不一定。很多时候，环境不允许我们完全做自己。例如，你的父母可能只鼓励你的某些行为，或者你可能不得不去做他人期望你做的事情（如经营家族企业），而不是做自己感兴趣的事情（如学习建筑）。一些人经历过非常艰难的童年，他们当时不得不采用某种行为方式以求得自我保护。这些经历都会影响你对自己的看法，会在真实存在的"你"和期望成为的"你"之间形成障碍。现在是时候努力找出你真正的自我了。

仔细确定你的四种偏好是非常重要的，因为你的性格在很大程度上取决于这些偏好之间的相互作用。也许你熟悉"协同作用"的概念。简单来说，协同作用是在整体作用大于其组成部分作用之和的情况下产生的。这也同样适用于性格类型。我们在了解自己更倾向于感觉型而不是直觉型（举例来说）的同时，同样要知晓没有哪个人是纯粹的感觉型的人。偏好感觉型的人有 8 种不同的类型——正是这些偏好的联合体（用字母表示）起到了重要作用。

虽然你不需要为了从本书的剩余部分获益而马上判断自己的性格类型，但如果能在阅读第 2 部分之前便验证了自己的性格类型，那么肯定会有更多收获。在你重读本章并阅读第 3 章时，请记住，发现真实的自己是没有时间限制的。如果你在阅读完第 1 部分后仍然不

能确认自己的性格类型，也不妨碍你继续阅读后面的章节。慢慢来，根据自己的需要重复阅读这些资料，直到你找到最能准确反映你的性格类型。然后庆祝一下——你找到了真正的自己！

注意：对于每种轮廓图，我们都附上了相应类型的人在美国人口中的大概比例。这些数据均由佛罗里达州盖恩斯维尔市心理学类应用中心的查尔斯·K.马丁博士提供。

第 3 章

镜子，镜子：验证你的性格类型

本章包含 16 个用于验证性格类型的轮廓图。你的真实性格类型轮廓图即在其中。

性格类型轮廓图并非对你最深层次的思想和感受的全面、详尽的描述。但从一般情况来看，它应当是对你的真实写照——或许并非每个字都精准无误，但总体而言，你应能从中获得诸多启示，从而加深对自身的了解。

性格类型轮廓图并非用于解释不同性格类型为何会有不同的行为方式。本书第 2 部分将对此进行阐述。目前，你只需专注于找出最适合你的性格类型轮廓图。

在这些轮廓图中，我们有意避免涉及工作场所的描述。这或许会让你觉得有些奇怪，但请记住，你是在寻找"真实的自我"。你在工作场所中所表现出的行为可能与真实的你存在较大差异。本书第 3 部分将展示一份与工作相关的优劣势清单，这些优劣势与你的性格密切相关。

在阅读了一些性格类型轮廓图后，你可能会想："等等，我好像在所有这些描述中都看到了自己的影子。"实际上，这种情况并不罕见，但你需要做的是找到真正符合你的性格类型轮廓图，而非那些似是而非的零碎描述。大多数人认为他们的性格类型轮廓图非常准确且深刻地反映了真实的自我。

我们希望本书到目前为止已使你相信性格类型的效用。然而，如果你仍对此持怀疑态度，认为性格类型是可以互换的，我们建议你在阅读一个性格类型轮廓图之后，再阅读与其相反的轮廓图（例如，INTP 和 ESFJ）。你会看到这两个轮廓图所描述的是两种截然不同的人。

在性格类型轮廓图中，我们不仅列出了性格的优势，还涵盖了可能存在的盲点。你会发现，你最大的优势中往往潜藏着致命的弱点。例如，出色的推理能力可能与忽视他人感受的倾向并存。了解自己性格中的弱点后，你便可在行为中寻求平衡——无论是在工作中还是在生活中。

▶ **ENFJ：外向、直觉、情感、判断/占美国人口的 3%~5%**

ENFJ 类型的人热爱人类。他们高度重视人和人际关系，并且天生愿意关心他人。他们对生活充满热情，感觉自己与万物紧密相连。

由于 ENFJ 类型的人是理想主义者，且以自己的价值观为生活准则，他们对自己尊重和钦佩的人、事业或工作单位表现出极高的忠诚度。他们精力充沛、热情洋溢，富有责任感，并具备严谨和坚持不懈的特质。

ENFJ 类型的人具有天然的自我批评倾向。然而，由于他们认为自己有责任照顾他人的感受，因此很少在公共场合批评他人。他们非常清楚什么是合适的行为，举止得体、魅力四射、平易近人，社交能力很强。他们性格温和，有耐心，善于调解冲突，是天生的领导者，受人欢迎且富有魅力。他们通常是优秀的沟通者，善于运用自己的口才天赋。

ENFJ 类型的人做出决策主要依据自己对问题的主观感受，而非客观事实。他们对现实之外的可能性以及这些可能性对他人产生的影响表现出浓厚的兴趣。

由于天生具有秩序感，ENFJ 类型的人喜欢有组织的世界，并希望他人也能如此。他们乐于解决问题，即使决策权在他人手中。

ENFJ 类型的人富有同情心，易于理解他人，充满关爱和支持。他们善于洞察人心，责任心强且体贴周到。作为理想主义者，他们总能看到他人的优点。

可能存在的盲点

ENFJ 类型的人由于过于富有同情心和爱心，有时会过度陷入他人的问题或情感之中。他们有时会选择不值得投入过多时间和精力的事业。当事情进展不顺利时，他们可能会变得不知所措、失望甚至绝望，进而产生退缩心理，感觉自己不受赏识。ENFJ 类型的人需要学会接受自己和他人能力的限度，学会挑选"战场"，并保持现实的期望。

由于对和谐有着强烈的渴望，ENFJ 类型的人可能会忽视自己的需求和实际问题。因为他们总是避免冲突，有时会维持一种不诚实、不平等的关系。ENFJ 类型的人非常关心他人的感受，以至于在涉及批评或伤害感情的情况下，他们可能会忽视重要的事实。对于 ENFJ 类型的人来说，学会接受和处理矛盾非常重要，因为矛盾是人际关系的组成部分。

因为 ENFJ 类型的人充满热情，又急于迎接新的挑战，有时会在没有收集到所有重要信息的情况下做出错误的假设或草率的决定。他们需要放慢脚步，更仔细地关注项目的细节，等到获取足够多的信息之后再采取行动，便可以少犯错误。

ENFJ 类型的人乐于接受赞美，但很容易受到批评的伤害，进而表现得焦躁不安。即使是无害的或出于好意的批评，他们也会当作是针对自己的，并且对此表现得慌乱、伤心或愤怒。此时，ENFJ 类型的人应该停下来，后退一步，在行动之前客观地看清情况。

ENFJ 类型的人非常理想化，他们总是以为外界会按照他们希望的方式运转。他们容易将人际关系理想化，进而忽略那些与他们的信念相矛盾的事实。如果ENFJ类型的人没有学会面对现实，他们最终会选择忽略问题，而不是寻找解决办法。总的来说，ENFJ类型的人需要努力做到既保持清醒的认知，又保持心胸开阔。

▶ INFJ：内向、直觉、情感、判断/占美国人口的2%~3%

INFJ类型的人生活在一个充满想法的世界里。他们是独立且富有创意的思考者，具备强烈的情感、坚定的原则和完整的个性。

即使面对质疑，INFJ类型的人也坚信自己的想法和决定。他们受到自己内在洞察力的驱使，并且认为这种洞察力比其他任何事物都重要，无论是主流的意见还是既定的权威。INFJ类型的人对现实情况有深刻的认识和直观的领悟。灵感对他们来说十分重要且有效，尽管他人可能无法理解。

INFJ类型的人忠诚、有责任心且理想化。他们会默默努力，让自己的想法得到接受和应用。他们追求完整，有时甚至被他人认为是固执。INFJ类型的人有坚定的信念，并能清晰地认知对公共利益最有利的方面，他们可以成为伟大的领导者。他们通常因为所做出的贡献而被人尊重或敬佩。

由于重视和睦与一致性，INFJ类型的人喜欢说服他人相信自己观点的正确性。他们通过认同和赞美，而不是争吵或胁迫来获得他人的合作。INFJ类型的人会尽全力维护友谊并避免冲突。

一般来说，INFJ类型的人是思维缜密的决策者，他们喜欢解决问题，而且通常会在仔细思考后才行动。他们喜欢一次只专注于解决一个问题，这使得他们能够在一段时间内专心致志。

INFJ类型的人富有同情心和同理心，他们强烈渴望为他人做出贡献。他们关注他人的感情和兴趣，并且善于处理复杂的人际关系。INFJ类型的人往往具有深刻、复杂的性格，既敏感又紧张。他们可能表现得很内向，不容易接近，但他们也愿意与信任的人分享内心的想法。他们往往拥有小范围的深厚而长久的友谊，在合适的情况下能够产生浓厚的温情。

可能存在的盲点

INFJ类型的人由于过于专注于"想法"，有时会显得不切实际，而且可能会忽视需要关注的常规细节。多关注周围的事物，更多地运用已被证实的信息，有助于INFJ类型的人将自己的创造性思维融入现实世界。

INFJ类型的人由于过于坚持自己的原则，有时会变得缺乏远见。他们不知变通，一旦做出决策就拒绝改变。有时他们会对不利于自己立场的重要事实视而不见，或者抵制与自己价值观相冲突的观点。他们不会听取他人的反对意见，因为在他们看来，自己的立场是不容置疑的。INFJ类型的人需要像看待他人一样客观地看待自己和自己的工作。

由于固守自己的观点，INFJ类型的人往往表现出顽固的倾向。他们通常是完美主义者，因此对任何批评都非常敏感。尽管他们意志坚强，但在处理冲突时也会遇到困难，如果冲突加剧，他们就会感到失望或绝望。对于INFJ类型的人来说，越能客观地认识自己和人际关系，就越不容易受到这类事情带来的伤害。

▶ ENFP：外向、直觉、情感、知觉／占美国人口的6%~7%

ENFP类型的人热情充沛，充满新想法。他们乐观、随性、富有创造力且自信，拥有独到的见解并对可能性有强烈的意识。对ENFP类型的人来说，生活是一部令人兴奋的戏剧。

由于对可能性过于感兴趣，ENFP类型的人认为所有事物都具有重要意义，并愿意保留大部分选择。他们是敏锐的观察者，能够注意到那些不寻常的事物。ENFP类型的人好奇心很强，他们更注重理解而不是判断。

ENFP类型的人富有想象力、适应性强且警觉性高，他们把灵感看得比一切都重要，他们往往是天才的发明家。他们不墨守成规，善于寻找新方法。ENFP类型的人会开辟新的思路……然后保持开放！

ENFP类型的人依靠充沛的精力来实施他们的新思想。他们很有主见，善于发现和解决问题。他们通过与他人相处来获取能量，并且能够将自己的天赋与他人的优势很好地结合起来。

ENFP类型的人魅力十足，充满活力。他们待人有同情心、温和且热情，并随时准备帮助遇到困难的人。他们颇有洞察力、思维敏捷，而且经常关心他人的发展状况。ENFP类型的人总是避免冲突、崇尚和睦。他们把更多的精力投入到维护人际关系上，而不是用于维护事实，他们喜欢结交各种类型的人。

可能存在的盲点

由于容易产生新想法，ENFP类型的人很难在一段时间内专注于一件事，且不善于做出决策。他们能看到太多的可能性，难以选择要追求的活动或兴趣。有时他们会做出错误的选择，或者同时参与太多的事情。谨慎地选择一个目标，可以帮助ENFP类型的人避免浪费时间和大量才能。

对于ENFP类型的人来说，最有趣的部分是解决问题的初期和创造新思路的阶段。他们喜欢在重要且有挑战性的问题面前发挥自己的灵感。在此之后，他们往往会失去兴趣，缺乏必要的自律性来完成已经开始的工作。他们喜欢启动很多项目，但很少能完成。ENFP类型的人应该学会尽可能努力完成项目中那些乏味但必要的部分。通常，将重要的事情或步骤写下来能防止他们分心。

ENFP类型的人通常缺乏良好的组织性。他们有必要学习和掌握良好的时间观念和自我控制能力。与其他更务实的人一起工作，他们会表现得更好。这通常也符合他们的特点，因为ENFP类型的人不喜欢独自工作，尤其是在工作时间较长的情况下。他们喜欢与他人一起工作，即使工作内容不够有趣，也比独自工作要好得多。

ENFP类型的人对细节不感兴趣。他们更热衷于发挥想象力，去创造一些独创性的东西，可能不愿意费心收集所有需要的信息。有时他们会即兴发挥，而不是提前计划和准备。因为觉得收集信息是一件枯燥乏味的事情，ENFP类型的人可能不愿意度过"出主意"的阶段，或者做事无法有始有终。他们不会停下来，与其处理那些棘手的细节，他们更愿意去做其他新的或不寻常的事情。如果ENFP类型的人能有意识地关注现实世界，并收集更切合实际的想法以使他们的创新思路得以实施，那么他们可以更有作为。

▶ INFP：内向、直觉、情感、知觉/占美国人口的3%~4%

INFP类型的人将内在的和谐置于一切之上。他们敏感、理想化且忠诚，对自己的个人价值观有着强烈的荣誉感，通常会被自己深刻的信念所支配，或者愿意献身于他们认为有价值的事业。

INFP类型的人对可能性更感兴趣，而不是已知的事情，他们将大部分精力投入到自己的梦想和愿景中。他们思想开放、好奇心强且富有洞察力，通常具有出色的长远眼光。在日常事务中，他们通常很灵活、宽容且适应性强，但他们对自己内心的忠诚非常坚定，为自己设立了实际上几乎不可能达到的高标准。

INFP类型的人忙于许多理想和忠诚。无论他们选择从事什么工作，都会全身心投入地去完成——但他们往往承担了太多任务，然后设法全部完成。

尽管外表看起来很冷静且矜持，INFP类型的人内心却十分在乎外界。他们富有同情心、同理心和理解力，并且对他人的感受非常敏感。他们避免冲突，对打动和支配他人不感兴趣，除非他们自己的价值观受到威胁。INFP类型的人通常更喜欢用文字表达自己的感受，而不是用口头表达。当他们试图说服他人承认自己目标的重要性时，往往最有说服力。

INFP类型的人很少强烈地表达自己的情感，因此通常显得沉默而冷静。然而，只要他们了解了你，就会变得热情而温暖。INFP类型的人很友好，但不愿意进行仅浮于表面的社交。他们珍视那些花时间了解他们目标和价值观的人。

可能存在的盲点

由于INFP类型的人不重视事物的客观性，他们有时会在该方面犯错误，并且可能意识不到自己表现得毫无逻辑。当他们的梦想与现实脱节时，其他人可能会认为他们轻浮而奇怪。INFP类型的人最好向更实际的人征求意见，看看他们的想法在现实世界中是否可行和有用。

由于过于局限在自己的想法里，INFP类型的人有可能忽视其他观点，并且有时显得很固执。他们对周围的客观环境不太感兴趣，常常忙得注意不到周围发生的事情。

INFP 类型的人在着手一件事时，可能会花费过多时间考虑。他们的完美主义倾向使得他们对自己的想法进行长时间的精雕细琢，以至于根本来不及与他人分享。这是很危险的，因为对于 INFP 类型的人来说，必须找到表达自己想法的途径。为了避免气馁，他们需要变得更加注重行动。

INFP 类型的人对工作投入了太多感情，因此他们对批评非常敏感。而且更加复杂的是，他们往往用不切实际的高标准来要求自己。这可能会让他们感觉自己能力不足，尽管他们实际上有能力完成很多事情。当 INFP 类型的人感到失望时，他们往往会消极地面对周围的一切。努力客观地看待自己的事情，可以帮助 INFP 类型的人不那么容易受到批评和失望的影响。

由于 INFP 类型的人总是试图做"老好人"，这使他们很难站在一个不受欢迎的位置。他们不轻易批评他人，也很难说"不"。当 INFP 类型的人不表达自己的反对意见时，他人会误以为他们同意对方的观点。如果 INFP 类型的人更自信一些，并学会在必要时诚恳地批评他人，这对他们是有好处的。

▶ ENTJ：外向、直觉、思考、判断／占美国人口的 2%~5%

ENTJ 类型的人是出色的领导者和决策者。他们能够敏锐地洞察一切事物的可能性，并乐于指导他人将自己的梦想变为现实。他们是富有创造性的思考者和出色的长远规划者。

由于 ENTJ 类型的人非常理性且擅长分析，因此他们善于做那些需要推理和智慧的工作。他们做任何事情都力求胜任，因此能够很自然地发现其中可能存在的问题，并立即想到改进的方法。他们不想简单地维持现状，更愿意付出努力以求完善。ENTJ 类型的人喜欢处理复杂的问题，并且面对任何让他们感兴趣的事情都毫不畏惧，直到掌握为止。ENTJ 类型的人将真理看得高于一切，只有经过逻辑推理后，他们才会信服。

ENTJ 类型的人渴望不断地吸收知识，因此他们在规划和研究新事物时非常系统。他们喜欢研究复杂的理论问题，并且愿意为了精通感兴趣的事物而努力。相较于事物的当前状况，他们更关心行动的结果。

ENTJ 类型的人热情坦率，是天生的领导者。他们在任何情况下都愿意掌控全局。因为他们有远见，并愿意把自己的观点与他人分享，所以他们是优秀的组织者。他们按照严格的规则生活，并期望他人也能如此。因此，他们愿意挑战他人，并像鞭策自己一样促使他人进步。

可能存在的盲点

由于渴望不停地接受新挑战，并完成更宏伟的目标，ENTJ 类型的人有时会过于草率地做出决策。偶尔放慢脚步可以让他们有机会收集所有相关的数据，并仔细地考虑行动的实际情况和对个人的影响。他们重视行动的特点使他们一旦做出决策就会立即采取行动，而不是停下来重新检查实际的行动内容和外界形势。

由于 ENTJ 类型的人理性地看待生活，因此当他们无法理解他人的需求和感受时，他们可能对这些情绪表现得强硬、直率、缺乏耐心且不够敏感。ENTJ 类型的人可能会表现得好辩且难以接近，不愿意接纳他人的常识性建议。ENTJ 类型的人需要倾听周围人的意见，并对他们的贡献表示赞赏，而不是下意识地提出批评。ENTJ 类型的人需要有意识地努力——实际上可以将其作为一个准则——在提出自己的想法之前停下来倾听他人的意见，以避免表现得专横独断。

ENTJ 类型的人对待生活的那种过于客观的态度，使得他们几乎没有时间、耐心或同情心去关注他人，甚至是自己的情感。当他们的情感被忽视或无法表达时，他们会变得非常敏感。尤其是在他们认为有人，尤其是他们尊重的人，在质疑自己能力的时候，这种表现尤为强烈。他们可能会在一些看似无关紧要的小事上爆发，而这种爆发可能会伤害他们亲近的人。如果 ENTJ 类型的人能给自己留一些时间去考虑和理解自己的真实感受，他们会更快乐，效果也会更好。为他们的情绪创建一个积极的宣泄渠道，而不是让情绪肆意蔓延，实际上会让他们更好地控制自己，这也是他们喜欢并为之奋斗的状态。令人惊讶的是，ENTJ 类型的人可能并没有他们自己想象中那么有经验和能力。通过从他人那里获得一些合理且有价值的帮助，可以让他们提高个人能力并取得成功。

▶ INTJ：内向、直觉、思考、判断／占美国人口的 2%~4%

INTJ 类型的人是完美主义者。他们对自主性和个人能力有着强烈的需求，并坚持自己的创造性思维，从而推动自己实现目标。

INTJ 类型的人逻辑严谨，具备批判性和创造力，能够预见新想法应用所带来的后果，并期待目睹理论转化为现实成果的过程。他们对自己和他人都要求很高，对他人如同对待自己一样严格。他们并不特别在意冷漠或批评。作为所有性格类型中最独立的一种，INTJ 类型的人更倾向于按照自己的方式行事。通常，他们对反对意见持怀疑态度，并表现得果断而坚定。虽然 INTJ 类型的人不崇拜权威，但会遵循那些有助于他们实现更大目标的规则。

INTJ 类型的人拥有创造性的思维、敏锐的洞察力与远见卓识，智慧水平较高。他们擅长研究理论，善于处理复杂且全局性的概念问题。他们是优秀的战略思考者，能够清晰地分析任何情况的利弊。在感兴趣的领域，他们是具有洞察力和前瞻性的出色组织者。如果某个想法或项目是为了自身利益而进行，他们可以投入令人难以置信的专注、精力与动力。他们的许多成就都是通过坚定的决心和坚持不懈的努力，达到甚至超过自己的高标准而实现的。

可能存在的盲点

作为富有远见的人，INTJ 类型的人有时会设定不切实际的高标准，对自己及他人都期望过高。实际上，他们并不在乎是否符合他人的标准，自身的观点才是最重要的。他们往往未能意识到自身行为对他人的影响，在提出改进建议时可能显得过于挑剔和直率。同时，他们也不希望他人质疑自己的观点，不愿听取他人的看法。由于其性格较为冷淡，INTJ 类型的人可能错误地认为其他人也希望被同样方式对待。因此，他们需要学会理解他人看似"不合逻辑"的感受，并接受这些情绪也是合理且有效的。这将帮助他们避免疏远及冒犯周围的人。

由于非常重视自己对未来的构想，INTJ 类型的人容易忽略当下的重要事实，也可能无法识别自身思想中的缺陷，这些缺陷可能会增加执行的难度。因此，通过收集所有相关且实际的数据，可以确保其构想切实可行。此外，为了便于与他人的良好沟通，INTJ 类型的人需要简化其理论化、复杂化的思想。

因为习惯于独立思考与独自行动，INTJ 类型的人常常会忽视邀请他人参与或协助自己。然而，向他人征求意见与建议，有助于他们提前识别一些不切实际之处，从而在投入大量时间之前做出必要的修改与改进。

要提高效率，对于 INTJ 类型的人而言，关键在于学会放弃次要事务，抓住重要事项。这不仅可以防止他们过分固执，还能使他们更加灵活。当 INTJ 类型的人努力去接受生活并学习如何正确地与他人交往时，将获得更多的平衡和能力，使自己的新想法得到世界的认可。

▶ ENTP：外向、直觉、思考、知觉/占美国人口的 2%~5%

ENTP 类型的人热爱刺激与挑战。他们热情、聪明、健谈且多才多艺，并愿意为了不断提升个人能力及影响力而付出努力。

ENTP 类型的人天生具备企业家精神。他们对新思想充满热情，对各种可能性感知敏锐。他们主动积极，根据创造冲动采取行动。ENTP 类型的人非常重视灵感，并致力于将自己的想法付诸实践。同时，他们勤学好问，多才多艺，适应能力强，能够灵活地处理具有挑战性的问题。

ENTP 类型的人机警且坦率，他们可以从任何角度发现问题的所在，经常就问题的任何一个立场展开有兴致的争论。他们拥有卓越的分析能力，是优秀的策略家，总能为自己想做的任何事情找到合理的理由。

大多数 ENTP 类型的人喜欢挑战并测试他们周围的限度，他们认为大部分规则和规律即使不能被打破，也都是有弹性的。他们有时会不按常理出牌，乐于帮助他人且常常会超出被认可和期望的程度。他们喜欢自由自在地生活，并能在日常生活中找到乐趣和变化。

ENTP 类型的人在处理人际关系时富有想象力，他们总是拥有许多不同类型的朋友和熟人。他们能够展现很强的幽默感和乐观精神。ENTP 类型的人是有魅力且能激励他人的合作伙伴，常常能用自己的热情激励他人加入到自己的事业中。他们喜欢尝试去理解和回应他人，而不是评判他们。

可能存在的盲点

由于 ENTP 类型的人将创造力和创新看得高于一切，因此他们有时会因为缺乏新意而忽视那些标准的方法。他们对常规及预测性强的事物极度反感，可能会使他们很难留意到一些重要的细节。在寻找新鲜事物的热情驱使下，他们有可能会忽视必要的准备工作，而草率地深陷其中。一旦主要问题得到解决，他们就会迅速转移到下一个令其兴奋的目标，而不是坚持将前一项任务彻底完成。他们需要减少着手的任务数量，这样才能完成更多他们已经启动的任务。

通常情况下，ENTP 类型的人说话太快太多，不允许他人发表意见。他们诚实、公平，但在批评他人时可能过于直率且不够圆滑。因此，ENTP 类型的人需要看到他人感受的重要性和有效性，即使他们并不认同。他们可能有魅力、有趣且让人开心，但也可能不够真诚。ENTP 类型的人有必要克制自己对简单适应和表现的冲动，而是分享自己的真实情感。

ENTP 类型的人不愿意专注于一件事情，是因为他们担心错过其他更有吸引力的机会。他们渴望保持开放的心态，随时迎接新的挑战，这种特质让他们显得不可靠，也可能使他人的计划安排受到影响。仔细思考一下自己的行为给他人带来的影响，有助于他们变得更可靠。

ENTP 类型的人天生思维敏锐，善于预见即将发生的事情，这有时会让他们错误地认为自己知道对方要表达的内容，并插嘴完成对方的话。多花些时间，仔细关注周围的真实世界，认真倾听他人的意见和感受，将帮助他们避免表现得傲慢和粗鲁。

▶ INTP：内向、直觉、思考、知觉／占美国人口的 3%~5%

INTP 类型的人是概念性问题的解决者，他们智力超群，逻辑性强，同时也具备创造性的闪光点。

INTP 类型的人外表安静，性格内敛，遇事冷静且客观，他们的内心专注于分析问题。他们具有批判性思维，细致且具有怀疑精神。他们试图找到并运用理论来理解自己的诸多想法。他们喜欢有逻辑性和目的性的交谈，有时甚至仅为乐趣而对一些小事争论不休。INTP 类型的人只信服逻辑性的推理。

INTP 类型的人通常是天才且富有创意的思想家。他们重视自己的聪明才智，对个人能力有强烈的追求，也喜欢挑战他人，从而提高自己的能力。INTP 类型的人主要对发现可能性感兴趣，而不是那些当前已知的、公认的或显而易见的事物。他们喜欢开发模型来改善事物的现状或解决棘手的问题。他们的思维方式极其复杂，相对于处理人际关系，他们更擅长处理概念和思想上的问题。有时，他们的想法过于复杂，以至于难以与他人沟通并让他人理解。

INTP类型的人高度独立自主，偏爱推理及富有想象力的活动。他们头脑灵活且思想开放，对找到既富有创造力又切实可行的问题解决方案更感兴趣，而不是关注这些方案是否能够付诸实践。

可能存在的盲点

然而，由于过分依赖逻辑分析，INTP类型的人可能忽视对他人来说重要的事情。如果某件事情不合乎逻辑，即使这对于他们来说很重要，他们也可能选择无视它。因此，找出他们真正关心的事将帮助他们真实地对待自己的情感。

相比之下，INTP类型的人擅长发现思想和想法中的缺陷，但不愿意表达自己的赞赏。他们可能因为计划的某一部分中存在的小瑕疵而陷入困境，从而使得整个计划止步不前，因为他们无法容忍整体中有任何不合理的地方。当他们把自己高超的批判性思维技巧应用到周围的人身上时，那未加掩饰的直率便可能成为无意间的伤害。因此，他们需要被指导，也需要学会询问，什么样的事情对他人的情感来说是重要的。

由于痴迷于解决问题，INTP类型的人往往对琐碎的细节没有耐心。如果一个任务需要太多的后续工作或细节处理，他们很容易失去完成的兴趣。将精力向外部释放可以让INTP类型的人获得大量的实用知识，使他们的想法更具可行性，并为他人所接受。

当INTP类型的人试图达到自己完美的高标准时，常会感觉力不从心，与他人分享这些感受可以帮助他们形成更现实、更客观的自我认知。

▶ ESTJ：外向、感觉、思考、判断／占美国人口的8%~12%

ESTJ类型的人擅长完成任务。他们喜欢掌控局面，让事情顺利进行。他们责任心强，尽职尽责，忠于自己的承诺。他们偏好有条理的生活，能够记住并安排很多细节。他们做事有条不紊，尽可能采用有效的方式按照时间安排完成任务。

ESTJ类型的人喜欢做出决策。他们所做的决策通常是基于自己的过往经验。他们逻辑清晰、客观，善于分析，具有很强的推理能力。实际上，他们通常只能被逻辑说服。

ESTJ类型的人非常务实。他们更关注"实际的东西"，而不是抽象的概念和理论等无形的东西。他们对那些自己认为没有实际应用价值的学科不感兴趣。他们清楚周围正在发生的事情，并且主要关注眼前的事情。

由于ESTJ类型的人有自己生活的原则，因此他们是很坚定、可靠的。他们喜欢传统的事物，热衷于维护既定的规则。他们在人际关系上是一致的，尽管感情和社会交往并非他们生活中最重要的方面。他们擅长评判他人，也能够严于律己。

ESTJ 类型的人性格外向、善于交际、直率且友好。通常来说，他们很容易被人了解，因为他们表里如一。

可能存在的盲点

因为 ESTJ 类型的人对自己和他人都奉行严格的道德准则，所以当他们试图将自己的行为标准强加给他人时，可能会被视为独裁者。如果 ESTJ 类型的人能够更加变通和开放思维，就可以防止变得固执僵化。

ESTJ 类型的人逻辑严密、不讲人情，他们不会自发地考虑自己的决定给他人带来的影响。他们可能显得冷淡且漠不关心，因此他们通常需要更加留心和尊重自己的感受以及他人的想法和感受。

由于天生具有批判性，ESTJ 类型的人通常不会对他人的优秀品质或贡献表示欣赏和肯定。他们需要试着多了解他人的才能和努力，并给予赞美和表扬。

有时 ESTJ 类型的人会过于专注于自己的计划，而不会停下来倾听他人的意见。他们不会问："如果……会怎样？"因此常常错过许多可能的意义、暗示、联系和方法。防止思想狭隘的一个简单方法是，在开口之前稍等几秒钟，给其他人发表看法的机会。

ESTJ 类型的人经常在没有收集完所有必要信息或没有花时间充分了解情况时就急于得出结论。他们需要学会有意识地推迟做出决策的时间，直到他们考虑过所有信息，尤其是那些他们可能忽略的备选方案。

如果 ESTJ 类型的人能够放下部分控制欲，并认识到生活中存在灰色地带（而不是只看到事物的黑白两面），那么他们一定会更好地适应环境并取得成功。

▶ ISTJ：内向、感觉、思考、判断／占美国人口的 11%~14%

ISTJ 类型的人认真、负责且理智，是社会的中坚力量。他们值得信赖且信守承诺。他们的言语就是庄严的誓言。

ISTJ 类型的人务实、现实、实事求是且周全细致。他们做事严谨准确、有条不紊且专心致志。无论做什么事情，他们都能有条理、可靠地完成。他们有坚定不移且深思熟虑的想法，一旦他们认为这是他们要做的事，就没有什么可以分散他们的注意力或让他们气馁。

ISTJ 类型的人安静且勤奋，他们对细节有很强的判断力和记忆力。他们能够引用准确的证据来支持自己的观点，并将过去的经验应用于当前的决策中。他们重视并运用逻辑和客观的分析，能够有条理、系统性地按时完成任务。他们遵循必要的系统和程序，而对那些不这样做的人缺乏耐心。

ISTJ 类型的人谨慎且传统。他们善于倾听，喜欢那些有事实依据且明确陈述的事情。ISTJ 类型的人言行一致。

ISTJ类型的人性格内敛，即使在危急时刻也能够表现得很平静。他们忠于职守，坚定不移，但在他们冷静的外表之下，还有许多未表现出来的强烈感情。

可能存在的盲点

ISTJ类型的人存在的一个常见问题是，他们容易在工作的细节和日常操作中迷失自我。一旦沉浸其中，他们可能会变得固执，不愿适应或接受其他观点。他们对那些自己认为没有实用价值的新想法持怀疑态度。他们需要花一些时间来审视总体目标，并考虑一下他们可能没有考虑过的其他替代方案。收集更广泛的信息，并有意识地评估自己的行为可能产生的影响，可以提高ISTJ类型的人在各个领域的工作效率。

ISTJ类型的人有时很难理解他人的需求，尤其是那些与自己不同类型的人。因为他们总是将自己的想法深藏于心，因此可能会被看成冷漠无情的人。他们应该把对他人的欣赏直接表达出来，而不是藏在心里。

因为ISTJ类型的人逻辑性强，他们往往期望他人也是如此。他们有时会把自己的判断强加给他人，而且会无视那些不那么自信的人的意见。他们可能会要求他人按照自己的方式做事，并反对使用那些更具创造性和新颖的方法。如果他们能够考虑那些未经检验或非传统的方法，就能够更好地包容人与人之间的不同之处，并最终获得更有效的选择。

▶ ESFJ：外向、感觉、情感、判断／占美国人口的9%～13%

ESFJ类型的人喜欢通过直接行动和合作的形式为他人提供实际的帮助。他们有责任心、友好且富有同情心。

由于ESFJ类型的人非常重视与他人的关系，他们往往很受欢迎，而且谦和有礼、与他人友好相处且健谈。他们需要和谐的人际关系，并会为获得和维护这种关系而努力。实际上，他们常常会把自己所尊崇的人或事物理想化。ESFJ类型的人需要得到他人的欣赏和认可，因此他们对他人的漠视或批评非常敏感。他们通常表现得坚定而果断，且喜欢把事情处理好。

ESFJ类型的人务实且有条理。他们重视并能够记住重要的事实和细节，并希望他人也是如此。他们会根据自己的亲身经历或信任的人的经验来制定计划和发表意见。他们对周围的客观环境很敏感，并积极参与其中，希望成为活跃且有用的人。

由于ESFJ类型的人很负责且传统，他们会受到自己责任感和承诺的约束。他们会维护现存的制度，往往是委员会和组织中的积极分子。他们重视并能很好地遵守社会约束。他们经常会超出自己的职责范围，为他人做一些有帮助或有益处的事，在遇到困难或取得成功时，他们都很积极活跃。

可能存在的盲点

由于ESFJ类型的人非常重视和谐

的人际关系，因此他们往往会避免冲突，而不是直接面对问题。他们有时会过于看重自己所关心的人的意见和感受。在紧张或痛苦的时刻，他们可能会对现实情况视而不见。他们需要学会直接而诚实地处理冲突，并且相信他们天生对他人感受的敏感可以使自己处理好哪怕是最困难的情况。

ESFJ类型的人常常因为想要取悦或帮助他人而忽视自己的需求。他们很难说"不"或寻求他人帮助，因为他们不想冒犯他人或让他人失望。他们通常很难给予或接受有益的批评，因为他们认为这些都是私人的问题。当他们找不到改变生活的途径时，可能会变得悲观和消沉。从问题中跳出来，更客观地对待它，常常可以帮助他们获得全新的视角。

在帮助他人的过程中，ESFJ类型的人有时会以专横的方式表达他们强硬的观点。他们最好先确认一下自己提供的帮助或建议是否是他人需要的。

ESFJ类型的人常常会在没有花费充足的时间收集所有隐藏的事实并考虑清楚自己的行为会带来的影响之前就草率地做出决策。他们不愿意寻找解决问题的新方法，显得有些固执。因此，推迟做出判断的时间，以开放的心态面对解决问题的新方法，可以使他们获得更丰富的信息，以便更好地做出决策。

▶ ISFJ：内向、感觉、情感、判断/占美国人口的9%~14%

ISFJ类型的人忠诚、投入且富有同情心，善于察觉他人的感受。他们认真负责，并乐于被他人需要。

ISFJ类型的人务实、现实，喜欢安静且谦和有礼。他们喜欢大量吸收并运用事实。凭借出色的细节记忆力，他们很有耐心地完成整个任务。ISFJ类型的人喜欢把事情安排得清楚、明确。

由于ISFJ类型的人有强烈的职业道德，如果他们认为自己可以对某一件必须要做的事有所帮助，就会承担起其中的责任。他们工作时非常细致且有条理。ISFJ类型的人比较保守，有传统的价值观。他们在做出决策时会运用自己客观的判断力和出色的洞察力。

ISFJ类型的人安静而谦逊，严肃而勤奋。他们温和善良，富有同情心，机智，乐于支持朋友和同事。他们喜欢关心他人并提供实际的帮助。他们在与他人沟通时很热情，与需要帮助的人相处得很好。ISFJ类型的人不愿意表露自己的个人情感，但实际上他们对大多数情况和事件都有着强烈的个人反应。他们对待朋友忠实友好，有奉献精神，并愿意履行自己的义务。

可能存在的盲点

由于ISFJ类型的人完全活在当下，他们很难全面地看待问题并预测可能出现的结果，尤其是在不熟悉的情况下。他们需要在他人的帮助下把眼光放长远，想象一下如果换个方式，事情会变成什么样。

ISFJ类型的人可能会为了自己或他们所负责的人，陷入日常琐事和无休止的工作中。他们事必躬亲,以确保每一项任务都被一丝不苟地完成,这使他们很容易过度劳累。由于天生缺乏自信或强硬的态度,他们有可能被人利用。他们需要发泄内心压抑已久的不满情绪,以便摆脱这种不利的地位。他们也需要让他人知道自己的需求和成就。

ISFJ 类型的人通常需要更多时间来完成技术性的工作。他们总是过度计划,因此需要制定一些策略来帮助他们重新定位专注的焦点,避免把精力浪费在担忧上。ISFJ 类型的人需要找到方法来获取必要的娱乐和放松。

▶ ESTP:外向、感觉、思考、知觉/占美国人口的 4%~5%

ESTP 类型的人从不担心——他们是乐天派!他们性格活跃、随和、淳朴自然,不愿意为将来做计划,只愿意活在当下。

ESTP 类型的人非常现实,他们依赖并相信自己的感官对世界的认知。他们好奇心强,具有敏锐的洞察力。因为他们容易接受事物的本来面貌,因此往往思想开明,对他人和自己都很宽容。ESTP 类型的人喜欢那些可以触摸、分解和组合的真实事物。

ESTP 类型的人重视行动胜过语言,他们喜欢处理各种情况。他们是出色的问题解决者,能够快速吸收必要的知识,并找到合乎逻辑、理智的解决方案,而不会浪费太多精力。他们可以成为圆滑的谈判者,乐于尝试新方法,通常能够说服他人给自己一次妥协的机会。他们能够抓住潜在的原则,并在合乎逻辑的基础上,而不是基于对事情的个人感受做出决策。因此,他们很务实,在形势需要的时候也会表现得很坚定。

ESTP 类型的人性格友好且迷人,很受人欢迎,并且在大多数社交场合都能应付自如。他们外向、多才多艺且风趣幽默,无论遇到什么情况,都有讲不完的笑话和故事。他们擅长缓和紧张的气氛,并能让冲突双方重归于好。

可能存在的盲点

ESTP 类型的人喜欢活在当下,并喜欢采用"紧急"式的方式应对突发的危机,这可能使周围的人陷入混乱。由于缺乏规划,他们可能会错过许多机会。他们常常会一次性承担太多任务,到最后才发现自己不堪重负,无法履行承诺。ESTP 类型的人需要把眼光放长远一些,并尝试寻找让自己按时完成任务的方法。

ESTP 类型的人也容易忽视他人的感受,他们因为追求诚实而表现得直率和无礼,尤其在他们匆匆忙忙地从一种经历转向另一种经历时。他们的炫耀有时会被视为粗鲁,并可能会疏远那些他们想要取悦的人。只有将敏锐的观察力用于周围的人,ESTP 类型的人才会更有效地与他人相处。当他们将胆量、精力和对美好时光的热爱控制在一个能让其他人更舒服的程度时,会更有效地维护人际关系。

ESTP 类型的人更喜欢快速、轻松

地处理问题，因此他们往往不愿意在当前问题的沉闷部分浪费时间，而是直接进入下一项挑战。他们需要掌握时间管理和长期规划的技巧，以帮助他们准备和完成任务。放慢脚步，为自己的行为制定一个标准，考虑一下自己的行为可能带来的结果，会使他们的效率更高。

▶ ISTP：内向、感觉、思考、知觉／占美国人口的 4%～6%

ISTP 类型的人直率、诚实且务实，更喜欢行动而不是语言。他们谦虚朴实，并且通常对事物的规律性有很好的理解。

因为 ISTP 类型的人善于分析，他们对事物的客观和深层原理非常感兴趣。ISTP 类型的人天生就懂得机械装置的工作原理，擅长使用工具和动手工作。他们喜欢客观独立地做出决策，清楚而直接地表达自己的想法。

ISTP 类型的人好奇且善于观察，他们只相信确凿可靠的事实。他们非常尊重事实，并且在他们熟知和理解的领域是名副其实的"信息库"。由于他们是现实主义者，因此能够很好地利用现有的资源，这使他们务实且有很好的时间观念。

ISTP 类型的人性格安静且内敛，往往给人一种冷酷、冷漠的印象，除了和好朋友在一起，他们常常表现得不容易接近。他们是独立自主、平等且公正的。他们往往凭一时冲动行事，因此对眼前的挑战和问题有很强的适应能力和反应能力。他们天生追求刺激和行动，因此很喜欢户外活动和体育运动。

可能存在的盲点

由于 ISTP 类型的人总是独自做判断，因此即使是最重要的问题，他们也常常藏在心里，这就使周围的人对正在发生的事情一无所知。他们不愿与他人分享自己的反应、感受和担忧，因为对他们来说这似乎没有必要。因此，他们需要接受一个事实，即他人希望知道，也需要知道发生了什么情况。他们还应该意识到，只有他们自己才能给他人提供准确的解释。

ISTP 类型的人非常现实，他们通常能够在几乎所有事情上找到节省力气的方法。因为想要拥有自由的时间，他们通常只做一些必要的准备，或者可能无法坚持把事情做完，这可能导致他们偷工减料。制定一个包括所有步骤和细节的计划，将帮助他们克服主动性的缺乏，并减少他们明显的漠不关心。

因为 ISTP 类型的人总是在寻找新的感兴趣的事物，并对所有选择都持开放态度，所以他们可能会表现得优柔寡断。对刺激的追求可能会使他们鲁莽行事，也容易让他们感到厌倦。设定目标，并认真地对人和事物做出承诺，可以帮助他们避免频繁的失望和这种无规律的生活方式所带来的危害。

▶ ESFP：外向、感觉、情感、知觉／占美国人口的 4%～9%

ESFP 类型的人喜欢与人交往，对生活充满热情。他们活泼开朗，经常以自己纯真而坦率的方式给他人带来更多的欢乐。

ESFP类型的人适应能力强，性格随和，热情友好且慷慨大方。他们非常善于交际，经常给大家"登台表演"。他们热衷于参加活动和游戏，常常同时参加多项活动。

ESFP类型的人是现实的观察者，他们能够看到并接受事物的本来面目。他们愿意相信自己能听到、闻到、尝到、触摸到和看到的东西，而不是理论上的解释。因为他们喜欢具体的事实，并且对细节有很好的记忆力，因此他们善于从亲身经历中学习。他们的常识赋予他们与人交往和处理事情的能力。他们喜欢收集信息，并从中观察可能自然而然出现的解决方法。

ESFP类型的人能够容忍并接纳自己和他人，不愿意把自己的意愿强加给他人。他们机智且富有同情心，一般会受到许多人的真心喜爱。他们通常能让他人采纳自己的建议，并擅长帮助冲突的各方重归于好。他们喜欢与他人为伴，是很好的交谈者。他们喜欢用实际的方式帮助他人。

ESFP类型的人充满活力且魅力十足，善于说服他人。他们喜欢意料之外的事情，并愿意想方设法为他人带来快乐和惊喜。

可能存在的盲点

由于ESFP类型的人把体验和享受生活放在最重要的位置，这常常让他们显得不够尽职尽责。频繁的社交活动可能会干扰他们的生活，甚至使他们陷入麻烦。因为他们很容易受到诱惑，所以很难做到自律。ESFP类型的人容易受干扰而分心，以至于无法完成工作，这让他们显得有些懒散。如果努力对要做的事情进行排序，并在工作和娱乐之间找到一种平衡，他们将获得更广阔的视野和更长远的人生规划。借鉴一些成功或被人们所接受的工作安排和时间管理方法，可以帮助他们克服这种易受干扰的天性。

活跃的生活方式使ESFP类型的人忙得不可开交，以至于无暇去制定计划。这会让他们在面对生活中的变化时不知所措，而如果能提前发现这些变化的征兆，他们还是很容易应对的。ESFP类型的人需要预料未来的变化，做好两手准备，以防情况变得不尽如人意。

ESFP类型的人常常不考虑行动的后果就做出决策。他们习惯于相信自己的感觉，而完全排斥客观事实。ESFP类型的人非常重视朋友，往往只看到朋友积极的那一方面。ESFP类型的人需要后退一步，考虑一下事情的前因后果，并努力变得更加坚定。如果他们这样做了，说"不"就没有那么困难。

▶ ISFP：内向、感觉、情感、知觉／占美国人口的5%~9%

ISFP类型的人温和、体贴且敏感，他们会将自己强烈的个人理想和价值观藏在心里。他们更愿意通过行动而非语言来表达自己深切的感受。

ISFP类型的人谦逊且内敛，他们实际上非常热情，但不愿意把这一面表现出来，除非是在非常熟悉和完全信任的人面前。由于不愿直接表达自己的感受，ISFP类型的人常常被人误解。

ISFP类型的人有耐心，易于通融，容易相处，而且没有控制或支配他人的欲望。他们对他人的行为不加评判，并以一种相当实事求是的态度接受他人的行为。他们善于观察周围的人和事，但并不热衷于探究其中的动机或意义。

因为ISFP类型的人活在当下，所以他们不会做太多必要的准备或计划。他们做事从容不迫，因为他们全身心地投入到此时此刻的工作中，喜欢享受当下的体验，而不急于去做下一件事。

ISFP类型的人对直接从自己的经验和感官中学到和感受到的东西感兴趣，他们往往具有艺术天赋和审美眼光，并努力为自己创造美丽而个性化的环境。

由于不需要领导他人，ISFP类型的人通常是忠诚的追随者和优秀的团队成员。由于他们用自己的个人价值观来评判生活中的一切，因此他们喜欢那些愿意花时间了解他们、理解他们内心忠诚的人。他们需要最基本的信任和理解，在生活中需要和谐的人际关系，而且对冲突和分歧很敏感。

▶ 可能存在的盲点

ISFP类型的人高度敏感的天性使他们能够清楚地看到他人的需求，有时他们会为了满足这些需求而拼命努力工作，以至于在这个过程中忽视了自己。这可能导致他们因过度劳累而生病。他们需要抽出时间来像关心他人一样关心自己。

因为他们完全着眼于现在，不愿去展望未来，从而无法发现更广阔的前景。他们有时很难理解复杂的事物。因为他们不喜欢寻找或发现那些当前不存在的可能性，这使他们不能为将来做准备。他们不能很好地安排时间和精力。他们需要努力克制自己的冲动，并偶尔享受一下安静的生活，或参加一些自己喜爱的活动。

ISFP类型的人容易受到他人批评的影响，并可能因此感到恼火和沮丧。他们可能会被认为过于信任他人，因为他们从不对他人的动机产生怀疑，也不会从中发现其他危险的信号。他们需要关注自己的需求，并对他人的行为加以分析。通过在分析中加入一些客观和怀疑的态度，他们可以成为更好的性格判断者。

第 2 部分

获得职业满足的公式

既然你已经发现了自身的真实性格类型，或许会思考，为何我们不能直接为你指明一条职业道路，让你立刻着手工作呢？事情并非如此简单。并非一种特定的性格类型只能在某一特定领域中获得职业满足。例如，像你这种性格类型的人，并非"必须"成为牙医、宠物美容师或设计师。任何性格类型的人都能在各个领域取得成功。最关键的是在每种职业中找到最适合你的工作。正如我们所知，这取决于你对自身的充分了解。

众所周知，性格类型是获得职业满足的关键因素，然而直到现在，我们才逐渐认识到如何将复杂且难以理解的性格类型知识转化为职场中的幸福与成功。目前，我们将性格类型中的三个方面提炼出来，这三个方面对于那些正在寻找真正满意工作的人来说至关重要。我们将这三个方面结合起来，称之为"获得职业满足的公式"。在接下来的章节中，我们将依次对每个方面进行测试，正如你现在所看到的那样。

第4章

好一种个性：四种气质类型

无须多言，你自然知晓人的天性各不相同。但你是否知道，每个人都可以被归为四种基本的气质类型呢？

假设你的表弟热情且容易激动，而你的邻居却很稳重。这种差异在很大程度上源于他们天生的气质类型不同。倘若你的表弟，一个追求刺激的人，在保险公司从事数字处理工作，那么他很可能会感到极度厌烦。这无疑是一个错误。然而，如果他仍在同一家保险公司工作，但负责调查被烧毁的已投保建筑物，那么他对工作的兴趣可能会大大增加，从而感到满意。那么，你的那位可靠邻居呢？他或许非常适合从事数字处理工作！

纵观历史，哲学家、作家、心理学家以及其他人类行为观察家都注意到，所有人都可以用四种截然不同的"天性"来划分。早在公元前450年，希波克拉底就描述了四种不同的性格倾向（亦称气质类型）。在中世纪，帕拉塞尔苏斯也描述了四种天性，它们受到四种灵魂的影响。美国印第安人的"医药轮"象征着四种"灵魂守护者"，这与气质类型相似。而印度教智慧则提出了四种核心欲望。

令心理学家戴维·凯尔西印象深刻的是，尽管这四种不同的气质类型是由来自不同文化背景和不同历史时期的人们独立观察到的，但它们所描述的特征却极为相似。当他阅读了伊莎贝尔·布里格斯·迈尔斯关于性格类型的著作后，开始对性格类型与气质类型之间的关系产生了浓厚的兴趣。为了识别这四种气质类型，人们使用了许多不同的名称。我们在本书中所使用的名称，部分是借鉴而来，部分则是原创的。我们选择这些名称是因为它们能够很好地描述每种气质类型的核心特征。

凯尔西定义的四种类型偏好的组合与历史上人们提出的四种气质类型相对应。这四种组合是：

"传统主义者"（SJ类型）偏好"感觉"和"判断"

"经验主义者"（SP类型）偏好"感觉"和"知觉"

"理想主义者"（NF类型）偏好"直觉"和"情感"

"概念主义者"（NT类型）偏好"直觉"和"思考"

16种性格类型都属于其中的一个类别。在本书中，当我们谈到气质类型时，有时会使用名称，有时会使用字母组合（例如，"传统主义者"和"SJ"）。我们这样做是因为一些人觉得其中的一种比另一种更容易记忆，但两种方式是同等适用的。一种确定气质类型的方法是核对你性格类型的字母组合。其中，SJ 和 SP 分别对应第二和第四个字母，而 NF 和 NT 则是中间的字母。

"传统主义者"（SJ 类型）：ESTJ、ISTJ、ESFJ、ISFJ；

"经验主义者"（SP 类型）：ESTP、ISTP、ESFP、ISFP；

"理想主义者"（NF 类型）：ENFJ、INFJ、ENFP、INFP；

"概念主义者"（NT 类型）：ENTJ、INTJ、ENTP、INTP。

具有相同气质类型的人有许多共同点，并且拥有相同的核心价值观。然而，他们并非完全相同。每种气质类型都包含四种不同性格类型的人。他们的其他偏好，如外向或内向、思考或情感、判断或知觉，赋予了他们截然不同的性格特征。可以将每种气质类型视为一个乐器家族。例如，所有弦乐器都具有许多重要的共同特征，但也有明显的差异，如小提琴、中提琴、大提琴和低音提琴（更不用说吉他和钢琴了），而它们又与管乐器截然不同。

鉴于找到一份适合自己性格的工作极为重要，我们现在来探讨一下四种气质类型以及它们如何最适合职场环境。在讨论过程中，你将获得每种气质类型的信息，包括它们的优势与劣势。这将有助于你了解不同性格类型的人如何在不同环境中获得成长，同时也能帮助你找到真正满意的工作。为了便于后续查找，你可以将符合你自身情况的部分做上标记（醒目地标记出来或复印），以便日后参考。

即便你已经确定了自己的性格类型，我们仍然建议你在决定哪种气质类型最符合自己之前，仔细了解一下这四种气质类型。暂时不要在意你气质类型的代表字母是否与你的性格类型相符。它们很有可能是一致的，但也有可能不一致。

▶ 传统主义者（SJ 类型的人，感觉判断者）：ESTJ、ISTJ、ESFJ、ISFJ/约占美国人口的 46%

你应该还记得，感觉型的人相信事实、经过证实的数据、以往的经验以及通过五种感官获得的信息。判断型的人更喜欢有条理、有秩序的世界，并且善于做出决策。将这两种偏好结合在一起，便形成了"感觉判断者"，这是一种既脚踏实地又行动果断的人，我们将其称为"传统主义者"。

传统主义者的座右铭是"若无故障，切勿修理"。传统主义者尊重传统与制度，这一点不足为奇。他们重视安全、礼仪、规则以及一致性。他们拥有服务于社会需求的强烈动机。传统主义者尊重权威、等级制度以及命令系统。他们富有责任感，总是努力去做正确的事情，这使得他们可靠、值得信赖，而最为重要的是，他们富有责任心。

传统主义者中既有思考型（STJ），也有情感型（SFJ），这两种类型之间存在着明显的差异。通常情况下，ESFJ类型和ISFJ类型并不会像ESTJ类型和ISTJ类型那样高度契合传统主义者的描述。对于ESFJ类型和ISFJ类型而言，人际关系以及以人为本的决策标准至关重要。因此，尽管大多数传统主义者（无论其判断偏好如何）在从事结构清晰、预期明确的职业时最为快乐，但那些具有情感偏好的人则会努力与他人建立和谐的关系，并积极寻找机会为他人提供实质性的帮助。

传统主义者在工作中

传统主义者需要归属感，渴望服务他人，同时也注重做正确的事情。他们重视稳定、秩序、合作、一致以及可靠性，通常表现出严肃且勤奋的工作态度。传统主义者在工作中对自己要求严格，并期望他人也能做到同样的高标准。

优势　传统主义者务实、有条理、全面且系统。他们注重规章制度、政策、合同、例行习惯以及时间期限。传统主义者擅长从事守卫、侦查以及管理工作。他们喜欢处理有根据的事实，并利用这些事实推动所属组织的发展。他们以首次就能将事情做好，并且每次都能做好为荣。他们对需要关注的问题具有敏锐的洞察力，并尽可能利用现有资源高效地完成工作。一旦做出承诺，传统主义者便会坚持到底。在最佳状态下，传统主义者是坚实、值得信赖且可靠的。

潜在的劣势　传统主义者对理论和抽象概念通常不太感兴趣，而且相较于现实，未来对他们而言吸引力较小。长期规划往往并非他们的强项。传统主义者有时做出决策过于仓促。他们看待问题往往非黑即白，忽视中间的灰色地带。他们可能难以迅速做出改变或适应环境，并且倾向于拒绝尝试新的、不同的或未经检验的事物。在认真考虑某个解决方案之前，他们很可能希望看到该方案行之有效的证据。在最糟糕的情况下，传统主义者可能会变得不知变通、教条主义且缺乏想象力。

一份好工作　传统主义者适合在具有清晰层级结构的稳定组织中担任需要高度责任感的工作。由于他们喜爱结构化，因此通常偏好有较多规章制度和工作标准的组织。传统主义者倾向于在奖惩分明的组织中工作（他们不喜欢处于不断变动或混乱状态的职位或组织），他们喜欢与那些和自己一样敬业、尊重权威并能各司其职的同事一起工作。

传统主义者通常是优秀的管理者。他们深知结构的重要性，并且往往是组织的中坚力量，无论是在领导岗位还是从事其他工作。他们最常扮演的角色是"稳定器"，即传统和现状的维护者。

你还记得我们曾提到，各种类型的人都可以在每一个领域获得职业满足吗？基于本章的目的，我们以司法工作为例来进行说明。一些气质类型的人或许比其他类型的人更适合从事司法工作，但只要找到满足自己个人需求的方法，所有人都可以在这一领域获得职业满足。

传统主义者成为警察也并非罕见之事。事实上，在一些调查中，某个地区超过50%的警察都符合这种气质类型！这份工作对他们具有吸引力，是因为他们将保护和服务社会视为首要任务。他们认为执法、维护社会秩序、帮助有困难的人会让他们感到非常满足。

许多警察还是"经验主义者"——我们接下来要讨论的第二种气质类型——他们选择这份工作是出于不同的原因，正如你即将看到的。

▶ **经验主义者（SP类型的人，感觉知觉者）：ESTP、ISTP、ESFP、ISFP/约占美国人口的27%**

你一定记得，感觉型的人专注于可见、可听、可感、可闻或可尝的事物，并相信那些可以测量或可以证明的东西。知觉型的人喜欢对各种可能性保持开放态度，并且喜爱自由随意的生活方式。将这两种偏好结合起来，便形成了"感觉知觉者"，他们容易受到感动，行事率性而为，我们将其称为"经验主义者"。

经验主义者的座右铭是"生活就是为了享受"！他们无疑是四种气质类型中最具冒险精神的。他们为行动、冲动以及当下的体验而活。他们专注于当前的情况，并具备评估眼前需要做的事情的能力。由于经验主义者重视自由与自然，他们很少会选择那些拥有过多结构或规章制度的活动或情境。他们敢于冒险，适应性强，随和且务实。他们钦佩在任何领域或学科中拥有熟练技术的人。许多经验主义者（但并非全部）喜欢在生活的边缘地带寻求刺激，堪称冒险家。

经验主义者在工作中

经验主义者需要保持活跃，并且渴望随着自己的冲动自由行事。在工作中，他们专注于当下可以完成的事情。他们崇尚英雄壮举和高超技艺，乐于从一个挑战转向另一个挑战。

与传统主义者类似，经验主义者也分为两种类型，即STP和SFP。与他们的SFJ朋友一样，一些SFP类型的人并不完全认同对经验主义者性格的描述，因为该描述中没有涵盖他们乐于助人或做出符合自己价值观的决策这一天性。因此，尽管所有经验主义者都对那些没有过多规则、计划和结构约束的职业感到满足，但SFP类型的人通常会更积极地关注他人的需求，并希望自己的工作能够直接改变他人的生活。

优势 经验主义者能够清楚地洞察正在发生的事情，并且能够敏捷地抓住机会。他们擅长识别实际问题，并以灵活的思维、足够的勇气和智慧来应对这些问题。他们不惧怕必要的冒险或即兴发挥。与传统主义者不同，经验主义者不固守传统，乐于通过改变来应对眼前的需要或危机。然而，与传统主义者一样，他们更愿意处理事实和实际问题，而不是理论或想法。经验主义者对人类行为具有敏锐的洞察力，是优秀的谈判者。他们会以最经济、最有效的方式努力达成目标。许多经验主义者（但并非全部）特别擅长使用工具和仪器，能够精准地操作这些需要精确度的设备。在最佳状态下，经验主义者足智多谋、令人兴奋且充满乐趣。

潜在的劣势 经验主义者对他人而言往往是不可预测的，他们有时会在未经过深思熟虑之前就草率行事。他们对理论、抽象或概念性的东西通常不感兴趣，而且可能会忽视事件之间的重要联系或模式。一旦度过了危机阶段，经验主义者往往会丧失热情。由于他们喜欢保留所有选择，因此他们并不总是遵守既定的规则，有时还会逃避承诺和计划。在最糟糕的情况下，他们可能会变得不负责任、不可靠且冲动。

一份好工作 对于经验主义者而言，一份好工作可能是提供自主性、多样性和行动性的工作。他们喜欢那些能够立竿见影的工作，并且乐于熟练、成功地执行任务。由于他们喜爱娱乐，因此只有能够给他们带来足够多快乐的工作才能让他们感到满意。

尽管经验主义者天生不喜欢结构化较强的组织，但他们可以在组织中扮演"消防员"的角色，负责发现并应对危机。他们通常从事那些能够让他们独立、自发地运用所学技能（通常涉及工具）的工作。

既然你已经了解了这种气质类型，你是否能猜到为什么许多经验主义者也会从事司法工作呢？一些调查表明，美国警察队伍中有多达25%的人是经验主义者。他们选择警察这个职业，是因为每一次推开一扇门或拦截一辆车，都可能带来兴奋、不可预测性，甚至是危险。对于许多经验主义者来说，警察这份工作能够满足他们对行动、自发性以及充分体验当下的需求。

▶ **理想主义者（NF 类型的人，直觉情感者）：ENFJ、INFJ、ENFP、INFP/约占美国人口的 16%**

你应该还记得，直觉型的人对意义、人际关系和可能性感兴趣。情感型的人则依据个人价值观做出决策。将这两种偏好结合起来，便形成了"直觉情感者"。这类人关注个人成长以及对自我和他人的理解，我们将其称为"理想主义者"。

理想主义者的座右铭或许是"做真实的自己"。他们是四种气质类型中最具哲学思想的类型。他们仿佛一直在探寻生命的意义。他们非常看重人和人际关系中的真实性和完整性，并且往往会将他人理想化。理想主义者专注于人类的潜能，并且具有帮助他人成长和发展的天赋，这种行为能给他们带来极大的满足感。他们往往是出色的沟通者，可以被视为积极变革的催化剂。

理想主义者在工作中

理想主义者喜欢运用他们与生俱来的能力去理解他人并与他人沟通。他们天生富有同情心，对与他们工作相关的人员——如员工、同事、病人或客户——的需求十分关注。

优势 理想主义者懂得如何激发他人的最佳潜能，并且知道如何激励他人发挥出最好的水平。他们擅长解决冲突，帮助人们更有效地合作，并且有能力帮助他人对自我和工作产生好感。理想主义者善于发现解决问题的创新方案。他们在工作中表现出远见卓识、创新精神和艺术感。理想主义者善于运用语言和文字进行沟通，并且能够激发人们对他们的想法和行动的热情。在最佳状态下，他们富有魅力，容易被他人接受和包容。

潜在的劣势 理想主义者做出决策往往全凭个人喜好。他们很难保持独立性。他们对他人的问题过于上心，以至于常常深陷其中无法自拔。有时，他们过于理想化，缺乏务实精神。理想主义者不喜欢约束或批评他人，尽管他们经常自责。有时，他们会为了维护和谐而牺牲自己的观点。在最糟糕的情况下，他们会变得喜怒无常、难以捉摸且不切实际。

一份好工作 对于理想主义者而言，一份好工作应当是对个人有价值的，而不仅仅是为了完成日常工作或达到短期目标。他们重视和谐，不喜欢在竞争激烈或充满分歧的环境中工作。他们更倾向于那些民主的、鼓励各层次人员积极参与的组织。

理想主义者应当选择那些能够鼓励个人价值观，或者使他们能够帮助他人获得成就感的工作。他们大多在人才交流中心或人事部门工作，或者从事教育、咨询、律师以及艺术等领域的工作。

你认为理想主义者在司法部门中会从事什么样的工作呢？调查表明，他们在警察队伍中的比例远低于10%，并且他们通常不会一辈子在一线工作。他们几乎都会成功地找到途径转换至人才交流部门、社区公共项目、培训或发展项目，在那里他们可以发挥自己的天赋，向他人提供帮助。

▶ 概念主义者（NT 类型的人，直觉思考者）：ENTJ、INTJ、ENTP、INTP/约占美国人口的10%

你已经了解到，直觉型的人喜欢从万事万物中寻找意义，并关注其潜在的含义。你也记得，思考型的人会以客观且符合逻辑的方式做出决策。将这两种偏好结合起来，便形成了"直觉思考者"，这一类人既有智慧又有能力，我们将其称为"概念主义者"。

概念主义者的座右铭是"凡事精益求精"。他们是所有四种气质类型中最具独立性的一类人。他们求知欲旺盛，并为自己和他人设定很高的标准。他们天生好奇，往往能够看到论点或问题的多个方面。概念主义者善于发现可能性，擅长理解复杂的问题，并且擅长为实际的或假设的问题设计解决方案。他们通常担当变革的设计师这一角色。

概念主义者在工作中

概念主义者喜欢运用自己的能力去发现可能性，并通过合乎逻辑的方式加以分析，以找到解决问题的方案。他们热衷于不断获取知识，无论是为了自身的成长还是出于战略目的。

优势 概念主义者具有远见，能够成为伟大的创新者。他们能够在看到所有可能性并通观全局的情况下，构思和设计组织内部的必要变革。他们擅长（并且乐于）制定策略、计划和建立系统以实现目标。概念主义者能够理解复杂的理论概念，擅长推断原理或趋势。他们喜欢接受挑战，对自己和他人的要求都很高。他们通常能够接受建设性的批评，而不会将其视为个人攻击。在最佳状态下，他们表现出自信、机智且富有想象力的特质。

潜在的劣势 有时，概念主义者的思维方式可能过于复杂，导致他人难以理解。他们容易忽视一些必要的细节。他们具有极强的质疑精神，经常对规则、假设或习俗发起挑战。他们有时也会挑战权威，并可能被他人视为精英主义者。概念主义者常常忽视自己对他人的影响，并且对和谐或情感问题不太感兴趣。他们极具竞争意识，对于那些自己无法胜任的任务或活动，他们往往不愿投入精力。在最糟糕的情况下，概念主义者可能会变得傲慢、孤僻且不合群。

一份好工作 概念主义者理想的工作应当能够提供自主性、多样性、丰富的智力刺激，以及为他们的创造性思维提供施展机会。只有具备足够的挑战性，概念主义者才会感到满意。由于概念主义者对那些他们认为不如自己能力强的人缺乏耐心，因此他们的周围必须是非常有能力的上级、同事和员工。大多数概念主义者重视实力，他们崇尚高地位的工作，并且欣赏有实力的人。

由于对能力的需求非常强烈，概念主义者经常处于领导职位。他们常常出现在高等院校的老师岗位、高层管理职位、科学或计算机领域，以及医学或司法领域的职位。

你可能已经猜到了概念主义者在警察队伍中所从事的工作类型。虽然从事此类工作的概念主义者数量不多，但他们占据了高层管理职位的20%。高级别的职位让他们有机会处理复杂的问题，将他们的远见和逻辑应用于长期战略规划，并且享受到权力带来的乐趣。

▶ 茶壶里的气质类型

一次对某家医院员工会议的观察可以展现每种气质类型的优势。你可以看到各个部门负责人的关注点各不相同，但每个人都对会议做出了重要的贡献。

苏珊，计划与营销总监，是一位概念主义者。她提出了一项建议，即在医院内设立一个新的女性健康服务部门。作为一个潜在的利润丰厚的收入来源，该部门将为女性提供广泛的医疗服务，包括诊断和外科治疗服务。无论是采用的程序还是使用的设备，都将处于科技前沿。苏珊的计划还包括推广该部门的专家——德高望重的医生和技术人员。她认为该部门很有可能在医院之间形成一种竞争环境，从而使本医院能够吸引到最优秀的员工，并成为医疗保健领域的领导者。

罗斯，财务总监，是一位传统主义者。他建议对全国各地的同类医院进行全面调查，了解它们的运营成本，并为本医院的新部门确定一个现实的启动成本。他提醒大家，在仔细完成可行性研究以及必要证书申请之前，不要操之过急。如果数据支持设立新部门，罗斯建议先进行为期3年的试运营，以降低医院财政稳定性的整体风险。他指出，医院有必要进行成本比较研究，以确定最佳定价策略，并制定成本控制计划，以维持实际运营预算并降低管理费用。

拉克尔，运营总监，是一位经验主义者。她建议在进行任何新的采购之前，先组建一个特别工作小组，用于收集现有的、可用于新部门的人员、材料和设备的信息。她建议向建筑和承包公司发出投标邀请，并建议所有谈判都经由她的办公室办理。拉克尔担心，如果本医院不能尽快组建新部门，就会失去成为创新者的机会，因为其他医院也在进行类似的尝试。她鼓励各部门迅速且高效地开展工作，而不是召开大量会议或来回发送大量电子邮件，换句话说，就是要趁热打铁。

迈克尔，人力资源总监，是一位理想主义者。他对成立新部门的计划充满热情，并建议新部门应面向所有社区和不同经济背景的女性。迈克尔提醒大家，一些员工和社区工作人员可能会将该计划视为对他们工作的威胁。他指出，该计划需要员工和社区的支持，并建议医院通过多种沟通活动，包括员工会议、个人问卷调查以及针对社区居民和邻近医院的公共宣传活动，以保持大家对该计划的热情。他还建议举行破土动工仪式、盛大开业参观以及类似的面向社区的活动。

▶ 你属于哪种气质类型

到目前为止，你可能已经确定了与自己最接近的气质类型。那么它是什么呢？

传统主义者（SJ 类型）＿＿＿＿＿＿
经验主义者（SP 类型）＿＿＿＿＿＿
理想主义者（NF 类型）＿＿＿＿＿＿
概念主义者（NT 类型）＿＿＿＿＿＿

你在第 1 部分中确定的性格类型是什么？＿＿＿＿＿＿＿＿

如果你在第 1 部分中确定的性格类型与你的气质类型恰好一致，那么你就进一步验证了自己的类型。

如果你在第 1 部分中确定的性格类型与你的气质类型不一致，那么你可能没有正确地确定出自己的真实性格类型。例如，如果你认为自己是 ENFP 类型的人，但又强烈认同概念主义者的气质类型，那么你更可能是 ENTP 类型的人，而不是 ENFP 类型的人。我们建议你回到第 3 章，重新阅读 ENFP 和 ENTP 性格类型轮廓图，看看哪一种与你更相符。

假如你重新阅读了第 3 章后，仍然认为自己是 ENFP 类型的人，也不要灰心！对于你得到的矛盾结论，还有另一种可能的解释。随着年龄的增长，我们都会自然而然地通过发展较弱的偏好来"完善"自己的性格。这一过程被称为"类型发展"，我们将在第 6 章中进行详细解释。简而言之，这种情况意味着你确实是一个 ENFP 类型的人，但你正在努力发展自己的"思考"能力，这使得你认为自己更符合概念主义者的气质类型。读完第 6 章以后，你应该会对类型发展的原理有一个很好的了解，这将帮助你对自己真实的性格类型做出最终的判断。

第5章

谁更突出：识别你的先天优势

职业满足公式的第二个要素是了解自己性格中哪些方面较强，哪些方面较弱。尽管所有偏好都很重要，但每种性格类型中某些偏好比其他偏好更具影响力。既然你想在工作中发挥自身优势，那么仔细审视那些对你取得成功助力最大的偏好就显得尤为重要。

▶ 性格类型的功能

你或许还记得，外向和内向是我们与世界互动的两种不同方式，而判断和知觉是我们构建生活所偏好的两种方式。这四种偏好体现在性格类型的首字母和尾字母中，我们将其称为"态度"。

你可能还会记得，感觉和直觉是我们获取信息的两种不同方式，而思考和情感是我们做出决策的两种不同方式。这四种偏好体现在性格类型的两个中间字母上，我们将其称为"功能"。功能是性格类型的核心，本章将为你详细阐述其原因。

	外向（E） ← → 内向（N）
功能	感觉（S） ← → 直觉（N） 思考（T） ← → 情感（F）
	判断（J） ← → 知觉（P）

▶ 功能等级

每种性格类型都具有一种"功能等级"。这种等级对功能的强弱进行了排序。尽管随着时间推移，你可能会成长、改变并发展自身能力，但功能等级在一生中保持不变。

功能等级并非对所有偏好（以字母表示的性格类型）进行排名，它仅涉及功能部分（性格类型中间的两个字母）。由于每个人在某种程度上都会用到所有四种功能，因此功能等级既包括你最常使用的功能（由性格类型中的字母所反映的偏好），也包括你较少使用的功能（未在性格类型字母中显示的偏好）。

对于每种性格类型，都存在一种最重要的特征功能——它如同一艘船的船长，我们将其称为"主导功能"。四种功能（感觉、直觉、思考、情感）中的任何一种都可能成为主导功能，但每种性格类型仅有一种主导功能，且保持不变。

功能等级中的下一级功能——处于第二级的功能——被称为"辅助功能"。同样，每种性格类型仅有一种辅助功能，且保持不变。

主导功能和辅助功能通常指示你获取信息的方式（即感觉或直觉）以及你做出决策的方式（即思考或情感）。如果你的主导功能是信息收集功能，那么你的辅助功能就是决策功能；反之亦然。

功能等级中的"第三功能"总是与辅助功能相对，而"第四功能"通常与主导功能相对。从某种意义上说，第四功能可以视为主导功能的对立面。由于主导功能是你性格类型中最强大的偏好，因此可以推断与其相对的偏好是你最薄弱的环节。第四功能有时被称为劣势功能，这是有一定道理的。

#1 主导功能
#2 辅助功能
#3 第三功能（与#2 相对）
#4 第四功能（与#1 相对）

一种理解功能等级的方法是想象一个四口之家正在进行自驾游。前排坐着两位家长：主导功能负责驾驶，辅助功能负责导航。后排坐着两个孩子：第三功能相当于一个大约 10 岁的孩子，第四功能则如同一个婴儿。显然，你希望由主导功能来驾驶（毕竟总得有人开车），让辅助功能协助导航。但你仍然需要关注那两个孩子（例如制止他们打闹、停下车让他们上厕所等）。

只要主导功能和辅助功能掌控局面，一切便能正常运行。但若第三功能，尤其是第四功能接管时，就如同孩子们爬到前排开始驾驶（可想而知，结果将是灾难性的）。

那么如何确定哪些功能是你的主导功能、辅助功能、第三功能和第四功能呢？我们将为你解答！下面的表格列出了每种性格类型的功能等级，请花些时间找到自己的。

功能等级[*]

ISTJ 类型	ISFJ 类型	INFJ 类型	INTJ 类型
1 感觉	1 感觉	1 直觉	1 直觉
2 思考	2 情感	2 情感	2 思考
3 情感	3 思考	3 思考	3 情感
4 直觉	4 直觉	4 感觉	4 感觉
ISTP 类型	ISFP 类型	INFP 类型	INTP 类型
1 思考	1 情感	1 情感	1 思考
2 感觉	2 感觉	2 直觉	2 直觉
3 直觉	3 直觉	3 感觉	3 感觉
4 情感	4 思考	4 思考	4 情感
ESTP 类型	ESFP 类型	ENFP 类型	ENTP 类型
1 感觉	1 感觉	1 直觉	1 直觉
2 思考	2 情感	2 情感	2 思考
3 情感	3 思考	3 思考	3 情感
4 直觉	4 直觉	4 感觉	4 感觉

续表

ESTJ 类型	ESFJ 类型	ENFJ 类型	ENTJ 类型
1 思考	1 情感	1 情感	1 思考
2 感觉	2 感觉	2 直觉	2 直觉
3 直觉	3 直觉	3 感觉	3 感觉
4 情感	4 思考	4 思考	4 情感

* 此表摘自《组织中的类型》一书（桑德拉·克雷布斯·海斯和让·M. 库默罗著），1990 年第 2 版第 9 页，经心理学家出版社授权。

** 每种类型的等级划分公式极为复杂，需要深入解释。然而，我们认为这些复杂解释可能会分散大多数读者的注意力，甚至显得多余且不受欢迎。因此，我们仅列出等级，并建议对这一原理感兴趣的读者参阅《MBTI 的发展与运用指南》一书（作者为伊莎贝尔·布里格斯·迈尔斯和玛丽·麦考琳），该书由心理学家出版社出版（第 3 章，第 16 页）。

▶ 你的主导功能

主导功能是性格的核心功能，犹如掌控全局的领导者。它引领并塑造你的性格，避免其他功能相互冲突。尽管每个人在某种程度上都会用到四种功能，但主导功能是你使用最频繁且最自然的功能。具有相同主导功能的人有许多共同之处，但他们也可能存在显著差异，因为他们的辅助功能和其他偏好（别忘了"态度"）各不相同。

如果你的性格类型以感觉为主导功能，我们便称你为"感觉主导者"。你不仅是一个感觉型的人，更是一个高度依赖感觉的人。感觉主导者通常会高度关注自己经历的事实和具体情况。他们最信任和重视的是五种感官所传递的信息，他们对世界的认知主要来源于所见、所闻、所触、所尝和所嗅的一切。

如果直觉是你的主导功能，我们便称你为"直觉主导者"。你不仅是一个直觉型的人，更是一个高度依赖直觉的人。与具体的事实和细节相比，直觉主导者更关注事物的含义、可能性、方式和关系。直觉主导着他们的大部分甚至全部感知。他们在观察特定情况时，首先看到的是其潜在的含义和可供选择的方案。

如果思考是你的主导功能，我们便称你为"思考主导者"。你不仅是一个思考型的人，更是一个高度依赖思考的人。思考主导者倾向于基于逻辑和客观分析来做出决策。他们最直接且最强烈的倾向是通过客观地审视特定情况来得出结论，很难不这样做。

如果情感是你的主导功能，我们便称你为"情感主导者"。你不仅是一个情感型的人，更是一个高度依赖情感的人。情感主导者最喜欢基于个人价值观来做出决策。他们有强烈的共情需求，一生都在不断评估什么才是对自己和他人最重要的。

▶ 你的辅助功能

辅助功能能够平衡主导功能。它是副手、平衡器，是不可或缺的最佳配角。尽管它没有主导功能的主导地位，但其作用不可或缺。正如之前提到的，辅助功能始终是一个与主导功能不同的过程。

如果主导功能是感觉或直觉（信息收集功能），那么辅助功能一定是思考或情感（决策功能）。感觉主导者和直觉主导者很自然地倾向于花时间收集信息，而不是急于做出决策。如果你是感觉主导者，可能会把所有时间都花在收集事实上，却难以得出结论；如果你是直觉主导者，可能会专注于考虑各种可能性，却始终无法采取行动。此时，辅助功能就能发挥作用，作为副手，它会推动你根据收集到的信息做出决策。

大多数人都拥有较为强大的辅助功能，但偶尔也会遇到无法将收集到的信息转化为结论的感觉主导者或直觉主导者。这些人要么是慢性拖延症患者，要么完全没有决策能力。由此可以看出，强大的辅助功能是多么重要。

如果主导功能是思考或情感（决策功能），那么辅助功能必须是感觉或直觉（信息收集功能）。思考主导者和情感主导者天生倾向于把时间花在做出决策上。如果你是思考主导者，你会忙于分析和评判周围的一切；如果你是情感主导者，你会急于形成观点并决定对事情的看法。同样，辅助功能可以帮助平衡主导功能，在这种情况下，它会推动你先收集信息再做判断。

偶尔也会遇到辅助功能极弱的思考主导者或情感主导者。这些人总是急于做出决策，甚至不会等到收集到所有必要的信息。他们往往固执己见、思想封闭、不知变通，无论其判断是基于原则还是个人价值观。

在这 16 种性格类型中，各有四种是感觉主导者、直觉主导者、思考主导者和情感主导者。下面将分别进行分析。

感觉主导者 ISTJ、ISFJ、ESTP、ESFP

感觉主导者——高度依赖感觉的人——相信事实和细节胜过其他任何方面。然而，感觉主导者有四种不同的类型，每种类型对收集到的信息的处理方式各不相同。

ISTJ 和 ISFJ 均为感觉主导者（注重事实），且均为内向型（更倾向于内在现实）。这两种类型的人都很传统、务实且有条理。然而，ISTJ 的辅助功能是思考，这意味着他们关注并收集客观事实，并对其进行分析。ISTJ 类型的人实事求是、理智且务实。ISFJ 的辅助功能是情感，这意味着他们收集与人相关的事实，然后根据自己的价值观和对他人的敏感度做出决策。ISFJ 类型的人忠诚、有耐心且具有服务意识。

ESTP 和 ESFP 均为感觉主导者（注重事实），且均为外向型（专注于手头情况的具体细节）。这两种类型的人外向、适应能力强且充满活力。由于 ESTP 的辅助功能是思考，他们会收集数据并合理地做出决策。ESTP 类型的人务实、有说服力且多才多艺。ESFP

的辅助功能是情感，这意味着他们在做出决策时会更多地考虑他人的感受。ESFP类型的人社交能力强、随和且善于合作。

直觉主导者 INTJ、INFJ、ENTP、ENFP

直觉主导者——高度依赖直觉的人——能够在任何情境中发现潜在的意义。与感觉主导者类似，直觉主导者也有四种类型，他们以不同的方式运用自己获取的结论。

INTJ和INFJ均为直觉主导者（能够洞察潜在意义），且均为内向型（专注于内在意义）。这两种类型的人都具有创造力且富有远见。然而，INTJ的辅助功能是思考，这意味着他们会关注方式和意义，并对其进行客观分析。INTJ类型的人逻辑性强、理论性强且系统性强。INFJ的辅助功能是情感，这意味着他们会关注关联和联想，并从人文角度进行分析。INFJ类型的人敏感、富有同情心且能顾全大局。

ENTP和ENFP均为直觉主导者（能够洞察潜在意义），且均为外向型（能够自然地发现周围的各种可能性）。这两种类型的人都富有创造力、洞察力和想象力。然而，ENTP的辅助功能是思考，这意味着他们具有很强的逻辑性。ENTP类型的人善于策划，具有挑战性且理论性强。ENFP的辅助功能是情感，这意味着他们以人为本。ENFP类型的人好奇心强，待人热情且友好。

思考主导者 INTP、ISTP、ENTJ、ESTJ

思考主导者——高度依赖思考的人——具有强烈的做出逻辑决策的冲动。然而，四种思考主导者分析事物的方式各不相同。

INTP和ISTP均为思考主导者（逻辑性强），且均为内向型（以自己的标准来认识世界）。这两种类型的人独立且善于分析。然而，INTP的辅助功能是直觉，这意味着他们擅长处理概念性和抽象问题。INTP类型的人富有创造力，善于推理且理论性强。ISTP的辅助功能是感觉，这意味着他们更注重实际应用。ISTP类型的人务实、有冒险精神且主动性强。

ENTJ和ESTJ均为思考主导者（逻辑性强），且均为外向型（愿意组织他人和事务）。这两种类型的人都果断且有条理。然而，由于ENTJ的辅助功能是直觉，他们能够通观全局并看到未来的可能性。ENTJ类型的人理论性强，具有批判精神且重视计划。ESTJ的辅助功能是感觉，这意味着他们更关注具体事物和当前情况。ESTJ类型的人效率高、务实且有责任感。

情感主导者 ISFP、INFP、ESFJ、ENFJ

情感主导者——高度依赖情感的人——具有强烈的基于自身价值观做出决策的冲动。同样，四种情感主导者之间也存在细微差别。

ISFP和INFP均为情感主导者（关

注自己的决策对他人的影响），且均为内向型（关注内在的个人价值观）。这两种类型的人都敏感、适应性强且忠诚。然而，ISFP 的辅助功能是感觉，这意味着他们关注具体而有形的事物。ISFP 类型的人谦虚、善于观察且值得信赖。INFP 的辅助功能是直觉，这意味着他们关注可能性，无论是对自己还是对他人。INFP 类型的人富有同情心、同理心且创造力强。

ESFJ 和 ENFJ 均为情感主导者（基于自身价值观做出决策），且均为外向型（关注他人）。这两种类型的人都忠诚、有魅力且善于交际。然而，ESFJ 的辅助功能是感觉，这意味着他们关注他人的具体细节。ESFJ 类型的人细致、有条理且传统。ENFJ 的辅助功能是直觉，这意味着他们关注他人的潜力。ENFJ 类型的人理想化、充满激情且富有说服力。

▶ 在工作中扬长避短

你的最大优势体现在主导功能和辅助功能上。相反，当你使用第四功能或在某种程度上使用第三功能时，弱点便会暴露出来。这是自我意识中极为重要的一点。能够发挥天赋是一件令人振奋的事，而被自身劣势所困扰则会带来巨大压力。

了解自身天赋具有显著益处。一旦意识到自身天赋，便可以寻找能够充分发挥这些天赋的环境。这会让你对自己的成功潜力充满信心，并更容易选择到令你兴奋且满意的工作。

情感主导者非常擅长以富有人情味的方式评估情况。以下以客户服务代表凯西为例。凯西的首要任务是与客户之间营造一种温暖、友好的氛围，以确保客户与公司保持积极且持久的关系。她倾听客户的抱怨，理解他们的感受，并向他们保证会帮助解决问题。实际上，她成为了客户在公司中的朋友和支持者。

在客观分析方面，思考主导者无人能及。以律师埃内斯托为例，他在法庭上反复运用其出色的思考技巧，处理法律事务并做出艰难决策。他冷静、清晰且客观地面对各种情况，能够运用逻辑思维评估不同策略的效果，然后果断且冷静地选择最佳方案。

直觉主导者能够发现他人难以察觉的联系和隐藏的含义。艾比在一家广告公司担任文案策划。她负责撰写标题，并为一些普通商品和服务撰写广播和电视广告文案。通过运用其天生的创造力以及将看似无关的事物联系起来的能力，艾比写出了巧妙的广告语，为客户打造出期望的形象，同时也为消费者创造出吸引人的购买理由。

感觉主导者在记忆和运用事实方面表现出色。赫伯是一名生物研究员，他的工作要求他运用对细节的超强观察能力，观察并记录实验中每一分钟的细微变化。为了验证假设的正确性，赫伯以一贯的细心和精确态度反复进行实验。

发现自身弱点也具有明显且实际的好处——我们每个人都有弱点。承认自身固有的弱点，可以帮助你避免那些需要频繁使用较弱功能的环境或工作。一旦你知道自己的"雷区"在哪里，也就知道在哪里该小心行事。即使处于不可避免的困难情境中，你至少可以在相对冷静的状态下准备一些合适的应对方案。

如果我们被迫频繁或长时间使用第四功能，就会感到压力。情感主导者在需要表现出客观且有逻辑性时（运用思考），会处于最不利的情况。思考主导者在需要处理他人情绪问题时（运用情感），能力最弱。直觉主导者在必须处理事实和细节时（运用感觉），会感到焦虑。感觉主导者在被迫寻找隐藏信息时（运用直觉），会不知所措。

以杰伊为例，他是一个ESFJ类型的人。杰伊的主导功能是情感，这意味着他在做出决策时会高度依赖自己的价值观。杰伊的一大天赋是对他人的敏感性。他富有爱心和同情心，乐于助人，因此受到人们的喜爱和赞赏。只要他根据自己的价值观做出决策，他就会对自己感到满意，同时也会得到他人的支持和鼓励。

杰伊的第四功能是思考。他很难做出客观的决策。当杰伊被迫以逻辑方式思考并忽视自己的情感时，他便在运用自己最弱的功能。这会让他感到紧张（这不是他自然的思维方式），并且可能导致他做出糟糕的决策，或者出现不合理、反应过度甚至幼稚的行为。

假设杰伊的老板批评了他的书面提案。实际上，这并不反映老板对杰伊本人的看法。然而，像许多情感主导者一样，杰伊很难客观且不受个人感情影响地评估这些批评，从而无法认识到老板的真正意图。杰伊不擅长逻辑分析。在这种情况下，杰伊忽视了老板提出的建设性建议，而是以一种受伤的情绪做出回应，就好像老板对他进行了人身攻击一样。

假设杰伊意识到自己的主导功能和辅助功能，他就会认识到自己容易把事情放在心上的倾向，并且知道保持理性对他来说需要付出额外的努力。这样，在面对批评时，他不会再惊慌失措或情绪化地回应，而是会提醒自己控制情绪，保持头脑清醒，从而从老板的批评中受益。更好的是，他会尝试撰写一份更具逻辑性的提案，避免再次处于不利地位。

第6章

在成长中完善：随着时间的推移发展你的能力

我们所认为的"良好的类型发展"能够使你充分发挥自身的天赋，帮助你做出更明智的决策，并助你规避因天生弱点所可能带来的损害。

我们认识的一个人常常说："变老的麻烦在于，你会变得越来越像你自己！"尽管我们会随着年龄的增长而不断成长与变化，但我们的性格类型不会改变，我们的主导功能和辅助功能也不会改变。然而，每一种性格类型都有可能——不仅有可能，而且倾向于——发展出更完善的人格。

在一定程度上，人们的类型发展是有规律可循的。无论你是否听说过性格类型，你都会在人生的不同阶段拥有不同的兴趣爱好。然而，一旦你理解了类型发展，你就会发现这些变化并非随机发生。通过识别自己处于类型发展的哪一个阶段，你可以判断自己在哪些功能上会自然而然地感到满意——而这些功能对于42岁的你来说可能与22岁时大不相同。你也会明白为什么某些曾经让你满足的活动不再那么吸引你。此外，你还会获得洞察力，从而了解到随着年龄的增长你将发生哪些变化，以及你的职业选择范围将会如何拓宽。

类型发展理论是由早期的类型运用者W. 哈罗德·格兰特首次提出的。尽管我们在时间阶段的划分上有所不同，但我们的经验仍然证实了格兰特的许多观点。我们发现，类型发展理论在帮助人们确定其当前以及未来的与职业相关的需求方面非常有用。

▶ 从出生到6岁

正如我们之前所述，每个人天生都有一个终生不变的性格"蓝图"。然而，明确的偏好需要一些时间才能显现出来。在孩子很小的时候，很难明确地识别出他们的类型偏好，因为他们还没有足够的语言能力来准确描述自己的思维过程。一个人对外向或内向的偏好可能最容易在早期被发现，但其他偏好则难以捉摸，尤其是对于内向的孩子来说，因为所有年龄段的内向型的人都难以了解！而且，由于四种功能并不是同步发展的，所以在6岁以前，通常很难确定大多数儿童的完整类型。当我们对不同类型儿童的暗示和游戏行为有更多了解时，照顾他们的成年人就能根据他们的风格进行教导和养育，而不是要求他们适应我们的风格。若想了解儿童的发展方式以及如何因材施教，可以阅读我们的第二本书《遵循天性：了解孩子的性格类型——成为更好的父母》。

▶ 从6岁到12岁

从大约6岁开始，儿童的主导功能开始显现，他们的行为方式也逐渐变得清晰。一个感觉主导者可能会熟练掌握复杂的体操动作；直觉主导者可能会用家里的零碎物品制作出令人惊叹的乐器；思考主导者可能会提出令人印象深刻的反对受惩罚的论据；情感主导者可能会表现出对他人的关心和同情，尤其是对那些遇到困难或遭受不幸的人。如果没有受到外力限制，这个年龄段的儿童会自发地强化他们的主导功能。

家长和老师应当鼓励儿童运用他们的主导功能，因为这对他们的健康成长至关重要。主导功能是我们性格背后的驱动力，也是我们天赋的来源。当主导功能被鼓励运用时，它们会蓬勃发展，并帮助儿童成长为有能力、有自信的成年人。如果儿童被阻止运用自己的主导功能，他们在长大后可能不再信任自己性格中最核心的部分。这显然会影响到他们过上幸福美满的生活。

▶ 从12岁到25岁

从大约12岁起，我们开始强化自己的辅助功能。正如你在第5章中所学，辅助功能平衡主导功能，并确保我们能够熟练地收集信息，并能明智地做出决策。

一旦主导功能和辅助功能牢固地确定了，第三功能和第四功能就开始显现（尽管它们仍然没有得到充分的发展）。到大约25岁时，我们的性格类型就很清晰了。然而，这并不是个人成长的终点！

▶ 从25岁到50岁

在25岁之后的某个时刻，我们开始发展第三功能。我们发现，大多数人并没有真正开始发展这一功能，或者发展得并不成功，直到接近40岁甚至更晚的时候才有起色。你会注意到，这个时刻与同一时期可能出现的另一种现象——中年危机刚好重合。

我们认为，类型发展与中年危机——或称"中年再评估"——之间的联系并非巧合。在我们生命的前半段，我们主要运用主导功能和辅助功能。我们依赖它们，信任它们，它们也为我们带来了良好的效果。多年之后，我们一般都能够熟练地运用它们。此时，我们的人生也已经到达了众所周知的"顶峰"，我们也可能得出一些令人不安的结论：首先，我们剩下的时间可能没有那么多了；其次，按照之前的方式度过余生似乎缺乏太多的挑战性。人到中年，重新评估自己的价值观并改变优先事项的情况并不少见。

根据我们与客户交流中获得的经验，我们认为中年标志着类型发展新阶段的开始。我们在无意间寻求完善自己的性格，使自己更有效率、更有能力。我们开始发展第三功能，甚至第四功能。

以下以 ISFP 类型的人马里奥为例。马里奥是一个情感主导者，他的辅助功能是感觉，第三功能是直觉，第四功能是思考。直到现在，马里奥一直是一个"简单单纯"的人，他接受事情的现状，从不关心它们是如何变成这样的，也不去探寻更深层次的意义。然而，如今 38 岁的他开始变得好奇起来。他开始对自己的行为方式以及父母对自己成长产生的影响十分感兴趣。他与姐姐谈论了很多有关他们童年的事情，甚至考虑接受心理咨询以更好地了解自己和自己的行为模式。马里奥开始对人与人之间的联系以及人们（包括他自己）行为背后的原因特别感兴趣。他正在逐渐加深对生活复杂性的认识，并对各种可能性有了新的理解。种种迹象表明他发展了自己的直觉。

有时，发展第三功能可能会令人感到极度不安。娜奥米是一名 37 岁的股票经纪人。作为一个 ENTP 类型的人，她是直觉主导者，其辅助功能是思考，第三功能是情感，第四功能是感觉。娜奥米非常聪明，她分析市场、预测趋势、说服他人的能力使她积累了相当可观的财富。她发现，快节奏、高风险、充满冒险精神的金融领域令她十分兴奋，她也凭借自身能力成为了一名杰出的从业者。然而，最近娜奥米对自己的工作不再那么满意了。她开始厌倦每天工作 18 小时，尤其是她现在有了一个认真且浪漫的恋人，对方希望能时常与她见面。她仍然喜欢自己职业带来的挑战，获得成功对她来说依然很重要，但她逐渐意识到，独自一人空守着金钱和昂贵的物品并不能完全令她满足。娜奥米的第三功能——情感——开始显现出来，她可能需要对自己的生活方式做出一些改变以适应这一变化。

中年并不总是会带来如此深刻的改变，就像马里奥和娜奥米的经历那样。许多人会悄然发展出新的兴趣或活动，或者只是以略微不同的方式生活。到了中年，我们往往对其他兴趣、其他观点和其他行为方式持有更加开放的态度。我们的态度可能变得更加包容，开始关注那些我们曾经忽视或认为不重要的事情。

一些人可能会发展与第三功能相关的爱好（例如，发展感觉的一个标志可能是突然对运动产生兴趣）。另一些人则可能会被与第三功能相关的判断方法所吸引（例如，发展思考的一个标志可能是对客观性和公平性重新加以重视）。大多数人在与第三功能相关的娱乐活动和思想意识上都有所发展。这种发展可以同时发生，也可以先从其中一个方面开始，然后逐渐发展到另一个方面。

一旦你理解了类型发展，就可以有意识地在中年时期强化第三功能，以增加生活的深度，提升生活的乐趣，并发展自身能力。具体的实施方法因人而异。

西奥是一个 ENFP 类型的人，今年 41 岁。他是直觉主导者，辅助功能是情感，第三功能是思考，第四功能是感觉。西奥一贯追求和谐，尽量避免冲突，他一生中的大部分时间都在努力取悦他人。然而，西奥现在开始有意识地发展自己的思维能力。

最近，西奥买了一双昂贵的运动鞋，但只穿了两个星期就坏了。当他把鞋子拿到商店并解释了情况后，商店经理回答道："没问题！我们会把这双鞋退回厂家。如果修不好，他们会给你寄一双新的。你只需要等一个月左右。"

如果是在 10 年前，西奥会接受这个解决方案，因为他非常希望与商店经理保持一种积极、友好的关系，不愿意为此惹麻烦。但到了现在这个年纪，西奥更愿意运用自己的思考能力，并且更愿意通过牺牲和谐的方式来获得公平的待遇。因此，西奥回答道："我觉得这对我很不公平。我不想因为你卖给我一双有问题的运动鞋就停止锻炼一个月。我这双运动鞋不是从厂家买的，而是从你这里买的，我付了额外的价钱是为了得到你的服务。我希望你现在就给我换一双新的运动鞋，与厂家如何交涉是你们的事！"

商店经理只得不情愿地照办。西奥并没有刻意计划这样做，但他已经开始运用自己逐渐显现的推理技能（即思考能力），在这个过程中，他的推理技能得到了提升。

▶ 50 岁以后

到了晚年，我们开始更成功地运用第四功能。一些类型学家认为，第四功能的发展是不够充分的，以至于我们无法真正有效地运用它。然而，我们发现，许多人在生命的这个阶段开始运用第四功能，并且通过有意识的努力，他们确实从中获得了益处。若要使第四功能获得一定程度的成功，你需要集中精力——毕竟，这是你最薄弱的功能——但这值得你付出努力。

阿伦，57 岁，在其绝大部分职业生涯中，都在制造业担任顾问。阿伦还一直积极参与志愿工作。阿伦是一个 ESFJ 类型的人，是情感主导者。他的辅助功能是感觉，第三功能是直觉，第四功能是思考。作为社区的领导者，阿伦工作非常努力，致力于帮助所在社区的无家可归者创建他们能够负担得起的住所。多年来，阿伦在寻找新的资金来源和考虑为无家可归者创建住所的地点上不断创新（运用他的直觉）。虽然阿伦一直对无家可归者充满同情，但与此同时，他不断发展的思考能力使他对政治活动的态度更加客观、冷静。他开始着手实施适用于更大规模城市结构的计划和系统（运用他的思考能力），这对阿伦来说是一个挑战，但通过运用自己的智慧，他能够有效地解决那些他特别关心的问题。

如果你在生活中经历了良好的类型发展，那么在 50 岁左右，你应该能够运用所有功能——感觉、直觉、思考和情感——在适当的情况下调用适当的功能。你的主导功能和辅助功能仍然是你最大优势的来源，而第三功能和第四功能则需要更多的监督，但之后你将拥有更广泛的技能可供支配。

还记得我们曾将你的功能比作汽车上的一家四口吗？那么，有了良好的类型发展，就如同第三功能和第四功能（后排座位上的孩子们）长大了一些。主导功能和辅助功能仍然处于支配地位，但第三功能如今已经成为一个年轻的成年人，而第四功能也已成长为一个青少年。

有趣的是，在运用所有功能的过程中，你会发现你与所有类型偏好（包括态度）的距离更近了（还记得吗？这些态度包括外向、内向、判断和知觉）。如果你是一个内向型的人，你会发现你能更从容地进行一些外向型的活动，例如结识新朋友或拓宽自己的兴趣范围。如果你是一个判断型的人，你会发现你更善于运用知觉——例如，放松、娱乐，以及花更多的时间体验生活，而不是控制它。以下用一个例子来说明我们的意思。

玛丽安是一个60岁的女性，她是一个ENFJ类型的人，在一起医疗事故案件中担任陪审团成员。作为一个情感主导者，玛丽安本应根据自己的信念和价值观来做出决策，包括对受害者给予特别的同情。由于玛丽安的辅助功能是直觉，她也应关注证据的隐含信息以及所听到信息的整体模式。

实际上，玛丽安是一个非常出色的陪审员。由于她有效地运用了感觉功能，她对证据非常关注，在陪审团的讨论过程中，她能够回忆并复述许多相关的具体细节。令人惊讶的是，她能够运用自己的第四功能——思考——在整个案件的审理过程中保持公正。她甚至还提醒其他陪审员不要单纯地基于同情心来做出决策。此外，尽管玛丽安是一个外向型的人，但她学会了在发表意见之前先仔细倾听（运用内向特质），并耐心等待，在给出最终判决之前认真考虑她所听到的一切（运用知觉特质）。

玛丽安从ENFJ类型变成了ISTP类型吗？并没有！但是，因为她有良好的类型发展，她可以在需要时运用任何一种偏好。在这种情况下，很明显，玛丽安适合做这种收集事实并做出公正论断的工作，而这些事情她在25年前几乎无法做到。

▶ 什么有助于（或阻碍）良好的类型发展

正如我们在本章前面提到的，鼓励儿童运用他们的主导功能和辅助功能非常重要。我们都知道，我们的成长方式对我们今天能否很好地适应生活有着深远的影响，但你是否曾停下来从类型发展的角度思考过自己的人生呢？那些被鼓励发挥自己天赋的儿童会随着时间的推移不断强化他们所有的功能，通常会成长为性格完整的人。而那些被阻碍运用自身天赋的孩子长大以后可能会对自己的能力认知和倾向感到困惑和矛盾，这种困惑可能会对他们成年以后生活的方方面面产生影响，包括职业选择。

父母和老师往往很看重孩子身上与自己相似的方面。相反，他们会对那些他们无法理解的行为感到困惑，甚至不赞成。这并不是出于恶意，甚至也不是有意为之，只是因为人们天然倾向于与那些和自己相似的人相处，因为这样更容易理解彼此。

我们认识一位名叫丽贝卡的女士，她在小时候大部分时间都在与想象中的同伴一起玩耍。她住在偏远地区的一个农场里，据我们所知，日复一日的农场生活对她来说似乎并没有太多意义。她把时间花在创造那些会说话、互动甚至调皮捣蛋的同伴上。在这种情况下，一些家长（尤其是感觉主导者）可能会担心他们的孩子是不是患了臆想症，但幸运的是，丽贝卡的父母只是很高兴看到自己的女儿安全地陶醉在自己的世界里。如今，丽贝卡已经成了一名非常成功的小说家，她将大部分的成功归功于她早期的人物性格塑造实践。

当然，并不是所有的故事都有圆满的结局。我们还认识一位名叫埃里卡的年轻女士，她无疑是一个思考主导者——冷静、独立、含蓄。然而，埃里卡的父母都是情感主导者。他们一直对埃里卡客观的习惯感到不舒服，而且他们经常怀疑是不是自己做错了什么，才生出这样一个不合群的孩子。尽管埃里卡的父母极力否认自己需要亲情，但从埃里卡小时候起，他们就不经意间向她传达了这样的信息：他们希望埃里卡能与众不同。虽然埃里卡的父母从未主动干涉过她的性格倾向，但埃里卡却常常被自我怀疑所困扰。幸运的是，确定出自己真正的性格类型对她来说是一种解脱。

如果你是孩子的父母，我们知道你在想什么："啊，太棒了！这正是我需要的——又来了一个专家告诉我我正在毁了孩子！"我们很理解你的感受，但我们的观点并不是说你做错了什么，而是提醒你很容易忘记孩子可能与我们很不一样，就像我们与我们的父母也不一样。

此时此刻，反思一下自己的成长经历可能会对你有所帮助。我们并不建议你一定要去确定父母和老师的性格类型，而是建议你花点时间回想自己的童年。你在幼年时表现出哪些天赋？你的努力得到了他人怎样的回应？你认为你是被鼓励发展自己的主导功能，还是被期望以一种对你来说不自然的方式行事？大多数人在成年以后都会与小时候非常相似，但有些人在面对他人的抵制或不理解时，很难坚持自己的真实性格。儿童尤其容易受到他人期望的影响，他们往往会压抑自己的自然喜好，以求融入他人并被他人接纳。

在人的一生中，环境因素既可以促进也可以阻碍良好的类型发展。除了父母和老师之外，我们的成长过程还会受到兄弟姐妹、同龄人以及周围文化的影响。请考虑这样一个问题：有超过50%的美国人是外向感觉者，而只有约4%的美国人是内向直觉者。因此，我们的文化中充斥着这样一种强烈的要求：成为前者（重行动、善交际、务实）比成为后者（善思考、内省、复杂、富有创造力）更好。

违背天性而行所带来的压力可能会让人终身困惑。如果你被迫融入一个并不适合你的环境（这可以是家庭生活环境、学校或社区环境，或是工作环境），那么你最终可能会否认自己的真实性格，也不会喜欢自己被要求扮演的角色。如果你在自己不喜欢的工作岗位上一干就是 20 年，那么你最终不仅会失去自己的天然兴趣，更糟糕的是，还会对自己的能力产生一种扭曲的看法。

如果你从未被鼓励去做"真实的自己"，或者如果你对自己的本性感到困惑，那么请振作起来。我们发现，类型可以帮助引导人们过上一种高效、充实的生活，只要我们能够正确认识自己的天性。

▶ 你处于类型发展的哪一个阶段

有两种方法可以帮助你了解自己的类型发展情况。在做下面的练习之前，你需要先从第 5 章的功能等级表格中找到你的功能等级。我们建议你将其写下来并随身携带，以便随时参考。这将有助于将我们关于类型发展的一般知识转化为适用于你的性格类型的具体知识。

为了大致了解自己的类型发展状况，请在下面的数轴上找到你年龄的位置。如果你符合一般的趋势，那么你可以在你年龄上方找到对应的类型发展阶段。请记住，这只是一个粗略的评估，每个人都有自己的发展速度。

类型发展时间表

```
    主导  辅助
    功能  功能   第三功能        第四功能
  ├────┼────┼──────────┼──────────────→
 出生   6   12    25         50
```

以上类型发展时间表是根据一般情况制作的。没有人会在 25 岁的某一天早上醒来时说："啊哈！现在是发展我的第三功能的时候了！"人在一生中的不同时期会关注不同的性格维度。即使两个人性格类型相同且年龄相仿，他们的发展也不会完全相同。这里给出的年龄范围只是一个大致的指导。

第二种检查自己的类型发展状况的方法是留意一下你最近的兴趣和态度。通常情况下，最好关注你在工作之外的行为，因为只有在空闲时间，你才会更有可能追求自己想要的东西，成为自己想要成为的人。

阅读以下四种关于人们如何发展感觉、直觉、思考或情感的描述，看看哪一种更像你。你能说出自己在这个年龄段正在强化哪种功能吗？在做判断时，不妨列出你最近的兴趣爱好清单，或者问问熟悉你的人，看他们是否发现了你有新变化的证据。

在确定了你目前正在发展的功能后，再参考一下你的功能等级。它是你的辅助功能、第三功能还是第四功能？如果你愿意，可以对照上面的类型发展时间表来检验你的结果。

▶ 类型发展的证据

发展感觉

一般来说，发展感觉的人开始更多地关注当下情况，并努力将事情做好。

新的态度可能包括：

● 更加关注事物的外观、声音、气味、味道和触感。

● 对自然有了新的认识。

- 对事实和细节越来越感兴趣；变得更加精确和准确。
- 变得更加现实；越来越关心计划所需的时间以及计划完成的实际情况。

新的兴趣可能包括：
- 烹饪。
- 建筑。
- 艺术和手工艺。
- 听音乐。
- 锻炼。
- 徒步旅行、露营。
- 园艺。
- 阅读非小说类文学作品。
- 对细节的认真关注。
- 对数字更感兴趣。

发展直觉

一般来说，发展直觉的人会变得更加适应变化，并且愿意以新的角度看待事物。

新的态度可能包括：
- 对潜在的含义和符号所表示的内容更感兴趣。
- 发展或加深对精神问题和生命意义的兴趣。
- 更乐于发挥想象力。
- 思考人与人或人与事物之间的关系；关注全局。

新的兴趣可能包括：
- 艺术、设计。
- 宗教。
- 研究、学习、重返校园、获取更高学位。
- 解决问题、头脑风暴。
- 发明创造。
- 创意写作。
- 阅读小说。
- 旅行，了解不同的文化。
- 长远规划/思考。

发展思考

一般情况下，发展思考的人在考虑问题时会更加客观。

新的态度可能包括：
- 非常重视公平和平等，甚至不惜牺牲和谐。
- 对行动的前因后果和行动的逻辑性后果有了新的认识。
- 在评价人和事时更具批判性。
- 更加注重效率和能力。
- 能看到争论的正反两个方面。

新的兴趣可能包括：
- 他人的权利。
- 谈判，仲裁。
- 策略游戏（如拼字游戏、国际象棋等）。
- 辩论。
- 消费者意识。
- 政治利益。
- 提高自己的标准。
- 了解他人的标准。
- 力求一致。

发展情感

一般来说，发展情感的人会开始注意自己的行为对他人的影响，以更加人性化的方式重新评估自己的优先事项。

新的态度可能包括：

- 为他人提供更多的情感支持；关心他人的需求。
- 培养友谊，分享个人经验和感受。
- 对交流和倾听技巧更感兴趣。
- 更加欣赏他人的贡献。

新的兴趣可能包括：

- 志愿者工作。
- 咨询。
- 重新联络过去的朋友。
- 发起或参加老朋友的聚会。
- 私人治疗。
- 开诚布公、深思熟虑的谈话。
- 写作。
- 写日记。
- 表达感激之情。
- 赞美他人。

举个例子，假设你是一个 INFJ 类型的人，今年 52 岁。你的功能等级如下：

#1（主导功能）：直觉
#2（辅助功能）：情感
#3（第三功能）：思考
#4（第四功能）：感觉

你擅长洞察事物隐含的信息和意义（运用直觉），并且学会了如何根据自己的价值观和对他人的理解来做出明智的决定（运用情感）。多年来，你越来越擅长预见自己的决定所产生的逻辑性后果（运用思考）。最近，你发现自己开始喜欢阅读烹饪方面的图书，并报名参加了烹饪课程。你也会更加坚决地找出银行对账单上那 10 美分的差额。这些迹象都表明你正在发展感觉。

感觉是你的第四功能。根据类型发展时间表，你很可能在 50 岁以后开始发展你的第四功能。

▸ **还困惑吗**

如果你在开始阅读本章前对自己的真实性格类型有非常清晰的认知，并且已经认真思考了这些练习，那么你很可能会发现，你与自己的类型发展时间表基本吻合。你应该对自己多年来的一些变化有所了解，也应该明白为什么会发生这些变化。然而，如果你很难弄清楚自己正在强化的是哪个功能，也请你不要灰心。

如果你对自己的性格类型不太确定，可以尝试参考第 5 章的功能等级表格，寻找其他可能符合你功能等级的类型。这个练习可以帮助你明确自己的性格类型以及知晓自己所在的类型发展阶段。

还有一种可能性是你已经正确地确定了自己的性格类型，但你正以一种与我们的类型发展时间表无关的独特方式发展着你的类型。这种情况是完全可能的！但是，请不要因为你有自己的时间表就把本章的内容抛之脑后。类型发展的概念对你仍然是有用的，你只需要再做一些独立的研究，就可以弄清楚自己已经发展到了什么程度，以及接下来要向哪个方向发展。

▸ **类型发展与问题解决**

你会发现，随着你对感觉、直觉、

思考和情感这四种功能的不断开发，你将越来越擅长做出明智的决定。这是一项非常重要的技能，尤其是在需要你做出重要的、长远的决策的时候，例如选择职业。幸运的是，这是一种你可以有意识地培养的技能。

当你需要做一个决定时，首先运用的是两种信息收集功能（感觉和直觉），然后运用两种做出决策的功能（思考和情感）。不要从自动运用你的主导功能开始（无论它是什么）。虽然运用你的主导功能和辅助功能会更容易，但你还是要做一些特别的努力去运用你的第三功能和第四功能。在解决问题的过程中，每种功能都做出了有效且重要的贡献，忽视其中的任何一种都可能导致做出有严重缺陷的决定。

解决问题的理想方法如下：

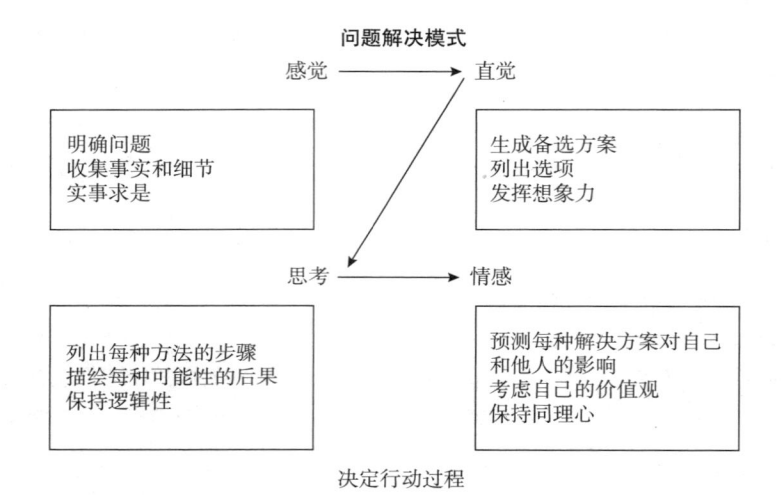

问题解决模式

感觉 → 直觉

明确问题	生成备选方案
收集事实和细节	列出选项
实事求是	发挥想象力

思考 → 情感

列出每种方法的步骤	预测每种解决方案对自己和他人的影响
描绘每种可能性的后果	考虑自己的价值观
保持逻辑性	保持同理心

决定行动过程

注意：即使你有意识地努力运用所有功能，在实际生活中也很可能不会完全按照这个顺序运用它们。关键是要思考它们，即使你不完全按照这种方式行事。

我们每天都要做出成千上万个决定，因此你应该有足够的机会来练习良好的问题解决技能。如果你面临一个特别重要的决定，向你尊重的、与你有不同特长的人请教可能是个好主意。例如，如果你是一个思考型的人，可以向情感型的人征求意见。你可能会惊讶地发现他们看待问题的角度竟然如此不同。不断地寻求这种思维碰撞将有助于你发展较弱的功能，从而做出更有效的决定。强化你的各种功能就像锻炼肌肉一样：你锻炼得越多，它们就会变得越发达。

▶ 类型发展与职业满足

无论你处于职业生涯的哪个阶段，无论是刚刚起步还是重新开始，都要记住类型发展是一个你可以利用的自然过程。如果你选择的职业与你自然的类型发展相适应，你会发现这份工作在很多层面上都是令你满意的，因为它会为你提供职业成长和享受快乐的机会。从职业角度来看，这将转化为更大的能力，最终转化为更大的成功。

从一开始就选择适合你的主导功能和辅助功能的工作非常重要。这一点不会随着年龄的增长而改变。然而，在某个时点，你也可以期待你的第三功能变得更加重要。或早或晚——最好是早点——你会希望在工作中锻炼并运用它。另外，你的第四功能可能永远不会在你的职业生涯中发挥重要作用，你应该尽量避免那种需要长时间使用它的工作。

在你的职业生涯中，你需要不断地更新你的职业。这些改变不一定非得是戏剧性的（尽管对于某些性格类型的人来说可能是这样）。你可能会对已经掌握的某些职业活动失去兴趣，同时对新的挑战、方法或技能产生兴趣。这些都是良好的类型发展的一部分。你的第三功能越强大，你可选择的职业范围就越广。在人生的后期，你甚至可能会去选择那些在 10 年前或者 20 年前根本不适合你的工作。

莫林是一个 ISTJ 类型的人，也是一个感觉主导者。她的辅助功能是思考，第三功能是情感，第四功能是直觉。莫林大学毕业不久就接受了一份医学研究的工作。在她掌握了实验室工作的各种程序之后，就开始喜欢上了这份工作，并且表现得很出色。莫林一向做事严谨且善于观察，她的工作报告详细而精确，而且她很喜欢验证第一手数据并记录下来以备日后查阅。莫林很希望自己的工作有一天能够在医学领域内有所突破，但她更感兴趣的还是实验室内的各种实验按部就班的过程。她是一个稳重、安静、可靠的员工，而且多年来她都很满足。

当莫林的老板突然辞职后，她被提升到了主管岗位。她将负责监督实验室内所有技术人员的工作，确保他们各尽其职，帮助他们完成困难的程序，并根据需要培训新的技术人员。莫林不确定自己是否应该接受这份工作，因为她认识我们团队里的一个人，于是她来征求我们的意见。

我们确信，莫林一定能胜任这份新工作。通过测试和讨论，我们帮她认识到她正在发展自己的第三功能——情感——而这个职业机会正好与她的类型发展时间表完美契合。我们鼓励她接受这份工作。

莫林自己都没想到，她竟然成为一名出色的主管。她开发了一套辅助性的管理方式，并成功地让员工们齐心协力地工作。她同时还在继续自己的实验室工作——她特别关注癌症的研究。

在接下来的几年里，莫林越来越关注自己的研究对人类产生的影响。她和许多医生、医院以及与治疗和筹资相关的组织建立了联系。最终，这些关系让莫林直接接触到了癌症患者，她开始在周末抽出一些时间去探望他们。这在 10 年前对她来说根本毫无吸引力，但在她人生的这个阶段，她发现这为她的研究增添了新的意义和紧迫感。

如今，莫林忙得不可开交。她不再做实验室的实践工作，而是专注于评估癌症研究和治疗的新进展。在职业生涯的这一新阶段，莫林积极地运用她的直觉。她经常出差，学习新的程序，并了解世界各地的各种医疗突破和进步。如今，她在该领域已是公认的专家，还经常举办讲座——这在她年轻时绝不会让她感到舒服——并且仍然会抽出时间去探望病人，而她的研究对他们来说意义重大。

在这一点上，很难将莫林的个人生活和职业生活区分开来，同样，也很难将她的个人成长和职业成长区分开来。通过选择一个在人生的不同阶段都能激发她天然兴趣的职业道路，莫琳不仅成为了一名非常出色的专业人士，也成为了一个杰出的人。

▶ 对公式的总结

现在，你拥有了获得职业满足的完整公式！为了帮助你复习，这里列出了你必须了解的三个要点，它们可以帮助你找到一份满意的工作：

1. 你内在的气质类型（第4章）。
2. 你的功能等级（第5章）。
3. 你处于自己类型发展中的哪个阶段（第6章）。

在第3部分中，你将遇到与你的性格类型相同且非常相似的人。在读完他们的故事后，我们会告诉你他们是如何找到满意的工作的——那些工作与他们的气质类型相符，使他们能够很好地运用主导功能和辅助功能，并与自己的类型发展同步。

在阅读完本书后，你也可以做到！

3

第3部分

步入正题
——职业满足人士介绍

据说从自己的错误中吸取经验和教训是学习的最佳方式。如果这是真的，那么下一个最好的学习方式也许就是从他人，尤其是那些与我们很相似的人的成败中吸取经验和教训了。下面列出的案例都是来自不同职业、收入水平、年龄和背景的人的真实职业经历。他们的共同之处在于，每个人都获得了职业满足。其中有些人为了达成这个目标，花了多年的时间去尝试不同的工作；而另外一些人则经过精心规划，少走了很多弯路。

接下来的16章中，每章介绍一种性格类型的人物案例，他们真正热爱自己的工作——而且他们的性格类型与所从事的工作完美契合。我们对每一个人物案例都进行了相应的分析，以帮助你了解他们的工作是如何让他们发挥自己的天赋，从而获得职业满足的。当你阅读这些案例时，思考一下自己与他们有哪些相似之处，这将帮助你认识到获得职业满足需要具备的条件。

在案例分析之后，你会看到一个名为"共同之处"的标题，其中列出了获得职业满足的具体且重要的标准。"适合……类型的人的一般职业"标题下列出了一系列具体的职业，并说明了为什么这些职业最有可能让你获得职业满足。

在确定了一个最有可能令你满意的职业之后，你需要着手求职。对于不同性格类型的人自然会有与其相适应的求职方法，因此我们提供了具体、实用的求职技巧，帮助你充分发挥天赋，最大限度地降低你的弱点的影响，以使整个求职过程更加有效。

在阅读完本部分有关你的性格类型的内容后，你就可以迅速判断一个（或者不止一个）能让你满意的职业——从而能够在工作中"做你自己"！

第 7 章

ENFJ 类型（外向、直觉、情感、判断）：公共关系专家

人物 1　艾玛，发展部主任

"将爱心和能力结合在一起。"

▶ **工作概况**

艾玛看到自己所信任的学校因自己的努力而蓬勃发展，感到由衷的欣慰。作为一所私立学校的发展部主任，她负责管理一支由志愿者和专业人员组成的团队，为学校筹集资金。她的日常工作包括制定筹款策略，即确定如何向捐赠者请求资金支持，并评估他们可能的捐赠金额。做好这份工作需要对潜在捐赠者的能力进行深入研究，并对其兴趣和倾向进行实际调查。"我关注的是他们是否有捐赠的意愿，而不仅仅是他们具备多大的捐赠能力。"通过这种方式，艾玛与捐赠者建立了联系，帮助他们找到最佳的捐赠渠道。

艾玛最喜欢的工作挑战之一是为合适的捐赠者与需要资金支持的机构之间搭建桥梁，并在双方的互动中获得快乐。将爱心与能力结合所产生的积极变化让艾玛充满活力，这种结合正是她大部分工作的核心内容。她也承认自己很享受这种"寻找"的兴奋感，即销售工作中探索的部分，包括为学校打电话寻求资金支持。由于对学校怀有深厚的热情，艾玛成为了一名极具说服力的销售人员，她能够分享自己的热情，并用对可能性的洞察力感染他人。在许多人认为可怕且具有挑战性的筹资工作中，她持有这样的态度："对于捐赠者来说，如果他们对一个机构感觉良好，那么最坏的情况又能怎样？他们可以拒绝我，但我希望给他们一个说'是'的机会，并让他们的慷慨解囊产生真正的积极影响。"此外，艾玛喜欢这份工作的原因还包括学校氛围良好，作为团队的一员以及担任管理者职位所带来的成就感。她喜欢帮助他人去感受来自未来的鼓舞和力量。

▶ **背景介绍**

在接受这份工作之前，艾玛曾担任独立顾问和自由职业特别活动协调员。她经常参与一些符合自己价值观的公共关系工作，例如为儿童慈善机构策划活动。其中令她尤为自豪的一次活动，是为罗纳德·麦当劳慈善之家在当地的分

支机构策划的一场正式晚宴，该晚宴也是一场筹资活动，活动包括拍卖儿童图书插画家的原创作品。为了此次活动，艾玛联系了约 40 位知名插画家，请求他们提供作品，此次拍卖取得了巨大的成功。此外，艾玛还曾在广告公司担任管理顾问和研讨会主持人。

艾玛表示，她从未想过自己会成为一名发展部主任。"我是误打误撞进入这所学校的——然后我爱上了它。当时我的孩子在这里就读，与许多志愿者一样，我希望成为其中的一员。大部分非营利组织的一个优势是可以让人们参与进来。"因而，艾玛从一名志愿者开始——作为学校董事会的一员，在担任这一职务期间，她协助学校描绘更广阔的发展蓝图。这使她得以参与各类面向学生、家长和教职员工开展的特别的项目，并最终证明了自己的能力。"我全力支持管理层的工作，同时努力付出，我们显然拥有一致的价值观。"注意到这份工作使她感到快乐，艾玛身边的人纷纷鼓励她。当学校招聘兼职发展部员工时，她决定尝试一下。4 个月后，很明显，这份工作非常适合她。"于是，我又报名竞聘主任一职。"

▶ **职业满足分析**

艾玛的天赋在于她能够保持乐观的态度以及对未来可能发生事情的敏锐洞察。"如果你相信自己的使命并尊重他人，一切都会朝着好的方向发展。我必须密切关注当前所做的事情以及它们长期内可能取得的成果，因为无论收入如何，从长远来看，除非你真正信任这个机构，否则你是不会取得成功的。"

艾玛致力于帮助那些希望提供资金捐助的人找到值得支持的机构，这与她的个人价值观完全契合。通过引导他人找到给予背后的意义并收获快乐，以及她对非营利组织的信任，展现了她的理想主义者的气质类型。同时，她卓越的沟通技巧以及对使命的坚定信念使她能够接触到捐赠者，并激发他们的使命感，从而使各方都感到满意。

作为一个情感主导者，艾玛的动力来自与他人的连接，她的职业选择反映了她的价值观。她的人际交往能力非常强，天然喜欢与人打交道并发现对方所关心的事物。艾玛无论是在口头表达还是书面表达方面都很出色，她知道如何让他人对自己以及他们与这项事业的联系感觉良好，从而达到最佳的沟通效果。

艾玛的辅助功能是直觉，这体现在她对大局的把握和对未来可能性的重视上。发展需要具备长远的战略眼光，艾玛花费了大量时间设想和评估自己的工作在未来 5 年、10 年和 15 年可能产生的影响和结果。这让她能够制定出既包含长期目标又包含短期目标的策略和计划。

▶ **前景展望**

随着孩子们渐渐长大并即将从学校毕业，艾玛正在考虑迎接新的挑战。艾玛意识到在单一机构中产生的影响或许有限，而作为一名独立顾问，她可以服务于多个机构，从而最大限度地发挥自身影响力。"我知道我可以帮助大家消除对筹款工作的恐惧感，同时可以看到私立学校获得服务于学生、教职员工、家庭和行政部门等群体的机会。"凭借艾玛在这一领域的丰富经验和卓越的沟通能力，可以预见那些需要指导和建议的学校将热烈欢迎像艾玛这样优秀的人才。

人物 2 米奇，人力资源部经理

"帮助他人挖掘他们最大的潜能。"

▶ 工作概况

米奇始终以帮助他人为工作的核心动力。作为一家大型保险公司人力资源部的招聘与发展经理，他每天都有机会协助他人规划职业生涯、提升工作能力以及提高管理技能。米奇的主要职责包括三个方面：招聘管理人员、为新员工提供职业介绍或在员工失业时提供帮助，以及制定提高管理人员工作效率的专项计划，通常通过召开研讨会和培训会来实施。

随着经济形势的波动，他招聘和介绍新职位的员工数量也在变化。但他对所有工作都充满热情，尤其是他发起并担任发言人的竞争力提升计划。"工作中最让我感到自豪和充满活力的部分，是为他人在职场上取得更大成功提供咨询服务。我喜欢为管理人员提供辅导，帮助他们提升与下属沟通的技巧。同时，主持培训课程也让我受益匪浅。我享受站在不同观众面前，为他们提供有价值的信息。"

▶ 背景介绍

米奇在企业的工作是他整体职业规划的重要组成部分。然而，他的第一份工作是在一家陶艺工作室担任经理。他在大学期间就开始了这份工作，毕业后，在老板遭遇严重车祸需要休养期间，他接替了经理一职。一年后，他重返校园攻读教育指导与人力资源的硕士学位。在攻读该学位期间，他在一所大学的职业咨询部门实习，这让他对咨询领域有了初步了解。

毕业后，米奇担任了另一所大学的就业顾问。不到两年，他便晋升为就业发展部主任。"在这里，我教学生如何准备进入大公司的简历，但我之前从未真正涉足过企业界。因此，我决定在一家大型保险公司的人力资源部门找一份工作。我原本打算积累几年经验后再回到大学工作，但我发现自己很适应这份工作，于是一待就是 7 年！"自加入保险公司以来，米奇先被提拔为人事经理，然后晋升至目前这个具有更大自主权的职位。

▶ 职业满足分析

米奇的工作核心是帮助他人充分发挥潜能。无论是在大学里担任就业顾问，还是在大型企业中担任人力资源部经理，他都乐于助人，帮助他人看到自身的可能性，找到最适合自己的职业，并培养必要的技能以在工作中达到最佳表现。像大多数理想主义者一样，米奇对人的真诚和热爱使他成为一名出色的沟通者。

作为一个天生的咨询师，米奇通过运用他的主导功能——情感——与客户和同事建立联系。他向失业的人士伸出援手，表达自己的同情心，同时帮助他们理解和表达自己的情感。无论是指导管理人员提高工作效率，还是举办普通培训会，米奇总是乐于分享有价值的信息，并享受获得积极反馈带来的满足感。此外，米奇也是一个调解者，他将能够互利互惠的人们聚集起来，在这个过程中，他的努力也得到了回报。

由于米奇的大部分工作涉及面试求职者并为他们匹配合适的岗位，因此他运用自己的辅助功能——直觉——来建立联系并发现可能性。他的辅助功能也有助于他理解人们的动机。他以多种方式展现自己的创造力，其中一个例子是开发员工指导计划。此外，米奇还运用直觉功能将复杂甚至枯燥的技术信息转化为易懂且富有趣味的信息。

▶ 前景展望

对于未来的发展方向，米奇非常明确。他设定了清晰的职业目标：两年内成为助理副总裁，五年内希望晋升至副总裁。凭借强烈的上进心，米奇期待扩大自己的影响力，从而能够帮助更多的人。

随着从事这份工作的时间逐渐延长，米奇注意到自身的一些变化。"我对工作以及自己的优劣势的认知更加现实。我变得更加雄心勃勃，也意识到金钱的重要性。我拥有更广阔的视野，可以看到有许多方法和机会去帮助他人。我的心理承受能力也比10年前增强了很多，现在可以坦然地接受批评，不再像过去那样敏感。我甚至学会了在必要时表现得强硬。当面对解雇员工这样曾经令我难以忍受的事情时，现在的我虽然依旧怀着同情之心，也会用温和的方式传达坏消息，但我已经能顺利地完成这一艰难的任务。"米奇希望自己不但能实现晋升，还能磨炼技能，并继续实现个人成长。

人物 3 玛德琳，特殊教育老师

"每天都要有所作为。"

▶ 工作概况

玛德琳致力于每日挖掘学生的潜能。她是一所专注于特殊教育的私立学校的一年级老师。对于每一个学生，玛德琳都将他们的所有需求视为深入了解他们的契机，以发现他们为这个世界带来的独特想法、观点和才能。这些学生普遍存在语言及注意力障碍，其中许多学生是在普通学校苦苦挣扎后才选择到她所在的学校就读的。这些学生的家长常因这种状况而倍感失望与焦虑，有的甚至会不惜一切代价寻求改善方案。

玛德琳根据这些家庭及学生的实际情况，制定创新的教学计划，以支持学生学习，让孩子们重新体验学习的乐趣。她依据每个学生的个体需求调整教学方法，通过大班、小组和一对一等方式开展差异化教学。玛德琳致力于营造一种温暖而合作的课堂文化，在满足学生学习需求的同时，也关注他们的社交情感需求。此外，她还积极与其他老师及学校管理层协作，并与家长保持密切联系，共同推动学生完成学业过程中的各项事务。

▶ 背景介绍

自小以来，玛德琳一直渴望成为一名老师，就像她的妈妈一样。在童年时期，她曾考虑过成为海洋生物学家或从事演员等其他职业，但始终认为老师仍然是一个选择。然而，在高中时期，目睹妈妈结束 35 年教学生涯后精疲力竭的状态，她改变了职业目标。玛德琳最终选择了电影专业，但很快又转向传播学专业。在经历了一系列她认为"肤浅且糟糕"的实习之后，她意识到自己偏离了那个重要的目标——真正去帮助他人。

大学毕业后，玛德琳开始在一家专注于营养教育的城市非营利组织任职，同时利用闲暇时间，与朋友珍妮一起参加针对无家可归儿童的公益项目的志愿活动。在每周一次驱车 30 分钟前往项目所在地的途中，玛德琳总会听珍妮讲述她正在学习的普通教育和特殊教育课程。突然间，玛德琳灵光一闪："我一直朝着这个方向努力，但不知何时偏离了轨道。我当然应该和孩子们在一起！"

马德琳立即申请加入了一个国家老师团队，并于当年秋季被安排在一所位于市中心的特许学校工作，与此同时，她还攻读普通教育和特殊教育的双硕士学位。然而，这所学校的工作氛围极为恶劣：校领导和老师之间几乎没有信任，消极情绪弥漫整个校园。在这所完全不适合的学校里挣扎了两年后，玛德琳转到了现在这所致力于满足学生特殊需求的特殊教育学校。

▶ 职业满足分析

在新学校，玛德琳感受到工作氛围发生了巨大的变化。在这里，她不再被事无巨细地管理，而是得到了充分的信任，并从一开始就承担起了重要职责。积极和谐的工作环境使她的主导功能——情感——得到了满足，同时她也坚信自己确实带来了重要的改变——这对大多数理想主义者而言非常重要。玛德琳能够同情并真正理解她的学生及其家人。她亲切地关心每个学生，并将这种关怀转化为真正的共情与联系，这是她运用主导功能——情感——的重要体现。玛德琳始终关注促进认知发展的社会和情感学习，将每个学生视作独立的个体，相信他们都值得尊重、爱护和理解。

在特殊教育领域，创新至关重要，而玛德琳凭借其辅助功能——直觉——引领自己采用新的创造性方法来帮助学生。普通学校的一名老师可以为 25 名学生制定一套教学计划，而玛德琳则需要为 12 名学生制定同样数量的教学计划。

作为一个外向判断类型的人，玛德琳对课堂有很强的掌控力，她能够与学生互动，并从他们身上汲取活力。她既

81

温柔又严格,以高期望让学生明白她对他们的能力充满信心。

▶ 前景展望

尽管玛德琳在新学校工作得非常愉快,但仍觉得自己的价值未能得到充分体现。"我非常希望能任职于一所拥有先进教育理念的少数族裔学校。我选择那所特许学校,是因为服务那些无法充分享受社会服务的人群让我倍感欣慰,但我认为该校表现欠佳。而现在这所学校恰恰相反。虽然学校的教学质量非常出色,却主要惠及富人和白人。我觉得这种情况十分不公平,如此优秀的教育资源却只提供给那些本已享有诸多优越条件的孩子,而同样需要优秀教育资源的孩子却无法获得。"在接下来的5到10年,玛德琳希望找到符合上述两个标准的新学校,为各种有特殊需求的儿童提供教育服务,无论其阶层或种族背景如何。

▶ 共同之处

尽管艾玛、米奇和玛德琳各自拥有不同的教育背景、职业经历以及职业选择,他们之间依然存在一些共同点。虽然兴趣、能力和价值观有所不同,但他们具有相似的性格特征以及相同的心理功能层次,我们可以对ENFJ类型的人的需求进行一些观察。

我们在下面列出了使ENFJ类型的人获得职业满足的重要因素——可以称其为衡量标准。鉴于每个人都是独一无二的——即便是属于同一种性格类型,其特点也各不相同——因此,这些因素并不能完全准确地描述所有ENFJ类型的人。重要的是,以下10个因素在不同程度上影响着ENFJ类型的人如何获得真正意义上的职业满足。

查看完这10个因素后,我们建议你按照自身的标准对它们进行排序。在排序过程中,请回忆过去的工作经验,并思考当前工作的体验,看看哪些经历令你特别满意,哪些又让你感到特别失望。同时,应寻找贯穿多个经历中的主题,而不是仅限于某个单一工作环境下成立,而在其他工作环境下却无效的情况。

作为ENFJ类型的人,要获得职业满足,你的工作应:

1. 使你能够与同事、客户等建立并维持温暖、互助的人际关系。

2. 使你能够针对自己信任的项目开发出创造性的解决方案,并看到你的努力为他人带来的积极影响。

3. 在前景明确、贡献得到认可,同时鼓励个人成长与职业发展的环境中进行。

4. 让你成为值得信赖、富有创造力的团队中的一员。

5. 使你能够有充足的时间为问题寻求创造性的解决方案,然后分享给那些支持你、关心你的人。

6. 在积极且富有挑战性的环境中工作,在那里,你可以在同一时间处理多个项目,并且效率很高。

7. 使你能够充分发挥自己的组织和决策能力,自主管理项目并承担相应的责任。

8. 为你提供多样化的活动选择，同时允许你以相对有序和有计划的方式工作。

9. 避免在人际冲突频发和持续紧张的不良环境中工作。

10. 给你机会接触新思想，允许你探索新方法，特别是那些能改善他人生活的方法。

适合 ENFJ 类型的人的一般职业

ENFJ 这种偏好组合决定了他们很容易被各种不同领域的职业所吸引。

在列举适合 ENFJ 类型的人的一般职业的同时，也请读者注意，每一种职业中都有各种性格类型的成功人士。以下职业可能是 ENFJ 类型的人会觉得比较满意的，我们也将解释其中的原因。当然，我们无法详尽地列出所有适合的职业，只是为了给你提供一些你之前可能未曾考虑过的可能性。

虽然我们列出的这些职业都可能让你获得职业满足，但预计其中一些职业的未来需求可能会更大。

信息传播类

- 广告业务经理
- 公共关系专家
- 社交媒体经理
- 媒介总监
- 作家/记者
- 文艺工作者/艺术家
- 资金募集人
- 招聘人员
- 娱乐场馆主管
- 电视节目制片人
- 新闻播音员
- 政治家
- 营销部经理
- 信息/图形设计师
- 杂志编辑
- 平面造型艺术家
- 网页编辑
- 多媒体专家
- 撰稿人
- 采访记者/通信员
- 口译员/翻译
- 经营主编

ENFJ 类型的人是卓越的沟通者。他们愿意理解他人、取悦他人，因此通常具备高超的沟通技巧和强大的外交能力。大多数 ENFJ 类型的人更倾向于口头交流，而非书面表达，但也有一些 ENFJ 类型的人成为了优秀的作家。他们乐于通过面对面的沟通来收集信息，以深入了解问题的根本原因或个人层面的因素。广告、公共关系及募集领域通常能够满足 ENFJ 类型的人的需求，前提是他们信任自己的产品、服务或事业，并且工作场所竞争性不强、人际关系和谐。ENFJ 类型的人能迅速与客户、同事等建立良好的人际关系，他们可以成为具有说服力和影响力的代理人、制片人、招聘人员以及政治家。他们天生就是富有魅力的领导者，愿意为各类团体提供服务。

咨询/人力资源类

- 心理学家

- 社会工作者
- 职业顾问
- 婚姻与家庭治疗师
- 心理健康顾问
- 教士/牧师
- 企业新职介绍顾问
- 药物滥用顾问
- 雇员援助顾问
- 康复咨询师
- 职业康复咨询师
- 学校辅导员
- 就业指导顾问
- 老年护理专家
- 辅助生活保健器材中心主任
- 社会服务协调员
- 社会学家

许多ENFJ类型的人通过帮助他人实现自我理解，从而获得幸福和满足，在此过程中，他们自身也收获了职业满足。他们因能够帮助客户意识到个人问题并协助其克服这些问题而感到快乐。ENFJ类型的人常常是热情、有同情心且颇具影响力的治疗师。他们喜欢担任牧师，因为这一角色使他们得以分享自己的价值观，并帮助自己及他人充分发挥潜能。他们善于洞察事情的可能发展方向或解决方案，并且能够引导客户看到这些选择。

人类服务组织对ENFJ类型的人极具吸引力，因为它们提供了提升自己及他人生活质量的机会。ENFJ类型的人渴望成为领导者，尽可能掌控项目的进程，并希望看到自己的努力带来的积极成果。

教育指导类

- 老师（健康保健/艺术/戏剧/英语）
- 大学教授（人文学科）
- 学生处主任
- 图书管理员
- 非营利组织主任
- 特殊教育老师
- 幼儿教育老师
- 双语教育老师
- 网络教育工作者
- 儿童福利工作者
- 儿童保育中心主任
- 计划供给办公室官员
- 慈善机构顾问
- 教育规划主任
- 家长指导/儿童发展指导老师
- 音乐总监
- 大学或大专行政人员
- 成人日托协调员

教育领域常常吸引众多ENFJ类型的人，因为该领域让他们有机会直接与他人合作并促进他人的成长与发展。他们希望所教授的课程能够聚焦于阐释物质世界的深刻含义。同时，他们需要一个和谐、合作的工作环境，这种环境兼容各种观点并鼓励自由地分享彼此的看法和感受。因此，不少ENFJ类型的人选择老师作为职业，同时也会考虑其他职业，如管理者、咨询师、导演和协调员等。

卫生保健类

- 职业治疗师

- 公共卫生教育工作者
- 整体健康执业医生（替代医学）
- 膳食专家/营养学家
- 语言病理学家/听力学家
- 脊柱按摩师
- 遗传咨询师
- 康乐治疗师

在迅速发展的卫生保健行业中，上述职业可充分发挥 ENFJ 类型的人对病人的观察能力、诊断技能以及整体诊疗能力。ENFJ 类型的人喜欢探究导致疾病背后的心理、情感和精神因素，并对那些新颖的和替代性的治疗方法充满兴趣。他们热衷于在职业治疗和语言病理学等领域寻求创造性的解决方案。

商业/咨询类

- 人力资源开发培训师
- 客户服务代表
- 就业专家
- 销售培训师
- 招聘人员
- 行政人员（小型企业）
- 程序设计人员
- 销售经理
- 多样性、公平性和包容性总监
- 企业/团队培训师
- 新职介绍顾问
- 生态旅游专家
- 劳动关系专家
- 会议/活动策划人员
- 工业—组织心理学家
- 酒店/餐厅经理
- 人才主管
- 印刷设计师

咨询行业中的多个职位可以让 ENFJ 类型的人获得职业满足。在这里，他们既可以与他人保持密切友好的关系，又能独立开展工作，不受外界干扰。作为出色的演讲者和培训师，ENFJ 类型的人尤其擅长提升个体或团体的工作效率。他们愿意付出自己的丰富创造力和活力，设计造福他人的项目和服务。他们喜欢在规模较小的企业或组织中担任高级管理职务，因为在这里，他们可以更容易地施加积极的影响，同时享受多样化的工作机会并探索新的工作方式，从而保持一定的控制权。

技术类

- 客户关系经理
- 员工代表（技术顾问）
- 项目经理
- 用户体验设计师

随着技术的发展，既懂技术又具备良好沟通能力的人才越来越受到企业的青睐。ENFJ 类型的人渴望成为技术人员与最终用户之间的重要桥梁，这一角色满足了他们帮助他人以及建立人际联系的需求。

请读者注意，有许多适合 ENFJ 类型的人发挥独特才能以获得职业满足的职业，而以上推荐的仅为其中的一部分。

▶ 求职之路，因人而异

了解自己性格类型特有的优势和劣势，将使你的求职之路更加顺畅。从研究适合自己的工作岗位，到接触潜在雇主，再到准备求职资料（如个人简历）、安排面试、与对方协商薪酬待遇，直至最终获得工作，每一步都体现出个人的性格类型。因此，是否能够有效利用自身优势并弥补不足，将直接影响求职的成功几率。

不同性格类型之间的差异大小不一，有的微乎其微，而有的却极为显著。如果根据我们的建议做出细微调整，就可能将求职失败转变为求职成功。人际网络的概念就是一个很好的例子。外向型的人自然喜爱社交，我们鼓励他们大胆拓展社交圈；而内向型的人则偏好在小范围内进行交流，且更倾向于与熟悉的对象交流。感觉型的人乐于在有限范围内与人建立联系；而直觉型的人则会广泛寻求互动，即便某些社交对象似乎志趣不投。同样地，情感型的人重视人与人之间的连接，希望营造融洽的氛围；而思考型的人则表现得更为冷静和客观。判断型的人在人际交往时话题数量较少且内容严谨；而知觉型的人交流的话题则较为广泛！虽然有效的求职技巧可能只有一种，但成功路径却是千差万别的。

▶ 通向成功之路：发挥自己的优势

由于拥有诸多优势与天赋，大多数ENFJ类型的人认为找工作既轻松又愉快。毫不夸张地说，ENFJ类型的人是非常优秀的求职者！此外，由于不少职业顾问也是ENFJ类型的人，因此他们给出的典型就业建议似乎天然适合ENFJ类型的人。

对于ENFJ类型的人来说，最有效的求职策略建立在如下能力基础之上。

制定一份创意十足且有条理的求职计划，并确保执行。

- 提前明确理想工作的标准，并列出其中的重要因素，以确保在整个求职过程中始终坚持初衷。在面试之前，通过与人交流或其他途径，尽量全面了解目标工作岗位的信息。

- 预测求职过程中可能遇到的情况，发挥你的创造力，选择最佳方式推销自己。

在帮助一位好朋友找到工作后，迈克尔决定将自己的职业从中学行政管理岗位转变为全职咨询师。由于缺乏咨询行业的从业经验，迈克尔决定以自己为朋友提供帮助的过程作为案例，以展示自己在求职方面的能力和技巧。在与一家小型咨询机构主管会面之前，迈克尔向其发送了一封电子邮件，其中包括措辞得体的求职信、个人简历以及关于朋友求职过程的案例研究。该案例研究详细介绍了迈克尔为朋友提供的建议和支持的具体内容，以及朋友最终成功找到满意工作的结果。他在求职信的结尾表达了自己的期望：能以同样的热情，为他人提供有见地的指导和帮助。

用你的热情和自信给面试官留下深刻的印象。

- 迅速与面试官建立友好的关系，以展示你让他人感到轻松自在的能力。

- 在谈及自身技能、过往工作经

验以及对这份工作的兴趣时，确保表述清晰明了。

本杰明非常擅长帮助他人增强自信心。然而，当他面对一份很重要的面试时，他意识到需要向妻子寻求支持和鼓励。在面试之前，他先是表达这种紧张的感受，然后回顾自己的优势和取得的成就。接着，他提前抵达面试地点，把车停在稍远处，并花几分钟时间大声喊出自信的口号。这一系列程序成了他的强心剂。

建立一个庞大而活跃的社交网络。

- 与你感兴趣的行业或者特定工作岗位的从业者进行交流，将其视为获取信息的重要途径。
- 向朋友、家人和过去的同事求助，让他们知道你在寻找工作，并请求他们将你推荐给他们熟识且能给予你帮助的人。

当伊芙琳想要转行至人力资源开发培训领域时，她向所有认识的人寻求帮助。然而，大多数朋友所从事的行业和职业与她的新选择无关，因此无法提供实质性支持。于是，伊芙琳加入了一个培训师和顾问专业组织。在该组织举办的第一次晚餐会上，她虽然不认识任何人，但给自己设定了目标：在离开晚餐会前至少获得3位联系人的信息，以便通过电话沟通获取所需的信息。最终，她成功收集到了4个联系方式。

发掘尚未显现的工作机会。

- 尽量列出你可能会喜欢且适合的工作选项，在此阶段不要急于判断每份工作的适宜性。同时，请那些了解你的朋友帮忙列举他们认为你可能感兴趣的工作岗位。
- 在面试中展示自身能力，寻找将个人技能和经验与潜在雇主需求相匹配的方法。

从孩提时代开始，林赛的大部分时间都在忙于做志愿服务。当孩子入学后，林赛决定找一份能让她的辛勤劳动得到物质回报的工作。但她并不确定自己具备哪些有市场价值的技能，因为此前她从未因工作获得过报酬。因此，她来到了我们这里。我们建议她邀请朋友一起分析自身的技能。一个晚上，她与姐姐一边喝酒一边讨论各种可能性。当林赛再次来到我们的办公室时，带来了一张很有吸引力的工作岗位清单。

在讨论中，我们又共同列出了另一份工作岗位清单，这些工作可以利用林赛在各种民间组织、教会和医疗保健组织担任志愿者期间磨练出的各种技能。其中最突出的就是她对戏剧以及筹备和宣传演出的热爱。因此，在联系本市内众多艺术界老朋友之后，林赛在该市的艺术委员会顺利获得一份兼职协调筹款员的工作。对林赛而言，这是一份理想的工作，而在几个月内，她成功将其转变为全职工作。

在求职过程中，各个环节中的礼仪尤为重要。

- 遵守承诺，准时或提前赴约，并在所有面试结束后发送感谢信或其他跟进函件。
- 善用你卓越的记忆力关注细节，牢记他人的名字，并结合你的调查研究或共同经历回忆起他们的个人信息。

黛比希望能在大学或大专院校的招聘部找到一份合适的工作，为此，她制定了一套高效的追踪工作机会的方法。她准备了一些索引卡片，每张卡片对应一位潜在雇主或邀请她参加面试的人。此外，由于在某些情况下学校人才储备委员会的成员也会参与面试，所以黛比还针对委员会的所有成员特别准备了索引卡片，并用不同的颜色标记卡片以便区分各所学校。每当了解到新的信息或与其中的某人建立新的联系后，她都会及时更新卡片上的备注，从而随时掌握自己求职活动的最新进展情况。这套追踪方法有效避免了遗漏任何联系人或有关求职的重要细节。最终，黛比如愿找到了理想中的工作，此时，她可以通过邮件告知在求职路上给予她帮助的每一个人。

▶ **可能遇到的陷阱**

虽然每个人都是独一无二的，但ENFJ类型的人仍然存在一些共同的潜在盲点。在这里强调"潜在"，是因为以下我们列出的条目中，有些明显与你相关，而有些可能不太符合你的实际情况。你会注意到，这些倾向不仅影响你对求职的看法，也渗透到你生活的各个方面。因此，在阅读下面的每一个条目时，不妨结合自己过去的经历，问自己："这对我来说是真的吗？"如果答案是肯定的，那么继续问自己："这种错误的倾向是如何阻碍我实现目标的？"你很可能发现，要克服这些盲点，关键

在于：有意识地、精心地发展你的第三功能（感觉）和第四功能（思考）。当然，对于ENFJ类型的人来说，以下这些建议在实施过程中都会面临诸多困难，但是，这两种功能运用得越多，它们在未来给你带来的麻烦就会越少。

1. **尽量不要仅凭个人情感做出决策。**

- 客观分析有助于你了解各种行为可能产生的逻辑后果。请记住，要关注事物之间的因果关系，必要时不妨寻求朋友的帮助。

- 切勿因为对某人的反感而放弃一个良好的职业选择，同时也不要因为一次积极的互动就全盘肯定一份工作或一家企业。

2. **不要将批评和拒绝视为针对自己。**

- 应正确看待建设性的批评和反馈。家人和朋友的支持和鼓励可以帮助你缓解求职压力，避免灰心与气馁。

- 在遭遇求职被拒时，暂且不要自我贬低。将其视为对自身应变能力的一次挑战，或者把它看作需要克服的一道障碍。

3. **集中精力收集所有必要的信息。**

- 在与他人交往的过程中，应留意细节和现实情况。不应只为了结交新朋友而忽略了求职过程中那些不太有趣味性的任务。

- 不要简单地接受表面上传达的信息。要做好准备，多问一些问题，以便深入了解这份工作或这个企业的真实状况。

4. 用更现实的态度对待他人或潜在的工作机会。

- 尽量看到他人的真实一面，并认识到他们所存在的局限性。有意识地避免理想化他人或表现出无条件的忠诚。
- 当冲突发生时，应迅速、直接地进行干预，而不是采取回避态度，以免使问题变得更复杂。

5. **不要仓促地做出决策。**

- 充分的调查研究将帮助你避免在仔细考虑之前匆忙做出决策。在回应任何工作邀约之前，请争取时间全面考虑各个方面的情况，以确保该职位真正适合你。
- 如果不克制急于求成的心态，可能会错过其他良好选择，或者接受一份实际上并不理想的工作。

▶ 最后一步：换工作还是保持当前工作……ENFJ 类型的人成功的关键

现在，你已经深刻理解自己的性格类型，并且知道自己天生的性格偏好所适应的职业类型。此外，了解自身性格类型的优劣势对于成功求职具有重要意义。然而，即使作为 ENFJ 类型的人，也需要意识到本章前面"适合 ENFJ 类型的人的一般职业"中列出的职业未必都适合你。因此下一步，也是最后一步，就是缩小搜索范围，从而最终找到理想工作的方向。

除了性格类型之外，一些其他因素，如你的价值观、兴趣爱好以及技能等，也会影响你对工作的满意程度。你与工作的契合度越高，你就越快乐。因此，请准备运用所学知识（包括本书内容以及生活经验）来制定你的战略性的职业规划吧。本书第 23 章中的练习就是专门为了这个目的而设计的。

然而，如果你觉得保持现有工作岗位或继续留在当前雇主身边更有意义（也许只是暂时的），那么做出这个决定可能基于多种合理的原因——如经济压力、家庭因素、所学专业就业形势严峻，以及转换工作的时机尚未成熟。但请振作起来！通过本书获得的知识同样能帮助你在现有的工作岗位上获得职业满足与事业成功。当需要做出重大职业调整的时候，你将更加清晰自己的发展方向，并明确如何找到理想的工作的方法。

▶ "所以，如果你目前还没有找到更适合的工作……那就热爱你现在的工作吧。"

事实上，大多数行业都提供灵活调配的机会。这里有一些方法，可以让你的当前工作更适合你的需要，仅供参考：

- 参加并主持交流研讨会。
- 尽量避免卷入同事间的矛盾。
- 自愿为所在企业或部门起草任务说明。
- 组建支持小组，为他人解决个人或工作相关的问题。

- 自愿为本部门或本企业处理公共关系事务。
- 限制向同事提供"私下咨询",尤其在感觉不堪重负或陷入进退两难的境地时。
- 尝试(更努力地做到)将你的工作留在办公室内完成。
- 考虑成为自己专业领域内的培训师或教练。
- 每日、每周或当灵感涌现时,给朋友发送鼓舞士气的电子邮件。
- 让你的老板知道,得到认可才是你动力的源泉。
- 你可以不换职业,但可以换老板。

▶ ENFJ类型的人能够发挥长处并克服不足

莎拉在一家非营利医疗机构担任行政助理。虽然莎拉很热爱这个机构,也认同它的使命,但她厌倦了工作中的烦琐程序。无论走到哪里,莎拉都会宣传该机构的业务与目标,同时暗自希望能够因此得到报酬。尽管该机构公共关系部门没有岗位空缺,但莎拉仍然利用闲暇时间作为志愿者走访学校,为本机构做宣传推广,她表现得也非常出色。6个月后,公共关系部出现了一个全职职位空缺,莎拉提出申请并顺利被录用了。

▶ 利用已有资源获取所需之果

如何才能取得成功?简而言之,就是发挥你的优势,弥补你的弱点。这是否能够做到,将直接影响到你是取得成功还是遭遇失败,是热爱还是厌烦你的工作。我们接下来列举了一些你可能具备的优势和存在的弱点,希望能对你有所帮助。尽管每个人都是独一无二的个体,但作为ENFJ类型的人,我们所列举的这些总有一些比较符合你。

你在工作中的优势可能包括:
- 出色的沟通和表达能力。
- 富有魅力,有领导能力且善于建立共识。
- 热情洋溢,与他人合作的能力强。
- 决断果断且组织能力突出。
- 乐于打破常规思维,探索各种可能性。
- 同理心强,可预见他人的需求;对他人真诚关怀。
- 兴趣广泛且学习能力强。
- 洞察力敏锐,可纵览全局并预测行动及思想带来的潜在影响。
- 愿意为实现目标而努力奋斗。
- 对自己信仰的事业尽职尽责。

你在工作中的弱点可能包括:
- 拒绝从事与自己价值观冲突的职业。
- 容易把人际关系理想化。
- 难以承受竞争激烈的环境或不安定的氛围。
- 对效率低下或不合作的人员或机构缺乏耐心。
- 具有回避冲突的倾向,容易忽略令人不快的问题。
- 在信息不足的情况下容易草率

第 7 章
ENFJ 类型（外向、直觉、情感、判断）：公共关系专家

做出决策。
- 不愿惩罚下属。
- 具有因匆忙而犯错的倾向。

- 喜欢事无巨细地管理，不愿放弃控制权。

> 发挥你的优势其实很简单。
> ENFJ 类型的人成功的秘诀在于：
>
> 学会放慢匆忙前行的脚步；
> 懂得放弃一些控制他人的权力，
> 客观地面对周围的一切。

第 8 章

INFJ 类型（内向、直觉、情感、判断）：积极变革的催化剂

> **人物 1　维奥莱特，音频制作人**
>
> "我看中的是工作伙伴与创造过程。"

▶ 工作概况

维奥莱特从事音乐创作工作——但并非以你想象的方式。虽然她是一位才华横溢的歌手和词曲作者，但她的正职却是为广告制作原创音乐和音频。她在纽约的一家工作室担任执行制作人，负责管理该工作室所有音乐和音频制作事务，换句话说，就是统筹录音、编曲、混音、母带处理，并最终制作出用于商业广告的成品音乐。

维奥莱特在自己的工作室及公司旗下的其他工作室与多位制作人、创意总监、作曲家和工程师等合作。她的日常任务可能包括要求作曲家为汽车广告创作一段时长为 30 秒、以打击乐为主的嘻哈音乐；在广告配乐中合理穿插轮胎摩擦声、篮球拍打声或鸟鸣声等声音效果；或者指导工程师突破惯性思维，从全新视角思考音频效果。有时，她还会将自己的声音、敲打手鼓或吹奏卡祖笛的声音融入音频之中。所有这些元素共同构成了你所听到的商业广告的声音场景。

▶ 背景介绍

虽然维奥莱特在大学学习的是政治学和法语，但她从未真正考虑过从政，而是渴望追求一份兼具创造性与实用性的职业。作为一个有天赋的音乐家，她起初并不知道如何将这种激情转化为职业，同时也意识到自己需要一份全职工作来偿还助学贷款以及维持生活。在大学毕业之后，她曾在一位配音艺术家的公司做兼职工作，在此期间与一家音频后期制作公司建立了联系，而该公司正在招聘一名客户服务人员。"我理想中的全职职位是在富有创造力的环境中，与富有创意的伙伴们合作，这样我既能学习广告音乐监制和音频后期制作方面的知识，又能继续我的音乐创作。"同时，她还可以在晚上和周末使用公司的工作室。

一年以后，维奥莱特被提升为音乐总监，这个职位完美地结合了她性格中创造性和客观性优势。在这个岗位上工作几年之后，维奥莱特转至一家代理公

司，尽管这只是职业发展的跳板，但也让她意识到大企业并不是自己的理想工作场所。"我更喜欢在小型团队中工作，因为这样我能够与每位成员建立真实而紧密的人际关系。"于是，她离开了那家代理公司，来到了现在的公司：一家专注于原创音乐、音乐监制和商业广告音频后期制作的小型工作室。

▶ 职业满足分析

维奥莱特热衷于管理大量的项目、预算和日程计划。她的主导功能——直觉——不断受到那些极具创新性的工作的刺激，从而迸发出能够满足客户需求的创造性解决方案。无论是为了实现客户的愿望而寻找缺失的音效，还是通过她丰富的音乐知识去发现新的灵感，维奥莱特都必须跳出传统的条条框框，运用直觉功能和音乐品位完成各项任务。此外，她的辅助功能——情感——同样发挥着重要作用。由于所在的六人团队关系紧密且团结一致，因此维奥莱特认为："我的伙伴们才华横溢且聪明，他们对待工作的态度非常认真，这激励着我竭尽所能地支持他们，并以身作则。"亲密而和谐的人际关系对于维奥莱特获得职业满足至关重要。作为一个天生的领导者，她认为自己的职责是"照顾好我的团队，让我们不仅努力付出，还能享受工作的乐趣，而不是精疲力竭"。对维奥莱特而言，实现这一切的关键在于平衡：各种声音效果之间的平衡、家庭与事业之间的平衡、作品的艺术价值与商业利益之间的平衡。

▶ 前景展望

"正是我的工作伙伴以及整个创作过程让我留在这里。"维奥莱特的终极目标是在未来成立自己的音乐创作公司或组建小型音乐制作团队，以某种形式继续参与创造性的工作——不过具体采用何种方式尚需观察。"我始终渴望尝试无数新事物。"尽管维奥莱特每天都以不同形式运用自身积累下来的音乐知识，但在内心深处仍然感觉，在未来的某一天，她还是会以某种方式重新投入到音乐创作之中，即使只为自己创作。同时，维奥莱特也在密切关注着当前所在行业的发展趋势及其潜藏的意义。"有趣的是，随着家用设备的普及和播客用户数量的增加，纯音频品牌再次走向前台，声音品牌也变得特别受欢迎。"维奥莱特将声音品牌描述为"与特定品牌相关的声音或记忆符号"——就像你听到的一些广告音乐，甚至是在购物时听到的特定声音。由于这些声音可能会潜移默化地影响消费者的购买体验，因此自然少不了人去设计它们。而也许，将来成为设计者的就是维奥莱特本人！

人物 2　迪莉娅，社会工作者
"解决问题时要有同情心。"

▶ 工作概况

迪莉娅行事总是慢条斯理且深思熟虑。在某些职业中，及时行动的重要性往往高于充分思考。然而，对于迪莉娅来说，她与生俱来的特质恰恰符合医生这一角色所需的特点。迪莉娅是一家私人老年精神科诊所的临床社会工作者。在她接诊的患者中，约80%患有不同类型的痴呆症。她的主要职责包括向患者及其家属介绍痴呆症的治疗过程、预期结果以及可获取的医疗资源。此外，迪莉娅的工作还包括帮助患者家属应对患者因该疾病引发的行为问题，以及协助患者家属克服在照护过程中出现的抑郁情绪和其他问题。

▶ 背景介绍

在获得成人心理学社会工作硕士学位之后，迪莉娅便开始投身这一领域。迪莉娅曾就职于医院和社区心理健康办公室，也曾在私人诊所担任过治疗师。经历了以上工作岗位后，迪莉娅又在一家社会服务机构做了11年的治疗师，由于该机构的患者多为行动不便的高龄老年人，因此需要上门提供治疗服务。然而，持续的通勤压力加上该机构的不良工作氛围，使得迪莉娅决心离开此岗位，寻求新的工作机会。

现在，迪莉娅每天接诊6~8位患者，通常每位患者都有一名家属陪同。迪莉娅会花一些时间与患者及其家属进行交流，以评估患者当前的状况，然后与两名精神科医生商讨，制定相应的治疗方案，以应对那些棘手病情给患者身心带来的各种影响。迪莉娅向患者传达医生的治疗建议、所用药物、治疗方法的变化以及如何管理行为问题等内容，并帮助他们克服伴随这些疾病而来的自然的和不可避免的否认心理。迪莉娅善于倾听患者的心声，使得诊疗过程自然而高效地展开。

▶ 职业满足分析

作为理想主义者，迪莉娅非常适合在治疗领域从事社会工作。她帮助和理解他人的本能动力，与其具备的同理心和把握更多联系的能力相辅相成。这使得她天生就懂得如何安抚痛苦中的人，并能够有效解决问题。

迪莉娅的主导功能是直觉，她认为直觉功能在工作中发挥着重要的作用。她的大部分工作都基于对患者症状和行为的解读，而这一技能依赖于她在信息碎片之间建立起联系。迪莉娅必须留意各种线索和语调，同时在脑海中构建一个故事或模式，然后想出最佳的应对方法。她对整体局势的直觉把握有助于理解那些看似分散或无关的信息。

迪莉娅的辅助功能是外向、情感，这使她极富同情心。"大家都觉得与我交谈很舒适——别人总这样和我说。"她在倾听时不做评判，全神贯注，让对方相信她真的在认真倾听并关心他们所说的话题。同时，迪莉娅会不自觉地模仿他人的谈话风格，使各类人群都能轻松与之沟通。同样重要的是，迪莉娅不会将老年人视作"隐形人"——这是我们社会中常见的问题。相反，她非常尊重老年人，从不轻视他们。由于母亲罹患痴呆症，迪莉娅也曾因此饱受抑郁的困扰，因此，她能够深刻理解这些病人的处境。

第8章
INFJ 类型（内向、直觉、情感、判断）：积极变革的催化剂

▶ 前景展望

迪莉娅热爱目前工作的环境，也热衷于它所承载的使命。老年医学领域正在迅速发展，这是一个朝阳产业。随着人口老龄化的加剧，痴呆症也愈发普遍，该领域的研究人员不断发现疾病的新变化，这让迪莉娅备感兴趣。"这个领域的大多数从业人员都有一位对他们而言十分重要的长辈——对于我来说，那就是我的叔叔弗兰克。"除了病人之外，迪莉娅还感受到来自同事的支持与赞赏。她有两个很好的上司，他们不但认可她的长处并给予机会施展才华，同时，还鼓励她的职业发展。因此，迪莉娅对成为这个优秀、团结的团队的一员而感到非常满足。

除了为病人提供服务外，迪莉娅还积极研究不断扩展中的痴呆症类型及其特殊表现形式，能够参与这些改善他人生活的深入研究让迪莉娅倍感欣慰。在未来，她希望能从事更多此类工作，也许有一天还能将研究成果总结成一本书。

人物 ③　考特尼，图书编辑

"成为一名内容创作者——这正是我感兴趣的地方。"

▶ 工作概况

考特尼是本书的责任编辑。作为一家大型出版公司的编辑人员，考特尼不仅要对她名下图书的多个开发和生产阶段负责，还需要与生产、推广和销售等多个部门的人员协作。在传统的出版流程中，编辑需要与作者合作，并跟进图书从选题立项到出版的全过程，而考特尼所在的合资出版公司，其工作流程则是：先由出版公司发现图书市场的趋势及热点，提出图书选题和创意；随后，出版公司与图书制作商合作，寻找合适的作者撰写，通过这样的流程，大大缩短了图书的出版时间，相较传统方式出版时间缩短了一半左右。因此，在承担编辑职责之外，考特尼也成为了图书内容的创作者，需要关注非小说类图书的销售情况，并不断推出新书以满足市场需求。她负责的选题类别很广泛，从帮助孩子采访祖父母到《纽约时报》填字游戏汇编等都有涉及。总之，每年考特尼负责大约100种图书的项目。

▶ 背景介绍

对于一个热爱阅读的人来说，在出版社担任编辑似乎是一条顺畅之路。然而，对于考特尼来说，这条路却颇为曲折。一开始，她认为自己可以尝试成为一名作家，于是获得了创意写作的本科学位。但很快便厌倦了大学研讨会模式下那种无休止的批判，于是转而投身编辑工作。她在伦敦取得英国文学硕士学位后，在该领域找到了相关职位——其中之一是在一家小型媒体公司担任校对员，另一个是成为一所在线大学的课程内容编辑。"但这些工作岗位距离我的理想仍然遥远。我渴望的是编辑图书。"虽然能够清晰地描绘出理想工作的愿景，但她并不明确具体内容。因此，她

95

决定放手一搏搬往纽约市，通过努力，她终于在一家大型出版公司找到了初级职务。

考特尼最初担任生产部总编助理，该部门主要管理校对、页面设计、封面设计等事务。然而，由于始终希望转入更具创造性的编辑部，因为那里直接决定着图书的内容，于是她成为编辑部的助理编辑，直接与代理商和作者合作。当获悉公司正在开展一项新的合作出版业务时，考特尼看到了晋升的机会。在向上司申请的过程中，她特别强调了自身具备的优势。努力得到了回报，考特尼被升职为编辑，实现了自己多年来的梦想。

▶ 职业满足分析

考特尼将图书编辑的角色比喻为"船长"：引导稿件走完整个出版流程，并全程指导所有参与人员。像许多理想主义者一样，考特尼发现自己身处一个充满创造力的领域，在这里，她实现着对每本书的愿景，并整合各类资源为自己协助出版的图书建立了一个庞大的目录体系。

由于考特尼的工作内容包括根据当前的流行趋势提出图书创意，然后寻找作家来实施写作，因此她的主导功能——直觉——在不断发挥作用。"这让我非常兴奋，因为我几乎就像是一名作家。我创造了图书的内容，而不是受制于他人提供的内容。"要做好这份工作，她必须分析图书市场，寻找行业发展的方向，始终走在潮流的前面。这都需要丰富的想象力和洞察力。

尽管考特尼是一个内向型的人，但她希望自己的工作是协作性的，并依赖于与不同部门的人建立联系。因此，她必须友好且善于鼓励他人，能够不断预测并解决问题。考特尼是一个情感型的人，在公司工作的 7 年半时间里，与同事建立的深厚友谊和团队精神让她倍感振奋。"我知道如何与不同的人交往，因为不是每个人都喜欢以同样的方式交流。"

▶ 前景展望

考特尼希望在本书最终出版之时，她已经晋升为高级编辑。毕竟，她的职业发展是通过战略性规划并持续争取晋升而获得的。最终，考特尼认为相对于编辑职位，她更倾向于担任出版商——负责整个出版业务运营，而不是每本稿件的具体细节。"我想要掌管一台具有创造力的机器。"从事这样的工作需要远见卓识——考特尼显然具备这种能力。

的确，尽管市面上流传着关于出版业已日薄西山的预言，对于这个在各种新的网络技术、媒体技术夹击中生存下来的行业来说，现在比以往任何时候都更需要远见卓识。展望未来，考特尼预测，有声读物将成为出版业最值得关注的发展领域，其受欢迎程度近年来大幅提升，同时越来越多的人选择自助出版。"如今，出版图书的方法更加多样化，人们传播自己思想的途径也比以往更多了。"

第 8 章
INFJ 类型（内向、直觉、情感、判断）：积极变革的催化剂

▶ **共同之处**

虽然考特尼、迪莉娅和维奥莱特各自拥有不同的教育背景、工作经历以及职业选择，但他们之间依然存在一些共同点。虽然兴趣和能力有所差异，但他们具有相似的性格特征以及相同的心理功能层次，我们可以对 INFJ 类型的人的需求做一些观察。

我们在下面列出了使 INFJ 类型的人获得职业满足的重要因素——可以称其为衡量标准。鉴于每个人都是独一无二的存在——即便是属于同一种性格类型，其特点也各不相同——因此，这些因素并不能完全准确地描述所有 INFJ 类型的人。重要的是，以下 10 个因素以不同的程度影响着 INFJ 类型的人如何获得真正意义上的职业满足。

查看完这 10 个因素后，我们建议你按照自身的标准对它们进行排序。在排序过程中，请回忆过去的工作经验并思考当前的工作体验，看看哪些经历令你特别满意或者特别失望。同时，应找寻贯穿多个经历中的主题，而不是仅限于在某个单一工作环境下成立，而在其他工作环境下却无效的事情。

作为 INFJ 类型的人，要获得职业满足，你的工作应：

1. 让我能够深入思考并提出解决各种问题的新观点和/或新方法，这些新观点和/或新方法通常有助于他人的成长与发展。

2. 让我能够提供我所坚信并引以为豪的产品或服务。

3. 承认我的著作权、所有权以及独特贡献。

4. 让我能够自由表达想法，并看到我的洞察力带来的成果。

5. 让我能与他人进行一对一的合作。

6. 有一个友好且无紧张关系的工作氛围，我的想法会被认真对待，我所付出的努力也会得到他人的精神支持。

7. 允许我独立完成工作，并有机会在友好的环境中频繁地与他人交流我的工作进展。

8. 让我自主安排工作时间和选择工作环境，从而掌控整个工作过程及结果。

9. 给我充足的时间制定并审查计划，以确保其得到充分的准备。

10. 符合我的个人价值观和信念，使我保持高度的自主性和职业道德。

▶ **适合 INFJ 类型的人的一般职业**

在列举适合 INFJ 类型的人的一般职业的同时，也请读者注意，每一种职业中都有各种性格类型的成功人士。以下职业可能是 INFJ 类型的人会认为比较满意的，我们也将解释其中的原因。当然，我们无法详尽地列出所有适合的职业，只是为了给你提供一些你之前可能未曾考虑过的可能性。虽然我们列出的这些职业都可能让你获得职业满足，但是，预计其中一些职业的未来需求可能会更大。

咨询类

- 职业顾问
- 诊疗心理学家
- 学校辅导员
- 雇员援助顾问
- 老年护理专家
- 婚姻与家庭治疗师
- 儿童福利顾问
- 药物滥用顾问
- 心理健康顾问
- 发展心理学家

咨询领域需要密切的私人合作，经常进行一对一的互动，这使得INFJ类型的人能够与他人建立深入联系。在帮助他人在这一环境中获得个人见解和个人成长时，INFJ类型的人常常会感到极大的满足。

教育类

- 高中老师（英语/艺术/音乐/社会科学/戏剧）
- 大学老师（英语/艺术/音乐/社会科学/戏剧）
- 大学教授（教育学）
- 教育顾问
- 课程设计师
- 图书管理员
- 特殊教育老师
- 双语教育老师
- 幼儿教育老师
- 在线教育工作者
- 社会学家
- 博物馆保管员
- 教育项目主任
- 育儿导师/儿童发展课程老师
- 博物馆教育工作者

教育类职业允许INFJ类型的人运用自身的思想和知识去帮助他人。他们乐于指导学生并看着他们成长、设计富有创意的课程以及激励他人，这些都是INFJ类型的人喜爱的教育方式。此外，INFJ类型的人还热衷于研究、学习，以及发掘教育环境中的成长机会，因此，他们在学术环境中工作十分自在。

创作类

- 艺术家
- 剧作家
- 小说家
- 诗人
- 室内设计师
- 信息/图形设计师
- 通用设计建筑师
- 自由媒体策划人
- 品牌经理
- 编辑/艺术总监（在线/印刷品）
- 文学经纪人或编辑
- 网络出版商（电子书）
- 宗谱学家（家谱研究员）
- 印刷设计师
- 交互设计师
- 创意制作人
- 电影编辑
- 纪录片制片人
- 教育软件开发人员
- 策展人
- 展览设计师

- 服装设计师
- 商品设计师和陈列设计师

对于 INFJ 类型的人而言，艺术的吸引力在于他们能够运用自己的思想和想象力创造出独特的作品。艺术使得 INFJ 类型的人能够以一种个性化的方式表达自己，而这些作品又常常会影响到其他人。在这些职业中，大多数任务可由个人独立完成，这就使得 INFJ 类型的人能够安排和掌控工作环境、工作进程和作品的状况。

医疗保健/社会服务类

- 社会服务机构主管
- 调解员/冲突协调员
- 社会工作者
- 社会科学家
- 公共卫生教育工作者
- 营养师/营养专家
- 语言病理学家/听力学家
- 整体健康执业医生（替代医学）
- 按摩治疗师
- 职业治疗师
- 遗传咨询师
- 脊柱按摩师
- 资金协调员
- 卫生保健管理员
- 资金募集主管
- 法律调解员
- 成人日托协调员
- 紧急热线接线员

社会服务类职业通常存在于某些组织机构内，其职责是尽职尽责地为他人提供服务。大多数 INFJ 类型的人偏爱这样的工作环境，尤其是在员工数量少且关系紧密的小团队里。从事社会服务使 INFJ 类型的人能够思索并开发解决个人或社会问题的新方法。而许多时候，由于社会工作者是独立工作的，这使得他们能够频繁地与客户和同事进行一对一的互动。

商业类

- 人力资源经理
- 市场营销经理
- 组织发展顾问
- 雇员援助计划顾问
- 职业分析师
- 多样性、公平性和包容性总监
- 企业/团队培训师
- 首选客户销售代表
- 商品规划员
- 环境律师
- 口译员/翻译
- 计划供给办公室官员
- 慈善事业顾问
- 新职介绍顾问

虽然 INFJ 类型的人不会大量涌向商业类职业，但一些商业领域也能让他们获得职业满足。

人力资源、人事以及组织发展咨询等职业的工作对象是"人"，这类工作要求从业者对各种性格类型的人感兴趣并善于与他们打交道。这些职业使得 INFJ 类型的人能够帮助他人找工作，营造高效的工作环境，并以人为本，创造性地解决各种问题。

选择市场营销类职业，INFJ 类型的

人可以成为团队中的一员，并运用自身天赋，创造性地解决各类问题。如果INFJ类型的人能够在工作过程中发挥重要作用，并保持自主性和职业操守，他们就会对这类工作感到满意。

技术类

- 客户关系经理
- 员工代表（技术顾问）
- 项目经理
- 招聘人员

随着技术的发展，那些既懂技术又具备良好沟通能力的人才越来越受到企业的青睐。INFJ类型的人渴望成为技术人员与最终用户之间的重要桥梁，这一角色满足了他们帮助他人以及建立人际联系这两个方面的需求。

请读者注意，有许多适合INFJ类型的人发挥独特才能以获得职业满足的职业，而我们以上推荐的仅为其中的一部分。

▶ 求职之路，因人而异

了解自己性格类型特有的优势和劣势，将使你的求职之路更加顺畅。从研究适合自己的工作岗位，到接触潜在雇主，再到准备求职资料（如个人简历）、安排面试、与对方协商薪酬待遇，直至最终获得工作，每一步都体现出个人的性格类型。因此，是否能够有效利用自身优势并弥补不足，将直接影响求职的成功几率。

不同性格类型之间的差异大小不一，有的微乎其微，而有的却极为显著。如果根据我们的建议做出细微调整，就可能将求职失败转变为求职成功。人际网络的概念就是一个很好的例子。外向型的人自然喜爱社交，我们鼓励他们大胆拓展社交圈；而内向型的人则偏好在小范围内进行交流，且更倾向于与熟悉的对象交流。感觉型的人乐于在有限范围内与人建立联系；而直觉型的人则会广泛寻求互动，即便某些社交对象似乎志趣不投。同样地，情感型的人重视人与人之间的连接，希望营造融洽的氛围；而思考型的人则表现得更为冷静和客观。判断型的人在人际交往时话题数量较少且内容严谨；而知觉型的人交流的话题则较为广泛！虽然有效的求职技巧可能只有一种，但成功路径却是千差万别的。

▶ 通向成功之路：发挥自己的优势

正如我们将在下文详细阐述的那样，INFJ类型的人在求职方面的优势和天赋在于缜密周详的规划能力、创造性的解决问题的能力以及表达对自己信念的坚守的能力。但要注意的是，要避免在研究过程中一意孤行，订立的目标不切实际。

对于INFJ类型的人来说，最有效的求职策略建立在如下能力基础之上。

仔细考虑所有细节，制定一份创意十足、有条理性的求职计划。

- 发挥你的创造力，以一种全新的、与众不同的方式策划求职活动——让你从众多求职者中脱颖而出，赢得潜

第 8 章
INFJ 类型（内向、直觉、情感、判断）：积极变革的催化剂

在雇主的青睐。

- 发挥你的规划能力，密切关注求职动向，拟订求职计划，准时参加面试，面试之后记得与潜在雇主保持联系。

苏是我们的一位咨询者。在计划将工作岗位从企业法领域转向更具专业性的环境法领域时，苏很快意识到可以将她的法律技能与兴趣结合起来。她列出了一些她可能愿意为之工作的企业，并对它们进行了深入而全面的调研。在了解这些企业的招聘要求之后，她依据这些要求"包装"自己，以吸引潜在雇主的注意。苏天生就是个有条理的人，她依照自身特点制定并执行了求职计划，在每次面试之后都及时与潜在雇主联系以了解情况，并认真记录了自己的求职进展。

在现有的基础上尽量拓展人际关系网。

- 向那些与你建立了良好关系并对你有深入了解的人寻求帮助，请他们帮你引荐与该职业机会相关的人士。
- 在每次面试中，请求对方推荐一些能够进一步了解该领域或者具体岗位的信息来源。

海伦希望换一份更令人满意的工作——一份能够充分满足她使命感的工作，于是，她首先与教会里的朋友和牧师讨论了这个想法。在朋友和牧师的引荐下，海伦得以与一位教育类图书出版项目协调员取得联系，共同探讨自己的工作计划和兴趣爱好。在交谈中，海伦了解到该协调员只是暂时担任此职位，因此待其任职期满，该职位便会空缺。通过朋友的引荐以及一对一交流，海伦成功找到了一份满意的工作。

与面试人员以及潜在雇主保持良好的关系。

- 利用你的洞察力去理解对方的需求和动机。
- 让面试人员或者潜在雇主感受到你天生的热情和活力，同时展示你卓越的倾听能力和表达技巧。

约翰就职于一家小型公司，他正在为竞选人事经理做准备。当他得知自己进入第二轮面试，与其他三名应聘者竞争时，便下定决心全力以赴，一定要脱颖而出。为了准备这次重要的面试，约翰花时间仔细研究公司的背景资料，并特别关注公司员工的个人信息。作为两个孩子的父亲，约翰惊喜地发现公司中的两位负责人与他来自同一个社区，而且家中也有学龄期的孩子。面试开始了，在大家各就各位后，约翰向这两位负责人询问他们的孩子是否喜欢操场新建的娱乐设施。这不仅使约翰与两位负责人找到了共同话题，还营造出了友好、轻松的氛围。此外，这次面试也成为约翰展示自己对社区活动的了解和兴趣，以及良好人际交往能力的大好机会。

仔细考虑各项职业选择，不要仓促做出决策。

- 充分利用你性格中审慎思考、审慎决策的重要优势。
- 给自己一点时间重新思考那些在最初被排除掉的职业选择。

101

搬到纽约后，辛西娅开始寻找广告公司艺术部门工作的机会。不久，她便遇到了幸福却又烦恼的问题：经过了四家广告公司的面试后，其中两家向她递出了橄榄枝。这两家公司都提供稳定的工作岗位以及丰厚的报酬。然而，辛西娅没有急于决定接受哪一家公司，即使早一天决定就能早日获得稳定的工作，从而结束这一身心疲惫的求职过程。相反，她请求这两家公司给予她一周的时间来慎重考虑如何选择。在这一周里，她仔细权衡了每个工作的利弊，最终做出了一个出人意料的决定：她拒绝了这两家公司的全职工作邀约，而是选择以自由职业者的身份为四家公司提供服务。这个决定让她赢得了灵活安排工作的自由、大块的空闲时间以及事务处理上的独立性，而如果她接受了其中任何一份全职工作，则必须牺牲这些利益。

创造一个符合你特定要求的新职位。

- 利用你的洞察力预测未来职业发展的趋势，例如，你将会在何种行业发挥才能等。
- 向潜在雇主展示你的才华，让他们明白你将如何帮助他们实现目标或解决问题。

鲍勃担任厨房设计师期间，通过直觉发现了一个商机：设计一种计算机程序，使客户能在花费大量资金进行厨房改造之前，在屏幕上预览重新设计后的厨房效果。鲍勃认为现有技术足以支持创建这样的程序，或者类似程序已经存在，只是他没听说而已，于是他开始进行研究。他先是与一位精通计算机技术的朋友交流了想法，并最终把工作转换到了现在这家公司。

鲍勃之所以能够获得这份满意的工作，是因为他的直觉让他识别出潜在的市场需求，然后他能够积极地与潜在雇主沟通，以展示他的远见卓识。

面对挫折，要积极寻找创造性的解决方案。

- 把暂时的挫折看作是需要解决的问题，而不是不留余地的拒绝或者无法逾越的障碍。
- 利用你天生的洞察力向前看，关注下一个机会或者从失望中恢复过来。

桑迪一直以来都有一家目标公司，为了争取得到这家公司人力资源总监的面试邀约，她花费了六个星期进行准备，但最终也未能成功。桑迪的一位邻居就职于这家公司，一日，在与邻居交谈中桑迪了解到，该总监是一名帆船爱好者。因此，桑迪抱着姑且一试的心态给该总监发送了一封电子邮件，其中包含一篇介绍装备帆船所需的新颖、有创意的装置及用品的文章。同时，桑迪还在邮件中表明了自己希望获得总监的面试邀约，并表示若能见面可以进一步介绍其他有创意的装备方式，以便提升总监帆船生活的便利性。邮件发出三天后，当桑迪打电话跟进时，总监不仅记住了她的名字，还邀请她下周前来参加面试。

▶ 可能遇到的陷阱

虽然每个人都是独一无二的，但

第 8 章
INFJ 类型（内向、直觉、情感、判断）：积极变革的催化剂

INFJ 类型的人仍然存在一些共同的潜在盲点。在这里强调"潜在"，是因为以下我们列出的条目中，有些可能与你密切相关，而有些则可能不太符合你的实际情况。你会注意到，这些倾向不仅影响你对求职的看法，也渗透到你生活的各个方面。因此，在阅读下面的每一个条目时，不妨结合自己过去的经历，问自己："这对我来说是真的吗？"如果答案是肯定的，那么就继续问自己："这种错误的倾向是如何阻碍我实现目标的？"你可能会发现，要克服这些盲点，关键在于有意识、精心地发展你的第三功能（思考）和第四功能（感觉）。当然，对于 INFJ 类型的人来说，以下这些建议在实施过程中都会面临诸多困难，但运用这两种功能的次数越多，它们在未来给你带来的麻烦就会越少。

1. 把注意力集中于职业的实际情况和细节上，而不要只关注更有趣的宏伟蓝图。

- 这要求你要有意识地关注面前的实际情况——对问题要探究其本质，不要只看表面现象。
- 提前列出你想了解的关于这份工作的实际问题，包括工作时间、工作职责、薪酬情况、福利待遇，以及工作汇报制度等。

2. 尽量对求职过程和可能的结果做出符合实际的期望。

- 对自己进行"实际测试"，以检验你是否对市场需求、自身的技能水平和成功求职所需时间有现实的认识。请朋友尽量挑出你的求职计划的不合理之处。
- 尽量把求职目标设定得现实一些，不要过于理想化，以避免未能如愿获得理想职位而产生失望情绪。

3. 尽量避免仅凭个人感受做出决策，而应依据更为客观的数据。

- 记住，你会自然而然地从个人角度出发看待问题，因此你需要有意识地运用你的逻辑思维能力。
- 不要将你在面试中建立的融洽关系与个人友谊相混淆。让自己与工作中的产生的各种关系保持一定的距离，待到你对其有了更多、更深刻的了解后再决定是否建立永久的联系。

4. 在讨论你的技术和能力时，应将重点放在如何满足潜在雇主的需求上，而不是它们如何满足你的需求。

- 向潜在雇主表示你已对公司当前面临的挑战做了充分的调查，之后通过介绍自己的工作经历和取得的成就来证明自己有能力帮助公司解决这些问题。
- 向潜在雇主表示你愿意承担必要的风险来应对新的挑战并证明自己的能力。多花几秒钟思考一下是否还有其他途径证明自己的能力，尤其是在你认为自己已经下定决心的时候。

5. 避免花费太多时间思考各种可能性，而没有足够时间采取行动。

- 制定一份合理的待选工作岗位列表以及一份对应的调查研究时间表。要求自己在一定的时间范围内完成一定数量的求职电子邮件、求职电话或面试。
- 在设定工作标准以及在整个面试过程中要尽量表现得通融一些，记

住：若你能保持开放的心态去接受另一种观点，有时会有意想不到的收获。

▶ 最后一步：换工作还是保持当前工作……INFJ 类型的人成功的关键

现在，你已经深刻理解了自己的性格类型，并且清楚自己天生的性格偏好所适应的职业类型。此外，了解自身性格类型的优劣势对于成功求职具有重要意义。然而，即使作为 INFJ 类型的人，也需要意识到本章前面"适合 INFJ 类型的人的一般职业"中列出的职业未必都适合你。因此，下一步也是最后一步，就是缩小搜索范围，从而找到理想工作的方向。

除了性格类型之外，一些其他因素，如你的价值观、兴趣爱好以及技能等，也会影响你对工作的满意程度。你与工作的契合度越高，你就越快乐。因此，请准备运用所学知识（包括本书内容以及生活经验）来制定你的战略性的职业规划吧。本书第 23 章中的练习就是专门为了这个目的而设计的。

然而，如果你觉得保持现有工作岗位或继续留在当前雇主身边更有意义（也许只是暂时的），那么做出这个决定可能基于多种合理的原因——如经济压力、家庭因素、所学专业就业形势严峻，以及转换工作的时机尚未成熟。但请振作起来！通过本书获得的知识同样能帮助你在现有的工作岗位上获得职业满足与事业成功。当需要做出重大职业调整的时候，你将更加清晰自己的发展方向，并明确如何找到理想的工作的方法。

▶ "所以，如果你目前还没有找到更适合的工作……那就热爱你现在的工作吧。"

事实上，大多数行业都提供灵活调配的机会。以下是一些方法，可以让你当前的工作更适合你的需求，仅供参考：

确保你有足够多的不受干扰的思考时间：关上办公室的门，偶尔休息一下，不去接听电话或查看电子邮件。

• 自愿加入计划委员会，并在其中发挥自己的才能。

• 尽量避免卷入同事间的矛盾。

• 尽量一次只接手一个重大项目。

• 自愿为所在企业或部门起草任务说明。

• 与其他有才华的人探讨你的想法。

• 试着写下你的观点和想法，并将它们在某处发表。

• 确保你在工作和个人生活之间取得平衡。

• 考虑成为自己专业领域内的培训师或教练。

• 每日、每周或当灵感涌现时，给朋友发送鼓舞士气的电子邮件。

▶ INFJ 类型的人能够发挥长处并克服不足

虽然马戈是一名成功的内科医生，但管理式医疗的官僚作风严重限制了她与每位病人相处的时间，这让她非常沮丧。尽管她一直很重视能有时间与病人讨论他们关心的问题，但她最终意识到自己最怀念的是这些治疗过程中的教学环节。因此，马戈最终决定在附近的一所大学教授一门家庭医学课程，她发现这非常有价值。

▶ 利用已有资源获取所需成果

如何才能取得成功？简而言之，就是发挥你的优势，弥补你的弱点。这是否能够做到，将直接影响到你是取得成功还是遭遇失败，是热爱还是厌烦你的工作。接下来，我们列举了一些你可能具备的优势和存在的弱点，希望能对你有所帮助。尽管每个人都是独一无二的个体，但作为 INFJ 类型的人，我们所列举的这些总有一些比较符合你。

你在工作中的优势可能包括：
- 诚实正直，能够激励他人重视你的想法。
- 对于那些对你而言很重要的项目，专注且执着。
- 决断果断，且组织能力突出。
- 富有创造力，能够提出独树一帜的解决问题的方法。
- 同理心强，能够预见他人的需求。
- 洞察力敏锐，能够纵览全局并预测行动及思想带来的潜在影响。
- 具备理解复杂概念的能力。
- 真正关心他人，具有帮助他人成长和发展的才能。
- 独立自主，个人信念坚定。
- 愿意为实现目标而努力奋斗。
- 对自己信仰的事业尽职尽责。

你在工作中的弱点可能包括：
- 对待事情过于执着，因而显得不够灵活。
- 缺乏时间观念，不清楚完成任务所需的时间。
- 拒绝从事与自己价值观冲突的职业。
- 有时会提出一些不切实际的观点。
- 难以承受竞争激烈的环境或不稳定的工作氛围。
- 一旦做出决策，不愿再重新审视，更不愿撤销决定。
- 具有回避冲突的倾向，容易忽略令人不快的问题。
- 很难客观、直接地对下属进行批评或惩罚。
- 很难迅速改变工作计划或行动方向。
- 难以用简洁明了的语言表达复杂的想法。
- 有妄下结论的倾向。

发挥你的优势其实很简单。
INFJ 类型的人成功的秘诀在于：
学会关注细节，懂得灵活变通，
乐于自发地行动。

第9章

ENFP 类型（外向、直觉、情感、知觉）：
对于未来，一切皆有可能

人物 1　乔伊斯，大学教授

"我是一块充满能量的磁铁。"

▶ 工作概况

乔伊斯拥有两个身份：她是某社区大学特殊教育专业的教授，同时也是美国国内知名的幽默主题演讲家。她总是面带微笑，通过这两个职业，她让成百上千与她接触的人也感受到快乐。每年，乔伊斯为企业、学校、医院以及各类协会举办约300场关于幽默与笑声价值的演讲和研讨会。在她的引导下，许多人都放声大笑。

"毫无疑问，在工作中，我最喜欢与我相处的人们，以及工作本身所带来的乐趣！"乔伊斯热爱集体互动——在她的课堂上，人们围坐成圈。她就像一块充满能量的磁铁，吸引着人们，也因此倍感振奋。教学工作依然令她兴奋不已，因为每堂课都独特而新鲜，就如同她第一次站在讲台前那样。"我喜欢站在人群中，与大家共同参与一些富有体验感的活动，而谁也无法预见将会发生什么。"

▶ 背景介绍

乔伊斯的工作经历并未遵循典型ENFP类型的职业发展轨迹。她先获得了教育学士学位，随后又取得了两个硕士学位，分别是特殊教育专业和咨询专业（她还获得了相关从业证书）。刚参加工作时，由于未能找到专门为残疾人授课的职位，她便在一家普通特殊教育学校任教三年。为了抚养两个孩子，她离开该校，转而在社区大学兼职教授特殊教育课程。在这里，乔伊斯成为了一位传奇人物——她深受学生喜爱，学生对她所传授的知识也表现出浓厚的兴趣。目前，她已在该大学任教 15 年。

乔伊斯才华横溢且优点颇多。"我自认为是一名优秀的教师；我精力充沛，并愿意投入大量时间进行教学；我富有创造力且具备敏锐的观察力，能够很好地洞察他人的内心世界；同时，我非常友好，并拥有很强的幽默感。"每堂课都是乔伊斯的一项成就，因为她改变了人们对自身及其学生的认知方式。因此，她生活中最大的满足来自自己的工作以及与学生之间建立的深厚友谊，这不足为奇。

▶ 职业满足分析

如同大多数 ENFP 类型的人一样，乔伊斯具有极强的幽默感，且对他人具备敏锐的洞察力。她巧妙地将这两种优势结合起来，以实现理想主义者常常追求的使命——帮助他人更深刻地认知自我，从而过上内心充盈、幸福美好的生活。不论是在研究生院授课，还是向数百名听众发表演讲，乔伊斯都以诙谐幽默、生动活泼的方式进行。她鼓励人们敞开心扉尝试新事物，而人们在欢笑的同时也收获颇丰。

乔伊斯认为，对于未来，一切皆有可能。由于其主导功能是直觉，她总能发现新的、不同寻常的事物，这使得每一天都显得特别而独特。她聪明机智，精力充沛；她热情洋溢，能够让身边的人迅速被感染。她善于观察他人，思维敏锐，懂得什么可行，什么不可行。同时，在与人交往中，她擅长捕捉微妙的线索，根据情况调整自己的行事风格，从而能够与各种性格的人和谐相处。

她工作中最大的收获莫过于与学生建立起深厚的友谊。作为情感型的人，乔伊斯依赖这种亲密关系，并在其中茁壮成长。一旦她从内心接受了某个人，他们便会成为一生的朋友。

同样重要的是，乔伊斯珍视与同事之间的关系。当然，对于乔伊斯而言，家庭始终是她生活中的核心，而灵活的工作安排也给予了她更多陪伴家人的时间。乔伊斯坚信，笑是一剂"良药"，可以对人的身心健康产生积极的影响。

▶ 前景展望

"教学是我一生中最爱的事业。因此，我的唯一职业目标就是继续做好现在这份工作，并不断提升自己的工作能力。"对此，乔伊斯表示，她希望能够成为国内知名人士，并渴望出版一本书来推动这个梦想早日实现。同时，为了进一步提升自身的能力和智慧，她报名参加了成人高等教育的博士课程。即便预料到未来几年攻读博士学位的过程将十分艰辛，但她仍然认为通过学习新知识来挑战自我是非常有必要的。

乔伊斯将她的职业满足定义为"充满乐趣，能经常与人交流，并有所作为"。与她的人生理念相一致，她最喜欢教的课程是"如何与人聊天"，因为通过这样的教学，大多数较为害羞的学生最终都会敞开心扉，接受新的体验。像许多 ENFP 类型的人一样，乔伊斯愿意成为帮助他人成长和发展的催化剂。在这一过程中，她认为自己成功的秘诀就在于始终保持开放的态度去接纳任何人与机会，即便它们并不完全符合原本的计划。

人物 2　　埃迪，政治活动家

"我希望使政治变得有趣！"

▶ 工作概况

埃迪在美国是一名 21 世纪的新兴政治活动家。他不依赖传统的游行示威手段，而是选择通过制作视频来表达观点。作为一名视频编剧兼制作人,埃迪擅长利用喜剧的力量,引导公众关注他所关心的问题,从而促成真正的改变。由于他采用讽刺手法阐述严肃问题,既不卖弄也不说教,因此赢得了广泛的支持。他负责构思剧本、撰写脚本,然后根据预算范围,与团队合作落实技术支持人员、拍摄地点及拍摄人员等事宜。而令埃迪最满意的是,看着自己倾注心血制作的视频迅速传播,像野火一样蔓延到互联网的各个角落。

▶ 背景介绍

在大学期间,埃迪享受逗乐他人的过程。他曾学习即兴表演和脱口秀艺术。大学毕业后,他搬到洛杉矶,希望能在各大联盟中施展才华。然而,不久之后,埃迪便厌倦了竞争激烈的职场,总觉得生活缺少些什么。他一直怀揣着一个超越当前职业范围的宏大目标——做一些重大事情,以推动政治改革,甚至期盼成为参议员。

在一次中期选举期间,看到一大批共和党人进入国会,埃迪受到启发,决定改变职业方向,选择攻读法学院,其最终目标是为美国公民自由联盟工作。一天,他阅读了一篇关于新的政治环境对网络中立性构成威胁的文章,于是在一家综合性社交新闻网站上发表了一篇建议成立该网站政治行动委员会的帖子。第二天一早,他收到了大量反馈,这标志着他的政治活动家生涯正式开始了。

不久之后,埃迪意识到他可以运用自己的才华,将关注的问题以喜剧形式呈现出来,从而吸引更多的观众。埃迪采用模仿和讽刺手法制作的视频引起了民主党进步派一个游说团体的注意。之后,他搬到纽约市,开始担任视频编剧和制作人,以提高公众对重要政治话题的认知。

在纽约工作几年后,如今的埃迪正处在一个令人兴奋的职业变革之中。他梦想成立一个以竞选经费改革为中心的讽刺组织,并且一直与一家有意帮助他实现这一梦想的激进组织进行谈判。埃迪希望能够扭转公众对激进主义"严肃且乏味"的刻板印象。他特别渴望创造"一个你真正想看的喜剧节目,让观众支持它不是因为其题材,而是因为它真的很有趣"。

▶ 职业满足分析

作为编剧和制作人,埃迪每天都在发挥他天生的创造力和想象力。由于其主导功能是直觉,他总是专注于宏观层面的问题——那些与社会及政治息息相关的重要议题。他喜欢成为团队中那个能提出许多他人从未想到的新点子的人。

作为一个理想主义者,埃迪所秉持的价值观充分体现在他的工作中。如今,他可以通过喜剧这一富有趣味性的媒介来推动解决重大社会问题,让大众的生活日益美好。他乐于看到视频制作的各个环节服务于他所要表达的信息。在此过程中,他凭借自身的创造力和社交能力获得了职业满足,而这一切都源自他的个人价值观。作为一个情感型的人，埃迪通过信念来观察世界，对他所感知的不公深感忧虑。同时，作为一个外向型的人，埃迪一直以来都高度依赖团队合作——从加入即兴表演团队，到如今能够与其他有创造力的伙伴共同追逐梦想。与人交流思想并达成共识所获得的动力，不断推动他前行，而将平台员工规模从几十人扩大至数千人的过程也令他倍感振奋。

▶ **前景展望**

对于未来五年内取得的所有成就，埃迪希望通过这个喜剧组织来实现。"如果美国的政治体制不那么糟糕，我愿意成为一名政治家。"尽管渴望实现真正意义上的政治变革，但埃迪并不愿花费太多时间去筹集资金或迎合特殊利益集团。在这个方面，喜剧似乎是一种运用文化力量、提升公众对重要问题认知的良好方式，它使人们无须亲身经历，便可了解各种复杂局面。虽然热爱喜剧制作，但埃迪并不打算永远待在幕后："我渴望成为一名政府官员，期待拥有更大的公共影响力。"

人物 3　山姆，社区参与主任

"成为学校与社区联系的桥梁。"

▶ **工作概况**

山姆的工作是与人打交道。他在一所小型私立学校担任辅助项目和社区参与主任。"辅助项目"指的是课外活动，包括放学后的课后活动以及每年六月份在校外举办的夏令营活动。

"社区参与"则涵盖了与学校所在社区的互动、与学校沟通团队的协作，以及推广和宣传学校的各类招生项目等内容。山姆创建了数字学习资源库，其中突出显示课堂教学内容，并为所有课外学习项目建立了在线注册系统。此外，他还负责管理教授课后课程的教师，并与供餐公司保持联系，为学生提供午餐服务。

山姆从其工作内容所涉及的各种人际关系中汲取能量。"我是学校决策团队的一员，也是这个紧密团结的社区的一分子。在这里，我认识社区里的所有孩子以及他们的家长，我能与学校中勤奋且具有远见卓识的教师团队共同努力工作。"

▶ **背景介绍**

对于山姆而言，儿时最重要的社区活动就是参加夏令营。山姆每年都期待着充满乐趣与精神力量的夏令营活动，他尤其崇拜那里的辅导员。"这就像霍格沃茨魔法学校。你被带到了一个充满团体活动的魔法世界。在这里，你不仅拥有朋友，还能听到历史故事和神话传说。这就是夏令营，它让你置身于一个独特的世界。辅导员是所有活动背后的组织者和实施者，他们会尽其所能，确保你的体验新奇而特别。"长大后，山姆也曾做过辅导员，在夏令营工作多年。这种选择顺理成章，因为他热爱与孩子们一起工作的感觉。

大学毕业后，山姆曾尝试在他曾经

参加过的夏令营担任副主任的职位。然而，这份工作一年中有3个月非常忙碌，需要24小时全天候工作，而另外9个月则几乎与营地的工作伙伴没有任何互动，这样的工作显然不适合山姆。与在夏令营的工作相比，山姆希望从事工作内容更多样化的工作。于是，转行做教职似乎是一个自然的选择，而学校的一些工作职责也确实符合山姆的兴趣。但值得注意的是，夏令营期间受欢迎的一些教学方法未必能直接应用到课堂教学当中。

做了几年教学工作后，学校行政部门出现了新的岗位空缺。山姆所在的学校设立了课后活动，为放学后无法及时被接走的孩子提供照顾。如同其他私立学校一样，此类课后活动的质量往往难以达到正式课程标准，"这给少数族裔学生以及接受经济援助的学生造成了极大的负面影响。"因此，学校设立了一个新的工作岗位，旨在重新规划课后活动，全面管理包括夏令营在内的课外活动。山姆的工作经历与这一职位非常契合，于是他获得了这份新工作。

▶ **职业满足分析**

作为一名理想主义者，山姆必须从事符合其价值观的工作。他离开夏令营的部分原因在于，他感到自己服务的群体较为单一且同质化。如今，他每天都在努力纠正他心目中私立学校普遍存在的问题——课后活动质量低下的问题。"我的工作价值感推动我这么做。"

这个工作岗位的设立本身就是山姆创造性解决问题的体现。在缺乏成熟经验可供参考的情况下，推动任何事务都充满挑战，然而，山姆却能够在探索工作方法的同时总结经验。ENFP类型的人是最适合承担这种全新使命的群体；实际上，这个岗位是山姆自己创造并全面塑造的。

人际关系是山姆工作的重要组成部分，涉及合作、沟通和管理。作为一名情感型的人，山姆在工作中审慎行事，每一个决定都充分考虑同事的感受和需求。"我非常努力地确保他人能够感受到我对他们工作的支持，我认为自己的决策非常人性化。"此外，与那些需要他照顾的孩子们建立的深厚友谊，对山姆而言，也具有深远的意义。

▶ **前景展望**

尽管山姆对目前的工作很满意，但他表示，如果满足某些标准，他可能会选择一份与现在截然不同的新工作。"我希望在一个有明确使命且每个人都认同这一使命的团队中工作，该团队由一位能力强大的管理者领导，并允许团队成员在协同工作时发挥一定的创造性。"山姆不想成为私立学校的校长，甚至不愿继续留在私立教育领域。尽管当前这份工作能让他在一些小的方面解决不公平问题，但他仍然对私立学校的办学理念表示不满。"我要为建立一个公平的社会而努力。我们生活在一个非绝对公正的社会，我需要积极参与斗争，以改变这种状况。"

第 9 章
ENFP 类型（外向、直觉、情感、知觉）：对于未来，一切皆有可能

▶ 共同之处

尽管乔伊斯、埃迪和山姆各自拥有不同的教育背景、工作经历以及职业选择，但他们之间依然存在一些共同点。尽管兴趣和能力有所差异，但他们具有相似的性格特征以及相同的心理功能层次，我们可以据此对 ENFP 类型的人的需求进行一些观察。

我们在下面列出了使 ENFP 类型的人获得职业满足的重要因素——可以称其为衡量标准。鉴于每个人都是独一无二的存在——即便同属一种性格类型，其特点也各不相同——因此，这些因素并不能完全准确地描述所有 ENFP 类型的人。重要的是，以下 10 个因素以不同程度影响着 ENFP 类型的人如何获得真正意义上的职业满足。

查看完这 10 个因素后，我们建议你按照自身的标准对它们进行排序。在排序过程中，请回忆过去的工作经验并思考当前工作的体验，看看哪些经历令你特别满意或特别失望。同时，应寻找贯穿多个经历中的主题，而不是仅限于某个单一工作环境下成立，而在其他工作环境下却无效的情况。

作为 ENFP 类型的人，要获得职业满足，你的工作应：

1. 在创意灵感的激励下，为你提供与各类团体合作的机会，共同开展多种多样的项目。

2. 让你能够创造出新的想法、产品、服务或问题的解决方案，服务于他人，并见证从计划到落地实现的全过程。

3. 兼具趣味性、挑战性和多样性。

4. 尽量减少对项目后续工作、细节琐事以及维护任务的处理需求。

5. 允许你自由决定工作进度和日程安排，不受过多规章制度的束缚，同时提供自由发挥的空间。

6. 为你提供结识新朋友、学习新技能的机会，并不断满足你的探索需求。

7. 与你的个人信仰和价值观保持一致，让你有机会为他人服务。

8. 具有友好、宽松的工作氛围，工作伙伴幽默、亲切，彼此之间没有矛盾。

9. 让你能够自由发挥创造性，并有机会参与一些令人振奋且充满趣味的挑战性项目。

10. 在一个互相欣赏、积极反馈、充满创造力和想象力的环境中完成所有工作。

▶ 适合 ENFP 类型的人的一般职业

ENFP 这种偏好组合决定了他们很容易被不同领域的各种职业所吸引。

在列举适合 ENFP 类型的人的一般职业时，也请读者注意，每一种职业中都有各种性格类型的成功人士。以下职业可能是 ENFP 类型的人会比较满意的职业，我们也将解释其中的原因。当然，我们无法详尽地列出所有适合的职业，只是为了给你提供一些你之前可能未曾考虑过的可能性。

虽然我们列出的这些职业都可能让你获得职业满足，但预计其中一些职业的未来需求可能会更大。

创作类

- 记者
- 编剧/剧作家
- 专栏作家
- 博主
- 演员
- 音乐家/作曲家
- 新闻主播
- 室内设计师
- 艺术家
- 记者/编辑（印刷品/在线）
- 信息/图形设计师
- 交互设计师
- 编辑/艺术总监（网站）
- 创意总监
- 教育软件开发人员
- 制片人
- 地区/社区剧院导演
- 纪录片制片人
- 服装设计师
- 电视制片人
- 广播新闻分析师
- 漫画师/动画师
- 展览设计师

这些创意类职业之所以具有吸引力，是因为它们提供了不断开发新颖独特方法的机会。ENFP类型的人享受创新的过程，尤其喜欢与他人合作、碰撞出灵感火花的状态。当工作环境更自由、工作安排更灵活时，ENFP类型的人更容易获得职业满足。尽管他们具备较强的独立工作能力，但也有频繁与他人沟通的天然需求，这些需求是他们获得源源不断创造力和乐趣的源泉。

营销/策划类

- 市场调研分析师
- 公共关系专家
- 市场营销专家
- 广告业务经理
- 广告文案/公共关系文案
- 广告创意总监
- 战略规划人员
- 社交媒体经理
- 调研助理

ENFP类型的人具有远见卓识，能够轻松洞察思想、计划或服务可能给他人带来的影响。他们了解他人的需求和关注点，并愿意将这些纳入计划，经常提出创新且富有人性化的解决方案。当工作氛围积极且充满活力时，他们更乐于贡献自己的创造性思维。ENFP类型的人通常聪明且风趣，在传统媒体或网络媒体撰写广告文案等工作岗位上，许多人能够获得职业满足。广告行业的快节奏与多变性特点，也颇为吸引ENFP类型的人。若能在组织中担任公共关系经理一职，他们将成为优秀的发言人。

教育/咨询类

- 特殊教育老师
- 双语教育老师
- 幼儿教育老师
- 教授（艺术/戏剧/音乐/英语）

- 老师（初中/高中）
- 儿童福利顾问
- 药物滥用顾问
- 婚姻与家庭治疗师
- 心理健康顾问
- 职业发展指导人员
- 择业顾问
- 房务主管
- 监察员
- 宗教顾问
- 康复顾问
- 社会科学家
- 教育心理学家
- 学校辅导员
- 计划供给办公室官员
- 慈善机构顾问
- 社会心理学家
- 人类学家
- 家长指导/儿童发展指导老师

ENFP 类型的人渴望从事能够对他人产生积极影响的职业，这类职业可以让他们获得成就感。他们可以成为富有同理心且能提供精神支持的心理学家，也可以成为具有独创力和工作热情的择业顾问，为客户找到新颖、独特的解决方案。他们总是关注可能发生的情况，尤其是那些可能发生在他人身上的事情。他们充满感染力且能鼓舞士气的行事风格，激励着客户去尝试实现生活中的积极变化。同时，ENFP 类型的人喜欢帮助他人发展精神信仰，他们也常常被一些宗教相关的职业所吸引。作为一名监察员，他们通常充当组织内部实现高效性和创新性变革的催化剂，并在他人遇到困难时，引导他们寻求帮助的方法。

卫生保健/社会服务类

- 营养师/营养学家
- 语言病理学家/听力学家
- 整体健康执业医生（替代医学）
- 按摩治疗师
- 雇员援助计划顾问
- 社会工作者
- 理疗师
- 法律调解员
- 脊柱按摩师
- 城市和区域规划师
- 公共卫生教育工作者
- 职业治疗师

卫生保健和社会服务类职业对 ENFP 类型的人极具吸引力。这类职业不仅具有服务他人的特质，还能提供施展才华的机会，并且能够让从业者保持一定的独立性和灵活性。例如，作为顾问服务于各类客户的 ENFP 类型的人，往往对宽松且没有过多规章制度的工作环境最为满意。

企业/商业类

- 顾问
- 发明家
- 销售（无形资产/创意）
- 人力资源经理
- 人力资源开发培训师
- 会议/活动策划师
- 职业发展专家
- 饭店老板

- 管理顾问（转型管理/团队建设/多元化）
- 商品策划人员
- 多样性、公平性和包容性总监
- 企业/团队培训师
- 业务经理
- 公共关系专家
- 营销专家
- 新职介绍顾问
- 环境律师
- 招聘人员
- 劳动关系专家

ENFP 类型的人是天生的企业家！他们喜欢自主创业，因为这赋予了他们巨大的自由度、灵活性以及机遇，让他们能够选择所从事的项目及合作伙伴。他们总是充满创意，并期待将这些想法落到实处，尤其关注其中可以改变他人生活的一面。不少 ENFP 类型的人愿意提供团队建设、冲突解决以及提高工作效率等方面的咨询服务。同时，他们也喜欢从事独立的销售工作，尤其擅长销售无形的产品——想法——而非有形的具体产品。

ENFP 类型的人对传统的商业界往往缺乏兴趣，因为他们厌倦那些繁杂的规章制度，也不愿受到标准化操作流程的束缚。如果他们进入传统组织，大多会选择任职于人力资源部门，担任培训师或顾问等角色。他们发现，如果选择成为职业发展顾问，便可运用自身的洞察力提前布局，在为员工推荐适合的职业发展路径的同时，实现组织的发展目标。

技术类

- 客户关系经理
- 员工代表（技术顾问）
- 项目经理
- 人事专员

随着技术的发展，既懂技术又具备良好沟通能力的人才越来越受到企业的青睐。ENFP 类型的人渴望成为技术人员与最终用户之间的重要桥梁，这一角色满足了他们帮助他人以及建立人际联系的需求。

需要指出的是，适合 ENFP 类型的人发挥独特才能并获得职业满足的职业还有很多，以上推荐的仅为其中一部分。

▶ **求职之路，因人而异**

了解自己性格类型特有的优势和劣势，将使你的求职之路更加顺畅。从研究适合自己的工作岗位，到接触潜在雇主，再到准备求职资料（如个人简历）、安排面试、与对方协商薪酬待遇，直至最终获得工作，每一步都体现出个人的性格类型。因此，是否能够有效利用自身优势并弥补不足，将直接影响求职的成功几率。

不同性格类型之间的差异大小不一，有的微乎其微，而有的却极为显著。如果根据我们的建议做出细微调整，就可能将求职失败转变为求职成功。人际网络的概念就是一个很好的例子。外向型的人自然喜爱社交，我们鼓励他们大胆拓展社交圈；而内向型的人则偏好在小范围内进行交流，且更倾向于与熟悉的对象交流。感觉型的人乐于在有限范围内与人建立联系；而直觉型的人则会广泛寻求互动，即便某些社交对象似乎志趣不投。同样地，情感型的人重视人与人之间的连接，希望营造融洽的氛围；而思考型的人则表现得更为冷静和客观。判断型的人在人际交往时话题数量较少且内容严谨；而知觉型的人交流的话题则较为广泛！虽然有效的求职技巧可能只有一种，但成功路径却是千差万别的。

▶ 通向成功之路：发挥自己的优势

作为 ENFP 类型的人，你在求职过程中具有诸多天赋和优势，例如拥有无限的创造力、敏锐的洞察力，以及在与人交流和收集信息时展现出的旺盛精力。然而，尽管你擅长收集信息，也需要及时进行分类总结，去粗取精，避免因缺乏条理而被烦琐的细节淹没。

对于 ENFP 类型的人来说，最有效的求职策略基于以下能力：

创造适合自己的工作机会。

• 运用你的洞察力，预见尚未存在的工作机会，并根据自身或雇主需求的变化及时调整你的工作重点。

• 为自己创造全新的工作机会，以满足当前或未来的人才市场需求。

伊丽莎白在一家快速发展的广告公司担任文案策划，但她逐渐觉得公司内部繁杂的规章制度和繁文缛节限制了她的创造力。她意识到自己需要一个更宽松的工作环境，以便充分发挥自己的创意。于是，她与几位从事文案工作的朋友聚在一起，共同筹划成立一家小型文案公司。大家一致认为这个想法可行，但为了确保公司正常运转，他们至少需要聘请一名兼职人员来负责安排工作日程、收取客户费用以及处理付款事宜，从而让文案人员能够专注于寻找新客户和撰写稿件。

他们找到了一位能够弥补他们在商业才能方面欠缺的人选，随后成功地成立了自己的公司。

发展并利用你的人际关系网络。

• 进行大量有益的信息收集访谈。每次遇到熟人时，请求他们将你引荐给他们认识的人，以此不断扩大你的人际交往圈。

• 向每一位亲戚和朋友传达你正在寻找新职业的信息。这样，你的求职信息将会迅速传播，从而让你获得有价值的信息。

吉尔与家人一起在超市购物时，意外遇到了他在研究生院时的一位老朋友乔。乔告诉吉尔，他正在考虑离开目前供职的医院，前往外地发展。吉尔表示对乔现任的营销策划总监职位非常感兴趣。于是，在周末，吉尔给乔发送了一封求职邮件，并在乔提出辞职后的第二天顺利完成了面试。

用你天然的热情和自信给面试官留下深刻印象。

• 迅速与面试官建立友好的关系，展示你出色的人际交往能力，让他们在与你相处时感到愉悦。

- 运用你的幽默感，将拘谨、呆板的面试转变为一次令双方都乐于参与的经历，这会让面试官倍感轻松愉悦。

玛吉将她在一家大型保险公司人力资源部门找到一份满意的培训师工作归功于她的幽默感。在经历了正常的面试流程后，她成功进入了最后一轮。然而，面试那天恰逢一场暴雨，被淋湿的玛吉到达面试地点后，径直走进洗手间，希望擦干身体并整理好被风吹乱的头发。这时，一位同样浑身湿透的女士也走了进来，她的头发滴着雨水，化妆品也因雨水而花掉，顺着脸颊往下流。玛吉立刻与这位女士聊起了她们的尴尬处境。两人一边整理仪容，一边开怀大笑。几分钟后，当玛吉发现这位女士竟是人力资源副总裁，而自己正是由她安排参加9点钟面试的候选人时，两人又再次大笑起来！

考虑多种工作选择，不要仓促做出决策。

- 遇到意想不到的困难时，要学会适应不断变化的情况，并随机应变。
- 利用你天生的探索欲望，广泛收集关于未来职业、工作岗位及雇主的信息。

帕特的求职已经接近尾声。尽管他觉得自己可能会接受一家大型企业提供的内部会议策划部工作，但他还是决定最后一次参加某所大学举办的情况介绍会。在这次会上，他得知这所大学新设立了一个教职工监察员的岗位，正在招聘合适的候选人——这正是他梦寐以求却自认为不可能得到的岗位，因为这种岗位非常少见。他意识到，如果不是自己迟迟未决定工作选择，或许在理想职位到来之前，他就已经接受了别的职位。

灵活争取面试机会。

- 运用你的创造性思维，让自己脱颖而出并给人留下深刻印象，尤其是在面对众多竞争者且非常渴望获得这份工作的情况下。
- 投入同样的精力和热情去寻找其他工作选择，从而绕过求职过程中的障碍或阻力。

詹娜下定决心要得到那份备受追捧的工作——天才儿童项目的创意艺术总监职位。她多次向主管该项目的特殊教育主任致电，询问如何获得面试机会，却总被告知该职位只在校内招聘，除非学校内部人才短缺，否则不会考虑公开招聘。然而，詹娜并没有因为这一障碍而放弃；相反，这一挑战更加激发了她的兴趣和热情。于是，她连续一周每天都向特殊教育主任发送电子邮件。在每封邮件中，她都附上了不同形式的作品（包括摄影、绘画、音乐以及写作的PDF文件），并详细介绍了自己的经历、过往的工作经验以及对该职位的浓厚兴趣。最终，在发送完最后一封邮件之后，她接到了期待已久的面试电话。

▶ 可能遇到的陷阱

尽管每个人都是独一无二的，但ENFP类型的人仍存在一些共同的潜在盲点。这里强调"潜在"，是因为我们列出的条目中，有些可能与你密切相关，而有些则未必符合你的实际情况。

这些倾向不仅会影响你对求职的看法，还会渗透到生活的各个方面。因此，在阅读下面的每一个条目时，不妨结合自己过去的经历，问问自己："这对我来说是真的吗？"如果答案是肯定的，那么再问问自己："这种倾向是如何阻碍我实现目标的？"你可能会发现，要克服这些盲点，关键在于有意识地、精心地发展你的第三功能（思考）和第四功能（感觉）。当然，对于 ENFP 类型的人来说，实施这些建议可能会面临诸多困难，但运用得越多，未来遇到的麻烦就会越少。

1. **关注目标行业或职业的现实状况。**
- 集中精力和注意力，看清摆在你面前的到底是一份什么样的工作，而不是仅凭感觉去判断。通过其他途径，如网络搜索或与他人面谈，更深入地了解这份工作的实际情况。
- 制定切实可行的求职计划，明确求职所需的时间、要求、费用，以及在求职期间如何维持生活。同时，制定应急措施，以便在求职时间超出预期时能够应对。

2. **不要急于行动，要先做好充分的准备。**
- 提前制定一份详尽的求职计划，避免将精力和热情浪费在不适合自己的领域。
- 列出你认为合适的工作标准，包括那些必须达到的标准，以及那些虽好但并非必须的标准。将这些标准作为衡量潜在工作机会的重要依据，然后再全力以赴地追求理想中的工作。

3. **培养自律能力。**
- 运用经过验证的有效的时间管理技巧和方法体系，帮助自己保持高度的条理性。如有需要，可邀请条理清晰的朋友协助，让这一过程更加有趣。
- 优先处理最重要的任务、问题和活动安排，避免因事务繁忙而陷入手忙脚乱的境地。尽量不要因临时参加社交活动而忽视求职过程中那些虽不令人兴奋但至关重要的环节。

4. **做出决策要果断，切勿拖延。**
- 拖延可能会使你错失理想的工作机会，因为犹豫不决会浪费大量宝贵时间。
- 当你已经收集到足够多的信息时，一定要当机立断，避免漫无目的地收集过多不相关的信息。

5. **认真对待求职中的各个环节。**
- 记住：有些人愿意利用并重视公司既定的程序，并期望其他人也能如此。因此，不要排斥这些程序，而应将其视为展示自身适应能力的机会，而非具有约束性的限制。
- 开发一套适合自己的决策方法，并将其应用于管理求职进程，以确保不会错过任何一个工作机会。一旦决定采用某种求职方法，请务必坚持下去，切勿在该方法尚未奏效之前轻易放弃，另辟蹊径。

▶ 最后一步：换工作还是保持当前工作……ENFP 类型的人成功的关键

现在，你已经深刻理解了自己的性

格类型，并且清楚自己天生的性格偏好所适应的职业类型。此外，了解自身性格类型的优劣势对于成功求职具有重要意义。然而，即使作为 ENFP 类型的人，也需要意识到本章前面"适合 ENFP 类型的人的一般职业"中列出的职业未必都适合你。因此，下一步也是最后一步，就是缩小搜索范围，从而找到理想工作的方向。

除了性格类型之外，一些其他因素，如你的价值观、兴趣爱好以及技能等，也会影响你对工作的满意程度。你与工作的契合度越高，你就越快乐。因此，请准备运用所学知识（包括本书内容以及生活经验）来制定你的战略性的职业规划吧。本书第 23 章中的练习就是专门为了这个目的而设计的。

然而，如果你觉得保持现有工作岗位或继续留在当前雇主身边更有意义（也许只是暂时的），那么做出这个决定可能基于多种合理的原因——如经济压力、家庭因素、所学专业就业形势严峻，以及转换工作的时机尚未成熟。但请振作起来！通过本书获得的知识同样能帮助你在现有的工作岗位上获得职业满足与事业成功。当需要做出重大职业调整的时候，你将更加清晰自己的发展方向，并明确如何找到理想的工作的方法。

▶ "所以，如果你目前还没有找到更适合的工作……那就热爱你现在的工作吧。"

事实上，大多数行业都提供灵活调配的机会。以下是一些可以让你的当前工作更适合你的需要的方法，仅供参考：

• 如果可能，将那些例行事务委派给他人。
• 与同事合作或组建工作小组。
• 与那些有创造力的人讨论彼此的想法。
• 实行倒班工作、安排更灵活的工作时间或与人分时工作。
• 如果目前的工作无法激发你的兴趣或带来挑战，可以尝试转移工作重心，着手其他工作。
• 确保你承担的工作任务具有多样性。
• 与他人深入详细地讨论你的工作。
• 加入或创建某个组织，其成员都具有类似的专业知识或兴趣。
• 参加专业会议并加入专业组织。

▶ **ENFP 类型的人能够发挥长处并克服不足**

作为一家大型服务公司的团队培训师，艾丽丝渴望获得私人顾问那样的工作自主权和时间自由，但她又知道自己不愿意整天独自工作。她了解到，若要建立自己的盈利性顾问工作室需要花费很长时间，而此时她的老板正面临着削减公司成本的压力。于是，艾丽丝向老板提出建议，如果聘请她作为私人顾问，便可为公司节省一大笔开支（包括工资及各项福利）。老板采纳了她这一富有创意的提议。这样，艾丽丝成功地实现了自己的目标：既拥有了私人顾问的时间和自由，又能与之前的朋友和同事保持联系，还获得了一个稳定且报酬丰厚的新客户。最重要的是，她赢得了发展自己业务所需的宝贵时间。

▶ 利用已有资源获取所需之果

如何才能取得成功？简而言之，就是发挥你的优势，弥补你的弱点。这将直接影响到你是取得成功还是遭遇失败，是热爱还是厌烦你的工作。接下来，我们列举了一些你可能具备的优势和弱点，希望能对你有所帮助。尽管每个人都是独一无二的个体，但作为ENFP类型的人，我们所列举的这些总有一些比较符合你。

你在工作中的优势可能包括：

- 乐于打破常规思维，探索事情发展的各种可能性。
- 敢于冒险、愿意尝试新事物，并具备克服困难的勇气。
- 兴趣广泛且能够快速学习感兴趣领域的新知识。
- 对自己所需的信息具有天生的求知欲，并具备收集信息的技能。
- 能够从全局角度把握事物，并能够预测行为及思想所带来的潜在影响。
- 交际能力强，能激发他人的热情。
- 适应能力强，能够根据需要迅速调整行动方向和行动策略。
- 对他人的需求和动机具有敏锐的洞察力。

你在工作中的弱点可能包括：

- 难以判断任务的轻重缓急，不善于决定该优先处理哪些事情。
- 对缺乏创造力的人没有耐心。
- 不愿意采取传统或常规的方式行事。
- 在处理和落实重要细节时缺乏纪律性。
- 容易烦躁或不耐烦，尤其在工作中的创造性过程结束之后。
- 不喜欢做重复性的任务。
- 无法容忍过于严谨的机构或个人。
- 倾向于只关注可能发生的事情，而不是实际的或极可能发生的事情。
- 有变得毫无组织性的倾向。

发挥你的优势其实很简单。
对于ENFP类型的人来说，成功的秘诀在于：

学会区分轻重缓急，优先处理重要事宜；
全神贯注于某一目标；
对接手的任务坚持到底。

第10章

INFP 类型（内向、直觉、情感、知觉）：大智若愚

人物 1　达伦，电子游戏策划师

"快乐的创造者。"

▶ 工作概况

达伦的工作是构建虚拟世界——这正是他字面意义上的职责。作为一名电子游戏策划师，他负责设计游戏场景。游戏场景的组成元素包括植物、草地、森林、天空等。达伦需要首先设想这些场景，并勾勒出所需的内容。随后，他与游戏开发工程师和游戏美术设计师合作，以实现他的构思，并规划玩家的体验。他将大部分时间投入到与他所设计的虚拟世界的互动中。这份工作既令人着迷，又极具创造性，因此达伦愿意为电子游戏及其改善和丰富人们生活的潜力奉献毕生的热情。

▶ 背景介绍

达伦从小学时期便开始利用业余时间创作电子游戏，但直到高中毕业设计时，他才首次向公众展示自己的作品。这次展示经历改变了他的职业目标，使他意识到可以通过获得大学学位为未来从事游戏设计做好准备。因此，他选择了萨凡纳艺术设计学院，开始学习互动设计与游戏开发课程。

在大三时，达伦完成了一项幻想类角色扮演网络游戏的实习工作。在此之后，他收到了一份长期正式职位的工作邀约，但为了完成学业，他拒绝了这个机会。尽管这是一个艰难的决定，但他并不后悔，即使在他毕业时，这个职位已经被其他人填补。在接下来的几个月里，达伦专注于完善自己的作品集，并寻找新的工作机会。当年秋天，他最终获得了实习期间导师的职位。

角色扮演游戏的设计团队通常由内容策划师和游戏设计师组成。其中，内容策划师主要负责创作游戏规则和故事情节，而游戏设计师则负责游戏的整体规划、协调和数据分析等方面。达伦在担任了近两年的游戏设计师助理之后，被提拔为中级游戏设计师。然而，在那个时候，他感受到自己需要做出一些改变，迎接新的挑战。因此，他转而加入一家专注于儿童玩具及视频游戏体验的公司，目前在该公司担任游戏设计师。

▶ 职业满足分析

如同许多理想主义者一样，达伦拥有一颗艺术家的灵魂。"从小时候起，我就希望能够制作一些让人沉浸其中的互动体验类游戏，就像我童年时代玩的那些。"通过自己的工作，达伦有能力去创造曾经仅存在于脑海中的世界，并赋予其生命力。他有幸创作出对他人产生直接影响的艺术作品，让更多的人享受他所创造的世界，从而他的主导功能——情感——得到不断满足。在日常工作中，同事们尊重达伦的理想与目标，而达伦也以乐观向上、热情洋溢的态度激励着周围的人。

达伦的辅助功能——直觉——也始终在发挥着作用，这使得他不断构思新的虚拟世界，并积极探索各种具有创作可能性的领域。作为一名优秀的游戏设计师，达伦总能把握全局，并努力促成各个部门之间的协同合作。他常常面对那些必须以新颖的、创造性的方式解决的问题。而身处技术发展最前沿的行业意味着他必须保持持续成长的心态，不断学习新知识。作为一个 INFP 类型的人，新奇的事物对达伦有着强烈的吸引力，而所在领域的发展变化更令他充满了活力。

▶ 前景展望

当谈及对理想工作的看法时，达伦笑了，因为从某种程度上来说，他已经找到了这样的工作。"但我认为，如果你有一天发现自己无法得到进一步发展，那么就应该重新审视你的职业。"和许多同行一样，达伦也有一个梦想：在五年或十年之后开设一家个人工作室，以便能够创造一个可以更好地掌控所有项目的工作环境。而现在，眼下的目标似乎比以往任何时候都更有可能实现："当前正值游戏行业变革的时期，通过众包模式，新成立的小型工作室能够获得资金支持。"达伦对于即将发生在行业内的变化感到兴奋，同时也高兴地看到有越来越广泛的受众参与到游戏市场之中，其中大约有一半的全球玩家是女性。

人物 2　　德布，治疗顾问

"每个人都是独一无二的。"

▶ 工作概况

德布一直深受特蕾莎修女"用大爱做小事"这一名言的启发。在她 30 年的职业生涯中，她曾在一家儿童危机治疗中心担任临床主任，与照护者一起为遭受虐待和忽视的儿童提供服务。如今，她过着半退休的生活，在当地教会开设的一家小型诊所担任治疗顾问。德布擅长迅速与客户建立积极的互动关系，并能够在互相信任和互相尊重的基础上激发客户内心的希望与信念。"我喜欢帮助客户转变非理性的思维方式，让他们过上更理性的生活。"

德布现在只做兼职工作，她的客户通过教会预约她的服务。她是该诊所的两名顾问之一，主要为客户解决焦虑、抑郁等心理问题以及其他人生阶段性困扰。客户通过教会向她支付服务费用，而她则向该诊所的管理者——高级牧师汇报工作并接受工作安排。德布喜欢在保持自主性的同时，能够与诊所的其他顾问密切合作，并尽自己所能为其他工作人员和志愿者提供支持。"我最享受的是在同事风趣幽默、大家互相扶持的环境下独立开展工作。"

▶ **背景介绍**

德布是家族中首位考入大学的人。她最初对学习新闻颇感兴趣，却因老师的一句"女记者只能留在小城镇里，给他人写讣告"的劝说而打消了念头。但幸运的是，德布追随了自己的另一个爱好——心理学，并先后取得了心理咨询专业的本硕学位。在她早期的职业生涯中，她曾在一家精神病医院住院部为患病儿童提供心理咨询服务，此后又加入一家儿童救助机构，为 0 至 11 岁儿童提供心理援助。

最终，凭借丰富的工作经历，她在一家儿童危机治疗中心创建了一个综合咨询项目，并担任临床主任，负责指导和管理咨询师和实习生的工作。该中心为安置在那里的儿童提供情感与行为方面的精神支持和物质帮助，因为这些儿童通常面临严重的行为和心理问题。

这份工作既充实又富有挑战性。在这里，德布能够深入介入无数儿童及其家庭的生活，全身心地用爱和关怀温暖那些受到极端伤害的心灵。同时，她也目睹了社会中最黑暗的一面，以及虐待和忽视所带来的现实困境。当准备转换到目前的工作岗位时，德布已经做好了充分的准备，因为她深知自己已经将职业生涯中最美好的时光奉献给了自己坚信不疑的事业。

▶ **职业满足分析**

德布天生具备同情心，这成为她工作的主要驱动力。由于主导功能是情感，德布展现出强大的共情和反思性倾听能力，从而在与人沟通的过程中营造出充满信任和安全感的氛围。这一主题贯穿于她的整个职业生涯。在个人价值观的指引下，德布始终秉持慷慨、善良并服务他人的原则。她喜欢与潜在客户进行初步访谈，以深入了解他们的生活背景和经历。"每个人都是独一无二的，他们都拥有复杂的人生境遇。"回顾自己为儿童及其家庭服务的工作经历，德布感到无比欣慰。她认为自己的信念和职业高度契合——对于理想主义者来说，这往往是工作中最重要的事情。

德布的辅助功能——直觉——使她能够有效地与客户建立联系，温和地引导他们领悟生活的真谛，并指引他们以更健康的视角看待自身处境。她认为自己的工作方法创新且独特。鉴于每个人都是独一无二的个体，没有任何一种方法能够普遍适用于每一个人，因此她必须根据客户的需要灵活调整应对策略。作为一个内向型的人，与他人进行一对一的互动对她来说最为舒适，这样便可以与客户和同事建立起温暖而彼此信任的关系。

▶ 前景展望

随着漫长而充实的职业生涯即将结束，德布期待早日退休，以便有更多时间陪伴儿孙，并以其他方式回馈家乡。在展望咨询领域未来的发展时，德布注意到了几个趋势。"我认为咨询行业将越来越依赖专业培训和循证实践。这在很大程度上是由寻求咨询的一方推动的，因为他们要求提交进度报告才能批准付款。因此，培训计划需要针对特定人群及其独特需求。"德布还希望医疗服务能够更加注重预防性的方法，而不是仅仅依赖当前的干预措施，同时也强调社会整体健康的重要性。

人物 3　埃米莉，插画师

> "对我来说，最好的工作就是那些不会限制我去表达创造性的工作。"

▶ 工作概况

埃米莉从六年级开始就被人称为艺术家，而成年后她也一直通过艺术谋生。如今，她是一名自由职业者，专门为杂志和报纸上的教育性文章创作插图。她并不局限于为某个特定出版机构工作，相反，她的客户众多。她整天都在自己家中的工作室工作，几乎所有的作品都是在家里完成的。埃米莉的插图绘画业务几乎全部来自出版机构的艺术总监的直接约稿。出版机构在向埃米莉发出需要创作插图的文章时，也会附上一些关于尺寸大小和颜色等的基本要求，之后埃米莉会根据文章内容和基本要求来选择绘制插画的方式和风格，以便更清楚地传达文章所要表达的意思。"在我的工作中，我最喜欢的部分是用创造性的方式解决问题，因为这能带给我想要的刺激和挑战。当我为指定的文章创作插画时，我可以在图画中自由地表达自己的想法，同时还能通过添加我的思想来丰富文章的内涵。"

▶ 背景介绍

埃米莉经历了一系列不太满意的工作之后，才最终找到她现在这份为出版机构绘制插画的工作。大学毕业后，她成了一名设计和拼贴画家，主要为几家大型百货公司制作广告。这份工作使她拥有了大量的随机创作机会，而且由于她不需要完整地完成广告创作，因此她可以专注于搞设计而不是完成作品。后来，她又去了一家出版社工作，职位是美编助理。这是她的又一个学习经历，在此期间，她设计了一本书，并在闲暇时间为他人做了一些自由设计工作。再后来，她和丈夫决定搬家时，她在另一家百货公司找到了一份工作，这次是负责创作时装广告。"那是一种很好的训练。我学会了如何快速决定选择哪些作品。但我仍然可以自由地进行一些试验，以及创作一些涂鸦作品，而不必去完成那些完整的作品。"

最终，埃米莉决定把职业画家作为她谋生的手段。她开始创作一些艺术作品，并把这些作品送到展览会参加展出。她因此获得了很多奖项，同时展示自己作品的过程也是她所喜欢的。她在家中建了一间工作室，在接下来的七年里不断进行艺术创作，并把作品拿到画廊里展出并出售。"但是，由于我缺乏外界事物的刺激，我的思维就像深陷泥潭一样被禁锢住了。由于我没有尝试任何新鲜的事物，因此我的创作效率不高。为了弥补这个方面的不足，我参加了一个研究生绘画课程，并开始创作其他类型的作品。我想尝试在画中加入一些新的手法和风格，但很遗憾，这些画并不太受市场欢迎。"后来，她意识到自己有必要改变一下方向。

在一位插画画家朋友的鼓励下，埃米莉将自己的作品整理成一个画册，然后带着画册到几家杂志社应聘。她当即就被一家全国知名的杂志社聘用，而直到现在，这家杂志社仍然是她最喜欢的客户之一。"我发现，与杂志社打交道对我来说是再好不过的了。我可以自由谈论自己的作品，因为他们评价的是我的作品，而不是我个人。杂志社里奉行的政策与画廊是不一样的。杂志社的政策是非常纯粹的——我只要按照美编的要求创作作品就可以了，而我本人很少会牵涉到杂志社的其他业务中。"

▶ 职业满足分析

正如大多数理想主义的艺术家一样，埃米莉一生的工作主题是创造性地表达自己、创造性地解决问题，以及通过艺术与人交流。对她来说，最重要的事情是让她的客户以及那些阅读使用她所绘制插画的文章的读者从她的作品中体会到一些特别之处。

因为埃米莉的主导功能是情感，她必须首先做到忠于自己。在她看来，这意味着她几乎可以完全掌控自己的创造力。由于她是在为自己工作，因此除了自己给自己制定的规则外，她几乎没有什么规章制度需要遵守。她能够自由地依照自己的方式行事。此外，她也很珍惜与那些长期客户建立的亲密关系，以及他们这些年发展起来的相互尊重与相互信任。

埃米莉通过她的辅助功能——直觉——不断地感知事物，尤其是那些新奇的和不寻常的事物。然后她想出一些有趣且各不相同的方式将它们表达出来。她的直觉功能还帮助她阐释自己的所感所想，并将这些想法在图画中表现出来，以便它们能对读者产生特殊的意义。她的大部分作品都含蓄而诙谐，富有深刻的含义，能给予读者一定的启发，而不是那种平淡的肤浅作品。

埃米莉发现，为那些高质量的文章设计插图最能激发她的创作灵感。"当我为文章设计的插画能够表现我的个人意愿时，我特别喜欢这份工作。但这份工作最棒的时刻是美编告诉我可以尽情发挥我的创意。这意味着我可以自由运用我的幽默，而他们也不会对我的创作施加任何限制。"

▶ 前景展望

"一直以来，我都是一个艺术家，艺术家这一职业影响了我的一切。它能够影响我的本质，而不仅仅是我所做的事情。"然而，随着埃米莉近年来功成名就，她对工作的重视程度在过去几年里已经发生了很大的改变。"我觉得对工作稍稍放松一些也未尝不可。我想追求一些新的兴趣爱好，如弹钢琴、器械健身以及学习意大利语。我现在有理由离开工作室了，因为我想学习新东西。我再也不愿像过去那样注重自己的作品是否获得认可。"实际上，埃米莉相信她现在能够更加客观和现实地看待工作。在与人交往中，她更加自信，也更加宽容。

但是在工作中，她依然像以前一样坚持原则。"我已经按照自己想要的方式设计好了自己的生活。有时候，这种生活意味着要冒险，或者犯一些在他人看来很荒唐的错误。但是我更加信任自己以及自己的信念。至于那些枯燥的工作，即便它们不能带给我创造性的挑战，也给了我锻炼能力的机会，我的能力因此得到不断提高。我告诫年轻的艺术学生，虽然找到自己理想的工作会花费很长时间，但也不要灰心丧气。总有一天，你们也能够像我一样拥有这种满足感——在工作中，你可以充分表达自己，同时你的付出也可以得到工作伙伴的认同。"

▶ 共同之处

尽管埃米莉、达伦和德布各自拥有不同的教育背景、职业经历以及职业选择，他们之间依然存在一些共同点。虽然兴趣、能力和价值观有所差异，但他们具有相似的性格特征以及相同的心理功能层次，我们可以对 INFP 类型的人的需求做一些观察。

我们在下面列出了使 INFP 类型的人获得职业满足的重要因素——可以称其为衡量标准。鉴于每个人都是独一无二的存在——即便同属一种性格类型，其特点也各不相同——因此，这些因素并不能完全准确地描述所有 INFP 类型的人。重要的是，以下 10 个因素以不同程度影响着 INFP 类型的人如何获得真正意义上的职业满足。

查看完这 10 个因素后，我们建议你按照自身的标准对它们进行排序。在排序过程中，请回忆过去的工作经验并思考当前工作的体验，看看哪些经历令你特别满意或特别失望。同时，应寻找贯穿多个经历中的主题，而不是仅限于某个单一工作环境下成立，而在其他工作环境下却无效的情况。

作为 INFP 类型的人，要获得职业满足，你所做的工作应：

1. 与你的个人价值观和信念相一致，同时允许你通过工作表达你的想象力。

2. 提供足够的时间来深入发展你的思想，同时让你能够掌控整个思维过程与思维成果。

3. 允许你独立完成工作，拥有私人工作空间以及充足的不受干扰的时间，但必须有机会定期与你敬重的人分享你的观点。

4. 处于一个灵活性强的组织结构中，几乎没有烦琐的规章制度的限制，让你可以在有灵感的时候自由地开展工作。

5. 让你在一个没有紧张人际关系和人际纠纷的合作环境中，与其他有创造力和富有爱心的人一起工作。

6. 允许你表达你别出心裁的观点，并且在工作中对个人成长给予鼓励和奖励。

7. 不要求你频繁地在众人面前介绍你的工作，或者在你的工作还没有完成到令你满意之前要求你与大家分享。

8. 允许你帮助他人成长和发展，并发挥出他们的全部潜能。

9. 包括理解他人以及发掘他们行为的动机；允许你与他人建立深厚的一对一关系。

10. 允许你为了实现理想而努力工作，而且工作上不要受到政治的、经济的或其他方面的障碍的限制。

▶ 适合 INFP 类型的人的一般职业

在列举适合 INFP 类型的人的一般职业时，也请读者注意，每一种职业中都有各种性格类型的成功人士。以下职业可能是 INFP 类型的人会比较满意的职业，我们也将解释其中的原因。当然，我们无法详尽地列出所有适合的职业，只是为了给你提供一些你之前可能未曾考虑过的可能性。

虽然我们列出的这些职业都可能让你获得职业满足，但预计其中一些职业的未来需求可能会更大。

创作/艺术类

- 艺术家
- 作家（诗人/小说家）
- 记者
- 平面设计师
- 建筑师
- 演员
- 编辑
- 音乐家
- 信息/图形设计师
- 编辑/艺术总监（在线/印刷品）
- 创意制作人
- 电子游戏设计师
- 作曲家
- 电影剪辑师
- 布景设计师
- 室内设计师
- 印刷设计师
- 交互设计师

艺术之所以能够吸引 INFP 类型的人，是因为它能够允许他们以独创的和个性化的方式表达自己及其观点。职业艺术家所拥有的自由与灵活性是 INFP 类型的人所信奉的一种生活方式。无论他们是通过写作、绘画或其他手段谋生，还是从事建筑设计，或者作为演员、音乐家亲自表演，INFP 类型的人都力求创作出新颖独特的作品，而这些作品正是他们内在心声的真实表达。许多 INFP 类型的人在内心深处都把自己看成艺术家，即使这并不是他们谋生的方式。

教育类

- 大学教授（人文/艺术）
- 研究员

- 图书管理员
- 教育顾问
- 特殊教育老师
- 双语教育老师
- 幼儿教育老师
- 在线教育工作者
- 计划供给办公室官员
- 慈善机构顾问
- 资金协调员
- 策展人

教学能使INFP类型的人有机会为他人提供服务，帮助他们成长并挖掘他们的潜能。他们通常更喜欢大学氛围，而不喜欢小学或者中学教育，因为他们认为大学生的积极性要更强一些。他们很享受学习的过程，同时也愿意寻找研究人员或图书管理员的职业，以便探索更深层次、更有意义的理解水平。

咨询类

- 临床心理学家
- 心理健康顾问
- 婚姻与家庭治疗师
- 社会工作者
- 遗传咨询师
- 雇员援助计划顾问
- 儿童福利顾问
- 药物滥用咨询师
- 法律调解员
- 职业发展顾问
- 宗谱学家

INFP类型的人渴望并努力去帮助他人提高生活质量，这是真正高尚的人格。他们是富有同情心且具有洞察力的顾问、心理学家以及社会工作者，同时他们努力帮助他们的客户了解自己，并在现实生活中获得和谐的人际关系。作为顾问，他们在帮助他人的过程中了解他人，也逐渐了解自己，这让他们感到由衷的快乐。

医疗保健类

- 营养师/营养学家
- 社区健康教育工作者
- 理疗师
- 家庭健康社会工作者
- 职业治疗师
- 语言病理学家/听力学家
- 按摩治疗师
- 整体健康执业医生（替代医学）
- 艺术治疗师
- 遗传学家
- 伦理学家

医疗保健领域吸引INFP类型的人，是因为这一领域可以给他们提供与客户或病人接近且密切合作的机会。INFP类型的人普遍喜欢拥有工作上的自主权，而这一点是医疗保健类职业能够提供的。他们可以在自己的私人诊所工作，也可以担任大型医疗机构中的顾问。在病情的诊断以及物理疗法、整体疗法和按摩等治疗上运用创造性方法，而且其中常常具有精神层面的元素，这些都是INFP类型的人在直觉和情感偏好上能够充分运用的。

组织发展类

- 职业发展专家

- 人力资源开发培训师
- 招聘人员
- 社会科学家
- 多样性、公平性和包容性总监
- 顾问（团队建设/冲突解决）
- 工业组织心理学家
- 新职介绍顾问
- 劳动关系专家
- 企业/团队培训师
- 口译员/翻译

虽然 INFP 类型的人通常不喜欢从事商业领域的工作，但总能在其中挑选出一些领域，让他们取得成功或者获得职业满足。当工作内容涉及帮助他人找到适合的工作时，一些 INFP 类型的人会比较喜欢集体工作环境。他们通常乐于从事人事或者人力资源开发方面的工作，或者在公司内部设计并开创适合自己的新工作岗位。他们需要与他人相互支持并协同工作，并能够感觉到自己的付出是有价值且独一无二的，这样他们才能在竞争激烈的商业领域获得职业满足。

技术类

- 客户关系经理
- 员工代表（技术顾问）
- 项目经理
- 教育软件开发人员

随着技术的发展，那些既懂技术又具备良好沟通能力的人才越来越受到企业的青睐。INFP 类型的人渴望成为技术人员与最终用户之间的重要桥梁，这一角色满足了他们帮助他人以及建立人际联系这两个方面的需求。请读者注意，有许多适合 INFP 类型的人发挥独特才能以获得职业满足的职业，而我们以上推荐的仅为其中的一部分。

▶ 求职之路，因人而异

了解自己性格类型特有的优势和劣势，将使你的求职之路更加顺畅。从研究适合自己的工作岗位，到接触潜在雇主，再到准备求职资料（如个人简历）、安排面试、与对方协商薪酬待遇，直至最终获得工作，每一步都体现出个人的性格类型。因此，是否能够有效利用自身优势并弥补不足，将直接影响求职的成功几率。

不同性格类型之间的差异大小不一，有的微乎其微，而有的却极为显著。如果根据我们的建议做出细微调整，就可能将求职失败转变为求职成功。人际网络的概念就是一个很好的例子。外向型的人自然喜爱社交，我们鼓励他们大胆拓展社交圈；而内向型的人则偏好在小范围内进行交流，且更倾向于与熟悉的对象交流。感觉型的人乐于在有限范围内与人建立联系；而直觉型的人则会广泛寻求互动，即便某些社交对象似乎志趣不投。同样地，情感型的人重视人与人之间的连接，希望营造融洽的氛围；而思考型的人则表现得更为冷静和客观。判断型的人在人际交往时话题数量较少且内容严谨；而知觉型的人交流的话题则较为广泛！虽然有效的求职技巧可能只有一种，但成功路径却是千差万别的。

通向成功之路：发挥自己的优势

正如我们在后面的篇幅中将详细阐述的那样，你在求职方面的优势和才能使你能清楚地认识到什么对你来说才是重要的，并且能够通过不懈的努力去寻找一份能够体现你价值观的工作。要当心，你在求职过程中有被理想主义冲昏头脑而忽略现实情况的倾向。

对于 INFP 类型的人来说，最有效的求职策略建立在如下能力基础之上。

能够轻易看到目前并不存在的可能情况。

- 运用自己的创造力，通过已知的情况去预见未来可能的状况，设想一些既能满足市场或雇主的需求，又能让你自己满意的工作。

- 尽可能多地列出你将在感兴趣的领域中运用你的技能的方式。当你列出长长的清单之后，对每个选项进行仔细研究，这样你就可以制定出更切实可行的求职计划。

罗兰在一家杂志社担任研究助理，这家杂志社正在裁员。罗兰没有坐等裁员降临到自己头上，相反，她提出了一个创新的人员安置方案，这一方案既能保住她的工作，又能保证另一位研究助理也不会丢了工作。罗兰和她的同事表示愿意轮流担任这一研究助理职位，这样就可以为杂志社节省聘请两名全职研究员的费用。作为交换条件，罗兰可以根据需要为杂志社自由撰稿，她也可以自由地向其他杂志社投稿。她这个安置方案使她的同事有时间获得了硕士学位。杂志社接受了她的提议，这样罗兰就保住了她的工作。

认真考虑所有可能的工作机会。

- 如果你愿意花足够的时间和心思来思考每一个可能的职业途径的话，那么你处理复杂任务的耐心将会让你大受裨益，同时你也将做好更充分的准备去和潜在雇主讨论为什么你是这份工作的合适人选。

- 在接受或拒绝某个工作选择之前多花点时间思考，这会让你更清楚自己的真实感受和动机。

格雷同时收到了三家建筑公司的工作邀约，这很让人羡慕。然而，他为不得不在这三者中做出选择而深感不安。于是他请求每家公司给他两周的时间来认真考虑。其中一家公司要求他立即给出答复，于是格雷拒绝了这家公司，因为他知道一家如此匆忙的公司不是他想要工作的地方。在接下来的两周里，他仔细比较了剩下两家公司的优劣势，并弄清楚了对他来说工作环境中什么才是最重要的。因为他花了足够多的时间思考，所以他能够回想起每个公司在面试时因激动而忽略了的因素。当两周的期限结束后，他能够深思熟虑并自信地做出决策。

提前彻底考虑好所有情况，之后清楚地表达自己的想法。

- 尽可能通过书面形式表达自己的观点。

- 用语言表达你对自己职业生涯的展望，或者表达你认为自己能为组织的成长和发展做出贡献的方式。

蒂莫西是一名职业顾问，当他所在的社区大学计划裁员时，他失业了，也加入了求职的行列。尽管蒂莫西深谙求职的技巧，但就业市场的紧缩还是使得他的求职之路举步维艰。

我们建议他把求职目标锁定在一家私人职业咨询公司上，并通过展示自己能为公司提供的服务来推销自己。因为他与其他候选人所拥有的技能大多相同，所以他决定通过表达个人的求职动机来使自己在众多候选人中脱颖而出。他表示，自己工作的目的是帮助他人找到真正能发挥他们潜能的工作，这样也能给公司带来更多的业务。该职业咨询公司的合伙人被他对客户的真诚关心打动，认为他会是那种愿意花时间来保证客户得到优质服务的员工，同时这也能提高公司的基本营业收入。

展示你对所信仰的事业的热情以及你愿意献身其中的承诺。

- 让潜在雇主看到或听到你对所应聘职位的热情。大多数雇主都会对直接、明确地表达自己对所应聘工作岗位感兴趣的求职者留下深刻的印象。

- 在讨论某个可能的工作岗位是否与你的理想一致时，运用你的天生的说服力让你可能的雇主相信你强烈渴望得到这份工作。

每一个前来应聘唱诗班指挥一职的人员都被告知应该准备一组音乐，该组音乐要适合三个教学唱诗班，以应对招聘选拔。梅丽莎决定她选择的这组音乐的歌词与乐曲不仅要符合任务的要求，同时还要表达她对这份工作的渴望。她花了好几小时反复斟酌她的选曲，以便这些音乐能够反映她对音乐的热爱、与唱诗班各年龄段歌手合作的渴望，以及她个人的信仰。她写了一份声明，并在选拔委员会评委面前宣读，解释了她选择的音乐曲目以及每首曲目与其他曲目在主题上的联系，因此唱诗班实际上唱的是同一本书中的不同章节。她还采取了更进一步的行动，将这份声明的复印件留给了选拔委员会，并附带了她的简历和推荐信。选拔委员会为她的勤奋、细心和奉献精神所打动，所有这些与她相联系的评价都是梅丽莎所期望的。

使用有限的、有针对性的人际关系网。

- 从你的工作中、生活中与你关系亲密的朋友开始，谨慎地选择能够帮助你的人，向那些与你熟悉或与你所寻求的职业领域有直接联系的人寻求帮助。

- 制定你的求职计划，包括达成目标的时间表，以避免在求职过程中变得不知所措或气馁。

还没开始找工作，莉莉就已经感觉力不从心了。她清楚自己是一个非常没有条理的人，她甚至不知道怎样着手去寻找一份她能够得到的工作。她姐姐建议她参加镇上继续教育部门举办的时间管理培训班。莉莉起初特别抵触，但最终还是屈从于姐姐的劝说而去参加了这个培训课程。她发现，虽然培训课程的部分内容有些刻板，但总体而言，它为她提供了一个很好的规划框架。她对基本的培训课程进行了修改和调整，使其更适用于自己。她同时还收获了一些额外的信心，因为她现在有办法确保她在处理事情的时候不会放过任何细节。莉莉现在能够开展她的求职行动了，她感觉自己对这一过程有了更大的控制权。

▶ 可能存在的陷阱

虽然每个人都是独一无二的，但INFP类型的人仍然存在一些共同的潜在盲点。在这里强调"潜在"，是因为以下我们列出的条目中，其中一些明显与你相关，而另一些则可能不太符合你的实际情况。你会注意到，这些倾向不仅影响你对于求职的看法，也渗透至你生活的各个方面。因此，在阅读下面的每一个条目时，不妨结合自己过去的经历，问自己："这对我来说是真的吗？"如果答案是肯定的，那么就继续问自己："这种错误的倾向是如何阻碍我实现目标的？"你很可能发现，要克服这些盲点，关键就在于有意识、精心地发展你的第三功能（感觉）和第四功能（思考）。当然，对于INFP类型的人来说，以下这些建议在实施过程中都会面临诸多困难，但是，这两种功能运用得越多，它们在将来给你带来的麻烦就会越少。

1. 为你自己以及你的求职设定现实可行的期望值。

- 意识到要找到一份合适的工作将花费比你预期或希望的更长的时间。关注事态的实际情况，并将它们纳入到你对理想职业选择的期望之中，这将使你的求职过程更有效率。

- 你有时可能会不得不对某些不太重要的个人标准做出妥协。在你居住的地理位置或薪酬待遇方面，可能没有完全符合你要求的工作——至少目前没有。学会在一些非决定性方面妥协是很重要的一门课。

2. 尽量不要把批评或拒绝看成是针对个人的。

- 请记住，许多人会以非常客观的、针对的是事情而不是个人的方式提出批评，并期望你能够按照他们的本意去接受。尽量把它看作一种建设性的评价，并利用你从中吸取到的教训来改进你的方法。

- 划清界限，不要试图同时取悦太多的人。求职是一件很耗时间的事情。必要时要学会对他人说"不"，这样将有助于你保存必要的精力，保证你的注意力不被分散。

3. 看清你行为的逻辑后果。

- 尽量避免在做重要决定的时候完全依赖个人感受。从值得信赖的、更客观的朋友那里获取意见。

- 可以为求职活动按一下暂停键，以便能够有时间考虑清楚你的选择。设想一下你的选择可能的逻辑因果关系，这样你将获得一个更全面的视角。

4. 抵制那些逃避去排除不适合的工作选择和迟迟不能做出决策的倾向。

- 通过排除那些不那么理想的工作选择来掌控你的求职过程，同时在一个工作选择面前不要徘徊太久，以至于错失了更加有吸引力的工作选择。如果你剔除掉那些不符合你获得职业满足最重要标准的工作选择，你会发现整个求职过程可能不那么令你难以承受。

- 不要把太多时间用于思考，以至于没有时间采取行动！制定一个求职时间表并坚持执行下去。记住，万事开头难，一旦你开始行动，你就会从行动中获得动力。

5. 集中精力提高你的统筹能力。

- 运用时间管理技巧确保你能按时完成规定的任务。雇主会根据你按照承诺履行任务的程度来评判你。

- 要当心，你天生就有完美主义倾向，这可能会延误你完成任务，你需要找到一些方法来改善这种倾向。

▶ **最后一步：换工作还是保持当前工作……INFP 类型的人成功的关键**

现在，你已经深刻理解了自己的性格类型，并且清楚自己天生的性格偏好所适应的职业类型。此外，了解自身性格类型的优劣势对于成功求职具有重要意义。然而，即使作为 INFP 类型的人，也需要意识到本章前面"适合 INFP 类型的人的一般职业"中列出的职业未必都适合你。因此，下一步也是最后一步，就是缩小搜索范围，从而找到理想工作的方向。

除了性格类型之外，一些其他因素，如你的价值观、兴趣爱好以及技能等，也会影响你对工作的满意程度。你与工作的契合度越高，你就越快乐。因此，请准备运用所学知识（包括本书内容以及生活经验）来制定你的战略性职业规划吧。本书第 23 章中的练习就是专门为了这个目的而设计的。

然而，如果你觉得保持现有工作岗位或继续留在当前雇主身边更有意义（也许只是暂时的），那么做出这个决定可能基于多种合理的原因——如经济压力、家庭因素、所学专业就业形势严峻，以及转换工作的时机尚未成熟。但请振作起来！通过本书获得的知识同样能帮助你在现有的工作岗位上获得职业满足与事业成功。当需要做出重大职业调整的时候，你将更加清晰自己的发展方向，并明确如何找到理想的工作的方法。

▶ **"所以，如果你目前还没有找到更适合的工作……那就热爱你现在的工作吧。"**

事实上，大多数行业都提供灵活调配的机会。这里有一些方法，可以让你的当前工作更适合你的需要，仅供参考：

- 自愿为所在企业或部门起草任务说明。

- 把某些琐碎任务或者例行事务委派给他人。

- 参加有关冲突解决方面的课程学习，让自己成为一名调解员。

- 考虑成为自己专业领域内的培训师或教练。

- 倒班工作、安排更灵活的工作

第 10 章
INFP 类型（内向、直觉、情感、知觉）：大智若愚

时间或与人分时工作。
- 在家里做更多的工作。
- 每日、每周或当灵感涌现时给朋友发送鼓舞士气的电子邮件。
- 你可以不更换职业，但可以换老板。
- 重返校园，接受更多或更专业的培训。

▶ INFP 类型的人能够发挥长处并克服不足

由于姐姐不幸遭受上司的骚扰，杰森开始意识到工作场所中的性骚扰有多普遍。他强烈地感觉到：人们在工作中应该感到绝对的安全。于是他开始调查工作场所中的骚扰问题以及美国对此所采取的措施。在进行了大量调查研究并与受到骚扰的人进行了密切访谈之后，杰森觉得他不能再保持沉默，他意识到他可以利用手中的权力和影响力为受到骚扰的人提供支持。于是他自愿为他所在的部门举行了一个简短的专题研讨会。由于这次专题研讨会反响很好，雇员援助计划主任给他提供了再办一次研讨会的机会，这次是面向整个公司。

▶ 利用已有资源获取所需之果

如何才能取得成功？简而言之，就是发挥你的优势，弥补你的弱点。这是否能够做到，将直接影响到你是取得成功还是遭遇失败，是热爱还是厌烦你的工作。我们接下来列举了一些你可能具备的优势和存在的弱点，希望能对你有所帮助。尽管每个人都是独一无二的个体，但作为 INFP 类型的人，我们所列举的这些总有一些比较符合你。

你在工作中的优势可能包括：
- 思维周到细致，且能够集中注意力深入思考某一问题或观点。
- 乐于打破常规思维，探索事情发展的各种可能性。
- 对自己信仰的事业尽职尽责。
- 必要时一个人也能够很好地工作。
- 对自己所需的信息具有天生的求知欲，并具备收集信息的技能。
- 能够从全局角度把握事物，并能够预测行为及思想所带来的潜在影响。
- 对他人的需求和动机具有敏锐的洞察力。
- 适应能力强，能够根据需要迅速调整行动方向和行动策略。
- 能够很好地与他人进行一对一合作。

你在工作中的弱点可能包括：
- 需要对工作计划有掌控力，否则你可能会失去兴趣。
- 有变得无秩序的倾向，很难把握工作的轻重缓急。
- 不愿意做与自己价值观相冲突的工作。
- 不愿按照传统的方式做事。
- 天生的理想主义者，这可能会使你无法对现实抱有期望。
- 不愿意采取传统或常规的方式行事。
- 难以承受竞争激烈的环境或不

133

安定的氛围。

- 在关注及落实重要细节问题上缺乏纪律性/原则性。
- 无法容忍过于严谨的机构或个人。
- 对完成任务需要多长时间有不切实际的倾向。
- 不愿管教下属和批评他人。

发挥你的优势其实很简单。
INFP 类型的人成功的秘诀在于：

学会建立更实际的期望；
懂得在适当的时候妥协；
客观看待他人的批评和建议。

第11章

ENTJ 类型（外向、直觉、思考、判断）：
一切顺利——尽在掌握

> **人物 1 丹，房地产开发项目总经理**
>
> "我期待能够创造一种可供人们亲身体验的文化遗产。"

▶ **工作概况**

丹是一家大型房地产开发项目的总经理，这是一个备受瞩目的职位。他负责开发美国丹佛市最具标志性的拉里默广场项目。"如果电视上正在转播野马队（注：丹佛市的一支职业美式橄榄球队）的比赛，你就能看到拉里默广场的画面。而我的工作就是规划它的未来。"该项目占地面积达一个街区，包含25座建筑。丹正带领团队关闭广场、修复历史建筑、封闭街道，将其改造成一个大型公园，并新建一些建筑。"这个项目复杂到荒谬的程度。这是这座城市最受人喜爱的区域——科罗拉多州的第一个历史街区。"在此过程中，丹必须平衡居民、商家、城市和州政府以及公众的需求。"规划必须着眼于未来50年，必须从长远角度考虑问题。"

他将自己比作电影制片人。"我不是一个有创造力的人，但我会挑选那些有创造力的伙伴，然后告诉他们我们的目标和预期成果。我是提供资金的人，无论这个项目是成功还是失败，我都承担责任。"丹管理着建筑工人、公共事务顾问、媒体顾问、土木工程师、结构工程师和分析师。他指导建筑师按照他设计的框架和参数进行建造。整个项目的重中之重是，他必须考虑人与公共空间之间的互动方式，以及那些让城市空间充满活力的重要因素。"我期待看到这样一个事实：我们所有的努力能够转化为有形的成果，一种人们可以亲身体验的文化遗产。"

▶ **背景介绍**

小时候，丹希望自己长大后能成为一名商人，因此大学时选择了商业专业。然而，在大二结束后与朋友一起背包游历欧洲时，他迎来了人生中的一次重大转折。"在欧洲，我接触到了令人惊叹的城市生活，以及充满魅力的城市设计、城市规划和建筑。这些都深深触动了我。"虽然想辅修建筑专业，但由于不会画画，他向导师咨询了建筑与城市规划两个专业之间的区别。"建筑专

135

业主要学习如何设计建筑物以及如何构造建筑物与周边场地,而城市规划专业则更多关注城市如何运转——从更大的战略角度思考。例如,建筑物应该建在哪里?公园要设在哪里?它们与街道的关系如何?相比较而言,城市规划的内容更加系统化。"最终,丹获得了历史学和政治经济学两个本科学位,并辅修了城市规划课程。

丹获得了城市规划专业的硕士学位之后,找到了他的第一份工作——在旧金山住房管理局监管公共住房——但这份工作却令他非常失望。他发现该管理局存在严重腐败,于是写了一封公开信寄给媒体后便辞职了。随后,丹加入了一家咨询公司,该公司的主要业务为环境影响分析,以确保任何申请中的建筑项目符合本州的法律标准。在这里,他终于进入自己向往已久的领域,为房地产开发提供咨询服务。"然而,在这里工作 6 年后我发现,我还是渴望成为那个'动手操作乐高积木'的人,而不是那个仅仅告诉他人在'乐高积木'搭建完成后把它们放在哪里的人。"

▶ 职业满足分析

最终,丹转行至一家房地产公司担任规划总监,并参与了一些其他咨询工作。他搬到了科罗拉多州,就职于该州最大的房地产开发公司之一。6 周前,他终于开始了梦寐以求的新角色——负责拉里默广场的开发。

作为一个概念主义者,丹在系统设计领域如鱼得水。他需要整合大量信息,从全局出发做出战略决策。"当我的工作需要面对非常多的步骤和弯路(如 1200 个)时,我需要制定长期愿景。"

如同许多 ENTJ 类型的人一样,丹能够自如地担任领导角色,并能够有效发号施令。"我的大部分工作内容涉及内部和外部团队的管理。我喜欢团队合作。与真正富有创意且聪明的人共同解决棘手的问题,这让我感到极大的满足。"因为主导功能是思考,丹的逻辑思维清晰,处事公正。"我可以迅速做出强而有力的决定。"

此外,凭借他的辅助功能——直觉,丹可以发现切实可行且独特创新的解决方案。其中包括为项目设计概况性叙事,以激励他人支持他的计划。"我很大一部分工作的核心便是'讲故事',这样才能赢得公众及政府的支持,以便实现我的目标。"作为一个外向型的人,丹在那些面向公众工作的过程中表现得游刃有余且卓有成效。"我经常参加各种活动,与具有决策权的人、有规划能力的人以及社区中有影响力的领导会晤,努力组建一个能够支持我的团体。"

▶ 前景展望

在畅想未来时,丹也会反思尚未实现的目标。"我现在已处于职业生涯的下半段,因此我理想中的工作岗位是与聪明且思想进步的人一起奋斗,我们都既关心盈利,同时也关注世界的发展。"他希望所参与的项目聚焦可持续发展、环境影响评估以及社区拓展，同时确保多样性与包容性。5 年内，他希望能在拉里默广场的开业盛典上迎接各方宾朋，这是他迄今为止最大也是最好的一项事业。

人物 2 斯基普，社交网站创意总监

"连接世界。"

▶ 工作概况

斯基普将自己的工作职责描述为创作对大众具有意义的信息。作为一家社交网站传播设计部门的创意制作人，斯基普与网站内部的创意团队合作，共同构思、制作和设计所有相关的创意传播任务。他负责将网站与文化领域相结合的项目，使用户在体验这些文化元素时与品牌产生共鸣。

一个典型的项目是他们为总统选举制作的实时选举地图，该地图展示了数百万用户同时投票的情况。"这是有史以来第一次，我们能够直观地看到民主的运作过程。通过点击'我投票了'这一简单的动作，我们将该网站设计成为一个让人们可以表达他们信念的实时平台。"斯基普每天都身兼数职，因为团队成员之间以及网站与公众之间的沟通至关重要。将优秀的想法转化为实际行动是斯基普工作的重中之重。

▶ 背景介绍

从记事起，斯基普就对讲故事充满热情。"我和朋友们一起编写小电影脚本，每当课堂作业与电影有一点相关，我都会把它做成一个电影项目。"尽管父母对电影学位的实用性并不十分确定，但斯基普仍然选择了电影学院。同时，他对一个刚刚起步的大学生网站产生了浓厚的兴趣，而这个网站几年后将成为全球最主要的社交平台。

当时，该网站成立仅一年，用户还不到 100 万。"我就是喜欢它——我觉得它代表着未来。"大一那年秋天，斯基普在该网站上看到一则招聘广告，称他们在纽约需要一名电影制作人。当时，该网站的员工不足 50 人，正试图在大学校园里了解公众对它的看法。斯基普被聘请制作了一部假日短片，以记录大学生们对该网站的看法，这也是他与该网站长期合作关系的开始。之后，他继续为销售和营销团队制作视频。大一结束后的暑假，斯基普搬到了位于帕洛阿尔托的网站总部，在那里，他为寻找广告机会的公司设计和制作创意活动。

那个暑假，斯基普目睹了帕洛阿尔托的团队发展到 150 多人，而当暑假结束时，他苦苦思索自己是否应该辍学并全职加入这个团队。"这是我做过的最艰难的决定。"最终，虽然斯基普决定回到学校继续完成学业，但他并不后悔这个决定。在校期间，他几乎全职为该网站工作。毕业后，他曾与其他客户——一家专注于剧本开发的新兴公司——合作，然后又回到这家网站工作，为产品发布执导宣传片，并将工作范围扩展到品牌推广领域。

▶ 职业满足分析

斯基普擅长构思新点子并付诸实践。他认为，"关键在于让团队朝着我们设定的一个整体愿景和目标努力，并确保我们能真正实现这些目标。"他的主导功能——思考——使他具备建筑师般的思维方式，从而帮助他将想法变为现实。如同大多数概念主义者一样，斯基普天生具有解决问题的能力。"我无法想到还有哪家公司尝试解决的问题比我们正在努力解决的问题更庞大，我们面临的问题是：连接全世界的人类。"

斯基普的辅助功能——直觉——在品牌塑造方面表现出色，因为他努力的方向是将产品与希望创造的文化共鸣相结合。斯基普是一个外向型的人，这也解释了为何他最初会被社交网站所吸引，以及他对使命——连接全世界人类——的不懈追求。斯基普目标明确、雄心勃勃且干劲十足，他的判断功能帮助他完成各种交易并聚焦于最终产品。

▶ 前景展望

虽然斯基普热爱这个网站以及他在网站中的职位，但他的终极目标依然是转行制作故事影片，更确切地说，是经营一家垂直整合的制片公司。"我希望参与影片制片的第一线：开发及寻找素材，在此基础上进行构思与扩展，再进入制作环节，最后以前所未有的方式发行影片。"

人物 3　利亚姆，艺人经纪人

"培养人才，建立人际关系。"

▶ 工作概况

利亚姆是一名艺人经纪人，其职责包括三项：签约、提供服务和销售。他解释道："签约意味着找到合适的艺人（即客户），让他们相信我们能比任何竞争对手做得更好。"服务是指对客户职业生涯的日常维护，内容包括策划或安排工作、确保客户得到报酬及认可，或者协助客户拿到他们本人很难获取的去百老汇演出的入场券。而销售则是指为客户找到好的工作机会，或者在某些情况下，为他们创造一些工作机会。

对于利亚姆而言，实现上述任务的关键在于建立广泛的人际关系网。"帮助客户实现他们的工作梦想，这对我来说是一种莫大的肯定。我能够实实在在地为那些热爱创新、热爱艺术和艺术创作的人提供支持。"

▶ 背景介绍

在大学里，有创造力的人通常会在哪里聚集呢？当然是在即兴喜剧表演团队中。利亚姆表示，"这是我见过的最令人振奋的一群有趣的人。"毕业后，利亚姆决心前往纽约闯荡。他在一家广告技术公司找到了一份广告运营经理的工作，作为客户与程序员之间的重要联络者。在此期间，公司经历了三次收购和重组，但由于他与导师的良好关系，得以留在公司工作。因此，虽然这份工作令他不甚满意，却也教会了他宝贵的一课：人际关系才是真正重要之处。

在规划自己的下一步行动时，利亚姆回忆起过去的快乐时光，以及与那些富有创造力且风趣幽默的伙伴们共度的美好瞬间。"我最后自降三分之二的薪酬，到了一家艺人经纪公司担任收发室工作人员。我想借此观察公司的高层是如何工作的，并期待得到他们的认可。因此，我愿意接受这份吃力不讨好的工作来激励自己。"

很快，利亚姆发现该公司的工作岗位流动非常迅速。有一天上午11点，一位经纪人的助理突然辞职，中午时分利亚姆已经开始接受经纪人助理培训，而用完晚餐之后，他就去观看喜剧或者戏剧表演了（即全职上岗了）。这家公司习惯快速安排这样的工作调动。

为了实现从二流经纪公司到一流经纪公司的职业升级，利亚姆开始主动联系他希望加入的经纪公司。其中一位联系人是他的校友，并接通了他的电话。在通话中，他们互相介绍了各自的情况——"只要你表现出色，任何交流机会都可能转化为面试。"两个月后，当那位联系人打来电话告知他将更换经纪公司，而该公司当天急需招聘一名经纪人助理时，利亚姆已做好充分的准备。

之后利亚姆转换工作到了洛杉矶，在这里他获得了另一个好机会。他当时的老板是一个远近闻名的难以相处的人，因此在工作期间，他找到了一个他认为可以成为更好的老板或者导师的人。"我已经在为他的客户提供建议并寄送剧本。在我正式得到这份工作之前，我就已经在进行相关工作了。"他的这番努力得到了回报，他成功地获得了这份新工作，后来还得到了晋升。

作为一名初级经纪人，利亚姆的主要职责是发掘新人。"我的任务是了解喜剧界最年轻、最热门、最炫酷、最令人兴奋的人物。"利亚姆认为自己的角色是培养人才、建立人际关系、为喜剧演员和经纪人牵线搭桥，并向公司高管及决策者推荐业界新秀。"从本质上讲，我们就是红娘。"利亚姆对人的敏锐洞察力和卓越的鉴赏能力对于胜任此项工作至关重要。

▶ 职业满足分析

利亚姆的主导功能是思考，体现在他出色的谈判技巧以及他为客户和自己的职业生涯制定战略举措的能力上。"为我的客户制定并实现目标是一件既具有挑战性又充满乐趣的事情。"除了为客户制定目标外，利亚姆也为自己设立了重要目标。像许多概念主义者一样，成功是驱动利亚姆前进的重要动力。在这个人情味淡薄的行业中，利亚姆能够保持公正客观的态度，因为他的信条是"低头做事，抬头望天"。

在利亚姆的工作中，相信自己对新艺人或剧本的直觉的重要性不言而喻，这也是他的辅助功能——直觉——发挥作用的一种体现。利亚姆很有远见，当他在一家小俱乐部看到某位喜剧演员时，就预测该演员将在5年内大放异彩。

▶ 前景展望

尽管能从助理晋升为经纪人是一件值得称道的事情，因为这种情况只有2%~3%的可能性，但是，只有在拥有足够大的权力和影响力，并能够真正推动事情的发展时，他才会认为自己真正实现了梦想。"我的很多导师只是通过一个电话就能促成事情。但前提是，你必须先赢得他人的信任。"当然，他所取得的成果还包括他所开创的一系列项目，而他的团队仍然持续不断地致力于那些令人振奋且高质量的工作。

利亚姆认为娱乐界正处于变革之中。"流媒体大战正在全面展开。知识产权才是真正的关键。虽然可以大量生产产品，但它们的内容必须是真正精彩且引人入胜的。"如今，人们获取信息的途径众多，因此，只有具体、有深度、独特且令人兴奋的信息才会受到人们的欢迎。

▶ 共同之处

尽管丹、斯基普和利亚姆各自拥有不同的教育背景、职业经历以及职业选择，他们之间依然存在一些共同点。虽然兴趣、能力和价值观有所差异，但他们具有相似的性格特征以及相同的心理功能层次，我们可以对ENTJ类型的人的需求做一些观察。

我们在下面列出了使ENTJ类型的人获得职业满足的重要因素——可以称其为衡量标准。鉴于每个人都是独一无二的存在——即便同属一种性格类型，其特点也各不相同——因此，这些因素并不能完全准确地描述所有ENTJ类型的人。重要的是，以下10个因素以不同程度影响着ENTJ类型的人如何获得真正意义上的职业满足。

查看完这10个因素后，我们建议你按照自身的标准对它们进行排序。在排序过程中，请回忆过去的工作经验并思考当前工作的体验，看看哪些经历令你特别满意或特别失望。同时，应寻找贯穿多个经历中的主题，而不是仅限于某个单一工作环境下成立，而在其他工作环境下却无效的情况。

作为ENTJ类型的人，要获得职业满足，你做的工作应：

1. 让我领导、控制、组织以及完善一个机构的运营体系，以便能够高效运行并如期实现目标。

2. 允许我从事长期战略规划，创造性地解决问题，并提出富有创意且符合逻辑的方法以解决各种问题。

3. 我的工作是在一个组织性强的环境中完成的，而且在那里我和我的同事要在一系列明确而具体的指导方针下工作。

4. 我的工作能够鼓励并激发我的求知欲，同时允许我处理复杂且常常比较棘手的问题。

5. 给我提供机会结识各种有能力、有趣且有影响力的人，并允许我与他们互动。

6. 给我在组织内获得晋升、发展，并能展示我的能力的机会。

7. 我的工作应该具有刺激性、挑

战性及竞争性；在工作中，我是公众关注的焦点，同时我的成就要看得见、被认可，而且能够获得公平的回报。

8. 让我有机会与其他有智慧、有创造力、有抱负且有理想的人共事，而且他们的能力是我所佩服的。

9. 让我设定一定目标，并为实现它而不断努力，允许我运用我的组织能力来使自己和他人集中精力达成更大的目标，同时我自己的所有目标都能够高效、及时地实现。

10. 允许我使用合理、客观的标准和政策来管理与监督他人，充分发挥每个人的长处，但不必处理人际冲突。

▶ 适合 ENTJ 类型的人的一般职业

在列举适合 ENTJ 类型的人的一般职业时，也请读者注意，每一种职业中都有各种性格类型的成功人士。以下职业可能是 ENTJ 类型的人会比较满意的职业，我们也将解释其中的原因。当然，我们无法详尽地列出所有适合的职业，只是为了给你提供一些你之前可能未曾考虑过的可能性。

虽然我们列出的这些职业都可能让你获得职业满足，但预计其中一些职业的未来需求可能会更大。

商业类

- 经理
- 高级主管
- 办公室主任
- 行政经理
- 人事经理
- 管理分析师
- 业务发展总监
- 市场调研分析师
- 网络一体化专家
- 技术培训师
- 信息服务/新业务开发人员
- 信息安全分析师
- 物流顾问（制造业）
- 管理分析师（计算机/信息服务、市场营销、机构重组）
- 广告业务经理
- 营销主管（在线/广播/电视/有线广播行业）
- 媒体策划/采购人员
- 国际销售与营销人员
- 特许经营店主
- 销售经理
- 医疗保健主管
- 大学或学院行政人员
- 主编
- 戏剧制片人
- 警察或刑警队主任
- 人力资源经理
- 协会主席或顾问
- 项目经理
- 零售经理
- 房地产经理
- 房地产开发商
- 酒店或餐饮服务行业经理

商业领域通常比较受到 ENTJ 类型的人的欢迎。他们喜欢担任有权威、有控制力、有领导力的职位。作为企业管理者，他们能够运用其长远思维来制定应急计划，并规划出实现目标的最佳方案。ENTJ 类型的人一般会采用直接管理的方式，能够做出严厉且公正的决定，并擅长为员工制定政策方针。他们喜欢与那些独立且以结果为导向的人共事，因为这些人可以在不需要太多监督或干预的情况下工作。ENTJ 类型的人通常会凭借自己影响他人的能力以及轻松自如的与人交往能力，在组织中晋升到最高层级。

金融类

- 个人财务顾问
- 经济分析师
- 抵押贷款经纪人
- 信用调查员
- 股票经纪人
- 投资银行家
- 企业融资律师
- 国际银行家
- 经济学家
- 财务主管/财务总监/首席财务官
- 风险投资家

ENTJ 类型的人通常在金融领域也有卓越表现。他们喜欢赚钱，也喜欢帮助他人理财。他们喜欢这一领域的竞争，并能迅速而轻松地掌控局面。金融领域的职业使得 ENTJ 类型的人能够发挥他们预测趋势的能力，同时设计出巧妙的运作方法，充分利用机会为自己和客户谋利。当工作极少涉及细枝末节以及后续事务时，他们的表现最好。不过，如果他们的工作涉及这些细节，他们更愿意将其委派给能胜任的助手。

咨询/培训类

- 业务顾问
- 管理顾问
- 教育顾问
- 项目设计师
- 管理培训师
- 职业发展专家
- 劳动关系经理
- 网络安全顾问
- 企业/团队培训师
- 技术培训师
- 立法助理
- 政治顾问

咨询领域职业提供的多样性和独立性对 ENTJ 类型的人颇具吸引力。咨询领域广泛的选择范围为 ENTJ 类型的人提供了机会，来满足他们的企业家精神。他们可以在各种商业环境中与不同的人合作，并根据自身所付出的努力获得相应的报酬。ENTJ 类型的人大多在商业或管理咨询方面表现出色，可以成为优秀的、发掘人们潜能的培训师。他们常常会通过一些富有创意的设计以及活跃的活动来营造一个有组织性、有挑战性的环境。他们似乎总是喜欢接手新的项目，并喜欢通过指导其他有雄心抱负的人的方式来提高自己的能力。

专业类

- 律师
- 法官
- 心理学家
- 大学教授（自然科学/社会科学）

- 化学工程师
- 知识产权律师
- 生物医学工程师
- 精神病医生
- 外科医生
- 医学科学家
- 环境科学家
- 政治学家
- 病理学家
- 飞行员

专业类职业所提供的社会地位及影响力是 ENTJ 类型的人在职业中努力追求的。ENTJ 类型的人非常喜欢任职于法律领域，而且能成为成功的从业律师和法官。心理学与精神病学中的智力挑战吸引着广大 ENTJ 类型的人，复杂的化学工程领域以及不断扩展的环境工程和生物医学工程领域也是如此。在教育方面，ENTJ 类型的人通常更喜欢在高年级任教，尤其是中学教育、成人教育以及大学教育。他们喜欢把自己的知识应用到周围的世界，而且他们通常也能够拥有允许他们把教学职责扩展到其他领域的职业，如政治或政治咨询。

技术类

- 软件开发人员（应用程序/操作系统）
- 网络和计算机系统管理员
- 网络专家
- 软件和网络开发工程师
- 信息/设计架构师
- 计算机与信息系统经理
- 计算机与信息研究科学家
- 机器人网络管理员
- 人工智能专家
- 建筑施工工程师
- 数据库管理员
- 项目经理

许多 ENTJ 类型的人非常适合在不断变化和发展的技术领域工作。这些工作所要求的一些能力对 ENTJ 类型的人来说都是天生具备的：理解并处理复杂问题的能力、极强的逻辑思维能力、把握全局的能力以及出色的组织能力。

请记住，这些只是能让 ENTJ 类型的人独特天赋得到充分展现的部分领域。

▶ 求职之路，因人而异

了解自己性格类型特有的优势和劣势，将使你的求职之路更加顺畅。从研究适合自己的工作岗位，到接触潜在雇主，再到准备求职资料（如个人简历）、安排面试、与对方协商薪酬待遇，直至最终获得工作，每一步都体现出个人的性格类型。因此，是否能够有效利用自身优势并弥补不足，将直接影响求职的成功几率。

不同性格类型之间的差异大小不一，有的微乎其微，而有的却极为显著。如果根据我们的建议做出细微调整，就可能将求职失败转变为求职成功。人际网络的概念就是一个很好的例子。外向型的人自然喜爱社交，我们鼓励他们大胆拓展社交圈；而内向型的人则偏好在小范围内进行交流，且更倾向于与熟悉的对象交流。感觉型的人乐于在有限范围内与人建立联系；而直觉型的人则会广泛寻求互动，即便某些社交对象似乎志趣不投。同样地，情感型的人重视人与人之间的连接，希望营造融洽的氛围；而思考型的人则表现得更为冷静和客观。判断型的人在人际交往时话题数量较少且内容严谨；而知觉型的人交流的话题则较为广泛！虽然有效的求职技巧可能只有一种，但成功路径却是千差万别的。

▶ 通向成功之路：发挥自己的优势

正如我们在接下来将要详细介绍的，在求职过程中，你的优势和才能在于你能够掌控全局，用你的能力给他人留下深刻印象，并用你的自信去激励他们。为了避免让人觉得你盛气凌人，请有意识地努力多听多问，同时也要多说多答。

作为一名 ENTJ，最有效的求职策略建立在如下能力基础之上。

制定并执行一份有效的求职计划。

• 确定你的目标，包括你想要的职业或工作的标准，同时制定你要获得它的计划。

• 保留你的信件副本，记录面试情况，与那些你已经在进一步联系或仍需联系的人保持联络，这样才能保证自己有条理且准时。

在布兰森开始求职时，他使用了在之前担任行政主管时使用过的时间管理和组织技巧。他创建了一个电子表格，用不同的代码表示他已面谈过的人、计划面谈的人以及尚未安排面谈的人。每一次面谈后，他都会记下会面的情况以及下一步的计划。之后，他会发送一封电子邮件感谢对方花时间与他见面，并将该人的姓名从"待办事项"栏目移动到"下一步行动"栏目。利用这个系统，布兰森一直掌握着 25 个潜在雇主和数十个联系人的情况，没有放过任何一个机会。

预见行业趋势并预测未来的需求。

• 运用你的能力，观察当前的情况，预测它们将需要做出哪些改变才能适应不断变化的环境。

• 向你潜在雇主证明你可以预测他们未来的需求，以此来展示你预测市场变化的能力，以及你的参与可以如何帮助雇主满足这些新需求。

在参加一家新成立的小型市场调研公司的面试时，黛安注意到这家公司的经理似乎有些心不在焉，而且她也确实被手下几名看似情绪激昂的员工打扰过几次。当这位经理意识到自己有些失礼时，她向黛安解释说，她的公司目前人手不足，而恰好他们正在为一位大客户准备一份计划建议书。黛安向她推荐了几个熟悉这方面业务的人，并建议经理可以暂时雇用他们以帮助公司渡过难关。黛安敏捷的思维、丰富的人际关系网以及对业务的理解给经理留下了深刻的印象。黛安随后解释说，自己也有解决类似棘手项目的经验，愿意作为自由职业者参与该项目，以此来证明自己的能力。经理对这个提议深感意外，但在仔细考虑了几分钟之后，她意识到既然

第 11 章
ENTJ 类型（外向、直觉、思考、判断）：一切顺利——尽在掌握

黛安能帮她解决公司眼前的问题，或许她也可以改善公司业务运营的长远发展。就这样，黛安被当场录用了。

创造性地解决问题。

- 将障碍看作挑战而不是拦路虎，勇敢面对挑战，发挥你的创造力去克服它们。

- 通过分析潜在雇主面临的最大问题以及你可以提供什么方法来解决它们，以此来展示你开发新策略的能力。

利亚姆是一位娱乐经纪人的助理，他希望能够换一个新的老板。他给自己规划了一套求职计划。他先是确保自己对娱乐经纪领域有充分的了解；之后，将求职方向投向那些他认为可以成为自己老板的人。他也知道，仅仅渴望得到这份工作是不够的，还必须让自己变得不可或缺。因此，他分析了未来老板的需求，并向其推荐了自己认为非常适合他旗下艺人的剧本及演出机会。这样，利亚姆在直接提出求职申请之前，便已经证明了自己的能力。

广泛地建立人际关系网。

- 列出所有你认识而且他们也认识你并了解你的能力的人的名单，并逐一与他们安排会面以讨论你的职业目标。

- 请求了解你的人将你引荐给别的对你的专业知识感兴趣或者可能掌握对你有帮助的信息的人。

简的习惯是从来不删除联系人，即使她暂时或者永远不会需要这些联系人。最终，简就是通过这些联系人开始创建自己的业务的。简喜欢请他人喝咖啡，但由于她的时间非常宝贵，她发现只需通过几分钟的通话，甚至简单地发送一封电子邮件，常常能够收获几个新的联系人。有些人对简非常慷慨，总是愿意尽量多地抽出时间与简面谈，简也因此获得了所需的信息。当然，简会特别注意回馈他们的善意，这样，简的关系网愈加庞大了。

充分了解你所感兴趣的机构和职位。

- 做一些调查工作，例如去图书馆查阅一些有关本行业的出版刊物，与该领域或机构的人交流，以便尽可能多地了解该领域或机构的相关信息。此外，还要尽你所能了解面试官的个人情况，以便你们在面试中能够找到一个共同的话题，从而建立良好的关系。

- 整理你收集到的信息，并将其提炼成一份简明的报告，以便在随后的面试前复习回顾，或在面试过程中作为参考，以显示你对该机构或职位的兴趣和了解。

埃兹拉在一家银行不愉快地工作了12年后，决定转行做投资经纪人。因为他是某家金融协会的会员，因此有机会参加该协会举办的几个继续教育课程。在其中的一次课程中，他结识了一位投资经纪人，于是向这位新朋友请教了很多有关该行业的问题。这位朋友不仅给予埃兹拉指导，还把他引荐给其他几位投资经纪人，并建议埃兹拉查看一个网站，该网站汇集了一些关于该行业的有用文章，以及该地区内投资岗位的招聘信息。后来，在一次面试中，埃兹

拉引用他了解到的有关该行业的有趣信息，并请求他的一些新朋友帮助他推进在投资公司求职的进程。

▶ 可能遇到的陷阱

虽然每个人都是独一无二的，但ENTJ类型的人仍然存在一些共同的潜在盲点。在这里强调"潜在"，是因为以下我们列出的条目中，其中一些明显与你相关，而另一些则可能不太符合你的实际情况。你会注意到，这些倾向不仅影响你对于求职的看法，也渗透至你生活的各个方面。因此，在阅读下面的每一个条目时，不妨结合自己过去的经历，问自己："这对我来说是真的吗？"如果答案是肯定的，那么就继续问自己："这种错误的倾向是如何阻碍我实现目标的？"你很可能发现，要克服这些盲点，关键就在于：有意识、精心地发展你的第三功能（感觉）和第四功能（情感）。当然，对于 ENTJ 类型的人来说，以下这些建议在实施过程中都会面临诸多困难，但是，这两种功能运用得越多，它们在将来给你带来的麻烦就会越少。

1. **避免过于仓促地做出决策。**

● 在决定你是否对一份工作或职业感兴趣之前，花些时间收集所有相关的事实，尽管这些事实可能很乏味。参照你所列出的标准，确保提出所有必要的问题，这样你对将要应聘的工作及与其相关的机会有一个准确且现实的了解。

● 在行动之前要三思。问问自己真正想要的是什么，以及一份可能的工作是否能给予你你认为重要的东西。诚实地面对自己，并将这些价值观和愿望添加到你所列的标准之中。

2. **尽量不要表现得咄咄逼人。**

● 要注意：他人可能会反感你的活力和干劲，并认为你太有攻击性。在面谈初期，花点时间建立融洽的关系，找到一些共同的个人兴趣点。花时间肯定周围人的贡献。

● 尽量理解生活中不可预测的延误和推迟，这些可能会减缓你实现目标的进程，但尽量不要因为它们而沮丧或气馁。

3. **不要放弃那些你认为不能完全发挥自己的能力水平的机会。**

● 要意识到，拒绝考虑一份低于你能力水平的工作可能会使你显得过于自信或傲慢，并且可能会在无意中冒犯潜在雇主。

● 把遇到的每一个人都当作你将来可能共事的人，尽你所能与他们建立良好的关系。

4. **耐心对待求职过程的各个方面，甚至所有的烦琐细节都要认真考虑。**

● 不要因为关注求职过程中那些更有趣的方面而忽视一些更有实际性的方面。检查一下你在寻找一份高质量工作的过程需要花费的时间和费用，确保它们都在你的整体计划之中。

● 在充分研究了你所具备的条件，并确信你能够按照你的高标准完成求职过程之后，再全力以赴开始求职。

5. **努力培养你积极倾听的技能。**

第 11 章
ENTJ 类型（外向、直觉、思考、判断）：一切顺利——尽在掌握

- 要意识到，你有时可能会在他人还没说完话时打断他们，因为你已经预料到（正确或不正确）他们将要说些什么。因此，你应该在他们说完后等上几秒钟，并向他们核实你所听到的内容，以确保你理解了他们的意思。

- 记住，不要表现得太过自信或资格很老，这样可能会给人留下不耐烦和专横的印象。要有意识地克制这种倾向，例如给他人足够多的时间来整理思路和完成讲话。

▶ 最后一步：换工作还是保持当前工作……ENTJ 类型的人成功的关键

现在，你已经深刻理解了自己的性格类型，并且清楚自己天生的性格偏好所适应的职业类型。此外，了解自身性格类型的优劣势对于成功求职具有重要意义。然而，即使作为 ENTJ 类型的人，也需要意识到本章前面"适合 ENTJ 类型的人的一般职业"中列出的职业未必都适合你。因此，下一步也是最后一步，就是缩小搜索范围，从而找到理想工作的方向。

除了性格类型之外，一些其他因素，如你的价值观、兴趣爱好以及技能等，也会影响你对工作的满意程度。你与工作的契合度越高，你就越快乐。因此，请准备运用所学知识（包括本书内容以及生活经验）来制定你的战略性的职业规划吧。本书第 23 章中的练习就是专门为了这个目的而设计的。

然而，如果你觉得保持现有工作岗位或继续留在当前雇主身边更有意义（也许只是暂时的），那么做出这个决定可能基于多种合理的原因——如经济压力、家庭因素、所学专业就业形势严峻，以及转换工作的时机尚未成熟。但请振作起来！通过本书获得的知识同样能帮助你在现有的工作岗位上获得职业满足与事业成功。当需要做出重大职业调整的时候，你将更加清晰自己的发展方向，并明确如何找到理想的工作的方法。

▶ "所以，如果你目前还没有找到更适合的工作……那就热爱你现在的工作吧。"

事实上，大多数行业都提供灵活调配的机会。这里有一些方法，可以让你的当前工作更适合你的需要，仅供参考：

- 争取被任命为战略规划委员会的成员。
- 寻找一位导师（如果你是该领域或该组织的新人）。
- 创造机会成为领导者（如自愿担任委员会主席等）。
- 建立一个"批评之友"小组（互相评论彼此的想法）。
- 定期寻求职业发展机会。
- 报名参加专业领域的高级培训或攻读你专业的学位。
- 加入并/或成为本专业协会的领导者。
- 邀请直接下属提供更多意见。

147

▶ ENTJ 类型的人能够发挥长处并克服不足

乔什是一家小型律师事务所的合伙人。尽管他的职位在公司已经达到了最高层，但他还有更大的抱负，只是他的经验还不足以让他在更大的公司担任同样的职位。他通过了本州律师协会高级职位的竞选，并且努力工作，在两年内担任了该协会主席一职。这一附加的领导经验和他在全州范围内媒体上的高曝光率使他成为他想要的那个职位的最佳人选。

▶ 利用已有资源获取所需之果

如何才能取得成功？简而言之，就是发挥你的优势，弥补你的弱点。这是否能够做到，将直接影响到你是取得成功还是遭遇失败，是热爱还是厌烦你的工作。我们接下来列举了一些你可能具备的优势和存在的弱点，希望能对你有所帮助。尽管每个人都是独一无二的个体，但作为 ENTJ 类型的人，我们所列举的这些总有一些比较符合你。

你在工作中的优势可能包括：

- 能够洞察事情可能的发展情况及其潜在的影响。
- 具有创造性问题解决的天赋；能够客观地审视问题。
- 能够理解复杂的问题。
- 有追求成功的动力和抱负。
- 有自信以及天生的领导能力。
- 拥有强烈的进取心，渴望胜任工作以及追求卓越。
- 有高的标准及强烈的职业道德。
- 能够创造方法体系和模式来实现目标。
- 敢于采取大胆行动，具有实现目标的动力。
- 能够使用逻辑思维及分析方法进行决策。
- 遇事果断，组织能力强。
- 技术扎实；学习新知识时接受能力强。

你在工作中的弱点可能包括：

- 对反应不如自己敏捷的人缺乏耐心。
- 粗鲁、不机智、缺乏外交手段。
- 易于仓促地做出决策。
- 对一些琐碎的细节缺乏兴趣。
- 有想要改进那些不需要改进的事物的倾向。
- 有恐吓或支配他人的潜质。
- 不愿花时间适当地欣赏、夸赞同事或其他人。
- 不愿重新审视已决定的问题。
- 倾向于过分强调工作，从而忽视家庭生活。

发挥你的优势其实很简单。
ENTJ 类型的人成功的秘诀在于：

放慢你行动的节拍；学着关注细节；
体谅他人的需求。

第12章

INTJ 类型（内向、直觉、思考、判断）：
能力+独立＝完美

人物 1 凯瑟琳，市政委员会协调员

"制定策略并将其付诸实施。"

▶ 工作概况

凯瑟琳自认是一个完美主义者，她能够在同一时间自如地应对多项任务。她在市妇女问题和妇女事务委员会担任协调员及职员助理，同时，她还经营着自己的事业，即在管理规划和发展方面提供培训、教育和咨询服务。凯瑟琳的工作非常繁忙，她总是马不停蹄地度过每一天。"对我来说，工作带给我很大的满足感，我可以在一周中的任何一天随时进行我的工作，而从不会埋怨说：'嘿！难道今天不是我的休息日吗？'"

凯瑟琳负责协调和管理规划中的城市人文服务活动和政治工作。她的工作包括分析和研究待实施规划的提案，撰写政策报告，以及培养和培训公职人员，帮助他们识别并克服新政策实施过程中可能遇到的障碍。同时，她还负责为内部各机构的工作提供便利条件，并协调委员会各成员之间的关系。

凯瑟琳自己的业务是在常规工作时间之外进行的，她为各个公司制定管理计划和发展蓝图。她的咨询工作的主旨是帮助团队更有效地协同工作。她经常要花很长时间去发现他人考虑不到的细节。"我是最好的规划者，我以我精彩的创意而闻名。"

▶ 背景介绍

凯瑟琳最看重的一点就是自己的能力。纵观她的工作经历，她似乎一直朝着这个目标努力。她大学毕业后的第一份工作是在一家国际商务公司担任行政客户专员。虽然她不太熟悉在大公司里工作的规则，但由于她并不介意从事销售业务方面的诸多琐碎工作，因此学到了很多东西。不久，她意识到自己更适合在一家规模较小的公司里工作，于是她在一家小型咨询公司里找到了一份工作，在那里，她负责开发公司的推销培训方案。虽然她很享受这种"负责所有事务"的感觉，但该公司没有办法提供她所需要的薪酬。

接着她又在美国政府的法院系统找到了一份仲裁员书记员的工作。这是一份专业性很强的工作，虽然薪水不错，

但让她感到无聊和厌烦。她听说在一所小型大学中有提供奖学金机会时，便进入这所学校攻读研究生课程，并获得了工商管理硕士学位。"我喜欢当学生。这个研究生课程让我能够探索和处理各种信息。"她正是在这所学校决定开创自己的事业，在过去的9年时间里，她一直以兼职和全职的形式经营着她的企业。研究生毕业后，她在家办公，继续自己的事业，同时还在一所社区大学教授市场管理和人力资源管理课程。她喜欢同时接受几项工作任务的挑战，因此在经营自己事业的同时，她还成为了"联合之路"地方部门的宣传主管。在"联合之路"仅仅工作一年之后，凯瑟琳便晋升到了现在这个职位。

▶ 职业满足分析

凯瑟琳的职业生涯为我们提供了一个关于概念主义者的丰富例证。她总是力求提升自己的能力，不断地获取新的信息、掌握新的理念。她总是追求完美，在任何一件事上都力争做到最好。任何类型的挑战都能激发她的动力；她努力工作，一心一意，甚至超越了自己的高标准。

她的直觉功能要求她看到事物发展的各种可能性。这些通过她的思想和想象迸发出来的灵感，得到了大家的高度关注。她喜欢制定策略、思考理论，并能够预见自己新思想可能产生的影响。

凯瑟琳运用她的思维功能来分析、协调和管理她的想法，并将它们转化为具体、可行的计划。她要鉴别系统中存在的问题，并运用她的逻辑思维能力去分析和寻求解决方案。她要负责协调各类战略规划项目，并使它们成为贯彻实施她的计划的有利因素。"我几乎喜欢我所做的一切：制定计划并让其他人接受它们，尤其是在计划刚开始时就遇到阻力对我来说是一种挑战；而任何与理论发展和对未来影响有关的事情都是令人兴奋的。"

虽然凯瑟琳非常享受她的工作，但她也一直在期待面对下一个挑战。她的职业目标是为少数族裔创办一所大学。这所大学的重点学科是经济和历史，并强调发展学生的批判性思维。为了实现梦想，凯瑟琳已经开始着手研究。

▶ 前景展望

"这些年来，我变得越来越具有团队精神了。我更成熟了，也学会了如何收敛自己那种咄咄逼人的气势。"凯瑟琳希望继续发展她在协调团队工作方面的技能，她意识到这个方面还需要更多的练习。她现在可以更自如地表达自己的感受。"虽然我隐藏了大部分的情感，但我正在学着依靠我的朋友来分享我情感的另一面。尽管我还没有做到这一点，但我希望当有一天人们谈起我时，会记得我是一个内心充满创意的人，一个对自己和他人都要求很高，而对朋友非常忠诚且富有同情心的人。这就是我的人生目标。"

第 12 章
INTJ 类型（内向、直觉、思考、判断）：能力＋独立＝完美

> **人物 2　　菲尔，创业企业家**
> "我喜欢从无到有创造新事物。"

▶ 工作概况

菲尔一直渴望创办自己的公司。到现在，他已经成功创立了两家公司。第一家是一家人力资源技术公司。而目前的这家小型公司则是他创办的第二家公司，公司的主营业务是帮助客户的人力资源团队了解应该购买哪些人才评估工具，以便于进行人员招聘或持续的人力资源管理。作为公司的创始人，菲尔负责从市场营销到销售及产品研究的各项工作。"我大部分时间都花在研究如何吸引更多用户访问我们的网站，这意味着要对人力资源技术供应商进行深入分析，并制作视频和书面内容来分享这些研究成果。"

▶ 背景介绍

菲尔在 10 岁时便买了人生中的第一支股票。当时，他与弟弟把打零工赚来的钱投入股市，甚至还从中获得了一些收益。从那时起，菲尔就明确了自己想要进入金融行业的决心，因此他选择在大学里攻读商科专业，并把多个暑假用于在不同的大型投资银行实习。然而，真正激励他投身这一行业的是他在初创公司实习的经历："这是改变我周围世界、看到我的工作产生影响的最直接的方式。"

大学毕业后，菲尔的第一份工作是为卖方实施并购业务。但一年后，由于经济衰退，他被解雇了，这一事件对于菲尔而言，与其说是失望，不如说是一种解脱。"现在，我可以去做自己更感兴趣的事情了。"回忆起当时的想法，菲尔表示。随后，他全身心投入，最终在一家历史悠久且规模庞大的风险投资公司找到了梦寐以求的工作。菲尔内心深处一直希望成为一名企业家，他认为，与那些公司里的首席执行官交流并学习他们的企业管理经验，是他实现梦想的重要途径。两年后，经过与上千名首席执行官交谈之后，菲尔开始筹备自己下一步的创业计划。而且，他取得了哈佛商学院工商管理硕士学位，为独立创业做好准备。

在哈佛商学院期间，菲尔参与了一个兼职项目——这是他众多兼职项目之一——开发一个网站，以帮助他人通过思考自身的优劣势来规划实习过程。从小学五年级起，菲尔就开始写日记，通过翻阅自己大学实习期间所写的日记，他回忆起自己对某家大型投资银行工作环境的厌恶情绪，从而避免了职业选择上的错误。他所开发的网站就像是一个虚拟的时间胶囊，可以帮助实习生在结束实习后重温自己的工作目标、对工作与生活平衡的看法以及其他关键因素。

这段网站开发的经历，尤其是引导他人进行认真思考的过程，为菲尔第一次真正意义上的创业奠定了基础：他成立了一家人力资源技术公司。在该公司开始盈利之后，菲尔聘请了一位职业经理人负责公司的运营。"我仍然怀有强烈的创业冲动，因此又创建了新的事

151

业。"如今，他所在的新公司致力于帮助其他人力资源团队寻找合适的人才评估工具，并从中挑选出最符合需求的软件。

▶ 职业满足分析

许多概念主义者被竞争激烈且充满智慧挑战性的创业世界所吸引。菲尔工作的核心驱动力是创新，在这样一个新点子可能带来丰厚回报的领域，创造性显得尤为重要。由于菲尔的主导功能是直觉，他天生擅长纵观全局，将各种潜在因素联系起来并寻求创造性的解决方案。在投资领域，这意味着他具备远见卓识，有能力发现他人可能忽略的机会和可能性。而在创业方面，公司发展的每一步都取决于菲尔对未来愿景及其实现路径的畅想。

如同许多 INTJ 类型的人一样，独立自主是菲尔的行事准则，他更倾向于相信自己的判断和观点，而不是制度或传统。菲尔天生就是解决问题的高手，他的辅助功能——思考——使得他逻辑清晰、善于分析且行事客观公正。菲尔的判断功能使其行为以解决问题为导向，以达成目标为动力。他非常勤奋，每周工作时间长达 120 小时，有时甚至连续工作 40 小时。他擅长进行一对一的交流，在交流过程中展现出自信和干练的气质，这也是他能够与众多首席执行官建立个人联系的重要原因之一。作为公司的创始人，菲尔切实践行着责任担当，同时也能从宏观层面观察到自己努力付出获得的成果。

▶ 前景展望

理想情况下，在 5 年后，菲尔将存下足够多的钱，如果条件允许的话，他就可以实现退休的愿望，这样他就能有更多的时间陪伴家人和朋友，并继续努力突破自己的舒适区。最终，菲尔希望能转型成为董事会成员、教授或其他导师角色，在这些岗位上，他可以分享自己的经验，帮助他人实现理想和抱负。菲尔多年来在追求事业的过程中表现出的专注和干劲，让我们很容易设想出他的目标不仅能够实现，更有可能超越预期。

人物 3　　吉姆，律师

> "如果我能够打赢一场棘手的官司，我希望凭借的是我的辩护能力，而不是仅仅依靠这个案子本身的优势。"

▶ 工作概况

吉姆是一名民事诉讼律师，同时也是一家原告律师事务所的合伙人，这家律师事务所主要的业务是为那些因为各种原因而受到伤害的人提供法律服务。其中，医疗事故和人身伤害案件是该律师事务所的专长。"我的客户向我寻求帮助，希望借助法律系统来获得伤害赔偿金。"他主要关注那些潜在的开庭案件，然而，他却把近 90% 的时间用于为实际出庭那 10% 的时间做准备上。这是因为大量案件都在庭外和解，真正走到陪审团审判阶段的案件相对较少。

吉姆的职责包括取证（与潜在证人

面谈以了解他们对案件的看法)、准备证人、通过专业证人找到证据、与对方律师就案件进行协商，以及处理上述案件的大量电话和电子邮件。"我常常把大量的时间花在与客户进行电话沟通上，帮助他们解决一些在我看来可能很平常但对他们来说却至关重要的问题。"

然而，法庭上的时光才是吉姆如此热爱这份工作的关键所在。"我的目标是把工作做到尽善尽美，永远不要犯一点错误。这显然是不可能的，因此我尽量把对方置于容易犯错的境地，然后利用他们的失误来找到突破口。"

▶ 背景介绍

在进入法学院之前，吉姆曾尝试在神学院学习。他原以为自己想学习哲学和神学课程，但后来发现自己对所学专业的热爱并没有达到将其作为毕生事业的程度。他还意识到日后教授神学或哲学的市场很小，于是他便申请进入了一所法学院。在校期间，他曾经在好几家律师事务所实习。在其中一家律师事务所，他认为工作内容（房地产、分区规划和下水道工程）太过枯燥。而在另一家律师事务所，他又不太适应那种强调社交应酬的工作氛围。后来，他在一位老师开办的律师事务所做了职员，并喜欢上了那里的业务范围、同事以及工作氛围。毕业后他被正式录用，除了偶尔考虑过别的公司的工作邀约外，15年来，他一直在这家律师事务所工作得很愉快，并稳步提升到了他现在的职位。

吉姆认为，能够打赢一场没有人认为能赢的官司，会给他带来巨大的成就感。"我通过自己的能力打赢了一场棘手的官司，而并非依赖案件本身的优势，这是对我最好的回报。"他还为自己在专业期刊上发表的文章以及在重要的专业组织内获得的地位而感到自豪。

▶ 职业满足分析

吉姆的目标是成为最优秀的辩护律师，这一目标与他的概念主义者气质类型是相符的。他力求提高能力的动机促使他不断努力提升自己的技能，并保持很高的标准。他积极学习大量必要的新知识，以应对那些常会涉及复杂医学证据的案件。他应对每一个案件都非常老练，他努力使自己成为某些领域的专家。和许多概念主义者一样，他努力去获得有权力的职位，这样可以提升他的社会地位、职业声望和经济状况。

在法庭上的时间也给了吉姆最渴望的自主权和控制权，这对一个 INTJ 类型的人来说至关重要。"当我出庭时，办公室里的每个人都知道并接受这是我的唯一职责。在此期间，没有人打扰，也没有电话找我。我可以全身心地投入案件，并独立地做出对案件最有利的决定。在这里，我可以做自己的老板。"

吉姆的主导功能是直觉，他总是在脑海中不断地制定策略。对于吉姆来说，法庭辩护就像是参加一场国际象棋比赛的决赛，他需要预测问题，预测对手的策略，并尽力去发现他们的漏洞，然后想办法战胜这些障碍。他的直觉功能特别有用，能帮助他以对手的视角思考问题（或案件），并且在脑海里反复推敲，从而更有效地做好准备。

吉姆的思考功能帮助他冷静、客观、沉着地处理审判过程中出现的诸多冲突。他将辩护律师之间不可避免的必要冲突视为"公事公办，与个人无关"，因此能够与其他律师保持良好的工作关系。他的思考功能还使他不会过于感情化地对待客户的困境，以至于忽略了更为重要的东西——使客户利益最大化的判决或和解。

▶ **前景展望**

最近，吉姆重返课堂，开始在法学院授课。"我想我对采用积极强化的教学方法去指导学生更加感兴趣了。我觉得自己正在为社会做贡献，这让我很有成就感。"他现在有更多的时间陪伴妻子和孩子，而不用再像以前那样因休假而感到焦虑不安。

"我认为自己已经具备了与各种各样的人相处的能力。我的自我意识增强了，能够欣赏自己的长处，也能为自己的失误承担责任。无论做什么，我都想把它们做好。我的工作让我有机会做自己真正喜欢的事情，提供了被人们广泛认可的服务，而且由于我的出色表现也获得了相应的回报。"

▶ **共同之处**

尽管凯瑟琳、吉姆和菲尔各自拥有不同的教育背景、职业经历以及职业选择，他们之间依然存在一些共同点。虽然兴趣、能力和价值观有所差异，但他们具有相似的性格特征以及相同的心理功能层次，我们可以对INTJ类型的人的需求做一些观察。

我们在下面列出了使INTJ类型的人获得职业满足的重要因素——可以称其为衡量标准。鉴于每个人都是独一无二的存在——即便同属一种性格类型，其特点也各不相同——因此，这些因素并不能完全准确地描述所有INTJ类型的人。重要的是，以下10个因素以不同程度影响着INTJ类型的人如何获得真正意义上的职业满足。

查看完这10个因素后，我们建议你按照自身的标准对它们进行排序。在排序过程中，请回忆过去的工作经验并思考当前工作的体验，看看哪些经历令你特别满意或特别失望。同时，应寻找贯穿多个经历中的主题，而不是仅限于某个单一工作环境下成立，而在其他工作环境下却无效的情况。

作为INTJ类型的人，要获得职业满足，我做的工作应：

1. 允许我创作并开发一些新颖且创新的解决问题的方法，以改进现行的系统。

2. 允许我把精力集中于实施我的好方法上面，在有条不紊、井然有序的环境中工作，同时，我坚持不懈的努力可以得到合理的回报。

3. 让我与那些专业知识丰富、聪明能干且对工作尽职尽责的人一起工作。

4. 认可我在工作中的创新，让我持有那些创新项目的原始著作权，并且允许我掌控那些项目的实施。

5. 允许我独立工作，但又能定期与一小群有才能的人在一个没有人际纠纷、平和的工作环境中交流想法。

6. 能让我源源不断地接触新的信息，为我提供提高工作熟练度和技能的新途径。

7. 允许我创造出符合自身高标准要求的成果，而不是为了迎合他人的喜好。

8. 我的工作不需要我去重复执行那些实际且琐碎的任务。

9. 为我提供高度的自主权和控制权，允许我自由地改变意图，以培养人才和优化方法体系。

10. 对所有人都有统一且公平的评判标准，对工作绩效的评估依据的是既定的标准而非基于个性的竞争，并且能公平地对我所做的贡献给予相应的回报。

适合 INTJ 类型的一般职业

在列举适合 INTJ 类型的人的一般职业时，也请读者注意，每一种职业中都有各种性格类型的成功人士。以下职业可能是 INTJ 类型的人会比较满意的职业，我们也将解释其中的原因。当然，我们无法详尽地列出所有适合的职业，只是为了给你提供一些你之前可能未曾考虑过的可能性。

虽然我们列出的这些职业都可能让你获得职业满足，但预计其中一些职业的未来需求可能会更大。

商业/金融类

- 管理顾问（计算机/信息服务/市场营销/机构重组）
- 管理分析师
- 企业家
- 经济学家
- 个人理财顾问
- 市场研究专员
- 管理分析师
- 投资银行家
- 国际银行家
- 信贷分析师
- 金融分析师
- 战略规划师
- 预算分析师
- 财务主管/财务总监
- 私营企业高管
- 不动产确定员

上面列出的商业及金融领域的职业都要求具备高度发展的分析能力，而许多 INTJ 类型的人具备这种能力。例如，INTJ 类型的人投身于投资行业和国际银行业这两个不断变化的领域，就可以很好地利用他们自身的全球视野及长远规划能力。

技术类

- 科学家/科研人员
- 信息安全分析师
- 网络系统和数据通信分析师
- 软件开发人员（应用程序/操作系统）
- 计算机程序员
- 网络专家
- 信息/设计架构师
- 机器人/制造工程师
- 人工智能技术专家

- 技术员（电气/电子）
- 天文学家
- 环境规划师
- 网络安全专家
- 运筹分析师
- 信息服务开发人员
- 网络集成专家
- 数据库管理员
- 计算机动画师
- 网络与计算机系统管理员
- 印刷设计师
- 交互设计师

技术领域之所以能够吸引 INTJ 类型的人，就在于它的逻辑体系所具有的魅力。技术领域提供了一个能与快速发展的高科技设备和产品打交道的机会。通常，INTJ 类型的人能够运用他们的创造力来开发巧妙且富有创意的方法体系。

教育类

- 大学教授（计算机科学/数学）
- 学科课程设计人员
- 行政人员
- 数学家
- 人类学家
- 策展人
- 档案管理员

与小学或中学教育相比，高等教育对 INTJ 类型的人更具吸引力，因为高等教育通常会提供一种更广泛的视角来教授复杂的理论和方法体系。通过开发教育课程或方法体系并确保它们能够有效运行，能让 INTJ 类型的人本身也获得能力的提升。高等教育领域还为 INTJ 类型的人提供了一个可以收集和处理信息的良好工作环境，在其中，他们可以与同样有才华的人交流，从而提升自己的能力水平。

医疗保健类

- 精神病学家
- 心理学家
- 医学科学家
- 神经科医生
- 生物医学研究员/工程师
- 心脏病学家
- 药理学家
- 药物研究员
- 法医
- 病理学家
- 微生物学家
- 遗传学家
- 外科医生
- 心血管技师

技术性较强的医学领域往往能使众多 INTJ 类型的人取得成功并获得职业满足。这些领域涉及一些高度复杂的体系，同时允许 INTJ 类型的人独立工作而极少受到外界干涉或干扰。

专业类

- 律师
- 战略规划师
- 法官
- 新闻分析家/撰稿人
- 工程师
- 冶金工程师
- 知识产权律师

第 12 章
INTJ 类型（内向、直觉、思考、判断）：能力+独立＝完美

- 土木工程师
- 航空航天工程师
- 核工程师
- 建筑师
- 通用设计建筑师
- 环境科学家
- 情报专家
- 刑事专家/弹道学专家
- 飞行员

上述专业性职业为 INTJ 类型的人提供了多种极具吸引力的选择。这些职业都需要独立研究和规划能力。制定策略、方法体系和长期计划能够发挥 INTJ 类型的人对未来的洞察力（直觉）以及他们按部就班、合乎逻辑地规划实现目标的能力。

创作类

- 作家
- 编辑
- 艺术家
- 发明家
- 平面设计师
- 信息/图形设计师
- 自由媒体策划人员
- 艺术总监
- 专栏作家/评论家/评论员
- 博主
- 展览设计师/建筑师

创意类职业的吸引力在于人们能够从事原创工作。作家和艺术家运用他们的直觉创造新的表达方式和陈述方式。发明家能够创造新的系统或设备，以改善当前的生活方式或解决棘手的问题。

这些职业对 INTJ 类型的人有三个方面的要求：能够独立工作，达到自己的目标和标准，并以自己为最终的评判者。

请读者注意，有许多适合 INTJ 类型的人发挥独特才能以获得职业满足的职业，而我们以上推荐的仅为其中的一部分。

▶ 求职之路，因人而异

了解自己性格类型特有的优势和劣势，将使你的求职之路更加顺畅。从研究适合自己的工作岗位，到接触潜在雇主，再到准备求职资料（如个人简历）、安排面试、与对方协商薪酬待遇，直至最终获得工作，每一步都体现出个人的性格类型。因此，是否能够有效利用自身优势并弥补不足，将直接影响求职的成功几率。

不同性格类型之间的差异大小不一，有的微乎其微，而有的却极为显著。如果根据我们的建议做出细微调整，就可能将求职失败转变为求职成功。人际网络的概念就是一个很好的例子。外向型的人自然喜爱社交，我们鼓励他们大胆拓展社交圈；而内向型的人则偏好在小范围内进行交流，且更倾向于与熟悉的对象交流。感觉型的人乐于在有限范围内与人建立联系；而直觉型的人则会广泛寻求互动，即便某些社交对象似乎志趣不投。同样地，情感型的人重视人与人之间的连接，希望营造融洽的氛围；而思考型的人则表现得更为冷静和客观。判断型的人在人际交往时话题数量较少且内容严谨；而知觉型的

人交流的话题则较为广泛！虽然有效的求职技巧可能只有一种，但成功路径却是千差万别的。

▶ 通向成功之路：发挥自己的优势

由于求职过程中所涉及的很多任务通常不是 INTJ 类型的人所喜欢的，你可能会认为这个过程并不是特别具有趣味性。把注意力集中在寻找具有挑战性和趣味性工作这个更大的目标上，就可以防止你在处理必要的细节和看似无关紧要的社交礼仪时变得过于不耐烦。

对于 INTJ 类型的人来说，最有效的求职策略建立在如下能力基础之上。

预测行业发展趋势，预估未来的需求。

- 运用你的能力，审视当前行业发展的状况并预测它们将如何变化以适应不断变化的外界环境。
- 向潜在雇主说明，如果你能够参与公司的运营，可以如何帮助他们适应环境的变化，来展示你预测未来需求的能力。

詹姆斯在考虑是否要成为一名大学教授，为此他做了一些调查，了解到只有极少数大学设置了哲学或神学专业。他认为这种趋势会继续下去，因此找到一份好工作的机会会进一步减少，而相应的竞争也将愈发激烈。同时他意识到自己对这一领域的兴趣也在日益减弱，于是放弃了本行业，转而去寻找更具挑战性、能够激发才智并有机会发挥自己出色的分析及战略规划能力的工作，最终他决定从事法律工作。

综合你收集到的信息。

- 运用你的能力来理解并吸收复杂的信息，以便能够全面掌握目标行业的术语。
- 通过总结你所看到的目标市场或行业的优势和劣势来展示你的预见能力，并且解释你将如何运用你这项独特的能力来帮助雇主实现其目标。

莫妮卡具备的对大局的把握能力帮助她获得了儿童医院的工作。实际上，她所有喜欢的工作都是那些以前没有人做过的工作，而她被雇用的主要原因在于她能观察到某个当时并不存在的职位有存在的必要性，同时她能够把这些信息表述出来。在应聘筹款协调员一职时，她解释说，她认为自己可以承担的职责是找出那些需要完成的工作，发现现有工作体系中的缺陷，同时将相关的人员召集在一起，共同创办一场成功的活动。她向面试官描述了她所设想的自己承担的角色，以及她将如何管理好周围的一切。她能够看到并向其他人传达自己的愿景。

创造适合你的职业选择，设计你自己的工作。

- 利用自己天生的洞察力看出一些机会，在他人还没有着手之前就抓住它们，在面试过程中尽可能早地将自己置于一个有利的地位。
- 发挥你的创造力开发一个独特的职业机会，向潜在雇主推荐这个职位将如何帮助他们实现目标和解决问题。

在广告制作过程中，杰克创作的广

第12章
INTJ 类型（内向、直觉、思考、判断）：能力+独立=完美

告词被改得面目全非，这让他非常沮丧，于是，他决定离开广告文案行业，转行做新闻撰稿人。因为没有新闻撰写经验，杰克为自己制定了一个计划，以便能够朝着目标前进。他去探访了他的一位亚利桑那州的老朋友，这位朋友是一家小型杂志社的编辑。杰克为这家杂志社自由撰稿，当他的好几篇文章被发表之后，这家杂志社决定聘请他为全职撰稿人。杰克没有接受那份工作，而是搬到了一个更大的城市，带着他的简历和作品集重新开始找工作。仅凭着作品集和以前老板的推荐信，他成功谋得了一份记者的工作。

制定一份富有创意的求职计划。

- 发挥你的创造力，以一种全新的、与众不同的方式策划你的求职活动——让你在众多求职者中脱颖而出，吸引潜在雇主的注意。

- 运用你的组织能力密切关注求职最新动态，制定一个计划，准时参加面试，面试后记得给相关人员写一封感谢信，主动与潜在雇主保持联系等。

玛格丽特的处境并不罕见。作为一个有两个年幼孩子需要照顾的职业单亲母亲，她无法辞去在一家大型医院行政部门的工作，全力以赴地寻找新工作。于是她决定采用一种新颖的求职方法，以弥补自己求职时间不充足的缺陷。她的目标是利用自己在金融领域的技能和经验来成为一名投资分析师。因此，为了获得一些实际经验，同时向外界展示自己的能力，她创建了一个博客。她利用晚上的空余时间写博客，并使用网络上的模板将博客设计得看起来很专业

化、趣味性强，而且博客的内容对潜在雇主有一定的参考价值。她的每篇博文都聚焦于一个特定的行业，以及这个行业中的几家新兴公司。她分析这些公司的市场行情，调查它们主要股东的信息，并且预测它们在股市中的走势。

她有针对性地选择了一些潜在雇主，将自己博客的链接通过电子邮件发给他们，并附上求职信，表示如果他们愿意给她提供一个职位的话，她将很乐意为他们提供诸如此类的见解。她对博客创作是如此热爱，以至于7个月的时间在不知不觉中就过去了。当她得到一家目标公司的工作邀约时，她说服对方允许她继续运营博客，不过这一次她的服务对象是这家公司的客户。

做出选择。

- 将你的想法整理成一份设想周到且条理清晰的求职计划，并按照你的计划进行求职活动。

- 运用你的批判性分析技能，排除掉那些不适合你的工作选择，必要时重新审视一下你的计划。

当卡洛斯的妻子接受了工作地点位于另一个城市的一份工作时，这也意味着卡洛斯要准备找工作了。由于曾经在一家大型广告公司担任艺术总监助理，这一次他决定要寻找一个艺术总监的职位。卡洛斯为这次求职定了一系列标准，并制定了一个条理清晰的求职计划，然后他就开始拜访当地的各个广告公司。

仅仅过了几天，他就收到了一家大型广告公司艺术总监助理职位的录用通知。经过一番认真思考，他拒绝了这个

机会，因为这份工作无法给予他在创意上的控制权和自主权，而这些对他来说是至关重要的标准。最终，他收到了一家小公司的录用通知，这家公司因业务的发展需要成立一个新的部门，专门负责消费者广告业务，而这正是他的专长所在。虽然该公司给他提供的职位仍是艺术总监助理，但卡洛斯还是接受了这一聘请，因为他知道作为新部门的负责人，他将拥有他想要的自主权和控制权。他愿意降低自己求职计划中关于职位的标准，是因为他已经得到了艺术总监职位所拥有的一切权力。

▶ 可能遇到的陷阱

虽然每个人都是独一无二的，但INTJ类型的人仍然存在一些共同的潜在盲点。在这里强调"潜在"，是因为以下我们列出的条目中，其中一些明显与你相关，而另一些则可能不太符合你的实际情况。你会注意到，这些倾向不仅影响你对于求职的看法，也渗透至你生活的各个方面。因此，在阅读下面的每一个条目时，不妨结合自己过去的经历，问自己："这对我来说是真的吗？"如果答案是肯定的，那么就继续问自己："这种错误的倾向是如何阻碍我实现目标的？"你很可能发现，要克服这些盲点，关键就在于：有意识、精心地发展你的第三功能（感觉）和第四功能（思考）。当然，对于INTJ类型的人来说，以下这些建议在实施过程中都会面临诸多困难，但是，这两种功能运用得越多，它们在将来给你带来的麻烦就

会越少。

1. 关注所有必要且相关的事实，而不是仅仅在乎那些新颖独特的细节。

● 花时间去注意那些现实情况以及你的想法的实际应用，而不仅仅看重那些创新性的含义。

● 注意，不要因为你想当然地认为你已经处理好所有的细节而忽略掉其中部分内容。

2. 运用一些策略和技巧来使他人接受你的观点。

● 尽量采用有说服力的表达方法，而不是表现毫不妥协的态度，要允许他人评论或质疑你的观点。

● 尽量考虑一下你的决定或评论可能对他人产生的影响和后果，要明白他人往往会把批评当作针对个人的。

3. 避免在潜在雇主面前无意中表现出傲慢和居高临下的态度。

● 要记住，你是在推销你自己，要努力表现出极具团队精神，同时让他们相信你愿意为了公司的目标奉献一切。

● 耐心地倾听他人的意见，不要打断他们，把你所听到的内容复述一遍，以确保你没有误解他们的意思。

4. 在做出决策时，尽量保持灵活和开放的心态。

● 尽量在不太重要的细节上做出让步，但对于那些至关重要的原则性问题要坚持自己的立场。

● 尽量回过头来审视所有的机会，即使你已经决定放弃它们。当你给自己一些时间了解所有信息时，会发现有些机会可能会更有吸引力。

▶ 最后一步：换工作还是保持当前工作……INTJ 类型的人成功的关键

现在，你已经深刻理解了自己的性格类型，并且清楚自己天生的性格偏好所适应的职业类型。此外，了解自身性格类型的优劣势对于成功求职具有重要意义。然而，即使作为 INTJ 类型的人，也需要意识到本章前面"适合 INTJ 类型的人的一般职业"中列出的职业未必都适合你。因此，下一步也是最后一步，就是缩小搜索范围，从而找到理想工作的方向。

除了性格类型之外，一些其他因素，如你的价值观、兴趣爱好以及技能等，也会影响你对工作的满意程度。你与工作的契合度越高，你就越快乐。因此，请准备运用所学知识（包括本书内容以及生活经验）来制定你的战略性的职业规划吧。本书第 23 章中的练习就是专门为了这个目的而设计的。

然而，如果你觉得保持现有工作岗位或继续留在当前雇主身边更有意义（也许只是暂时的），那么做出这个决定可能基于多种合理的原因——如经济压力、家庭因素、所学专业就业形势严峻，以及转换工作的时机尚未成熟。但请振作起来！通过本书获得的知识同样能帮助你在现有的工作岗位上获得职业满足与事业成功。当需要做出重大职业调整的时候，你将更加清晰自己的发展方向，并明确如何找到理想的工作的方法。

▶ "所以，如果你目前还没有找到更适合的工作……那就热爱你现在的工作吧。"

事实上，大多数行业都提供灵活调配的机会。这里有一些方法，可以让你的当前工作更适合你的需要，仅供参考：

- 争取被任命为战略规划委员会的成员。
- 开发一些方法体系，并努力把它们运用到你所在的组织中。
- 确保你有足够不被打扰的时间用于思考或做你感兴趣的事情。
- 建立一个"批评之友"小组（互相评论彼此的想法）。
- 寻求职业发展的机会。
- 报名参加专业领域的高级培训或攻读你专业的学位。
- 在你的专业领域发表研究成果或论文。
- 鼓励直接下属多提意见。

▶ INTJ 类型的人能够发挥长处并克服不足

几个月前，卢卡斯——一位设计工程师——被提拔为部门经理，他很快就设计出几套新的方法体系来提高部门的工作效率。但问题在于，卢卡斯并不擅长做管理，很难让员工接受他的计划。意识到这一弱点后，卢卡斯邀请了三位他熟悉的且具备丰富管理经验的经理与他一起讨论他的计划和方案。这一次聚会对他的帮助很大，于是这四个人决定以后每个月聚会一次，轮流向彼此咨询请教。

▶ 利用已有资源获取所需之果

如何才能取得成功？简而言之，就是发挥你的优势，弥补你的弱点。这是否能够做到，将直接影响到你是取得成功还是遭遇失败，是热爱还是厌烦你的工作。我们接下来列举了一些你可能具备的优势和存在的弱点，希望能对你有所帮助。尽管每个人都是独一无二的个体，但作为 INTJ 类型的人，我们所列举的这些总有一些比较符合你。

你在工作中的优势可能包括：

- 能够深入且专注地思考问题。
- 能够看到事情发展的各种可能性及其潜在的影响。
- 喜欢复杂的理论及智力上的挑战。
- 具备创造性解决问题的天赋。
- 能够客观地审视问题。
- 即使面对阻挠时，也能坚定不移地实现目标。
- 对自己的目标充满信心并能采取行动全力以赴地实现它们。
- 拥有强烈的进取心，渴望胜任工作以及追求卓越。
- 能够独自高效工作；独立自主且目标明确。
- 工作标准高且原则性强。
- 能够创建方法体系和模式来实现目标。
- 擅长从事技术性工作。
- 能够使用逻辑思维及分析方法进行决策。
- 遇事果断，组织能力强。

你在工作中的弱点可能包括：

- 在计划中的创造性部分完成后对计划失去兴趣。
- 倾向于像鞭策自己工作一样去鞭策他人。
- 对那些反应不如你敏捷的人缺乏耐心。
- 不愿意与那些你认为能力不足的人一起工作。
- 粗鲁、不机智、缺乏外交手段，尤其在你匆忙的时候。
- 对一些琐碎的细节缺乏兴趣。
- 过于固执地坚持自己的观点。
- 有想要改进那些不需要改进的事物的倾向。
- 由于过于理论化而不去考虑实际情况。
- 不愿意花时间欣赏和夸赞员工、同事或其他人。
- 不愿意重新审视那些已经决定的问题。
- 倾向于过分强调工作，从而忽视家庭生活。
- 对一些工作所要求的"社交礼仪"缺乏耐心。

发挥你的优势其实很简单。
INTJ 类型的人成功的秘诀在于：

学会考虑实际状况；认同他人意见的价值；平衡你的工作和生活。

第13章

ENTP 类型（外向、直觉、思考、知觉）：天生的企业家

> 人物 1　布伦特，设计与营销人员
>
> "我之所以喜欢这个行业，是因为它瞬息万变。"

▶ 工作概况

布伦特是一位天生的营销专家。他擅长沟通，极具说服力，并且思维富有创造力。他与一位合伙人共同经营着一家设计和营销公司。布伦特在引领团队进行创作方面表现出色，因此负责标识设计和网站开发业务。他担任公司的首席创意官及联席总裁，他的工作职责包括与客户会面，帮助他们规划并实现愿景，即让客户了解，通过巧妙的营销推广，他们的公司能达到何种发展水平。布伦特认为自己的使命是"发现每一家公司独特的闪光点，并围绕这一闪光点讲述一个完整的故事。在此基础上，为这些公司设计出能够很好地描述其主要业务的标志性声音或徽标。"

布伦特最喜欢的一项活动就是在办公室里走动，观察同事们正在进行的工作。"我知道下一件事情就是会议室里的5个人正在构思一些疯狂的新点子，然后我们就可以开始实现它们了。"这种自然又自发的创作方式正符合布伦特的风格。而他与生俱来的人格魅力、亲和力以及热情，使得周围的人感到被重视，从而对工作充满激情。

▶ 背景介绍

布伦特一直以来都具有艺术敏感性，同时也具备强大的抽象逻辑思维能力。他曾为选择物理学还是插画专业而苦恼。最终，他选择就读于一所极具创造性的艺术学校，在那里，他经历了三次专业转换，在自己性格的两个极端之间摇摆不定。布伦特先是从插画专业转到了雕塑专业，但他性格中务实的一面让他不得不承认，这个专业难以找到职业出路。因此，他决定学习平面设计专业。

大学毕业后，布伦特开始从事平面设计工作，很快就意识到自己"碰到了瓶颈"，为了突破这一局限，他努力学习行业知识，不断寻求新的挑战。他曾作为自由设计师从事网络和印刷出版物的制作，直到某个晚上，他突然决定创业。第二天，布伦特成立了自己的平面

网页设计公司，本来预计独自工作一两年，但没过多久，仅用3个月的时间便拥有了6名全职员工。

▶ 职业满足分析

布伦特是一位富有创造力的战略家。他概念主义者的气质类型使得他对创新的解决方案无比渴求，这种性格特点与他所从事的职业完美契合。每天面对客户各种需求带来的挑战，使他对工作充满热情，也乐于在不断适应各种新情况的过程中发挥创造力。

由于主导功能是直觉，布伦特总能看到事物发展的多种可能性，因此不断想出开展业务的新方法、好方法。在与客户会谈时，布伦特会迅速评估客户公司的现状，然后直接切入目标设定。他卓越的问题解决能力使得他能够游刃有余地处理各类事务。在头脑风暴会议上，布伦特最擅长的就是与团队成员交流想法，他随时可能深入探讨某个观点，以了解它的可行性和局限性，并对结果持完全开放和通融的态度。只要方案明智、有创意且最终可行，他并不拘泥于实现的方式。

布伦特的辅助功能是思考，这一点在他的工作中体现得淋漓尽致。他天生具有的逻辑性和客观性，使其具备强大的策略制定能力，而对事物运作方式的深刻理解则让他保持公正客观的态度处理工作。布伦特遵循自身的处事逻辑，一旦遇到无法运转的项目，他便会果断放弃，从不会因为过于依恋某个想法而错误地判断它在整个计划中的地位和重要程度。技术是布伦特的核心竞争力，对他而言，技术既是挑战，也是朋友。他天生就了解大多数软件和计算机系统的工作原理，也乐于探索其中的奥秘。

▶ 前景展望

目前，由于布伦特已经拥有了自己的公司，他对现状非常满意，没有短期职业目标，也没有做出重大改变的计划。不过，布伦特身上存在一种不安分的气质，这意味着他能够在任何行业立足。"我之所以喜欢营销行业，其中一个原因就在于它瞬息万变。例如，我们可能已经花费上百小时构思一个方案，并准备三天后向客户推介，却可能在下午决定放弃它，而提出一个更优秀的新方案。这就是我们的工作日常。我并不害怕推出那些不够完善的产品。因为我们始终处于进步之中；变化才是真正的永恒。"随着行业的发展，新兴营销技术层出不穷，布伦特希望能够保持开放的视野和灵活的心态。他永远不知道生活的洪流会带着他奔向何方，而这也恰好契合了他的内心期待，不是吗？

人物 ② 乔治，在线视频制作人

"我今天解决了哪些问题？"

▶ 工作概况

内容指的是用户在互联网上看到的或与其互动的一切信息。对于那些拥有智能手机和无线网络的人来说，要成为"内容创作者"非常容易，但乔治所制作出的内容却能吸引人们反复观看并分享传播。乔治是一名视频制作人，就职于一家在线体育网站。他的职责包括与团队一起构思拍摄方案，以及指导和管理视频制作的各个环节。在拍摄现场，他要为团队成员——包括导演、拍摄人员、演员、后勤服务人员等——做好准备工作。此外，在执行过程中他始终关注着那些更高层次的问题，例如，哪些视频最有潜力走红，目前流行哪种创作形式，以及团队的每一段作品如何有效地进行互联网互动等。

背景介绍

大多数电影摄影师通常需要到35岁才能取得一定的成就。乔治希望能够缩短这个过程。在高中时期以及进入电影学院学习的第一年，乔治对电影怀有浓厚的兴趣，但到了大二阶段，乔治开始重新审视人生的方向，他先是改学神经科学专业，后来又再次将专业变换为选角。然而问题在于，即使乔治清楚自己在许多不同领域有所擅长，却仍然不知道如何将这些兴趣和技能转换为职业发展路径，甚至不知道"职业"对他来说意味着什么。

大四那年，乔治在一家选角公司找到了一份实习工作，并在毕业后留下来成为一名选角助理。彼时，美国经济不景气，乔治认为能找到一份工作已经很幸运了。然而，对他而言，这份工作逐渐变得乏味起来。他开始考虑转向广告文案创作或者加入某个创意团队，还计划攻读商学院的学位。后来，他通过朋友结识了格雷厄姆，并协助其为正在筹备的四档节目进行选角。不久之后，格雷厄姆搬到了东海岸，为一家体育和流行文化网站组建视频部门。几个月后，乔治在格雷厄姆的博客上看到该网站的体育和流行文化栏目招聘副制片人的信息。他迅速回复招聘信息并接受了面试，在面试当天便收到了录用通知。在该网站被更大的体育集团收购后，乔治向上司提议制作一档关于NBA的节目。目前，他担任该节目的制作人，每周推出10~14个与篮球有关的视频。

职业满足分析

作为ENTP类型的人，乔治的主导功能是直觉。作为一名制作人，他在团队中掌控全局。他从总体上构想并塑造最终的产品，并一直在寻找能够将所有内容串联起来的新思路。在制作视频时，他关注最终目标，并以此来梳理各个环节的内容，"我希望能达到这样的效果：观众观看时能和我们有同样的感觉或产生同样的想法。"和大多数概念主义者一样，乔治是一个出色的策略制定者和问题解决者。当一天结束回顾工作成果时，他常会感到满足，因为自己"解决了这么多不同的问题或处理了这么多不同的事务"。作为一个外向型和知觉型的人，乔治性格开朗、通融，喜欢独立思考且能够随机应变。他与形形色色的人相处融洽，与依赖他的许多人保持良好的关系。快节奏且充满刺激的工作令乔治非常有成就感，因为对他而言，无聊和闲暇是对精力的最大消耗。

▶ 前景展望

尽管乔治很享受目前的工作状态，但他仍然期待获得梦想中的工作："我的工作内容要涉及公司的整体规划。我希望能晋升至高级副总裁级别。"他渴望能够与那些擅长思考、富有创造力的人一起，从事涉及大型项目决策的工作，例如，如何打造产品品牌或设计节目。对于乔治来说，如果能够成为"整合所有想法的人"，这将令他无比兴奋。至于这份工作最终落实的领域，无论是体育和娱乐、广告还是创业，那都仅仅是细节问题。

人物 3　艾丽西亚，营地老板

"我要努力让我的想法变为现实。"

▶ 工作概况

艾丽西亚与丈夫杰克逊共同经营着一家位于新英格兰地区的营地，这家营地的效益很不错。艾丽西亚发现自己的生活随着季节而变化。在营地的旺季，她主要负责管理员工，以确保每个员工都拥有愉快而美好的工作体验。"人们把我称作员工之间的黏合剂。我会认真倾听他们的意见，他们也知道如果跟我交流想法，我就会帮他们实现。我不仅要让参加夏令营的孩子们开心，也同样需要关注员工们的情绪。"

而营地淡季则呈现另一番景象。虽然艾丽西亚擅长交际，但由于她和她的家人所居住的新英格兰乡村小镇人口稀少，因此淡季显得不那么有趣。不过，她依然有很多事情要做：帮助杰克逊招聘员工、制订计划、制作宣传材料、编写员工手册以及管理账目。淡季也是她和杰克逊稍作休息，进行长期规划，以及改进营地运营方法和营销方式的重要时期。

▶ 背景介绍

尽管艾丽西亚不像她的丈夫那样生于一个经营营地的家族（其家族已经营这个营地超过百年），但她独特的个性、教育背景和经历等因素汇聚在一起，使她获得了这样一份令她内心感到满足且擅长的工作。

当艾丽西亚大学毕业时，她获得了自己设计的专业的学士学位，该专业涵盖艺术、哲学、社会学和文学等多个领域。她先是在肯塔基州的一个收容所做了一年的儿童保育志愿者。随后，她又在一家小型零售店做了几年的管理工作，此后全职投身社会服务工作，为特殊需求人士提供支持。其中，一家机构专门照顾重度残疾人士，他们需要全天候的护理服务。"我是活动负责人——那些残疾人士眼中的'有趣女孩'。只要见到我，他们就会开心，因为他们知道接下来我会带他们参与一些有趣的活动。"艾丽西亚喜欢感受他人的快乐。"有一个女孩从未见过大海，于是我带她到海边，坐下来，把她抱在怀里，让她第一次体验海浪的感觉。"

毕业9年后，艾丽西亚遇到了杰克逊，当时杰克逊刚刚买下营地，正在着手将其打造成一个顶尖运动营地。"我被他的热情和认真工作的状态深深吸引了——这太令人振奋了！我决定，如果要跟这个男人约会，那他的营地必定要成为我生活的一部分。"在两人共同完成营地转型期间，艾丽西亚还在当地一所大学的写作中心找到工作。不久，两人步入婚姻殿堂，并育有两个孩子，之后，艾丽西亚和杰克逊决定定居于营地的北部，不再像以前那样只在营地开放期间住在那里。

▶ 职业满足分析

ENTP 类型的人尤其善于寻找或创造能够充分发挥其自身才能的环境，而艾丽西亚也不例外。与大多数概念主义者一样，艾丽西亚是一个终身学习者，她不断追求成功。她自己设计的大学专业课程——艺术、哲学、社会学和文学——充分体现了她与生俱来的求知欲以及对理解各种事物之间关系的渴望。ENTP 类型的人总是不断寻求新的挑战。当艾丽西亚意识到自己将参与到营地事务时，她便立即采取行动，努力学习一切有关如何创造最佳营地体验的知识。

艾丽西亚的主导功能是直觉，她对自己强大的创造力感到非常自豪。她不仅是一位才华横溢的视觉艺术家，还能够创造性地解决各类问题。她总能想出实施创意或执行计划的新方法，而且这些方法往往称为最佳解决方案。这一点在为营地制作宣传材料或寻找日常问题的创新解决方案时尤为重要。

艾丽西亚的辅助功能是思考。这很好地平衡了她的主导功能，使她能够从逻辑和客观的角度分析自己的想法，确保这些想法在落实后依然像最初灵感涌现时那样出色。在处理员工之间的人际冲突时，她也会运用思考功能让自己保持冷静和镇定。

▶ 前景展望

营地旺季最美好的部分无疑是人们的日常互动。"我们的营地有 20 名核心员工，这是一个充满正能量且有趣的地方。"艾丽西亚认为自己最突出的特点是富有同理心以及出色的人际沟通能力。"我很高兴员工们认为我是一个优秀的领导者，他们愿意追随我，同时我也是一个认真负责的人。"对她而言，最大的赞誉莫过于："艾丽西亚从不满足于仅有一个想法，她一定要看到这个想法变成现实。"

艾丽西亚的职业目标与其扩大影响力、拓展社交圈的愿望高度契合。她可以设想，有一天自己会成为一名顾问，帮助指导其他营地业主并分享她的智慧。对于她来说，看到自己的影响力不仅仅局限于自己的营地，还能帮助他人取得像她和杰克逊一样的成就，这将使她感到非常满足。

▶ 共同之处

尽管布伦特、艾丽西亚和乔治各自拥有不同的教育背景、职业经历以及职业选择，他们之间依然存在一些共同点。虽然兴趣、能力和价值观有所差异，但他们具有相似的性格特征以及相同的心理功能层次，我们可以对 ENTP

类型的人的需求做一些观察。

我们在下面列出了使 ENTP 类型的人获得职业满足的重要因素——可以称其为衡量标准。鉴于每个人都是独一无二的存在——即便同属一种性格类型，其特点也各不相同——因此，这些因素并不能完全准确地描述所有 ENTP 类型的人。重要的是，以下 10 个因素以不同程度影响着 ENTP 类型的人如何获得真正意义上的职业满足。

查看完这 10 个因素后，我们建议你按照自身的标准对它们进行排序。在排序过程中，请回忆过去的工作经验并思考当前工作的体验，看看哪些经历令你特别满意或特别失望。同时，应寻找贯穿多个经历中的主题，而不是仅限于某个单一工作环境下成立，而在其他工作环境下却无效的情况。

作为 ENTP 类型的人，要获得职业满足，你做的工作应：

1. 有机会让我去创造性地解决问题和（或）为解决问题提供新颖且创新的方法。

2. 允许我实施我的创新解决方案，以创建更高效运行的系统。

3. 能使我的创造力、胜任工作的能力以及即兴发挥的能力得到充分施展。

4. 能让我体验各种充满乐趣、刺激和活力的场面。

5. 我的工作要遵循一定的逻辑规律，并以客观公正为标准，而不是以个人的喜好为标准。

6. 能让我增强专业技能、提高个人能力，并能够与其他有影响力的人频繁交流互动。

7. 能够经常与那些自己钦佩的人沟通交流。

8. 能够让我在节奏较快、充满活力的环境中完成工作，并且与他人有大量互动。

9. 允许我在较为轻松的氛围中工作；能让我体验到较多的个人自由、空闲时间和自在工作的机会。

10. 能让我有设计或运作项目的机会，但不要求我跟进项目中烦琐的细节部分。

▶ 适合 ENTP 类型的人的一般职业

在列举适合 ENTP 类型的人的一般职业时，也请读者注意，每一种职业中都有各种性格类型的成功人士。以下职业可能是 ENTP 类型的人会比较满意的职业，我们也将解释其中的原因。当然，我们无法详尽地列出所有适合的职业，只是为了给你提供一些你之前可能未曾考虑过的可能性。

虽然我们列出的这些职业都可能让你获得职业满足，但预计其中一些职业的未来需求可能会更大。

创业/商业类

- 企业家
- 管理分析师
- 风险投资家
- 经纪人（作家/艺人）
- 餐厅/酒吧老板

第 13 章
ENTP 类型（外向、直觉、思考、知觉）：天生的企业家

- 企业新职介绍顾问
- 技术培训师
- 投资经纪人
- 多样性、公平性和包容性培训师
- 大学校长
- 物业经理（商业/住宅）
- 诉讼律师
- 销售代理（证券/商品）
- 代理人/业务经理
- 城市/区域规划师
- 招聘人员
- 监察员
- 安全分析师
- 制造商服务代表
- 酒店总经理
- 雇员关系专家

ENTP 类型的人是天生的企业家！这些职业之所以能够吸引 ENTP 类型的人，是因为它们有利于创建新颖、灵活且富于变化的工作环境。这些职业常常要与很多人打交道，创建新的观念和方法，通过创新的方式去思考，并承担一定的风险。工作中涉及的往往是规模庞大的项目，需要大量的资金预算，并且要求和社会地位高、影响力大的人打交道。

市场营销/创意类

- 广告创意总监
- 市场调研/策划人员
- 公共关系专家
- 社交媒体经理
- 市场营销经理
- 体育营销人员
- 广播/电视现场访谈节目主持人
- 制片人
- 艺术总监
- 国际贸易营销人员
- 信息/图形设计师
- 创意总监
- 印刷设计师
- 交互设计师
- 数字营销经理
- 博主
- 演员
- 网络内容创作者
- 创意作家
- 撰稿人
- 摄影师
- 记者
- 导演（舞台剧/电影）
- 专栏作家/评论家/讲解员
- 记者/通讯员
- 广播新闻分析师

营销、广告和公共关系领域让 ENTP 类型的人能够与其他有创造力的人合作，通过有趣和创新的途径来开发并实施他们的想法和观点。ENTP 类型的人喜欢公共关系和广告领域的快节奏和充满魅力的世界，他们能够利用自己的个人魅力和人际交往能力来推销自己的思想和观点。市场研究要求 ENTP 类型的人运用他们的能力来判断发展趋势，这也刺激、满足了他们巨大的好奇心理和活跃的想象力。

规划与发展类

- 战略规划家

- 业务发展总监
- 人事系统开发人员
- 房地产经纪人/开发商
- 特殊项目开发人员
- 工业设计经理
- 物流顾问（制造业）
- 网络专家
- 个人理财顾问
- 投资银行家
- 城市规划师

规划与发展领域的职业需要从业人员具备远见卓识，能够预测行业发展趋势并制定有独特见解的计划。开发人员从事的是投机性项目，因此他们常常需要说服他人认同他们所开发项目的价值和获得成功的可能性，这是 ENTP 类型的人非常擅长且乐于从事的工作。开发人员还需要保持灵活性，要抓住各种机遇，随时准备在没有太多预先规划或通知的情况下达成新的交易。如果允许他们专注于研究和开发新颖的问题解决方案，而把其余的细节工作委托给他人去做，ENTP 类型的人是会喜欢从事策略规划方面的工作的。

政治类

- 政治家
- 行政管理人员
- 政治分析家
- 社会科学家
- 评论员
- 说客
- 竞选经理

这些职业使 ENTP 类型的人能够在一些充满激情、快节奏的重要场合，充分发挥并运用他们的思想、知识和个人魅力。ENTP 类型的人能够运用他们的能力预测事态发展的趋势，发现事物的关键所在，观察公众舆论的变化，并且通过适当的调整方针政策来适应这些变化。ENTP 类型的人权力欲望很重，而且他们喜欢与各行各业的人打交道。政治领域要求他们会见他们想要影响的人，并且迅速与他们建立融洽的关系。ENTP 类型的人喜欢发表公开演讲，而且能够成为出色的演说家，他们的演说通常非常形象生动，思路开阔，能够表达出深邃的思想和观点。

其他类

- 脊椎按摩师
- 环境科学家
- 教育心理学家
- 运动员教练/球探
- 刑事专家/弹道专家
- 侦探

请读者注意，有许多适合 ENTP 类型的人发挥独特才能以获得职业满足的职业，而我们以上推荐的仅为其中的一部分。

▶ 求职之路，因人而异

了解自己性格类型特有的优势和劣势，将使你的求职之路更加顺畅。从研究适合自己的工作岗位，到接触潜在雇主，再到准备求职资料（如个人简历）、安排面试、与对方协商薪酬待遇，直至最终获得工作，每一步都体现出个

第 13 章
ENTP 类型（外向、直觉、思考、知觉）：天生的企业家

人的性格类型。因此，是否能够有效利用自身优势并弥补不足，将直接影响求职的成功几率。

不同性格类型之间的差异大小不一，有的微乎其微，而有的却极为显著。如果根据我们的建议做出细微调整，就可能将求职失败转变为求职成功。人际网络的概念就是一个很好的例子。外向型的人自然喜爱社交，我们鼓励他们大胆拓展社交圈；而内向型的人则偏好在小范围内进行交流，且更倾向于与熟悉的对象交流。感觉型的人乐于在有限范围内与人建立联系；而直觉型的人则会广泛寻求互动，即便某些社交对象似乎志趣不投。同样地，情感型的人重视人与人之间的连接，希望营造融洽的氛围；而思考型的人则表现得更为冷静和客观。判断型的人在人际交往时话题数量较少且内容严谨；而知觉型的人交流的话题则较为广泛！虽然有效的求职技巧可能只有一种，但成功路径却是千差万别的。

▶ 通向成功之路：发挥自己的优势

正如我们在接下来将要详细探讨的那样，在求职过程中的信息收集阶段，你的优势和天赋会对你有很大的帮助。你那勇于创新的精神，精力充沛和充满魅力的行事风格将是你巨大的财富。但尽管如此，在追求另一个兴趣爱好时，也要时刻注意不要低估了你当前这个目标中接下来一些必要的细节。

对于 ENTP 类型的人来说，最有效的求职策略建立在如下能力基础之上。

对自己和自己的想法要有激情。

- 在描述自己的能力、过往的成功经历以及可以做出的贡献时，要将你的激情自然流露到你的思想和抱负中去。

- 要对自己充满信心，相信自己有能力驾驭任何项目或迎接任何挑战。

当史蒂文，一个 ENTP 类型的人，准备说服一位持怀疑态度的潜在客户投资本公司的项目时，他充分发挥自己的想象力和激情来描述这个项目及其潜在的成功希望。他讲述自己过去的辉煌成果，同时也跟客户讲述他们可能为客户赢得的收益。有时候，如果史蒂文没有指出来的话，有些目标是客户未曾想到的。

展望新的机遇和令人兴奋的可能性。

- 通过运用你的聪明才智以及对方法体系的创造性应用，想出一些可以使组织或者公司受益的方法。

- 讨论这些变革将如何解决当前存在的问题以及未来可能出现的问题。

杰夫凭借自己丰富的想象力和敏感的洞察力，想到了帮助一位从事地产开发的朋友将其策划的健康俱乐部项目变为现实的一些方法。在二人偶然间谈及这个项目时，杰夫就开始思考各种可能性，并且列出改进并扩展这个项目的一些思路。他的表达是如此富有感染力，完全把自己以一个"关系到这个项目未来成败的关键人物"的身份推给了这位朋友。尽管这个项目在当时只是一个虚

无缥缈的构想，但这并不影响杰夫对它潜在成功可能性的判断。正是因为杰夫能够把这种激情传递给这位朋友，他为自己赢得了一个极好的工作机会。

为自己创造工作机会。

- 利用你独特的洞察力来预测各个行业发展的趋势，预言自己的天赋和才能未来将在哪些领域得到发展，等等。

- 花一些时间，运用你的人际交往能力多结识一些人，把自己推荐给那些最有可能把你和其他有影响力的人联系起来的人。

当安工作的部门即将被裁撤时，通过运用自己的敏锐的洞察力和迷人的个人魅力，她了解到在接下来的几个月之内公司里的哪些部门的发展潜力比较大。她与一位高层管理者建立了友好的关系，并很快从那里得知公司正在筹备一个新的实验性项目。在与那位高层管理者共进午餐时，安提出了自己的求职愿望，因此，她能够在当前工作还没有结束的时候，便参与到这个新项目之中。

在与人交谈的过程中收集大量信息。

- 广泛地拓展人际交往圈，尤其要结识那些人际交往广泛的人，以便在他们的推荐下得到可能的工作机会。

- 请他人与你一起集思广益，列出许多你自己将来可能投身其中的工作领域。

玛丽亚搬到芝加哥后，通过当地大学同学结识了一些就职于芝加哥广告联合会的朋友。每结识一个新朋友，玛丽亚必定会登门拜访。她认为结识新朋友、与他们会面是非常令人愉快的事情。一个月下来，她的通讯录里已经有了很多人的联系方式。最终，她结识了某个专门为高科技人才服务的大公司的创意总监，她对这家公司非常感兴趣，因为这对她来说是一个全新的、有趣的领域。他们彼此都很欣赏对方，玛丽亚因此得到了一份工作。对玛丽亚来说，这是她的第22次工作面试。

了解如何去激发潜在雇主对你的兴趣。

- 细心聆听潜在雇主的话语，弄清楚他们需要什么、不需要什么。在此基础上，你就可以有针对性地表述你的才干和技能将如何去帮助他们。

- 自然地展现你的人格魅力和幽默感，与对方建立融洽而积极的工作关系。

迈克正在申请一家业务蒸蒸日上的房地产开发公司中特别项目开发人员的职位，这是一份待遇相当丰厚的工作。他知道自己有一个强劲的竞争对手。在金融领域里，对方的经验更丰富且背景更深厚。于是，他决定与面试官交朋友，凭借自身的亲和力来赢得他们的信任。在面试中，他营造出一种友好轻松的氛围，让面试团队里的每个人都有说有笑地分享过去项目中的趣事。最终，迈克得到了这份工作。后来，面试官告诉迈克，他们从一开始就把他当成团队中的一员。

随机应变：向他人展示你如何能即

兴发挥。

- 向他人展示你游刃有余地应对意外情况的能力。

- 向他人述说你在危机管理和处理其他紧急情况方面的能力和经验，使他们相信你有能力把工作处理好。

当吉吉在一家管理咨询公司面试时，面试官的助理向他汇报了一个紧急情况：为当天下午的一场重要展示会运送物品的卡车在高速公路上抛锚了。吉吉主动提出来给一位经营私人送货服务的朋友打电话寻求帮助。紧接着，她安排了一名司机去接应那辆抛锚的卡车，并且把卡车上的物品很快转运到了展示会现场。吉吉敏捷的思维给面试官和公司的一些新客户留下了深刻的印象，他们认为吉吉为公司避免了一场可能的灾难。

分析长远影响。

- 展示你预测结果以及对产品和流程进行逻辑分析的能力。

- 通过诚实地评价自己过去的工作情况，展示自己客观、公正的工作品格。

▶ 可能存在的陷阱

虽然每个人都是独一无二的，但ENTP 类型的人仍然存在一些共同的潜在盲点。在这里强调"潜在"，是因为以下我们列出的条目中，其中一些明显与你相关，而另一些则可能不太符合你的实际情况。你会注意到，这些倾向不仅影响你对于求职的看法，也渗透至你生活的各个方面。因此，在阅读下面的

每一个条目时，不妨结合自己过去的经历，问自己："这对我来说是真的吗？"如果答案是肯定的，那么就继续问自己："这种错误的倾向是如何阻碍我实现目标的？"你很可能发现，要克服这些盲点，关键就在于：有意识、精心地发展你的第三功能（感觉）和第四功能（思考）。当然，对于 ENTP 类型的人来说，以下这些建议在实施过程中都会面临诸多困难，但是，这两种功能运用得越多，它们在将来给你带来的麻烦就会越少。

1. 避免产生太多可能的选择以至于难以做出取舍或者难以跟进必要的细节。

- 尽量把求职的注意力更多地集中在事实、细节和时效性上。剔除过程中那些不切实际的选择，着重考虑重要的和应该优先考虑的那些选择。

2. 尽量不要将他人的感受视为不合逻辑且不重要的，以免在无意中显得傲慢和/或粗鲁。

- 要着重考虑一个方案或提议将会对他人产生何种影响。在批评他人的观点之前，尽量先给出积极、正面的反馈，要知道有些人可能会把批评看成针对他们个人的。

3. 严格要求自己，尽量不要拖延；该做出决策时要当机立断，以免失去选择的机会。

- 设定截止日期并认真遵守。

- 尽量留意对方的日程安排，如果你预计会迟到，要提前通知对方。

4. 在他人陈述完他们的观点之前，

不要因为自己突然有了一个主意而打断他们的发言。

- 要更好地运用倾听的技巧；在对方陈述完他们的观点之前，不要提出自己的想法和意见。

- 试着复述对方所表述的内容，以确保自己真正理解了他们的意思。

▶ 最后一步：换工作还是保持当前工作……ENTP 类型的人成功的关键

现在，你已经深刻理解了自己的性格类型，并且清楚自己天生的性格偏好所适应的职业类型。此外，了解自身性格类型的优劣势对于成功求职具有重要意义。然而，即使作为 ENTP 类型的人，也需要意识到本章前面"适合 ENTP 类型的人的一般职业"中列出的职业未必都适合你。因此，下一步也是最后一步，就是缩小搜索范围，从而找到理想工作的方向。

除了性格类型之外，一些其他因素，如你的价值观、兴趣爱好以及技能等，也会影响你对工作的满意程度。你与工作的契合度越高，你就越快乐。因此，请准备运用所学知识（包括本书内容以及生活经验）来制定你的战略性的职业规划吧。本书第 23 章中的练习就是专门为了这个目的而设计的。

然而，如果你觉得保持现有工作岗位或继续留在当前雇主身边更有意义（也许只是暂时的），那么做出这个决定可能基于多种合理的原因——如经济压力、家庭因素、所学专业就业形势严峻，以及转换工作的时机尚未成熟。但请振作起来！通过本书获得的知识同样能帮助你在现有的工作岗位上获得职业满足与事业成功。当需要做出重大职业调整的时候，你将更加清晰自己的发展方向，并明确如何找到理想的工作的方法。

▶ "所以，如果你目前还没有找到更适合的工作……那就热爱你现在的工作吧。"

事实上，大多数行业都提供灵活调配的机会。这里有一些方法，可以让你的当前工作更适合你的需要，仅供参考：

- 如果可能的话，把一些日常事务委托给他人去做。

- 报名参加一些培训课程或研讨会，持续拓展专业知识，提高自己的能力水平。

- 与同事合作或参与团队工作。

- 聘请一位善于处理细节问题且有责任心的助理。

- 寻找其他有创造力的人，与他们一起集思广益。

- 加入职业性的专业协会，参加相关的讨论会。

- 灵活地调整工作班次，多给自己留出可自由支配的时间，或者与同事分时工作。

- 与专业水准相似、志趣相投的人一起创建社团，或者加入类似的团体组织。

- 如果你感到工作难以让你集中精力或缺乏挑战性，可以试着转移工作目标和关注点，暂时做些别的事情。
- 确保你可以加入不同类型的项目，不要一直做同样的事情。
- 建立一个"批评之友"小组（互相评论彼此的想法）。

▶ ENTP 类型的人能够发挥长处并克服不足

丹妮卡能够清楚地意识到自己的不足之处。尽管她是一个"创意达人"，然而一旦任务或者项目的创造性阶段结束，她便常常会失去了工作的激情和动力。因此，当升职到新的工作岗位时，她聘用了一个做事非常有条理且注重细节的助理，因为她自己欠缺这些必要的品质。有了这个得力的助手，丹妮卡就能把更多的时间和精力投入到更多的创造性事务中去，而不必经常纠正自己细节上的错误。

▶ 利用已有资源获取所需之果

如何才能取得成功？简而言之，就是发挥你的优势，弥补你的弱点。这是否能够做到，将直接影响到你是取得成功还是遭遇失败，是热爱还是厌烦你的工作。我们接下来列举了一些你可能具备的优势和存在的弱点，希望能对你有所帮助。尽管每个人都是独一无二的个体，但作为 ENTP 类型的人，我们所列举的这些总有一些比较符合你。

你在工作中的优势可能包括：

- 具备出色的交际能力，能够使他人对你的想法产生兴趣。
- 热衷于跳出常规思维，考虑多种可能性。
- 具备创造性解决问题的天赋。
- 敢于冒险，愿意尝试新事物，具有克服困难的勇气。
- 兴趣爱好广泛且能够快速学习感兴趣领域的新知识。
- 能够正确看待被拒绝，保持乐观的心态和生活的热情。
- 具备强烈的自信心和不断学习新知识的动力。
- 对自己所需的信息具有天生的求知欲并具备收集信息的技能。
- 能够从全局角度把握事物，并能够预测行为及思想所带来的潜在影响。
- 具有同时处理多个问题的能力。
- 能够敏锐地洞察他人的需求和动机。
- 适应能力强，能迅速转换思路和行动方向。
- 社交能力强，能轻松适应大多数社交场合。

你在工作中的弱点可能包括：

- 条理性不强，处理事务难以井井有条。
- 难以判断任务的轻重缓急，不善于做出决策。
- 过于自信；可能会夸大自己的能力和工作经验。
- 倾向于只关注可能发生的事情，而不是实际的或极可能发生的事情。

- 有不切实际的许诺的倾向。
- 对缺乏想象力或思想顽固的人缺乏耐心。
- 问题一旦解决,兴趣便不复存在。
- 不喜欢按照传统的、既定的或常规的方式行事。
- 在处理和落实重要细节时缺乏纪律性。
- 对事物容易感到厌烦,并且可能在不恰当的时候把关注点转移到其他事情上去。
- 不喜欢做重复性的工作。
- 对能力不足的人缺乏耐心。

> 发挥你的优势其实很简单。
> ENTP 类型的人成功的秘诀在于:
>
> 学会分清事物的轻重缓急;
> 做事要集中精力;
> 信守自己的承诺。

第 14 章

INTP 类型（内向、直觉、思考、知觉）：
匠心独具的问题解决者

> **人物 1　马克，软件工程师**
> "我可以看到改善医疗保健领域运行的优秀模式和方法。"

▶ 工作概况

在初创公司工作，往往需要四处奔波。作为一家医疗保健技术初创公司的高级软件工程师，马克的工作状态正是如此。医院和私人诊所与该公司签订合同，并在患者手术前后使用该公司的评估工具来评估患者手术后的功能恢复情况。通过这些数据，马克所在的公司不仅能了解患者的康复状况，还可以追踪各家医院的感染率等信息。马克坦言，"在此之前，没有人真正关注患者的感受。他们只是告诉患者会有哪些反应。"

马克负责维护运行所有业务所需的网络应用程序。其中包括对调查研究基本框架以及患者注册系统的管理。"我们的系统发展非常迅速，以前每周只能手动注册大约十几名患者的信息，而现在每月注册的信息数量可以达到10000名。"由于团队成员较少，马克不得不身兼数职。"有些问题突然出现，你必须得为客户解决一些意想不到的问题，然后又要进行网站维护工作，这时新的挑战又接踵而至，这让我产生了提高工作效率的新想法。"

▶ 背景介绍

马克是在计算机的陪伴下长大的。"我家是我所知道的最早拥有计算机的家庭之一，由于我对计算机接触较多，我甚至有机会教我的老师如何使用计算机。"尽管父亲曾在计算机行业从事过多种工作，但他并未给予马克直接的指导。"父亲的工作非常忙碌。为了避免受到我的打扰，他给了我一些电脑零件，这样我就能自己玩上一阵子。我因此得以了解硬盘、计算机和游戏板的内部运作原理。"

对于马克来说，学校的生活一度显得枯燥无味，直到他选修了一门 Java 编程课程，一切都发生了改变。"我的成绩从不及格变成了全优。这时我意识到，我应该朝这个方向发展。"马克用了他人一半的时间获得了计算机科学学位，并且在大学期间一直保持一份兼职工作，一毕业便被录用为全职员工。

随后，马克在菲尼克斯市找到了一份新工作。"在这里，我深入了解了计算机编程和软件开发的整个流程。我曾任职于公司的三个不同的部门。"在菲尼克斯工作很长一段时间后，当西雅图市的一家小型医疗保健技术初创公司给他提供一个更好的工作机会时，他决定尝试一下。

入职后，马克加入了软件开发部门。当时整个部门仅有3名员工，因此马克的主要职责还包括管理基础设施等事务。"为了适应新的角色，我必须学习新的编程语言，这对我来说非常有趣。从某种意义上说，这真的很独特，因为我所开发的软件产品当天就能上线并投入运营。"5年后，公司经历了初创公司不可避免的发展阵痛，现在一切都趋于平稳。

▶ 职业满足分析

对于像马克这样的概念主义者而言，没有什么比解决棘手的问题更令他们满足的了。马克表示，"听闻他人遇到问题，我总能想到既实用又振奋人心的解决方案，然后进入解决问题的实际操作——我非常喜欢这种循环往复的问题解决过程。"令马克引以为豪的是，他能够从根源上彻底解决问题，而非表面上的修修补补。他强调，"对于那些陌生的领域，我必须得弄清楚它们背后的逻辑。例如，多跟我讲讲许可证是什么，说一说某个建筑开发商的个性，以及他希望如何利用这个系统或者最终要实现什么样的功能。从某种角度来看，这几乎是一种建筑学。"

因为主导功能是思考，马克凭借自己强大的逻辑思维能力，能够沿着一些线索得出最有效的结论。由于他长期以来专注于智力和技术领域，因此他通常无须处理那些他不太喜欢的人事管理事务。他可以与人互动——这是他所喜欢的——但不愿意去管理他们。

此外，马克在工作中也会运用他的辅助功能——直觉。因此他能够着眼于大局，这使他区别于其他只知道按部就班、埋头苦干的程序员。马克一直在寻找改进和创新的方法。"总体来说，我认为自己是一个富有创造力的人，我有许多创新的冲动。在我的日常工作中，有许多发挥创造力的机会，也有许多提高工作效率的机会。而关键就在于如何将这两者协调起来。"

▶ 前景展望

虽然马克能力出众、雄心勃勃，但当谈及自己未来的发展或者5~10年后的职业规划时，马克并没有明确设立目标。当提到理想中的工作时，他想到了在某些公司被称为"软件架构师"的职位。"这个职位被看成最高级别的工程师，但它又不属于管理人员。从这个意义上说，你需要全面掌握所有技术发展的动态。"这一角色需要你具备广博的知识面，但其中的每个方面都不需要很深入。你需要参与多方讨论，以确保实施的解决方案不仅要设计合理，同时也能与整个生态系统中的所有产品融为一体。

马克能够预测他所在领域的一些趋势。在他刚入行时，计算机科学专业的就业形势非常火热。"如今，那些年仅18岁的程序员的技术水平可能已经超过当年的我们。他们可以通过综合性网站自学编程技术，而且可能比传统教育获得更多知识。"在这样一个能够自学成才的大时代背景下，马克感觉相对自在。

人物 2 安娜，数字营销经理

> "要做好数字时代的图书营销，更需要敏锐的洞察力。"

▶ 工作概况

你是否曾经思考过为何一些图书随处可见，并在形成热潮后大卖特卖？而另一些图书即使摆在显眼位置也无人问津，又或者根本无法在市场上激起一丝涟漪？哪些图书能够畅销，又有哪些图书默默无闻，其背后营销团队的运作方式扮演着重要角色。而图书营销正是安娜的工作。

安娜是一家独立出版社的销售和数字营销经理。她的工作职责主要包括：深入了解本出版社即将出版的图书，并找出向读者销售这些图书的最佳中间商。在制定营销策略之后，她会总结图书的简介以及关键卖点，并将它们提供给销售团队，以便说服中间商购买这些图书。这一过程开启了图书真正摆上商店货架或收入 Kindle 电子书库的进程。安娜还负责管理出版社的在线业务，维护门户网站并运营各种社交媒体，以推广他们的图书目录。为了保持和增强了出版社在市场上的影响力，她与一些知名作家和学者保持密切的联系，因为他们对图书的成功推广以及生命周期的长短的重要性不言而喻。

▶ 背景介绍

安娜小时候梦想成为一名艺术家。而在高中时期则希望成为一名数学家。进入大学之后，她又想成为一名记者。"大学毕业后，我意识到那些梦想中的职业并不适合 22 岁的年轻人。"于是，安娜开始为一家美食网站做编辑工作，这段经历让她掌握了很多关于编辑流程、推广、营销和文案写作方面的重要技能。同时，她也因此结识了众多博主、作家、公司老板以及图书推广人员，拓展了一个人际关系网，为日后的自由职业生涯以及求职提供了诸多便利。

大学毕业一年后，安娜在一家新成立的精酿啤酒公司担任营销总监。为这样一家新公司创建线上平台所承担的工作职责让她振奋不已，但很快，她发现自己依然怀念从事编辑工作时那些挥洒创意和智慧的时光。因此，她辞去了这份工作，转而从事自由撰稿和编辑工作。尽管这样的工作收入尚可且非常有趣，但安娜仍然希望能找到一份更稳定的工作，因此她重新认真寻找适合自己的工作机会。几个月后，她被一家独立出版社录用，从事市场营销和编辑工作。

▶ 职业满足分析

作为一个概念主义者，安娜具备战略眼光与系统思维。这种能力对于做好市场营销工作至关重要，因为她能够预见哪些举措能确保营销计划取得成功。"如今，任何一种编辑岗位都必须以支撑其发展的商业与营销意识为基础。你得弄清楚图书是如何进行大规模营销和推广的。"因为主导功能是思考，安娜善于分析问题，不仅能够发现营销计划中的缺陷，还能提出最佳解决方案。

直觉是安娜的辅助功能，这使得她能够从宏观角度审视一本书、一项任务或一个计划，以及出版社的发展方向，并将这些观点有效地传达给他人。她的直觉功能充分发展的结果之一是她擅长为图书撰写吸引人的宣传材料："对我来说，评估一本书的风格、出版目的、吸引力和目标受众，并将它们清晰地表达出来，是一件轻而易举的事情。"此外，她还具有敏锐且富有创造力的审美意识，这使得她在管理公司的网络形象方面表现出色。

▶ 前景展望

安娜之所以热爱编辑工作，因为其中蕴含着人们丰富的创造力和智慧。在未来的5~10年，她期望能在出版行业（如出版社、杂志社或网站）担任领导职务。她希望能够参与重大出版决策，并利用自己的才能对图书、出版物或季度出版内容进行长期的构想与规划。到那时，作为一名编辑，甚至是一名主编，安娜将对产品的最终成果拥有更大的控制权和决定权，如果能实现这一前景，无疑会令她十分满意。最重要的是，安娜希望继续投身于她引以为豪的出版事业，并亲历那些作品焕发生命力的时刻。

人物 3 伯特，媒体制作人

> "我重视过程，正是无数个过程造就了成功。"

▶ 工作概况

乍一看来，伯特似乎是一位娱乐节目、视听节目的制作者，以及特殊营销方案的规划者。但实际上，他首先和最主要的是一位企业家。"日常事务与我的职业关系不大，我一直处于改变之中。"——他不仅改变自己，也帮助他周围的人改变，特别是那些他尊重并乐于与之合作的人。"这并不像一种传统意义上的职业。"他表示。

伯特每年都会为全国各地的大公司客户创作计划方案、娱乐表演、营销演示、团体会议、视听节目以及定制营销方案等。他经营着一家小型的事务所，管理着4名全职员工，同时根据业务需求，也为数不清的独立经营者提供服务。有时候，他会与百老汇中有影响力的明星或歌星签订合同，为他们安排并提供所需的技术设备、道具、乐器以及其他支持，并做出完整的旅行和住宿安排。还有些时候，在全国性的销售会议上，他设计一套多屏幕视听节目来展示某个公司的营销策略和优势。伯特所做

第14章
INTP类型（内向、直觉、思考、知觉）：匠心独具的问题解决者

的工作细节繁多，压力也非常大。正如伯特所说的，"我的每一次表现都像上一次一样优秀。"

▶ 背景介绍

伯特的这一切表现令人很难想象他曾经接受过专业的会计培训。在大学里，伯特就获得了会计学位，虽然他很确切地知道自己怎么也不会去当一名会计。对他来说，这是一个策略性的决定，因为他知道他总有一天会创办自己的公司，而会计学方面的知识和技能一定会有很大的帮助。他的第一份工作是在他父亲的牙科实验室担任业务经理，在这里，他取得了很多实用的技能，这对他来说是非常宝贵的。但是这份工作的局限性太大，限制了他创造力的发挥。于是他选择离开那里并创办了一家家居配件公司。

一年半之后，伯特在一家丝网印刷公司找到了一份业务经理的工作。但是，由于老板"把公司经营得乱七八糟"，他又离开了这家公司。此后，他成立了自己的丝网印刷公司，他的这家公司成功地经营了6年的时间，直到出现全国范围的经济衰退，且伴随着利率的飙升，公司的业务在一个月内骤降85%。接下来，他又创办一家特殊项目公司，为学院、大学和公司策划新的项目并组织特殊的活动。起初的5年内，他与另外两位合伙人共同经营这家公司，后来，他以一种全新的形式独立运营这家公司。现在，他专门开展面向公司的业务。

▶ 职业满足分析

伯特的概念主义者的气质类型驱使他不断寻求新的挑战。他是以规划能使自己不断面对新情况、新问题为宗旨来创办自己的公司的。作为一名企业家，他满足了自己对独立意识的需求，也实现了把自己融入那些能力和才华都令他钦佩的人物之中的愿望。伯特志向远大，敢于承接庞大而复杂的项目，并很享受事业上取得成就给他带来的名誉、地位和权力。他还乐于看到因自己出色的创造力和正直的品格而受到人们的尊重。

伯特主导功能——思考——的运用使得他能够看到行动的逻辑后果，预见可能出现的问题并找到适当的解决方案，还能有效地组织人员执行他的构想和方案。他有自己的行事原则，并为自己设定了很高的道德标准。

正是伯特的辅助功能——直觉——帮助他在纷繁复杂的世界中看到各种可能性。他致力于提供令人激动的、富有创意的方案来实现客户的目标，以激发客户对这些目标的热情，并对目标的最终实现感到兴奋。他能自然而然地为特定的工作找到合适的人选，并且乐于将他们有效地组合在一起。勇于创新、努力打破常规对伯特来说至关重要。

总体来说，伯特能够自由地从事自己喜欢的事业，与自己欣赏和尊重的人一起工作，这让他感到非常欣慰。"越是与有能力的人合作，我就越容易在工作上取得成功。"伯特很享受与优秀的

人一起工作的过程，这些合作对他有很大的帮助，同样，他也能帮他们实现目标。伯特非常肯定地认为，他能帮助他们分担很多风险（如果没有他，他们当初可能不会去尝试这些有风险的计划）并且促使他们发挥出巨大的潜力，从而取得卓越的成就。"我能让人们突破自我，让他们理解'努力尝试'的重要性，也让他们体会到成功地达到自己努力追求的目标是多么伟大的一件事。"

▶ 前景展望

伯特的工作性质让他总能面对变化与挑战，他觉得自己能够持续地以新颖且令人意想不到的方式拓展业务，永远不会感到厌倦。在过去，伯特不太放心把重要的工作委派给他人，但随着年龄的增长，他学会了把更多的任务分派出去，也更愿意相信他人有能力把工作做好，而这种转变也让他的生活变得更轻松、更愉快。"我目前还没有达到那种境界，也许永远也达不到。但我的目标是更好地了解他人，通过更多地与我所信任的人以及我认为有能力的人合作，我就可以轻松一些。"

伯特不懈地朝着他认为最好的工作努力：提出一些独特的方法，与优秀的人合作，使自己的理念得到有效的执行，使与自己合作的人感到满意，并且能够得到观众们的热情赞赏。对他而言，这就是职业满足。

▶ 共同之处

尽管马克、伯特和安娜各自拥有不同的教育背景、职业经历以及职业选择，他们之间依然存在一些共同点。虽然兴趣、能力和价值观有所差异，但他们具有相似的性格特征以及相同的心理功能层次，我们可以对INTP类型的人的需求做一些观察。

我们在下面列出了使INTP类型的人获得职业满足的重要因素——可以称其为衡量标准。鉴于每个人都是独一无二的存在——即便同属一种性格类型，其特点也各不相同——因此，这些因素并不能完全准确地描述所有INTP类型的人。重要的是，以下10个因素以不同程度影响着INTP类型的人如何获得真正意义上的职业满足。

查看完这10个因素后，我们建议你按照自身的标准对它们进行排序。在排序过程中，请回忆过去的工作经验并思考当前工作的体验，看看哪些经历令你特别满意或特别失望。同时，应寻找贯穿多个经历中的主题，而不是仅限于某个单一工作环境下成立，而在其他工作环境下却无效的情况。

作为INTP类型的人，要获得职业满足，你做的工作应：

1. 让我去开发、分析和批判新的想法和观点。

2. 让我把注意力和精力集中在那些富有创造力、理论性和逻辑性的思维过程中，而不是只能一心关注最终成果如何。

3. 富有挑战性，涉及许多复杂的问题，允许我尝试那些非常规方法解决问题，并且可以通过冒险性的实践找到最佳解决方案。

4. 让我有充足的、安静的私有时间独立地开展工作，以便能够集中精力完成我的思考过程。

5. 允许我为自己的工作设定并保持一个高层次的标准，并在此基础上评估我的工作表现并给予相应的薪酬福利。

6. 我的工作要在一个有余地、通融的环境中进行，那里没有那些无用的规章制度、过多的限制和不必要的会议。

7. 让我与一组我所钦佩并尊敬的朋友和同事一起工作。

8. 让我经常有机会提升自己的个人能力和才干，让我能够结识并与那些有影响力的成功的人士合作。

9. 允许我提出一些巧妙的想法和计划，并且可以把一些具体的实施步骤和细节问题委托给高效率的助手。

10. 不需要我直接管理他人，也不需要我去监督或调解人际矛盾。

▶ 适合 INTP 类型的人的一般职业

在列举适合 INTP 类型的人的一般职业时，也请读者注意，每一种职业中都有各种性格类型的成功人士。以下职业可能是 INTP 类型的人会比较满意的职业，我们也将解释其中的原因。当然，我们无法详尽地列出所有适合的职业，只是为了给你提供一些你之前可能未曾考虑过的可能性。

虽然我们列出的这些职业都可能让你获得职业满足，但预计其中一些职业的未来需求可能会更大。

技术类

- 软件开发人员（应用程序/操作系统）
- 计算机程序员
- 移动应用程序开发人员
- 计算机和信息研究科学家
- 计算机系统分析师
- 战略规划师
- 新市场或产品概念设计师
- 网络专家
- 变革管理顾问
- 管理顾问（计算机服务/信息服务/市场营销/资源重组）
- 印刷设计师
- 交互设计师
- 网络和计算机系统管理员
- 计算机动画师
- 信息安全分析师

这一类职业让 INTP 类型的人有机会做他们擅长的事情——分析问题并提出创造性的解决方案。大多数 INTP 类型的人喜欢在技术领域工作，利用他们独特的能力来理解复杂技术系统，并找到消除错误或缺陷的方法。

他们可以很容易看出产品、服务或系统如何与整个公司、行业或技术相匹配，并且乐于创造新的、更高效的工作方式。

医疗保健/科学类

- 神经科医生

- 外科医生
- 内科医生
- 药剂师
- 医学科学家
- 科学家（化学/生物学）
- 药剂研究人员
- 生物医学工程师/研究员
- 兽医
- 微生物学家
- 遗传学家
- 物理学家
- 生物物理学家

上述医学、科学技术领域充分利用了 INTP 类型的人出色的推理能力以及对技术材料的熟练掌握。神经学、整形外科、生物医学及药剂研究等迅速发展的领域通常会引起 INTP 类型的人的兴趣，因为从事这些方面的研究能使他们站在一些高新行业的最前沿，而且其中一些领域还存在一定的风险性。物理学、化学和生物学为他们提供了与复杂且高深的概念打交道、不断学习新知识以及反复提出一些假设的机会。上述职业，尤其是其中涉及大量研究成分的职业，使 INTP 类型的人能够独立地工作。由于这些领域科研难度较大且竞争激烈，因此往往会吸引那些聪明且有天赋的人加入其中，而 INTP 类型的人与这些人共事会感到很受挑战和鼓舞。

专家/商业类

- 律师
- 经济学家
- 个人理财顾问
- 心理学家
- 精神病学家
- 市场研究人员
- 金融分析家
- 建筑师
- 投资银行家
- 调查员
- 知识产权律师
- 法律调解人员
- 公司金融律师
- 企业家
- 风险投资家
- 商业分析家
- 情报专家

这些职业也为 INTP 类型的人提供了大量分析和解决复杂问题的机会。这些职业往往极具挑战性，需要清晰的逻辑思维以及创造性的问题解决方法。创造性过程是建筑师和心理学家的核心工作内容。能够洞察一个因素或一个事件如何适合于一个全面的模式或一个完整的系统是 INTP 类型的人特有的优势，这种能力也是调查员和金融分析师要经常用到的。从制定无懈可击的法律条文，到预测微妙但强大的经济趋势，这些职业给 INTP 类型的人带来极大的刺激和自我挑战，而他们也乐于迎接这些刺激和挑战。

学术类

- 数学家
- 考古学家
- 人类学家
- 哲学家

- 大学教授
- 在线教育工作者
- 研究员
- 逻辑学家
- 大学行政人员
- 口译员/翻译
- 天文学家

大多数 INTP 类型的人都很喜欢学术界这个充满刺激的工作领域。INTP 类型的人通常能够在大学教授之类的工作岗位上找到职业满足感，因为这类工作都很强调探索和思考新的、不同的方法。通常情况下，他们更喜欢教授更优秀的学生和具有挑战性的课程。INTP 类型的人往往喜欢上述任何主题中的研究成分，他们喜欢先单独工作，然后再与他们的学术同行分享他们独到的见解和创新的观点。在不受过多规章制度和官僚政治限制的情况下，他们往往工作得非常出色，但是许多大型的综合性大学和学院往往无法避免冗杂的规章制度和官僚政治的存在。

创作类

- 摄影师
- 创意文案人员
- 艺术家
- 平面设计师
- 艺人/舞蹈家
- 音乐家
- 经纪人
- 发明家
- 信息/图形设计师
- 专栏作家/评论家/评论员
- 博客
- 编曲家
- 制片人
- 导演（舞台剧/电影）
- 电影剪辑师
- 艺术总监

对于 INTP 类型的人来说，上述职业的吸引力在于让他们有机会创造出一些全新的东西。INTP 类型的人喜欢在创作过程中使用不同的媒介，喜欢接触各种各样的人以及经历许多不同的事情。INTP 类型的人通常喜欢独自工作，或者与少数有才华的人一起工作，因为这些人可以为他们的创作过程带来新奇的元素。因为他们工作的领域以及对表演艺术的爱好，INTP 类型的人能在表演过程中体会到很大的乐趣。但是，他们并不一定需要表演自己的作品才能获得职业满足。许多 INTP 类型的人能够从有创意的人士那里获得灵感和启发，也因此愿意担任这些人物的经纪人。而且他们天生的创造力让他们可以创造出一些新颖的和巧妙的产品或服务，这常常使他们成为成功的发明家。

请读者注意，有许多适合 INTP 类型的人发挥独特才能以获得职业满足的职业，而我们以上推荐的仅为其中的一部分。

▶ 求职之路，因人而异

了解自己性格类型特有的优势和劣势，将使你的求职之路更加顺畅。从研究适合自己的工作岗位，到接触潜在雇主，再到准备求职资料（如个人简历）、安排面试、与对方协商薪酬待遇，直至最终获得工作，每一步都体现出个人的性格类型。因此，是否能够有效利用自身优势并弥补不足，将直接影响求职的成功几率。

不同性格类型之间的差异大小不一，有的微乎其微，而有的却极为显著。如果根据我们的建议做出细微调整，就可能将求职失败转变为求职成功。人际网络的概念就是一个很好的例子。外向型的人自然喜爱社交，我们鼓励他们大胆拓展社交圈；而内向型的人则偏好在小范围内进行交流，且更倾向于与熟悉的对象交流。感觉型的人乐于在有限范围内与人建立联系；而直觉型的人则会广泛寻求互动，即便某些社交对象似乎志趣不投。同样地，情感型的人重视人与人之间的连接，希望营造融洽的氛围；而思考型的人则表现得更为冷静和客观。判断型的人在人际交往时话题数量较少且内容严谨；而知觉型的人交流的话题则较为广泛！虽然有效的求职技巧可能只有一种，但成功路径却是千差万别的。

▶ 通向成功之路：发挥自己的优势

正如我们接下来要详细阐述的那样，在求职过程中，你的优势和才能——创造性地解决问题、对可能的工作机会进行批判性分析的能力——将对你顺利度过这个不太有趣或缺乏挑战性的细节处理阶段大有帮助。同时，你也要有意识地与他人建立融洽的关系，并设法把自己的观点和意图用简明清晰的语言表达出来，以便于他人的理解。

对于 INTP 类型的人来说，最有效的求职策略建立在如下能力基础之上。

看到当前并不存在的未来可能性。

- 不要把注意力大量投入到你已经知道或已经弄明白的事物上面。充分运用你的想象力，去预测一下在不久的将来可能出现的事物，并计划好如何充分地利用它们。

- 使用一些不太明显的方式去吸引面试官的注意，让自己在所有候选人中脱颖而出。

布莱恩想在出版业找一份新工作。在面试前，他查询自己的社交媒体账号，发现自己与该出版社的一位资深编辑有着共同的联系人。而这位资深编辑刚好是他的面试官，他向面试官提及这位共同的联系人，并谈到了这位联系人运营的一个热门的媒体账号。面试官表示，她刚刚与这位联系人签订了出版合同，邀请他撰写一本非虚构类的图书。她非常佩服这位联系人能够把握住社会的热点，他们的谈话也就自然而然地由此展开了。

给自己创造新的工作机会或对原有的缺乏吸引力的工作进行适当的改进。

- 运用自己预测未来社会发展趋势的能力，设计一个能解决当前或将要遇到的问题的工作机会。

- 设计一套方法来改变或改进现有的工作，使其既能充分发挥你的才能，又能满足雇主的需要。

对埃琳娜来说，即将到来的晋升既

是好消息又是坏消息。好消息是她的薪资将会增加，也会有一个助手帮她处理一些细节性的事务，而且在工作中会有更多的自主权。坏消息是她几乎每天都需要参加一些会议，并且将向一个以前在委员会有过不愉快工作经历的上司汇报工作，她并不认为这个上司值得尊重。经过再三斟酌，她认为这次晋升对自己来说弊大于利。于是，她决定提议设立一个特殊的试验项目，分析公司推出的几款利润较低的产品的成本和收益，而这也正是她现任上司一直以来感兴趣的事情。她还概述了这个职位的工作内容，提出只需一名全职人员提供支持服务就可以做好这个工作。埃琳娜提议自己可以在家中完成大部分的工作，并每周一次把工作成果向现任上司汇报，这样该项目就可以顺利开展下去。由于这个职位的级别较高，其薪资和福利待遇与之前那份工作不相上下。埃琳娜的创新意识给上司留下了深刻印象，因此相信她可以在接下来的一年里独立完成这个试验性项目。

预测行动的逻辑后果。

- 通过举例说明你过去在同类工作中出色解决问题的经历，展示你清晰的因果关系判断的能力。

- 在考虑任何一个工作机会时，都要充分发挥你的批判性思维能力，预测任何一个解决方案的积极成果和潜在的负面后果。

在参加一所小型私立大学数学老师职位的第二轮面试时，塔尼莎很高兴地得知自己将会被系主任提问一些开放性的问题。系主任向她列出了学院和学校目前面临的一些棘手的问题，并且问到如果她是学校的一名职员，她将会如何应对这些问题。塔尼莎先是讲述了自己在上一份工作中是如何处理同样棘手的问题的。她分析了几种解决方案可能产生的各种结果，以及它们将来可能带来的影响。她的长远思考能力以及从多个角度分析问题而又从其中任何一个角度保持客观性的能力给面试官留下了深刻的印象。面试结束的时候，面试官明显认可了塔尼莎的非凡才能，并深信她能够为学校做出较大的贡献。

设计并实施新颖的求职过程。

- 把每一个出现的问题都视为需要克服的挑战，并运用你的创造力找到解决的办法。

- 通过将自己定位为富有创造力、具备独特思维的人，以便在众多求职者中崭露头角，并使之从提交的资料、简历以及面试过程中体现出来。

埃里克的求职过程一直很顺利。他想申请到一家著名的建筑师事务所工作，并且已经与事务所一位负责人成功地面试了好几次，现在正在为与事务所的一位高层管理者进行的最后一次面试做准备。面试的当天早上，他到达面试地点后才得知之前面试他的那个负责人已经意外地离职了。而这位高层管理者的工作日程中没有与他会面的安排，而且对他的情况也一无所知。埃里克只得从头再来。

幸运的是，他得到了与这位高层管理者再次面试的机会，离开事务所时，他下定决心不能让这次挫折影响自己的求职进程。在接下来的三周时间里，他想方设法收集这位高层管理者过去做过的工作项目以及有关事务所的历史资料。针对这位高层管理者可能提出的问题，埃里克做出了充分的准备。面试时，当被问及如何应对工作中的意外的障碍时，他把这段求职经历作为一个例子来作答。这位高层管理者在被逗笑的同时，被他的创造力、毅力和坦诚所打动。

先不要放弃任何一个工作选择，要在充分收集所有相关的重要信息后再做出决策。

- 保持冷静和客观；永远不要在没有充足的时间思考的情况下匆忙做出决策。

- 在面试中要多提问，以确保对工作、职责和限制有充分的了解，之后再决定是否要进一步考虑这份工作。

▶ 可能遇到的陷阱

虽然每个人都是独一无二的，但INTP类型的人仍然存在一些共同的潜在盲点。在这里强调"潜在"，是因为以下我们列出的条目中，其中一些明显与你相关，而另一些则可能不太符合你的实际情况。你会注意到，这些倾向不仅影响你对于求职的看法，也渗透至你生活的各个方面。因此，在阅读下面的每一个条目时，不妨结合自己过去的经历，问自己："这对我来说是真的吗？"如果答案是肯定的，那么就继续问自己："这种错误的倾向是如何阻碍我实

现目标的？"你很可能发现，要克服这些盲点，关键就在于：有意识、精心地发展你的第三功能（感觉）和第四功能（思考）。当然，对于INTP类型的人来说，以下这些建议在实施过程中都会面临诸多困难，但是，这两种功能运用得越多，它们在将来给你带来的麻烦就会越少。

1. 一定要确保最终将求职计划从理论阶段推进到实践阶段。

- 在设计好一个独特的求职计划之后，问问自己是否其中所有的想法都切实可行？你是否有足够的时间把所有的计划都付诸实施？你所设想的一切都有可能实现吗？制定一个合适的日程安排，严格遵守并实施你的计划。

- 制定一个包含所有具体操作（日程安排、将要询问的问题、对求职注意事项的提醒等）的分步实施计划，这样你就更有可能去落实它们。

2. 以实际情况（而不是直觉判断）为基础来设定切实可行的目标。

- 要记住，根据你的经验水平和寻求工作的领域的不同，在找到合适的工作之前，一个完整的求职过程可能要持续3~12个月。从一开始就了解这一点，并在整个求职过程中不断提醒自己，有助于防止自己因受到挫折而变得灰心丧气或失去兴趣。

- 当你感到自己变得不耐烦和（或）信心减退时，请向你的亲密好友寻求支持和帮助。

3. 确保自己不会在无意中在潜在雇主面前显得居高临下或傲慢无礼。

第 14 章
INTP 类型（内向、直觉、思考、知觉）：匠心独具的问题解决者

- 密切关注他人对你的看法。请你信任的朋友与你进行情景模拟，并对你的态度做出诚实的评价。在面试中，不顾他人感受的率直可能会被视为无礼。

- 在对面试官提出的问题或评论的事物形成成熟的观点之前，请花时间完整地倾听他们表述的内容。在面试中，要有意识地争取尽早与面试官建立融洽的关系。

4. **不要忽视面试过程中涉及的重要细节。**

- 关注社交礼节，例如，给为你做信息性面试的人发送感谢邮件，它看起来似乎是多余的，但是求职过程中的重要组成部分。

- 对求职进程的跟进要积极主动，以免让人觉得你对一个其实很感兴趣的职位不满意。

5. **做出决策要果断，不要犹豫不决。**

- 在花了足够多的时间考虑所有的工作选择，明确你的需求和所掌握的技能之后，就要采取行动！舍弃那些对自己吸引力不大的选择，主动去争取好的工作机会。

- 不要迟疑不定，以免因拖延而在无意中失去机会。

▶ **最后一步：换工作还是保持当前工作……INTP 类型的人成功的关键**

现在，你已经深刻理解了自己的性格类型，并且清楚自己天生的性格偏好所适应的职业类型。此外，了解自身性格类型的优劣势对于成功求职具有重要意义。然而，即使作为 ENTP 类型的人，也需要意识到本章前面"适合 ENTP 类型的人的一般职业"中列出的职业未必都适合你。因此，下一步也是最后一步，就是缩小搜索范围，从而找到理想工作的方向。

除了性格类型之外，一些其他因素，如你的价值观、兴趣爱好以及技能等，也会影响你对工作的满意程度。你与工作的契合度越高，你就越快乐。因此，请准备运用所学知识（包括本书内容以及生活经验）来制定你的战略性的职业规划吧。本书第 23 章中的练习就是专门为了这个目的而设计的。

然而，如果你觉得保持现有工作岗位或继续留在当前雇主身边更有意义（也许只是暂时的），那么做出这个决定可能基于多种合理的原因——如经济压力、家庭因素、所学专业就业形势严峻，以及转换工作的时机尚未成熟。但请振作起来！通过本书获得的知识同样能帮助你在现有的工作岗位上获得职业满足与事业成功。当需要做出重大职业调整的时候，你将更加清晰自己的发展方向，并明确如何找到理想的工作的方法。

▶ **"所以，如果你目前还没有找到更适合的工作……那就热爱你现在的工作吧。"**

事实上，大多数行业都提供灵活调

189

配的机会。这里有一些方法，可以让你的当前工作更适合你的需要，仅供参考：

- 如果可能的话，把那些例行事务或琐碎的任务委托给他人处理。
- 确保自己有充足的不受干扰的时间来形成自己的观点、透彻地思考问题。
- 与那些有创造力的人讨论彼此的想法。
- 换班或安排更灵活的工作时间。
- 确保自己能够直接支配对直接下属的招聘过程。
- 尽量找一些做事有条理且注重工作细节的助手。
- 参加一些培训课程和研讨会，不断发展自己的专业知识水平和提高自己的资质。
- 如果认为目前的工作激不起你的兴趣或不能给你带来挑战，那就转移你的工作重心，着手别的工作。
- 建立一个"批评之友"小组（互相评论彼此的想法）。
- 尽量让自己与那些才能和天赋值得你钦佩的人打交道。

▶ INTP 类型的人能够发挥长处并克服不足

莉拉是一个公司内部的计算机顾问，她坦言工作中最令人沮丧的部分是"没完没了地与愚蠢的人会面。"她没有那么多的耐心向那些新手反复解释基本概念，而且频繁出差与不同团队会面也耗费了她大量的时间。为了解决这些问题，她开发了一个互动程序并把它上传到公司的网站上，该互动程序能够解答新用户的常见问题。这样一来，她就无须一遍又一遍地回答同样的问题，从而把更多的时间和精力用于处理经验丰富的用户提出的更复杂、更有趣的问题上。

▶ 利用已有资源获取所需之果

如何才能取得成功？简而言之，就是发挥你的优势，弥补你的弱点。这是否能够做到，将直接影响到你是取得成功还是遭遇失败，是热爱还是厌烦你的工作。我们接下来列举了一些你可能具备的优势和存在的弱点，希望能对你有所帮助。尽管每个人都是独一无二的个体，但作为 INTP 类型的人，我们所列举的这些总有一些比较符合你。

你在工作中的优势可能包括：

- 乐于打破常规思维，探索事情发展的各种可能性。
- 能够理解非常复杂和高度抽象的概念。
- 具备创造性解决问题的天赋。
- 具有独立性；敢于冒险、愿意尝试新事物，并具备克服困难的勇气。
- 能够综合考虑和运用大量信息。
- 对自己所需的信息具有天生的求知欲并具备收集信息的技能。
- 即使在压力很大的情况下也能对事物进行有逻辑的分析。
- 具有极强的自信心和不断充实自己的动力。
- 具有客观性；处理问题时，能

第 14 章
INTP 类型（内向、直觉、思考、知觉）：匠心独具的问题解决者

够不带丝毫个人情感。

- 对自己的想法和观点充满信心。
- 能够纵观全局；能够看到事情发展的各种可能性及其潜在的影响。
- 适应能力强；能够根据需要迅速调整行动方向和行动策略。

你在工作中的弱点可能包括：

- 做事缺乏条理性。
- 过于自信；可能会夸大自己的能力和工作经验。
- 对缺乏想象力和（或）能力不足的人缺乏耐心。
- 不喜欢按传统或既定的方式做事。
- 问题一旦解决，兴趣便不复存在。
- 难以将复杂的想法用简单明了的语言表达出来。
- 过于理论化，可能会忽视或忽略现实情况。
- 不能严格地要求自己关注或者落实重要的细节问题。
- 不喜欢从事重复性的工作。
- 对过于僵化的体制和固执的人缺乏耐心。

> 发挥你的优势其实很简单。
> INTP 类型的人成功的秘诀在于：
>
> **行事要学着更有条理；**
> **耐心对待不够聪慧的人；**
> **努力提高自己的社交技能。**

第15章

ESTJ 类型（外向、感觉、思考、判断）：事务处理高手

人物 1　安妮，教育类非营利组织职员

"所有人都应享有受教育的权利。"

▶ 工作概况

安妮坚信每个人都应享有受教育的权利。作为一家教育类非营利组织社区与合作伙伴解决方案团队的一员，她每天都在践行这一使命。该组织将自己描述为"学习搜索引擎"——类似于谷歌的网站，为老师和学生提供免费、开放的搜索服务，但仅收录网络上最优质的教育资源。

安妮就职于该组织的一个较小部门。她的职责是与其他拥有免费开放教育资源的组织进行沟通与协调，并将教育资源整合为一个资源库。这些资源库以媒体播放列表的形式呈现，涵盖各种学术主题的视频、测验、文章等。安妮和她的同事们努力整合这些内容供世界各地的老师和学生使用，并确保不侵犯这些资源原作者的著作权。这份工作需要大量的协调、沟通和合作，而安妮非常喜欢这样的工作。

▶ 背景介绍

安妮在高中时迎来了她的第一次机遇——她所在的新罕布什尔州新开设了一所专门从事戏剧艺术教育的特许学校，她是少数几个被录取的学生之一。对于从小就积极参与当地戏剧演出的安妮来说，这简直是梦想成真。她说："这让我意识到，除了当地的公立学校，学生还有其他选择。我非常希望其他人也能获得这样的机会，如果他们的家庭无法负担私立学校的费用的话。"安妮决定投身教育改革事业，让更多的孩子也能体验到她曾拥有的机会。

在大学期间，安妮在纽约州教育署担任政策研究实习生，负责分析学校和学区的数据，并撰写有关教育法拟议修正案的报告。在这一部门的工作让安妮大开眼界。临近毕业时，安妮开始在求职网站上找工作，看到了一家教育类非营利组织的招聘信息。她顺利地被该组织录用，毕业后，她从纽约市搬到了帕洛阿尔托市，并立即开始了工作。

第 15 章
ESTJ 类型（外向、感觉、思考、判断）：事务处理高手

▶ 职业满足分析

作为一名传统主义者，安妮以服务为导向，受公司为教育界做贡献的使命所激励。她的工作既涉及与合作伙伴的互动，又包括跟踪网站中大量内容的动态信息。她形容自己"对组织工作非常着迷"，这种热情对于这份需要协调 800 万种教育资源（甚至还在不断增加）的工作来说是必不可少的。

由于该组织成立时间不长，工作流程不如其他更成熟的公司完善。安妮开发了许多系统，用于跟踪网站所监管的海量内容。她的思考和判断功能一直在发挥作用，她也从应用自己开发的系统中获得了极大的满足感。

安妮是一个感觉型的人，她非常注重细节，而她很大一部分工作内容对准确性要求较高，因此她会反复检查各种信息，将数据输入电子表格，以及确保万无一失。作为一个外向型的人，安妮喜欢她的同事，他们像安妮一样积极进取，擅长同时处理多项任务。"这里每个人都参与非常多的项目，但这也是我们得以蓬勃发展的原因。"他们的工作节奏快且互动性强，需要各部门之间的广泛合作。最棒的是，这里的每个人都在为同一个使命和目标而努力工作。

▶ 前景展望

安妮所在的组织的独特之处在于，它将自身定位为未来非营利初创公司的培训基地。"我们的企业文化是让员工在两到三年内培养和磨炼自己的技能，然后离开这里去其他地方继续推进'每个人都能享有受教育的权利'这一使命。因此，即便这些员工不再在这里工作，我们也都在为同一个目标而努力。"

安妮认为自己会在目前这个组织再工作几年，之后可能会重返学校学习非营利组织管理课程。"我现在非常开心，每天都能面对新的挑战。一直在学习新的技能。"有朝一日，她希望能创办自己的非营利组织，目标是让所有学校都能普及艺术教育。

人物 2　史蒂夫，保险销售人员

> "拒绝对我的影响就像雨水滴在蜡纸上那样了无痕迹。"

▶ 工作概况

史蒂夫是一个完美主义者，作为一名销售保险和投资产品的自由职业者，工作中的挑战让他充满活力。这是一份辛苦的工作。史蒂夫承认，有时他要与一些道德性不强的人竞争，因此他需要更加努力。"每天都像在参加世界大赛中的第一场比赛。不是第五场比赛，因为那种时刻压力很大，也不是春训那种胜负无关紧要的时刻。而是第一场比赛——球队真正的较量。"

史蒂夫每天花大量时间寻找新客户，这些客户目前几乎完全来自他人推荐。整个销售过程从访问新客户并收集他们的基本信息开始。之后，史蒂夫给客户提供建议，包括最合适的寿险、伤残险或其他金融投资，并向客户解释他推荐的理由。客户通常都会购买他推荐

193

的产品。

他还为老客户提供持续服务，每年都与他们会面一到两次，重新审视他们所购买的产品类型。他有 600~650 个客户，但真正持续活跃的只有约 200 个。史蒂夫不断学习并更新他所销售产品的知识，每年花费 15~20 个工作日参加业内培训。他还在争取获得特许人寿理财师的专业资格认证。

▶ 背景介绍

史蒂夫从小就擅长销售。7 岁时，他从一本漫画书附带的广告中订购了数百包种子，并将它们全部卖出。他还一直有一份送报纸的兼职工作，并且经常同时送好几家报纸。有趣的是，史蒂夫凭借音乐奖学金进入大学并学习长号，他的目标是成为一名演奏家。不过他向来务实，后来转去了商学院，因为他意识到，尽管自己很有音乐天赋，但无法想象自己能成为一名职业演奏家。

大学期间，史蒂夫在一家人寿保险公司实习，毕业后成为该公司的正式员工。他的工作职责是管理实习生，这也让他意识到自己"并不想照看大学生"。他休了两个月的假，和朋友骑自行车穿越了全国，然后回到公司从事保险销售工作。经过仔细考虑，他决定在 5 年内不从事管理工作，以便创建自己的事业。那已经是 6 年前的事了，他现在还不想换工作。

▶ 职业满足分析

史蒂夫像许多传统主义者一样，有着很高的道德标准。尽管他渴望获得成功，但他认为通过诚实努力来实现目标才是至关重要的。他喜欢在一个有许多明确规则、目标和要求的组织中工作，并且乐于通过达到很高的级别来体现他卓越的工作能力。

史蒂夫最喜欢这份工作的原因之一就是工作中充满智力上的挑战。凭借他的主导功能——思考，史蒂夫为客户提供逻辑严密、考虑周到且令人信服的建议。他很重视明确客户的付出与将要获得的回报：如果客户听从他的建议，将会获得哪些好处。而他的思考功能使他能够坚持不懈，不把他人的拒绝放在心上——这对销售人员来说是一项不可或缺的能力。"对我而言，拒绝就像滴在蜡纸上的雨水，不会对我产生任何影响。"此外，他总能很好地安排时间并确定工作的轻重缓急，这使他工作高效、收获丰厚。

史蒂夫的辅助功能是感觉，因此他特别关注业务中的诸多实际情况和细节部分。他喜欢收集客户的信息，不断增进对所销售的保险和金融产品的了解。他强大的感觉功能在其他方面也很有用，如寻找新客户，查看待办事项清单以明确何时联系客户了解他们的最新情况比较适宜。

此外，作为一个判断型的人，史蒂夫渴望达成工作目标。"虽然我很喜欢收集信息，但和客户达成交易才是最精彩的部分。整个销售过程结束时，我已经赚到了钱。我投入了一段时间在工作上，运用了我的创造力想出最佳方案，给出了正确的财务建议，并与客户建立了信任关系。"

▶ 前景展望

史蒂夫对待工作坚持不懈、有条不紊且热情洋溢。他希望能够成为"小圈子里的大人物"。他还通过努力跻身于"全国该领域专业人士的前四分之一"行列。他以成为百人俱乐部和百万美元圆桌会议（全国性和国际性的销售组织）的成员作为自己获得成功的标志。每年都能成为上述两个组织的成员，这让史蒂夫有信心与行业内的顶尖人士交往。他参加激烈的销售竞赛，去争夺旅行奖励和奖品，这有时会给他带来压力，因为他要专注于得分情况，但这同时也激励着他。此外，参加大量的活动也有助于缓解他的压力。

"这份工作最有意义的地方在于，我可以直接从我所做的工作中获得报酬。而且我可以自由选择合作的客户类型。我希望世界上能多一些这类工作。我相信，只要你坚持不懈地努力工作，做好本职工作，财务状况自然会好起来。"

人物 3　玛丽莲，活动策划人

"我是一个精力充沛的人，所以能完成自己设定的目标。"

▶ 工作概况

为自己的公司打造并维持良好的声誉是玛丽莲努力的目标，该公司的主营业务是企业会议策划和特殊活动制作。3 年过去了，这个目标似乎已经实现。"即使这里的每一个人都没听说过我的公司，但只要我向他们介绍公司的情况以及所提供的服务，他们就会购买我们的服务！"只要玛丽莲向客户成功地推销了活动的创意，在活动开始以后，"客户就会告诉他们，'这比他们想象的还要好。'"

这是玛丽莲的第四个职业。除了养育两个孩子之外，这是她投入最多的一项事业。她和一位合伙人共同负责策划和执行企业会议或特别活动的方方面面，从制定日程、安排交通和餐饮，到构思主题、聘请演讲者或表演者以及设计游戏活动，他们都亲力亲为。"除了一些事项必须交给专业人士之外，其他所有事情都由我们自己完成。"在必要时，他们会将设计和制作邀请函或道具等专业性的工作外包出去。玛丽莲负责活动设计、日程规划、预算编制以及活动或会议的布置和拆除等工作。

玛丽莲和她的合伙人还负责公司的所有销售业务，这也是她最喜欢的工作之一。"结识新朋友，介绍自己，然后达成协议。这比举办活动本身更有意义。我们和客户成为朋友，也成为客户公司业务的延伸，这太好了。"

▶ 背景介绍

玛丽莲大学毕业后的第一份工作是在一所小学担任特殊教育老师。她很喜欢这份工作，一做就是 5 年，后来因为需要照顾孩子，便辞掉了工作。孩子上学后，玛丽莲帮助身为医生的丈夫开办了自己的诊所，之后做了几年诊所的管理工作。

但是，诊所的管理工作没有什么挑战性，她感到非常无聊，于是又去做房地产经纪人。她在公司连续两年成为销售冠军，并且十分喜欢这份工作。但遗憾的是，丈夫突然去世，她不得不辞去工作，处理遗产问题、关闭诊所并搬了家。她花了一些时间重新安顿了孩子，帮助他们适应了新的生活。

之后，她开始为一家全国性慈善机构做志愿筹款工作。她走访一些公司，并向它们募集资金。"我策划活动，然后执行它们。这是一项非常有社会价值的工作，但工作一段时间后，仅仅得到'谢谢'已经不够了。我希望我出色的工作能够获得物质报酬。"玛丽莲再婚后，她的商人丈夫鼓励她找一份工作，去挑战并挖掘她的多种技能。由于她非常喜欢志愿筹款工作，因此决定在一家专门从事活动策划的公司找份工作。在这个过程中，她遇到了未来的合伙人，而对方也正在考虑开展新的创业项目，于是他们一起创办了公司。

▶ **职业满足分析**

和大多数传统主义者一样，玛丽莲对待工作非常认真（当然她也很享受这份工作）。她强烈的职业道德和"不惜一切代价完成任务"的理念帮助她在业内树立了最佳从业者的声誉。随之而来的是公众的认可和经济上的丰厚回报，这两者都是激励玛丽莲的强大动力。

玛丽莲最喜欢的工作是做销售。她的主导功能——思考——帮助她有条理地阐述自己的想法，并且在他人可能放弃的地方坚持下去。她的主导功能也有助于她策划和执行有组织的活动、巧妙地编制预算以及进行艰难的谈判。

玛丽莲的辅助功能——感觉——可以帮助她留意到策划和执行活动过程中需要注意的数百个细节。她还具有良好的质量意识和很强的审美能力，能通过感觉来判断邀请函、道具或装饰是否符合要求。她的很多活动都包含与活动主题相关的游戏和亲身体验，而且活动的每一个环节都经过精心策划，执行得也十分到位。

▶ **展望未来**

玛丽莲为自己在公司取得的成就感到自豪。她希望能增加人手，这样她和她的合伙人就可以"不再事必躬亲"。她在工作中所展现出的坚韧不拔的精神是她最大的优点之一。"一旦我决定做某事，就会不惜一切代价去做。我对工作非常投入，以至于察觉不到时间的飞快流逝，经常忙完一项工作才发现已经到晚上7点了！"

在过去的10年里，玛丽莲经历了丈夫去世、再婚以及孩子长大成人等重大人生变化。她比以往任何时候都更加独立，目标也更加明确。"我发现我越来越依靠自己，包括自己内在的力量。现在我能更清楚地认识到自己的能力。"

对玛丽莲来说，职业上的满足感来自把工作做好，并因此得到外界的认可和奖励。"我们正在成为这座城市的一支真正的力量,并树立了良好的声誉。当你的竞争对手不再跟你说话时,你就知道你做得很好,因为你已经成为他们的一个巨大的威胁!"

▶ 共同之处

尽管安妮、史蒂夫和玛丽莲各自拥有不同的教育背景、职业经历以及职业选择,他们之间依然存在一些共同点。虽然兴趣、能力和价值观有所差异,但他们具有相似的性格特征以及相同的心理功能层次,我们可以对 ESTJ 类型的人的需求做一些观察。

我们在下面列出了使 ESTJ 类型的人获得职业满足的重要因素——可以称其为衡量标准。鉴于每个人都是独一无二的存在——即便同属一种性格类型,其特点也各不相同——因此,这些因素并不能完全准确地描述所有 ESTJ 类型的人。重要的是,以下 10 个因素以不同程度影响着 ESTJ 类型的人如何获得真正意义上的职业满足。

查看完这 10 个因素后,我们建议你按照自身的标准对它们进行排序。在排序过程中,请回忆过去的工作经验并思考当前工作的体验,看看哪些经历令你特别满意或特别失望。同时,应寻找贯穿多个经历中的主题,而不是仅限于某个单一工作环境下成立,而在其他工作环境下却无效的情况。

作为 ESTJ 类型的人,要获得职业满足,你所做的工作应:

1. 允许我系统地工作,组织和整理事实、政策或人员,并高效地利用时间和资源,以便得出合乎逻辑的结论。

2. 在处理具体的、直接的以及有明确属性的任务时能够运用我高超的处事技能和强大的推理能力。

3. 是通过公平、合理、明确和客观的标准来进行衡量和评估的。

4. 是在一个友好氛围内与其他勤奋认真的人们一起工作,而且他们不会把个人问题带到工作中来,也不会期望我在工作中分享个人感受。

5. 具有现实性和有形性,有实在的应用价值和具体的运行成果。

6. 有明确的发展前景和清晰的汇报层级制度。

7. 让我的工作富有成效,可以安排和组织必要的步骤和资源,遵循既定的工作程序,有权设定工作的截止时间,并能够在此之前完成工作。

8. 在一个稳定且可以预测的环境中完成,但同时也能让我和很多人一起做很多事情。

9. 需要和许多人一起来共同完成,使我既能掌控自己又能支配他人。

10. 让我有决定权,并拥有很大的控制权和很多的职责任务;而且我的意见、建议和经验很受关注和重视。

▶ 适合 ESTJ 类型的人的一般职业

在列举适合 ESTJ 类型的人的一般职业时,也请读者注意,每一种职业中都有各种性格类型的成功人士。以下职业可能是 ESTJ 类型的人会比较满意的职业,我们也将解释其中的原因。当然，我们无法详尽地列出所有适合的职业，只是为了给你提供一些你之前可能未曾考虑过的可能性。

虽然我们列出的这些职业都可能让你获得职业满足，但预计其中一些职业的未来需求可能会更大。

销售/服务类

- 保险销售人员
- 销售人员（如电脑、房产等有形商品的零售）
- 销售代表（批发/制造业）
- 药品销售人员
- 警察/缓刑监督官员/狱警
- 军官
- 厨师
- 政府职员
- 殡仪员
- 职业健康和安全专家
- 体育用品/设备销售人员
- 船长
- 合规监管官员
- 航空检查员
- 私人教练
- 运动教练
- 运动训练师
- 销售代理（证券/商品）
- 承销商
- 信贷分析师
- 成本估算师
- 预算分析师
- 警察/侦探
- 商用飞机驾驶员
- 交通协调员
- 飞行工程师
- 检查员（工程/建筑物）
- 房地产评估师
- 律师助理
- 法律事务助理
- 保险理赔员
- 法庭书记员
- 经理（酒店/汽车旅馆）
- 环境保护督察员
- 康复治疗师

上述职业可以使 ESTJ 类型的人在现实世界中工作，投身于现实的和切实的项目之中。这些职业中的大部分都要求从业人员严格遵循标准化的操作程序，并且需要与公众或同事进行大量的互动。ESTJ 类型的人喜欢处于权威地位，并且喜欢发号施令。实物产品的销售工作能使他们取得直接的且有形的工作成果。

科学技术/自然物理类

- 工程师（机械/应用领域）
- 审计师
- 总承包商
- 建筑工人
- 临床技术员
- 网络安全专家
- 音响技术人员
- 安保人员
- 内部账目审计人员
- 技术培训人员
- 脑电图技术专家/技术员
- 医学超声诊断技术人员
- 律师助理

- 网络和计算机系统管理员
- 有机农场主
- 光伏安装人员
- 风力涡轮机维修技术员
- 数据库管理员

这些领域能够充分发挥 ESTJ 类型的人在技术分析方面和机械操作方面的能力，能使他们全身心地投入到收集、整理和分析具体的信息资料上来，并且能够充分运用他们的演绎推理能力。这些职业都要求从业人员具备逻辑性和条理性的工作作风。ESTJ 类型的人喜欢在一个井然有序的环境中工作，因此他们很喜欢这种工作方式。同时，ESTJ 类型的人很厌烦混乱的工作场合和低效率的工作方式。

管理类

- 项目经理
- 办公室主任
- 行政主管
- 工厂监督员
- 数据库管理人员
- 采购代理人员
- 合规监管官员
- 预算分析师
- 卫生服务管理人员
- 首席信息官
- 管理顾问（业务运营）
- 后勤/补给经理
- 银行经理/贷款专员
- 信贷分析师/顾问
- 物业经理（商业/住宅）
- 收账员
- 餐饮/住宿业主
- 网络和计算机系统管理员
- 护理部主任
- 建筑经理
- 协会经理/顾问
- 财务主管/财务总监/首席财务官
- 私营企业主管人员

ESTJ 类型的人通常乐于从事管理工作，因为他们喜欢身居高位。他们喜欢发指令、做出决策以及监督他人，因此，他们能够成为优秀的主管人员。他们也很忠诚于自己的工作机构。从事管理工作需要经常与他人互动，并有能力指导、监督和评估他人的工作。

专业类

- 牙科医生
- 证券经纪人
- 法官
- 高层管理者
- 老师（科技/贸易）
- 工程师（土木/机械/冶金）
- 企业融资律师
- 电气工程师
- 初级保健医生
- 食品和药品科学家/技术员
- 工业工程师
- 法律助理
- 药剂师
- 统计学家
- 律师
- 校长

上述专业领域之所以对 ESTJ 类型

的人具有吸引力，是因为它能够使人们在一个成熟、传统的工作机构中具有较高的威望。牙科医生和药物医学属于技术性的职业，通常包含实际的操作活动——通过实践和既定的流程来帮助他人。这些职业能够充分发挥 ESTJ 类型的人的演绎推理能力和对因果关系的理解能力。他们喜欢按照自己的经验和他们所尊重的其他人已经证明有效的那些详细且清晰的程序做事。

请读者注意，有许多适合 ESTJ 类型的人发挥独特才能以获得职业满足的职业，而我们以上推荐的仅为其中的一部分。

▶ 求职之路，因人而异

了解自己性格类型特有的优势和劣势，将使你的求职之路更加顺畅。从研究适合自己的工作岗位，到接触潜在雇主，再到准备求职资料（如个人简历）、安排面试、与对方协商薪酬待遇，直至最终获得工作，每一步都体现出个人的性格类型。因此，是否能够有效利用自身优势并弥补不足，将直接影响求职的成功几率。

不同性格类型之间的差异大小不一，有的微乎其微，而有的却极为显著。如果根据我们的建议做出细微调整，就可能将求职失败转变为求职成功。人际网络的概念就是一个很好的例子。外向型的人自然喜爱社交，我们鼓励他们大胆拓展社交圈；而内向型的人则偏好在小范围内进行交流，且更倾向于与熟悉的对象交流。感觉型的人乐于在有限范围内与人建立联系；而直觉型的人则会广泛寻求互动，即便某些社交对象似乎志趣不投。同样地，情感型的人重视人与人之间的连接，希望营造融洽的氛围；而思考型的人则表现得更为冷静和客观。判断型的人在人际交往时话题数量较少且内容严谨；而知觉型的人交流的话题则较为广泛！虽然有效的求职技巧可能只有一种，但成功路径却是千差万别的。

▶ 通向成功之路：发挥自己的优势

一旦下定决心要找到一份合适的工作，你将会十分努力地去寻找它。你的坚持不懈以及严肃认真地对待整个求职过程的态度会使你一直坚持下去，直到找到满意的工作。尽管如此，在你急切地想要达成目标的同时，你可能会忽略其他的可能性、新的信息或新的求职方法。

对于 ESTJ 类型的人来说，最有效的求职策略建立在如下能力基础之上。

组织并实施高效的求职活动。

• 运用你出色的组织能力来掌控整个求职活动，制定明确的求职计划，并且要严格守时，记得跟进潜在雇主保持联系，等等。

• 根据你实际具备的技能策划一个切实可行的求职计划，你应该从你所在公司或者你所熟悉的其他公司或组织中的最明显工作机会开始。

根据已知事实和客观数据做出现实的决策。

- 运用你的辩证思维能力分析每个工作选择的利弊，并排除那些你不感兴趣的或不符合要求的工作选择。

- 尽可能多地收集有关潜在雇主所在公司或行业的信息。

下面是一位 ESTJ 类型的人寻找新工作的案例，它能有效地阐明如何将以上两条建议应用到现实中去。

杰克逊得知他所在的公司要裁员，并且他的工作可能处于被裁掉的行列后，他所做的第一件事就是坐下来，细致、冷静地评估自己当前的处境。他做了两张电子表格：第一张电子表格是有关财务方面的，通过认真地分析自己的资产、负债和每月支出数额，算出了在没有收入的情况下自己的正常生活还能维持多久；第二张电子表格列出了自己工作中的强项和弱项，以及自己应该向潜在雇主推销的才能。

杰克逊知道自己想留在同一行业工作，接下来他为自己制定了一个令人印象深刻的"推销计划"，把自己推销给潜在雇主。计划中包括自己可能要去面试的公司、面试的策略，以及完成各项任务的预计时间表。杰克逊联系了许多潜在雇主，并与他们进行了咨询性面试以了解一些具体的工作情况，调查了一些特定的公司以确定自己是否对它们感兴趣。我们可以看出，杰克逊对待求职过程就像对待他所从事的中层管理工作一样——高效、熟练、果断且积极。

在总结你的技能和能力可以为潜在雇主带来何种利益时，要直截了当且诚恳真实。

- 在面试前做好准备，列出一些面试官（或者潜在雇主）可能会问你的问题。练习回答这些问题，并且把重点放在讲述你过去的经历和成就上面。

- 请一位朋友来问你一些可能会很难的问题，这样你就可以提前演练一下如何作答。

大卫想要找一份首席执行官的工作。他在一家公司参加了多轮艰难的面试，并且经常被问到一些难题，例如，在某个假设的情况下他要如何处理遇到的问题，等等。有几次，大卫都怀疑面试官是不是在故意刁难自己，因为他用一种很傲慢的语气来提问。但是，大卫并没有因此而愤愤不平，而是决定完全坦诚地把自己的真实想法告诉了面试官。他提出了许多建设性的批评意见，阐述了他认为公司需要做出哪些改变才能取得成功。在 5 次面试中，大卫偶尔会怀疑自己这样做是否正确。他也是冒有一定的风险，因为他想通过这种方式展示自己的勇气和在必要的情况下进行艰难决策的能力。果然，他的决定是正确的。他表现出的这些品质正是这家公司希望在首席执行官身上看到的。

设定并实现切实可行的求职目标。

- 列出一个表格，把想要寻找的新工作的重要特征，如薪资、福利、工作日程、工作地点、晋升空间以及其他重要因素等都考虑进去。使用这个表格来评估每一个工作机会。

- 不要忘了，要找到一份合适的工作可能需要 3~12 个月，甚至更长的时间。在完成所有必要的求职步骤之前，不要指望能找到工作。

在一家小型制造公司的采购部门工作了几年之后，吉娜意识到，要想在将来找到一份职权更大、薪水更高的工作，她应该重返校园完成她的商务学位。由于她的经济能力不足以支撑她完全放弃工作而全职上学，她做了一些调查，了解到一所小型私立大学提供她想要的学位课程，而且还有一些优惠政策，那就是学校对本校在职员工提供学费减免计划。因此她申请去该学校的采购部门工作，这样她就可以每学期免费学习两门课程。她接受这份工作时完全清楚，完成学业需要两年的时间，但她可以不用交学费，同时，还能在自己熟悉的领域应用和提升自己的商务技能。

把自己打造成一个有能力、稳定且称职的候选人。

- 在所有书面材料（包括简历和求职信）以及所有面试中，都要以清晰、有条理的方式展现自己的才能。一定要以自己过去的工作经历为例，来证明自己的能力和成就。

- 提供以前的雇主给自己写的推荐信，用以证明自己的才能以及出色的工作表现。

- 向潜在雇主明确指出自己能够帮助公司达成目标的方法和策略。

在一家公司工作了将近12年之后，塔尼娅想要转行，寻找一份更具挑战性的工作。由于她在职期间的3位上司对她的工作表现都非常满意，因此她请求每位上司都为自己写一封推荐信，并且告诉他们她希望他们写的内容。她希望他们的推荐信中提及自己一贯出色的工作表现、优秀的才能以及为公司发展做出的可观的贡献。在后来的面试中，她主动提供这些推荐信的复印件，并请求面试官把它们放入她的个人档案里。

广泛拓展人际关系。

- 请那些与你共事多年且了解你的同事帮忙，请他们把你介绍给那些能够提供工作机会的人。

在德文特准备寻找一份新工作的时候，他联系了自己在垒球队和教会里的朋友，询问他们所在的公司是否有职位空缺。经过一系列了解职位信息的交谈之后，一位朋友把他介绍给了自己公司管理培训部门的主管。后来，德文特从这位主管处得知，有一名员工要换工作，该部门即将有一个职位空缺。于是，他申请了这份工作，并且很快便成功地获得了这份工作，而此时，他人还不知道这个职位发生了变动。

▶ **可能遇到的陷阱**

虽然每个人都是独一无二的，但ESTJ类型的人仍然存在一些共同的潜在盲点。在这里强调"潜在"，是因为以下我们列出的条目中，其中一些明显与你相关，而另一些则可能不太符合你的实际情况。你会注意到，这些倾向不仅影响你对于求职的看法，也渗透至你生活的各个方面。因此，在阅读下面的每一个条目时，不妨结合自己过去的经历，问自己："这对我来说是真的吗？"如果答案是肯定的，那么就继续问自己："这种错误的倾向是如何阻碍我实现目标的?"你很可能发现,要克服这些盲点,关键在于有意识、精心地发展你的第三功能(感觉)和第四功能(思考)。当然,对于 ESTJ 类型的人来说,以下这些建议在实施过程中都会面临诸多困难,但是,这两种功能运用得越多,它们在将来给你带来的麻烦就会越少。

1. **不要急于做出决策。**

• 给自己留点时间(哪怕只是稍等片刻),问问自己对某种情况有多少了解,有多少不了解,并且思考一下自己对当前所面临的问题或选择的感受,这些都有助于你更好地做出决策。

• 在求职的各个阶段尽量多问一些开放性的问题,以便更好地了解你的选择可能带来的影响。

2. **在运用常规的求职方法的同时,考虑采取一些富有创造性的或不限于常规形式的求职策略或方法。**

• 请求那些具有更强直觉的朋友或同事帮忙,一起集思广益,想出一些办法来接触公司内部的关键决策者或潜在雇主。

3. **在权衡工作选择的时候,也要为自己作长远的打算。**

• 尝试着展望未来的情形,想象随着你的成长和年龄的增长,你的目标或需求可能会发生怎样的变化。列出你现在的需要,并试着预测一年、五年和十年后这些需求的变化。在做具有长远影响的决定时,要考虑这些信息。

• 在面试过程中,要询问公司内部的发展潜力、异地调动的可能性以及公司老板的长远目标,以确保自己愿意去公司可能安排的任何地方工作。

4. **尽量与面试官建立融洽的关系,不要唐突无礼,也不要过于公事公办而没有人情味。**

• 面试前尽量放松自己的情绪,不要让严肃紧张的气氛对你的态度和气质产生负面影响。记住,你希望自己被视为一个容易相处的人,能够轻松成为团队中的一员。

5. **在协商过程中,不要过于僵化和固执,显得不够通融。**

• 在选择合适的工作机会时,可以将你对工作的评判标准作为参考,而不要受一些不可更改的规则的制约。对于那些你绝对无法接受的要素要坚决坚持,而对于不太重要的方面则要留出一些灵活变通的余地。

• 在提出负面的批评之前,应尽量给予积极的反馈,因为你知道负面的观点可能会冒犯他人或使他人反感。

▶ 最后一步:换工作还是保持当前工作……ESTJ 类型的人成功的关键

现在,你已经深刻理解了自己的性格类型,并且清楚自己天生的性格偏好所适应的职业类型。此外,了解自身性格类型的优劣势对于成功求职具有重要意义。然而,即使作为 ESTJ 类型的人,也需要意识到本章前面"适合 ESTJ 类型的人的一般职业"中列出的职业未必都适合你。因此,下一步也是最后一步，就是缩小搜索范围，从而找到理想工作的方向。

除了性格类型之外，一些其他因素，如你的价值观、兴趣爱好以及技能等，也会影响你对工作的满意程度。你与工作的契合度越高，你就越快乐。因此，请准备运用所学知识（包括本书内容以及生活经验）来制定你的战略性的职业规划吧。本书第23章中的练习就是专门为了这个目的而设计的。

然而，如果你觉得保持现有工作岗位或继续留在当前雇主身边更有意义（也许只是暂时的），那么做出这个决定可能基于多种合理的原因——如经济压力、家庭因素、所学专业就业形势严峻，以及转换工作的时机尚未成熟。但请振作起来！通过本书获得的知识同样能帮助你在现有的工作岗位上获得职业满足与事业成功。当需要做出重大职业调整的时候，你将更加清晰自己的发展方向，并明确如何找到理想的工作的方法。

▶ "所以，如果你目前还没有找到更适合的工作……那就热爱你现在的工作吧。"

事实上，大多数行业都提供灵活调配的机会。这里有一些方法，可以让你的当前工作更适合你的需要，仅供参考：

- 聘用一位得力的助手。
- 提供会议议程手册，以帮助人们为会议做好准备。
- 征求一些与你风格不同的同事的建议和意见。
- 加入专业性组织，给自己创造与他人交往的机会。
- 开发并实施高效的工作系统，并要求直接下属使用它们。
- 确保自己能够在很多人中间工作，以使自己能够一直保持活力；如果可能的话，将枯燥乏味的工作任务委托给他人去做。
- 如果你从事的不是管理方面的工作，可以找到一个需要做的项目，并主动提出领导这项工作。
- 要求你的上司明确地表达他们对你工作的期望。
- 要融入团队中。

▶ ESTJ 类型的人能够发挥长处并克服不足

何塞是一名人寿保险销售员，他正在寻找一名新的行政助理。他清楚自己需要的是一个既能在工作中的诸多细节上一丝不苟，又能在与客户打交道的过程中表现得亲切随和的人。当通过传统招聘方式未能找到合适的人选时，他决定尝试通过人际关系网来解决这个问题。他在一个大型综合网站和几个社交媒体平台上发布了招聘信息，并在拜访客户后向部分客户提及了这个招聘信息。最终还是最后一个策略奏效了。一位客户向他推荐了一名精明强干的行政助理，她是在家里照顾了几年孩子后重新返回职场的。

▸ 利用已有资源获取所需之果

如何才能取得成功？简而言之，就是发挥你的优势，弥补你的弱点。这是否能够做到，将直接影响到你是取得成功还是遭遇失败，是热爱还是厌烦你的工作。我们接下来列举了一些你可能具备的优势和存在的弱点，希望能对你有所帮助。尽管每个人都是独一无二的个体，但作为 ESTJ 类型的人，我们所列举的这些总有一些比较符合你。

你在工作中的优势可能包括：

- 注重实用性，关注结果。
- 能强有力地承担自己的义务；必要的时候能够意志坚定、态度坚决。
- 能够自始至终地专注于公司（或组织）的目标。
- 做事精确、很少出差错，有要把工作做好的强烈愿望。
- 能够很好地遵循常规的工作安排和工作程序。
- 能够敏感地察觉出不合逻辑、不一致、不切实际以及低效率的情况。
- 具有出色的组织能力；擅长做出客观的决定。
- 相信传统模式所具备的价值，并且能够遵循传统的模式工作。
- 责任感强；说到做到，值得信赖。
- 工作态度非常明确；对工作效率和工作成果有追求。
- 具备丰富的常识，拥有现实的视角。

你在工作中的弱点可能包括：

- 对不遵循工作程序或忽略重要细节的人缺乏耐心。
- 不愿意接受新的、未经检验的观点和想法。
- 对变化感到不适或抵制革新。
- 对低效率的或者耗时过长的工作程序缺乏耐心。
- 只考虑当前需求而不顾及长远利益。
- 有为了达成自己的目标而忽视他人需求的倾向。
- 难以看到未来的可能性。
- 对于制定的政策和决策将会对他人产生的影响缺乏敏感性。
- 不愿意倾听反对意见；可能会频繁地打断他人的发言。

发挥你的优势其实很简单。
ESTJ 类型的人成功的秘诀在于：

学会放慢工作的节奏，
学着多为他人着想，
力求能够灵活变通。

第16章

ISTJ 类型（内向、感觉、思考、判断）：从容地做好自己的事情

> **人物 1　杰姬，行政助理组织职员**
>
> "我的职责在幕后，努力确保一切顺利运行。"

▶ 工作概况

杰姬是将她的老板和她的工作紧密联系在一起的"黏合剂"。她在一家非营利教育机构担任执行董事的特别助理。杰姬做事井井有条、高效能干，是她的老板汤姆的坚实后盾。在杰姬的眼中，汤姆是一个有远见的人，"他的想法非常多，而且总是想同时运作所有的项目。但是由于他从一个项目跳转到另一个项目的速度实在太快了，因此他很难完成任何项目。"

这就是杰姬发挥作用的地方。她负责安排日程、处理后勤事务以及定期对公司的项目进行"可行性检查"——她发挥的是"稳定剂"的作用，同时帮助所有团队保持顺畅的沟通。杰姬总结自己的职责是"寻找空当时间召开会议"，也就是说，她要规划好汤姆的工作日程以及合理安排他的工作地点，并确保汤姆有充足的时间完成所有需要完成的工作。如果没有她发挥的关键性作用，这家非营利教育机构就无法完成那么多对社会有益的事情。杰姬对此深感满意。

▶ 背景介绍

用杰姬自己的话说，她的职业道路"漫长而曲折"。当杰姬大学毕业并获得心理学和东亚研究学位后，她以为自己想进入学校成为一名辅导员。因此，她马上投入到教育学硕士课程的学习中，并在第二年获得了学校咨询师的资格证书。第一年的课程结束后，杰姬在本市的一所特许学校做暑期教学实习，这段实习经历让她更加坚定了对教育事业的热爱，并决定返回学校进行下一年的学习以获得学校咨询师的资格证书。

获得硕士学位后，杰姬在本市的一所公立中学担任了几个月的辅导员，但她发现自己的外州执照一直无法转过来。此外，学校的工作环境也并不理想，她认为校长能力不足且工作效率低下。杰姬发现，在一个组织混乱、管理不善的工作场所，作为一个有能力的人，她不得不承担许多人的工作，却无

第 16 章
ISTJ 类型（内向、感觉、思考、判断）：从容地做好自己的事情

法真正做好自己的本职工作。

杰姬先是努力改善工作环境，但几个月后，她意识到她所面临的问题是系统性的，不是她个人所能解决的。于是，她开始重新求职，在经过 6 轮严格的面试后，她获得了一家非营利教育机构执行董事特别助理的职位。如今，她能够朝着自己在过往每一份工作中一直追求的目标迈进——努力让教育界变得更加公平、更具实用性。最重要的是，现在这份工作允许她创建组织性强、效率高的工作系统，而这正是她在之前的工作环境中极度缺乏的。

▶ 职业满足分析

杰姬是一个管理后勤事务的高手。由于她的主导功能是感觉，因此她对各项事务的细节了如指掌，且行事脚踏实地，对周围的世界有着非常现实的认知。汤姆擅长进行长远规划，而杰姬则牢牢把握当下，弥补了汤姆能力上的不足。例如，在杰姬入职本机构之前，汤姆经常开会迟到，因为他从不考虑路上的时间。现在他能提前 5 分钟到达会议现场。杰姬的辅助功能是思考，这使她冷静沉着、理性且果断。作为一个判断型的人，她做事迅速且有计划："我喜欢做组织者，也喜欢跟进他人的工作。"和许多传统主义者一样，杰姬对社区服务和帮助他人有着强烈的向往。她认为自己之前作为学校辅导员的角色和现在作为汤姆支持者的角色之间有很多共同点。

"我真的非常喜欢做幕后工作，努力确保一切顺利运行。"在这份工作中，内向的杰姬可以在对她来说很重要的事业中发挥辅助作用，以一种真实而有意义的方式为社区提供服务。

▶ 前景展望

由于杰姬在新的岗位上才工作了几个月，目前的主要任务仍然是适应工作的节奏。但她确实看到了自己在该机构未来的发展方向，她很快就会承担更多的职责，例如成为学校董事会的联络人，与财务主管部门合作，以及在董事会管理中发挥更大的作用。

杰姬认为自己最终会回到商学院学习项目管理课程，或者成为一名专职顾问。但就目前而言，她认为自己还需要几年的时间才能真正了解汤姆，并弄清楚如何更好地支持他和机构的工作。很显然，杰姬的入职对汤姆和机构来说都是一件幸运的事情！

人物 2　　拉希达，大学院长

"我的目标就是把事情做好。"

▶ 工作概况

拉希达喜欢一切尽在自己掌握。作为一所大型州立大学联合健康学院的院长，她负责的事情非常多。她是一名学术管理人员，主要工作职责是协助老师开展活动，并确保他们拥有完成工作所需的资源。她喜欢制定行动方案然后将其付诸实施，不管这个行动方案仅仅事关小细节还是有关学校管理的大决策。

拉希达所做的大部分工作都属于规

划或决策范畴。她负责所有的人事决策，包括招聘新员工和评估教职员工的工作业绩，并向她的上司——该州立大学的教务长提出员工晋升和是否获得终身教职的建议。她定期为学校编制报告和文件，决定是否因学业或纪律问题开除学生，管理新生录取工作，协助相关部门制定招生计划，管理招生部门员工的工作，编制和管理学校的预算。而且，她每学期还教授一门课程。她为学校制定长期和短期计划，然后评估这些目标是否已经达成。最后，拉希达还代表学校参加校内外的各类委员会和论坛。用她自己的话说，她的"工作能力很强"。

▶ 背景介绍

拉希达似乎对自己的职业道路做了精心的规划，尽管她从未有过真正的宏伟计划。大学毕业后，她又去学习了医学技术，并在一家大型大学附属医院工作了8年。"我很喜欢这份工作。即便到了今天，我仍然认为如果我想离开学术界，我会很高兴地回到医院做一名全职的医疗技术人员。"但她还是转换了工作方向，去迎接新的挑战——进行一对一教学。

不久，她成为一名专职老师，随后又获得了教育学硕士学位。还在医院任教期间，拉希达就获得了心理测量学博士学位。之后，她被提拔为联合健康学院的助理院长，并在这个职位上工作了8年。

拉希达在大学的工作非常愉快，她真的以为自己会在那里工作到退休。但在她参加一家联合健康协会的董事会活动时，遇到了另一所大学即将卸任的院长。这位院长说服拉希达申请她的职位。"我告诉周围的人，这是个我无法拒绝的提议：更高的薪水、更大的责任和更大的权力。"

▶ 工作满足分析

拉希达在一个非常传统的机构中担任着一份责任重大的职位。与她的传统主义者价值观相一致，拉希达在组织有序的环境中非常努力地工作，并在每天的工作中做出许多重要的决定。和许多传统主义者一样，她的职业道路是一步步稳步前进的。她在医学和教育这两个领域的工作之所以都令她感到满意，原因之一是她在这两个领域都有机会为他人提供服务。

在工作中，拉希达必须记录大量的信息。她负责记录学校的所有活动、编写各种报告、统计员工业绩、进行绩效评估等。她的感觉功能协助她完成所有这些任务，同时也将该功能用于做短期规划以及自己每学期的课堂教学。

作为一个判断型的人，拉希达认为自己目标导向的行事风格是她最大的优势之一。"我善于为各项事务设定优先级别，并且非常清楚需要达成什么目标。"她的辅助功能——思考——是她做出决策的方式——很显然，她很喜欢这项活动。思考功能也有助于她坦诚待人，并使她在与人交往过程中以直言不讳、实事求是而著称。

第 16 章
ISTJ 类型（内向、感觉、思考、判断）：从容地做好自己的事情

▶ **前景展望**

在过去 5 年里，拉希达对自己目前的职位感到非常满意。但是，她还有志于有朝一日成为大学校长，扩大她的影响力，拓宽她能够影响和塑造的范围。拉希达非常享受自己的职场生活，因为它能够对公众产生真实的、可以记录的影响。拉希达的勤奋和坚韧似乎是无穷无尽的，因此，她所能取得的成就是无限的。

人物 3　戴夫，物业管理总监

"我会认真负责，努力完成目标。"

▶ **工作概况**

作为一家商业地产公司的副总裁兼物业管理总监，戴夫负责管理全市 6 座不同办公楼的运营和维护工作。他亲自担任其中几座办公楼的现场物业经理，同时监督其他办公楼的现场物业经理的工作。"我的工作无所不包——我负责打理办公楼里的一切事务，这是为了让它们的业主可以放心地做些别的事情。"戴夫非常注重细节，这对他来说是一个优点，因为他的工作需要持续不断进行维护和检查。

每天，戴夫都要处理各种各样的情况和应对不同的人员，例如，与清洁公司、安保公司和垃圾清理服务公司签订合同，并监督维持办公楼正常运转的众多机械技术人员的工作。在工作时间内的任何时刻，他可能在处理租户对办公室温度的投诉，或者安排安装新的电源插头、更换灯泡，等等。他常常会随身携带一份表格，把观察到的需要维修的地方记录下来，然后指派员工或合约中负责维修的人员来完成维修工作。偶尔，他也会花些时间与现有租户续签租约，或者在带有意承租的客户参观时介绍自己的服务并回答他们提出的一些有关运营方面的咨询。确保一切正常运转是他的目标和职责所在。

最让戴夫感到高兴和振奋的事情就是，他能够对办公楼进行必要的装修改造，使它们更好地运转。"有一次，我觉得电梯里面的灯光太暗了，于是我换上了新的灯带。看到电梯里的光线有了这么大的改善，我感到非常高兴！"戴夫善于分析和利用各种资源，收集大量重要的技术方面的数据，与供应商讨价还价，并监督装修改造的全部过程，然后体会自己和他人劳动所带来的成果。在使用有效且实用的方式解决各类问题的过程中，他的劳动也获得了丰厚的回报。

▶ **背景介绍**

起初，戴夫的职业道路有一些偏离正轨，他获得了心理学学位，当然他也知道这个学历对自己永远也没什么用处。不久后，他申请到一个研究生学习项目，他认为这个项目可以让他在攻读硕士学位的同时，还能获得建筑物运营和学生活动方面的经验。在大学校园里的两年时间里，他在 3 个不同的岗位工作过——协助校园中心做运营、帮助策划并举办学生活动以及经营校园内的酒

吧。这为他接下来担任另一所大学学生中心的主管人员作了很好的准备。他很喜欢这份工作，但又认为大学校园里的那种学术和政治氛围对他来说太过严肃。

两年后，他参加了现在就职的房地产公司助理物业经理一职的面试。第一轮面试后，他得知公司高管对他印象一般。第二轮面试是在他位于校园中心的办公室中进行的。"我想，面试官看到我实际的工作状态，井井有条地处理好各项事务（而且在和他们一起出门的时候，我还不忘捡起地上的口香糖包装纸），这让他们对我的能力充满信心，而我认真负责的工作态度也给他们留下了深刻的印象。"他被录用了，并在两年内晋升为物业经理，又过了两年，他再次晋升为副总裁兼物业管理总监。这真是一个迅速的职位提升，对戴夫来说，速度有点太快了。"我从不拒绝找上门来的机遇。实际上，我常常为自己能够有机会承担更多的责任而感到高兴，但我确实觉得自己在这个职位上要学的东西很多，还有很长的路要走。我很满意自己目前的状态，愿意通过接手更多物业来拓展自己的职责范围。"

▶ **职业满足分析**

物业经理的工作很适合戴夫传统主义者的气质。他的工作是维护楼宇中的各种设施和设备，确保它们符合各项标准和规范并且运转正常。他的工作责任重大，而且他所承担的任务以及完成任务所需的工作程序都是有着明确规定的。

在工作中，戴夫必须关注每一个问题。他需要时刻都处于警觉状态，运用他占主导地位的感觉功能，留意每一件东西看起来如何、听起来如何、触摸起来如何，甚至闻起来如何。在检查他所管理的物业时，他必须注意诸如灯光照明、温度高低和音响装置等方方面面，甚至是有关建筑物外观的一些细小的地方。此外，他还必须了解预算的变化及趋势，确保按时实施维护计划，记录下重要的数据和事件，并遵循那些固定的工作程序。

戴夫的另一项工作职责是与房产卖方、房地产商人、技术人员以及维护和安保人员签订合同。作为一个思考型的人，这个方面的特质有助于他公正、客观地评估许多人的工作表现，并在各项谈判中争取最有利的合同条款时表现得立场坚定、态度坚决。与许多判断型的人一样，戴夫认为接受挑战并坚持到底是一件很有成就感的事情。他的动力来自从完成任务中获得的满足感。

▶ **前景展望**

目前，戴夫对自己的现状很满意。"或许有一天，我能成为某个项目的合伙人，来帮助他人分担一些风险，但我并不想成为一个房地产开发商，虽然从事本行业的人都有这样的打算。"最近，戴夫还利用业余时间参与当地的政治事务，并在自己所在的公寓协会董事会担任职务。"我认为自己有朝一日会竞选一个公职——镇议员或市议员。我很关心自己社区的发展，同时也打算在这一过程中发挥更大的作用。"

共同之处

尽管拉希达、戴夫和杰姬各自拥有不同的教育背景、职业经历以及职业选择，他们之间依然存在一些共同点。虽然兴趣、能力和价值观有所差异，但他们具有相似的性格特征以及相同的心理功能层次，我们可以对ISTJ类型的人的需求做一些观察。

我们在下面列出了使ISTJ类型的人获得职业满足的重要因素——可以称其为衡量标准。鉴于每个人都是独一无二的存在——即便同属一种性格类型，其特点也各不相同——因此，这些因素并不能完全准确地描述所有ISTJ类型的人。重要的是，以下10个因素以不同程度影响着ISTJ类型的人如何获得真正意义上的职业满足。

查看完这10个因素后，我们建议你按照自身的标准对它们进行排序。在排序过程中，请回忆过去的工作经验并思考当前工作的体验，看看哪些经历令你特别满意或特别失望。同时，应寻找贯穿多个经历中的主题，而不是仅限于某个单一工作环境下成立，而在其他工作环境下却无效的情况。

作为ISTJ类型的人，要获得职业满足，你所做的工作应：

1. 具有技术性，能够让你依靠自己的能力来了解和使用重要的事实和细节。

2. 涉及很多实际的产品和服务。这些产品和服务是通过严谨周密、合乎逻辑且高效的方式——最好采用标准化的操作程序来生产或实现的。

3. 允许我拥有充足的时间来独立地开展工作，发挥我出色的专注力来完成项目和（或）任务。

4. 是在一个稳定且标准化的环境中完成的，做这些工作时我不必承担不必要的风险，也不必采用未经检验或试验性的方法。

5. 我的工作成果是可以看得见且可以衡量的，而且需要和重视采用精确和严格的标准来评估工作的数量和质量。

6. 有明确的目标和清晰的组织结构。

7. 能让我在提交工作成果或进行展示之前有充足的时间来准备，最好是能一对一或在小范围内进行。

8. 赋予我越来越大的权力和职责，而且几乎不参加社会政治方面的活动，我的工作表现是根据职位描述的要求进行评估的，我的工作表现和贡献也会得到认可。

9. 在我的工作环境中，我的实际判断力和过去的工作经历是很受到重视和嘉奖的。

10. 它为我提供了必要的资源，使我能够设定正式的目标，并且实现这些目标。

适合ISTJ类型的人的一般职业

在列举适合ISTJ类型的人的一般

职业时，也请读者注意，每一种职业中都有各种性格类型的成功人士。以下职业可能是 ISTJ 类型的人会比较满意的职业，我们也将解释其中的原因。当然，我们无法详尽地列出所有适合的职业，只是为了给你提供一些你之前可能未曾考虑过的可能性。

虽然我们列出的这些职业都可能让你获得职业满足，但预计其中一些职业的未来需求可能会更大。

商业类

- 审计员
- 办公室管理人员
- 会计
- 经理/主管
- 行政助理
- 效率专家/效率分析师
- 保险核保人员
- 记账员
- 物流与供应管理人员
- 合规监管专员
- 首席信息官
- 保险精算师
- 商业/住宅物业经理
- 票据/账单催收员
- 建筑和施工检查员
- 建筑经理
- 采购代理商/合同专员
- 保险理赔审查员
- 统计人员
- 技术撰稿人
- 协会经理/顾问
- 项目经理

- 房地产评估师

ISTJ 类型的人通常喜欢从事商业领域的工作，并在系统管理和确保事务顺利运行方面表现出色。他们通常更喜欢传统、成熟的组织或企业，他们的存在能够稳定组织或企业的正常运营。他们能够高效、彻底地了解成本和收入的最新动态和发展趋势，并且他们不允许存在错误或遗漏而不加以检查或纠正。作为管理者，他们为员工提供明确的角色定位，并建立确定的工作方法。

销售/服务类

- 警察/侦探
- 税务局工作人员
- 政府监查员
- 公务员
- 军官
- 房地产经纪人
- 体育类器材或商品销售人员
- 狱警
- 工业安全与健康工程师
- 消防专家
- 船长
- 商用飞机飞行员
- 缓刑监督官
- 园艺经理
- 飞行工程师
- 邮政局局长/邮件主管
- 环境合规检查员
- 移民和海关检查员
- 建筑绘图员
- 有机农场主

- 乐器制造师
- 飞行导航员

政府机构的职业往往契合 ISTJ 类型的人渴望为社区服务的愿望。他们喜欢维护服务于或保护所有人的制度或机构。他们能在一个组织良好的环境中出色地工作，并且能够很好地接受和给予指导与管理。ISTJ 类型的人能运用他们的知识和过往经验，高效且果断地处理当前的问题。他们对事实和细节有很好的记忆力，并在所做的工作中做出符合实际的判断。他们喜欢销售自己亲身参与生产或制作的有形产品。

金融类

- 银行检查员
- 证券投资官员
- 税收征集和审查人员
- 股票经纪人
- 不动产规划人员
- 信贷分析师
- 预算分析师
- 成本估算师
- 财务主管/财务总监/首席财务官

ISTJ 类型的人通常很擅长处理数据。他们善于记住并运用事实与细节，并能引用证据来支持自己的观点。他们的注意力不容易被分散，而且他们会一丝不苟地努力完成工作任务，力求准确无误、细致入微。金融领域的职业往往需要具备如下能力：能够有效地独立工作，能够处理大量的数据，能通过准确无误的计算来完成后续的工作。

教育类

- 校长
- 老师（技术/工业/数学/体育）
- 图书管理员
- 行政管理人员
- 档案管理员

ISTJ 类型的人在教育领域往往能获得职业满足，尤其是那些涉及行政管理和（或）技术学科的工作。他们在监督学校的运营或课程教学方面表现出色。他们善于寻找维持制度或组织的现实可行的方法。行政管理和图书馆的工作能够让 ISTJ 类型的人独立开展工作，并运用客观分析方法来维持各项事务的秩序或者监控各类数据，如考试成绩和预算执行情况。当教授技术性和实践性方面的课程时，ISTJ 类型的人也会体验到教学的乐趣，因为这类学科能给他们提供大量的实践教学和学习的机会。

法律类

- 法律研究员
- 律师助理
- 法律秘书
- 法官/治安法官
- 刑事专家/弹道学专家
- 法庭书记员

ISTJ 类型的人在法律领域往往能够充分发挥他们的才能。他们专注力强、能够记住详细的信息并且正确地遵循必要的程序和体系，这使他们成为律师事务所或法律执业机构的优秀员工。ISTJ 类型的人喜欢法律严肃且严谨的工作，并且相信和遵循先例。

科技/科学类
- 电工
- 工程师
- 机械师
- 计算机程序员
- 软件开发人员（操作系统/应用程序）
- 软件/网络开发工程师
- 计算机/信息研究科学家
- 建筑与开发工程师
- 技术作家
- 药品销售员/药品研究人员
- 地质学家
- 气象学家
- 航空机械师
- 光伏安装人员
- 风力涡轮机服务技术人员
- 机械/工业/电气工程师
- 农业科学家
- 可靠性测试工程师
- 数据库管理员
- 网络系统/数据通信分析师
- 硬件工程师

上述职业为 ISTJ 类型的人提供了发挥他们技术方面才能的机会，并设计和生产出精确度要求非常高的产品。由于他们从不想当然地对待任何事情，因此能够发现失误和疏漏，并且正确地遵循必要的程序和系统。这些职业中的大多数能让 ISTJ 类型的人有机会独立开展工作，充分发挥他们强大的专注力，并且运用他们出色的记忆能力和精湛的技能。

医疗保健类
- 外科医生
- 兽医
- 牙科医生
- 护理管理人员
- 医疗保健管理人员
- 药剂师
- 实验室技术人员
- 医学研究员
- 初级保健医生
- 生物医学技术专家
- 运动生理学家
- 兽医技术员/技师
- 牙科保健人员
- 药剂师/药房技术人员
- 外科技术员
- 医学超声诊断技术人员
- 正畸医生
- 法医
- 验光师
- 公共卫生官员
- 生物标本技术人员
- 环境科学技术人员
- 病理技术人员
- 脑电图技术人员

医疗保健领域的职业常常能吸引 ISTJ 类型的人，尤其是那些设置在医院传统模式中的职业更是如此。他们密切关注患者当前的实际状况。他们能够认真、细致地倾听患者的感受和意见，并提供深思熟虑且稳妥的建议，为他们制定有效的治疗方案。ISTJ 类型的人在医疗保健领域中也常常是成功的管理人

第 16 章
ISTJ 类型（内向、感觉、思考、判断）：从容地做好自己的事情

员，他们尽职尽责、稳健地工作，并且履行自己的职责、信守承诺。他们喜欢井然有序的工作环境，并且愿意奖励那些以任务为导向和按时完成工作的人。对于那些记忆力非常好、能够过目不忘的 ISTJ 类型的人来说，牙科和药理学这类技术性较强的学科往往令他们乐在其中。

请读者注意，有许多适合 ISTJ 类型的人发挥独特才能以获得职业满足的职业，而我们以上推荐的仅为其中的一部分。

▶ 求职之路，因人而异

了解自己性格类型特有的优势和劣势，将使你的求职之路更加顺畅。从研究适合自己的工作岗位，到接触潜在雇主，再到准备求职资料（如个人简历）、安排面试、与对方协商薪酬待遇，直至最终获得工作，每一步都体现出个人的性格类型。因此，是否能够有效利用自身优势并弥补不足，将直接影响求职的成功几率。

不同性格类型之间的差异大小不一，有的微乎其微，而有的却极为显著。如果根据我们的建议做出细微调整，就可能将求职失败转变为求职成功。人际网络的概念就是一个很好的例子。外向型的人自然喜爱社交，我们鼓励他们大胆拓展社交圈；而内向型的人则偏好在小范围内进行交流，且更倾向于与熟悉的对象交流。感觉型的人乐于在有限范围内与人建立联系；而直觉型的人则会广泛寻求互动，即便某些社交对象似乎志趣不投。同样地，情感型的人重视人与人之间的连接，希望营造融洽的氛围；而思考型的人则表现得更为冷静和客观。判断型的人在人际交往时话题数量较少且内容严谨；而知觉型的人交流的话题则较为广泛！虽然有效的求职技巧可能只有一种，但成功路径却是千差万别的。

▶ 通向成功之路：发挥自己的优势

一旦下定决心要找到一份合适的工作，你将会十分努力地去寻找它。你的坚持不懈以及严肃认真地对待整个求职过程的态度会使你一直坚持下去，直到找到满意的工作。尽管如此，在你急切地想要达成目标的同时，你可能会忽略其他的可能性、新的信息或新的求职方法。

对于 ISTJ 类型的人来说，最有效的求职策略建立在如下能力基础之上。

全面地研究可能的职业选择，并进行详尽地收集与之有关的数据。

- 在求职开始的收集信息阶段，务必保持耐心。请记住，找到一份合适的工作往往需要花费好几个月的时间。
- 有选择地与熟悉和了解你的几个人交流求职信息，尤其是那些现在在不同工作岗位的过去的同事，或者他们向你推荐的人。

弗朗西斯科想在本州政府的税务部门找一份工作，于是他请求在扶轮社工作的一位朋友把他介绍给一位在税务局工作的人。弗朗西斯科与这个人详细地

谈论了自己的情况，之后这个人还带他参观了税务局的办公室，向他展示了这里的典型工作方式，甚至还向他讲了一些这里的工作人员对税务局工作的抱怨。因此，在正式申请这个职位之前，弗朗西斯科对这份工作的优缺点有了更加全面和现实的认识。

精心准备你自我推销的材料。

以客观的眼光看待你的简历和求职信。问自己，它们传递出关于你的什么样的信息？它们是否能准确地反映你的实际能力？

- 一定要把你近期和过去的工作成就都写进去，如果需要的话，也可以附上推荐信。

朱莉安娜在着手制作简历时，先仿照了一位同行朋友的简历。但她认为自己需要的是一份能更好地推销自己技能和工作经验的简历。于是她把制作简历的重点放在了工作成就以及取得每项工作成就所运用的技能上面。在简历的工作经历部分，朱莉安娜展示了过往的每份工作是如何提高她的能力的。当她把简历和这份个性化的求职信一起寄出时，她自信地认为审核简历的人会对她的经历以及工作能力有一个很好的认识。

耐心遵循公司的招聘和人事程序。

- 在收集有关公司的信息时，也要询问或阅读有关公司招聘程序的信息。调整自己的求职方法，使之符合公司的工作日程和招聘惯例。

- 使自己的求职过程符合公司的招聘程序，积极发挥自己与公司互动的作用，尊重并服从公司的调配，通过这样证实自己会是一名合格的员工。

当一家大型制造公司的招聘人员来到玛尔塔所在的大学，从研究生中招聘计算机编程人员时，玛尔塔决定在参加面试之前提前获取一些必要的信息。她咨询了自己的职业顾问，并且得知了一位目前在该公司任职的校友的名字。玛尔塔学以致用，为面试做了充分的准备。除了准备好回答面试的标准问题之外，她还准备了一些问题，这样她就能让面试官知道她事先做了充分的准备并且对公司有所了解。面试官对她的主动和创新留下了深刻的印象。除此之外，更加微妙的地方在于，玛尔塔从她的校友那里了解到一个事实——这家公司倡导比较传统的着装风格。玛尔塔专门为这次面试准备了一套传统的蓝色套装。令她意想不到的是，负责面试的公司代表所穿的衣服几乎与她的一模一样。

不要疏漏细节部分。

- 集中精力完成与求职相关的大小任务。这包括制定一个总体的计划、跟踪求职进度以及采取后续行动。

- 保持有条不紊。展示你的才能，不要害怕坚持不懈，要表现出你对某份工作的兴趣。

尼伊莎已经确定了她职业转型的目标。她决定要成为附近一家医院的护理部主任。这个职位还处在内部招聘阶段，所以在短期内，尼伊莎只能等着看医院是否会向公众公开招聘。她与该医院的每一个联系人都保持着联系，并定期给医院掌管人事事务的副主任写邮

第 16 章
ISTJ 类型（内向、感觉、思考、判断）：从容地做好自己的事情

件，提醒他自己对这个职位的兴趣。在等待的过程中，她曾经有几次不知道是否还需要继续与他们联系。但是，最终她还是决定一如既往地继续下去，只有这样她才能表明自己在得到这个工作机会之后依然会全力以赴地努力工作。她的坚持得到了回报。当这个职位向社会公开招聘时，她是第一个，也是最后一个申请者。

经过深思熟虑，做出切实可行的决定。

- 给自己充足的时间来仔细考虑工作选择。让你的潜在雇主知道，你会认真对待你的承诺，并且在得到这个工作机会之后也会尽职尽责地工作。
- 客观地审视当前的就业市场和自己的才能。运用你的逻辑推理能力来帮助自己做出合理的决定。

从海军退役后，克雷格想要找一份新的工作，于是他向职业咨询中心寻求帮助。他列出了一些切实可行的工作选择，其中的一种方法就是审视自己具有的技能，并且调查了他所在州的就业市场。他曾考虑过运用自己在体育训练方面的才能，去一支职业的体育队或大学生运动队工作，但是他发现这个方面的工作机会太少了。因此，他决定申请到一所高中任职，这所高中需要为橄榄球和棒球球队配备一名新的教练。克雷格有能力在这个工作岗位上同时做好两个球队的教练。

▶ **可能遇到的陷阱**

虽然每个人都是独一无二的，但ISTJ 类型的人仍然存在一些共同的潜在盲点。在这里强调"潜在"，是因为以下我们列出的条目中，其中一些明显与你相关，而另一些则可能不太符合你的实际情况。你会注意到，这些倾向不仅影响你对于求职的看法，也渗透至你生活的各个方面。因此，在阅读下面的每一个条目时，不妨结合自己过去的经历，问自己："这对我来说是真的吗？"如果答案是肯定的，那么就继续问自己："这种错误的倾向是如何阻碍我实现目标的？"你很可能发现，要克服这些盲点，关键在于有意识、精心地发展你的第三功能（感觉）和第四功能（思考）。当然，对于 ISTJ 类型的人来说，以下这些建议在实施过程中都会面临诸多困难，但是，这两种功能运用得越多，它们在将来给你带来的麻烦就会越少。

1. **要善于发现新的工作机会。**

- 寻找目前尚不存在的工作机会。向朋友或者专业机构寻求帮助，列出一些你感兴趣的职业。同时，根据你所具备的能力寻找可能的工作机会，即便你以前没有这些领域的工作经验也没有关系。
- 不要仅仅因为你缺乏在某一个领域的直接工作经验，就轻易排除某些工作选择。

2. **不要忽视你所做的决定所带来的长远影响。**

- 设想一下自己在所考虑的每一个职业中工作。想象自己 5 年、10 年或 20 年以后的工作情况。自己的工作是

217

否有发展潜力？是否有机会转换工作领域或获得更多的职权？

• 分别设计长期和短期的工作目标，并把它们作为寻求合适职业的衡量标准。将可能的工作选择与这两类目标进行比较，考虑是否可以为了短期目标而放弃长远目标。

3. 在考虑工作机会的时候不要过于谨慎或守旧。

• 尽量让自己保持开放的心态，去尝试一些与以往截然不同的事情。为了获得职业满足，有必要的话，可以考虑适度地去冒险。

• 如果你认为自己跳不出传统思维模式的框架，不妨继续向朋友或专业机构寻求帮助或建议。

4. 在求职过程中，不要忘记考虑人性的因素。

• 花些时间思考自己的真实感受和动机，以及什么是合乎逻辑的，什么是你在技能和能力上能够胜任的。问问自己，在你的生活和工作中，什么才是真正重要的，并确保你没有为了工作而牺牲生活。

• 在面试过程中，留意人际交往中的细微之处。即便你觉得某些礼节性的小事无关紧要，但由于你现在知道他人很在乎它们，也请你好好遵守它们。

5. 表现出你对这份工作的热情，要积极地推销自己。

• 如果你确实对某个职位很感兴趣，请让他人知道这一点。为自己和这个职位保持活力和热情。

• 不要低估自己的能力和你可能为公司做出的贡献。通过说出你过去在工作中取得的成就和自己可能为公司做出的贡献，来展现你对自己的信心。

▶ 最后一步：换工作还是保持当前工作……ISTJ 类型的人成功的关键

现在，你已经深刻理解了自己的性格类型，并且清楚自己天生的性格偏好所适应的职业类型。此外，了解自身性格类型的优劣势对于成功求职具有重要意义。然而，即使作为 ISTJ 类型的人，也需要意识到本章前面"适合 ISTJ 类型的人的一般职业"中列出的职业未必都适合你。因此，下一步也是最后一步，就是缩小搜索范围，从而找到理想工作的方向。

除了性格类型之外，一些其他因素，如你的价值观、兴趣爱好以及技能等，也会影响你对工作的满意程度。你与工作的契合度越高，你就越快乐。因此，请准备运用所学知识（包括本书内容以及生活经验）来制定你的战略性职业规划吧。本书第 23 章中的练习就是专门为了这个目的而设计的。

然而，如果你觉得保持现有工作岗位或继续留在当前雇主身边更有意义（也许只是暂时的），那么做出这个决定可能基于多种合理的原因——如经济压力、家庭因素、所学专业就业形势严峻，以及转换工作的时机尚未成熟。但请振作起来！通过本书获得的知识同样能帮助你在现有的工作岗位上获得职业满足与事业成功。当需要做出重大职业调整的时候，你将更加清晰自己的发展方向，并明确如何找到理想的工作的方法。

▶ "所以，如果你目前还没有找到更适合的工作……那就热爱你现在的工作吧。"

事实上，大多数行业都提供灵活调配的机会。这里有一些方法，可以让你的当前工作更适合你的需要，仅供参考：

- 聘用一个效率很高的助手。
- 尽量一次只集中精力攻克一个项目。
- 设计并实施一些效率比较高的制度或系统，并要求直接下属应用它们。
- 尽量降低参加会议的频率。
- 多听听其他人的观点和建议，不要过于自负。
- 在会议开始之前，向会议主持人索要书面议程。
- 设法避免工作时被人打断（考虑调整工作日程安排、保持自己独立的办公空间、转接电话、更换办公地点等方式）。
- 请你的上司明确地说出他们对你工作成果的期望。
- 设定短期目标。

▶ ISTJ 类型的人能够发挥长处并克服不足

尽管老板知道杰斯工作非常努力，但杰斯从来没有按时完成过她的日常文书工作。由于她的那间办公室狭小拥挤，而且她的工作时不时地被他人打断。由于公司没有其他安静的办公空间，杰斯提议调整自己的工作时间。她愿意每天都比其他员工提前 1 小时来到公司，从而能够不受打扰地完成工作。另外，杰斯每天提前 1 小时下班，还能避开了交通高峰期，这让她在去托儿所接儿子时少了许多焦虑。

▶ 利用已有资源获取所需之果

如何才能取得成功？简而言之，就是发挥你的优势，弥补你的弱点。这是否能够做到，将直接影响到你是取得成功还是遭遇失败，是热爱还是厌烦你的工作。我们接下来列举了一些你可能具备的优势和存在的弱点，希望能对你有所帮助。尽管每个人都是独一无二的个体，但作为 ISTJ 类型的人，我们所列举的这些总有一些比较符合你。

你在工作中的优势可能包括：

- 做事精确、准确，愿意第一次就把工作做好。
- 愿意遵循确定日常安排和传统的方针政策。
- 每次都能够集中精力，非常投入地完成一项任务。
- 能够独立地开展工作。
- 具备敏锐的组织能力。
- 一丝不苟、认真专注地对待具体问题：事实和细节。
- 相信传统模式的可取之处，并能在工作中遵循这些模式。

- 具有强烈的责任感；说到做到，值得信赖。
- 具有非常强的职业道德；你认为高效率和高成果非常重要。
- 具有达成目标的毅力和决心。
- 通情达理，视角现实。

你在工作中的弱点可能包括：
- 不愿接受、尝试未经验证的新想法和观点。
- 不适应或排斥变革。
- 对耗时过长的流程和任务感到不耐烦。
- 有时会因为过于关注近期目标而忽略长远需求。
- 做事缺乏灵活性；不能或不愿适应新形势或新情况。
- 不能着眼全局，不能看到行动的长远影响。
- 对政策和决定将会对他人造成什么样的影响缺乏敏感性。
- 不愿意在必要的时候改变努力的方向或者调整投入的多少。
- 不愿推动或支持必要的变革，也不愿意支持经过深思熟虑的冒险行为。

> 发挥你的优势其实很简单。
> ISTJ 类型的人成功的秘诀在于，
>
> 要敢于探索各种新的可能性；
> 更多考虑人性的因素；
> 要乐于拥抱新变化。

第17章

ESFJ 类型（外向、感觉、情感、判断）：我能为你做些什么？

> **人物 1　　克里斯汀，销售员**
>
> "做好工作的前提是尽量与所有人建立融洽的关系！"

▶ 工作概况

克里斯汀给人的第一印象非常好。作为一名医疗设备公司的销售代表，她负责向牙科诊所销售牙科设备和产品，这是她工作的重要组成部分。她的正式头衔是区域高级经理，所负责的区域年均销售额达130万美元。她的工作主要是走访她所负责的5个县的牙科诊所，包括曼哈顿上城和韦斯特切斯特，为诊所升级设备或介绍新产品，以帮助诊所提高工作效率。克里斯汀将给诊所工作人员的良好的第一印象发展成与他们的长期友好合作关系。

克里斯汀的日常工作就是四处奔波，可以说她每天都在"巡演"。由于她负责的区域范围很广，出差对她来说是家常便饭。当克里斯汀出现在客户诊所时，就像回到了自己的公司一样。她总是努力记住每个人的名字和特点，并迅速与他们进入她所擅长的亲切融洽的状态。她希望公司的产品能够满足每一家诊所的需求，无论是常规设备还是公司研发的新产品。因此，克里斯汀必须紧跟潮流，掌握公司研发的最新信息，并对公司的产品了如指掌，即使是细微之处也不放过。她的大部分工作内容是向诊所员工介绍公司的新产品，但其中最重要的是建立融洽的关系。"基本上，我的工作就是和诊所的员工交朋友。"

▶ 背景介绍

克里斯汀天生就是一个外向活泼的人。虽然她在大学里主修音乐剧专业，但在校期间一直在银行做兼职工作，从高级出纳员做到商户出纳员，同时还从事客户服务工作。"我喜欢这份工作，因为我不用整天坐在办公桌前，而是整天和人打交道——这非常有趣！"大学毕业后，克里斯汀意识到音乐剧舞台不适合自己，但她还不清楚自己该向哪个方向发展。

不久，她在网上看到一则招聘销售人员的启事，该工作岗位的薪酬和福利在同行业中很有竞争力。这份工作对克里斯汀有吸引力，是因为它需要员工面对面地向其他企业推销商业服务。"我在面试中表现得不错,"克里斯汀回忆道,"虽然当时我没有太多相关工作经验,但我的简历和求职信写得不错,面试中也表现得条理清晰、思路明确。"她顺利地通过了面试,很快就正式上岗,开始向那些不想雇用出纳或会计的小企业推销公司的自动发薪服务。

克里斯汀在这个岗位上干了两年,她不仅逐渐掌握了销售技巧,还通过努力成为该地区的最佳销售代表。她觉得做销售工作轻松自如,这就像她曾经在音乐剧舞台上那样,先熟悉产品的"台词",然后进行"表演"——推销产品。"其他的工作就是和客户聊天——和他们攀谈。"之后,她辞掉了这份工作,入职一家银行担任高级客户经理,但她觉得这份工作并不适合自己。然而,这份工作让她来到了纽约。两年半后,银行进行合并重组,她所在的部门被裁撤,克里斯汀也因此被解雇了。"我当时非常沮丧,但后来发现这对我来说是一件好事。因为我有时间来理清思路,思考'我真正想要做什么?什么样的工作是能让我感到自豪,并愿意每天早上醒来就去做的?'"克里斯汀意识到,她想重返销售岗位,做一名优秀的销售人员。于是,她重新开始找工作,通过面试之后来到了现在这家公司。

▶ **职业满足分析**

克里斯汀的个人魅力使得她在销售方面得心应手。"对我而言,与他人建立融洽的关系非常容易。我可以很快地判断出一个人的性格类型,并找到与之相匹配的交流方式。"作为一个外向型且主导功能为情感的人,克里斯汀热情友好,她称自己是"一本打开的书",并真心喜欢与人打交道并建立友好的关系。"在这份工作中,你得是那种愿意稍微暴露一点自己个人生活的人,尤其是在你经常出入同一家牙科诊所的时候。我的客户了解我。我是一个真实的人,他们也是真实的人,我们不可能只是像机器人那样进行机械的对话。"

克里斯汀的辅助功能是感觉,这使她擅长记忆公司种类繁多的牙科产品的详细信息并将其表达出来。与许多判断型的人一样,她从寻找客户,尤其是达成交易的过程中获得竞争的快感,看到自己付出的努力获得相应的丰厚薪酬,这让她感到非常欣慰。

▶ **前景展望**

克里斯汀喜欢她的工作,并且肯定想在这家公司工作一段时间。"我认为自己是一个忠诚的人。公司的领导对我很好,作为回报,我也想为他们效力。"再过5到10年,克里斯汀觉得自己可能会涉足医疗行业。"我一直很想从事外科医疗器械的销售工作,例如,在手术室里做骨科器械方面的销售业务。那些工作是真正令我向往的,但很难得到。但我希望自己能达到那个水平。"凭借她这种积极进取和敢于竞争的精神,不难想象,克里斯汀会利用自己出色的工作经验,来实现职业生涯的下一个突破。

第 17 章
ESFJ 类型（外向、感觉、情感、判断）：我能为你做些什么？

人物 2　丹尼斯，巡逻警察

> "我努力的方向是让其他人可以更好地、更安全地工作。"

▶ 工作概况

丹尼斯是郊区警察局的一名巡逻警察。他不仅对自己巡逻警察的身份非常满意，也很喜欢自己最近的一项新任务：在培训部门担任教员。他喜欢这种具有互动性和多样性的培训工作，能够为同事们提供切实有用的指导，也让他倍感欣慰，因为他也曾亲身经历过同事们所面临的危险和挑战。

每周，丹尼斯都会与来自他所在部门以及该地区其他部门的不同警察小组合作，教授由州管理委员会拟定的各种课程。课程内容涵盖从人际关系和法律更新到枪械熟练程度的持续再认证，以及防御性驾驶课程等方方面面。授课内容的范围由州管理委员会规定，但丹尼斯可以自行决定如何教授这些内容。他负责编写并提交教学计划，研究课程内容，教授培训课程，并将每位学员的参与情况记录在案。目前，丹尼斯仍然会参与执勤巡逻，但只是在需要时偶尔参加。尽管他也喜欢这些职责，但他更愿意从警察执勤时那种持续的"二级警戒"状态中解脱出来，尤其是在夜间。"在执勤时，你不会处于全面警戒状态，但你也不能完全放松下来。那种需要时刻保持警惕，时刻准备好应对随时可能到来的电台呼叫，以及可能面临的各种不确定性，那种状态简直会让人发疯。"

▶ 背景介绍

大约 13 年前，丹尼斯开始了他的警察生涯。在大学期间，他学习的是工商管理专业。后来，他应征入伍，在一支军队医疗救护队服役。之后，他继续在陆军预备役服役了 8 年，同时还在堂兄的汽车修理店担任机械师。几年来，他一直乐在其中，周末还参加赛车比赛。但他逐渐厌倦了这份工作，因为看不到任何发展前景和经济保障。

与此同时，他与几位镇上的警察成了朋友，他们鼓励他学习并参加所需的各种资格考试。他通过了资格考试，然后向几个部门递交了求职申请，最终得到了一个州长特别警卫队的职位。他在那里工作了大约 5 年，开始感到自身的发展停滞不前，渴望承担更多的责任和迎接更大的挑战。于是，丹尼斯再次向镇上的警察部门提出求职申请，最终被他现在工作的部门录用。在做了 10 年的巡逻警察之后，两年半前，他成了一名教员。

▶ 职业满足分析

作为一名警察，丹尼斯肩负着保护公众的职责。作为一名传统主义者，从哲学角度来看，他非常适合履行分配给他的职责，例如满足社会需求和执行社会规则。丹尼斯在一个结构规范、严谨的组织中工作，该组织有着明确的层级关系和清晰的目标。丹尼斯认为："努力工作以及遵循明确的政策和工作程序，这是最令我振奋的；而倾听他人的意见，充当信息传达者，以不冒犯或伤害任何人的方式提供必要的信息，这是我最擅长的。"

丹尼斯的辅助功能——感觉——的作用至关重要，因为他在夜间和周末巡逻时必须对一切保持警觉。在教授和培训枪械使用和防御性驾驶等实际操作技能时，他也会用到这一辅助功能。这些技能都是在现场学习和实践的，并不涉及课堂上的理论课程。他还喜欢进行研究，收集有关新设备的信息，并对收集到的内容进行测试，以确保它们在工作现场或部门事务中能够发挥作用。

▶ 前景展望

尽管丹尼斯很喜欢目前的工作，但他也很现实，知道未来存在不确定性。因此，他决定集中精力准备明年晋升警长的考试，希望能够如愿。他说："我认为自己在面对工作时更善于分析和思考。我能看出决策的因果关系。例如，尽管有些人会说我是当侦探的料，但我经过研究和分析，发现对我来说，侦探这个职业弊大于利。我现在有了比以前更清晰、更明确的目标。我不会让工作影响我的家庭生活，也不会影响我和孩子们相处的时间，因为他们现在长大了，能和我一起做更多的事。"

人物 3　露西，房地产经纪人

> "帮助一些家庭在非常紧张的时候安家落户。"

▶ 工作概况

作为一名房地产经纪人，露西在工作中收获的最大满足感来自她的第一个客户。"这对可怜的夫妇真是经历了一番磨难。他们自己的房子已经签了出售合同，并且也支付了位于其他州的一套房子的定金，但是他们的经纪人在几个重要的细节上出了纰漏，导致两笔交易都失败了。结果是他们不仅损失了定金，还失去了买主。他们继续寻找合适的经纪人，面谈了我和另一位有10年从业经验的经纪人。当他们选择我时，我简直不敢相信。他们告诉我，是我的诚恳和热情打动了他们。不管怎样，3天之内我帮助他们卖掉了房子，4天后又帮他们联系到一套很好的房子。在搬家几个月后，他们有了第一个孩子，我还去医院看望了他们。在他们人生中的艰难时刻，我能够提供实实在在的帮助，这种感觉真是太好了。我非常喜欢与他们建立这种联系，这真的很有成就感。"

在协商和成交的过程中有着无数的细节工作。露西亲自处理这些事务，无论是制定房屋销售策略，撰写销售说明，安排开放日的各项事务，安排评估师、检查员和律师的工作，撰写销售广告，还是向客户交代过程中的变化和进展，她都一手包办。露西管理着所有的细节工作，以完成她的更大使命——在一些家庭面临巨大压力时提供帮助。

▶ 背景介绍

家庭一直是露西职业生涯的主题。她的职业生涯始于获得一个有关家庭关系和儿童成长的学位。露西先是进入一家社会服务机构工作,在其中的收养部门担任社会工作者,并很快成为一个专业团队的成员。该团队开发了一个项目,以便更好地照顾有各种服务需求的婴儿。该项目成为全州的典范,露西也成为了收养协调员。"我没有社会工作方面的硕士学位,却能得到协调员的工作,这太不可思议了。可能是我的经验弥补了我缺乏正规教育的不足吧。我确实很喜欢这份工作,并且觉得帮助他人成为家庭中的成员是一件非常有意义的事情。"

露西离开这家社会服务机构后,生下了她的第一个孩子,之后又有了第二个孩子。她一直待在家里抚养两个孩子,直到他们上学。那时她决定重新找一份工作。"但是我的要求很高,这份工作必须让我在时间上拥有完全的灵活性,以便在孩子们需要我的时候能够随时出现。"露西请了一位专业职业顾问来帮她物色合适的工作机会,但她后来还是听从了她的朋友们以及房产经纪人的建议,他们都认为她在房地产行业会大有作为。她参加了相关课程的学习并考取了执业资格证书,很快就在一家房地产代理机构找到了一份工作。露西接受了这份工作,但前提是她仍然享受按需灵活安排时间的自由。

▶ 职业满足分析

在工作中,与人打交道并帮助他们找到合适的房子是露西最喜欢的部分。"帮助排忧解难的感觉真是妙极了,尤其是当这涉及至关重要的人生抉择的时候。给他人找到合适的房子能让我感到很高兴,就像为一个孩子找到一个永久的家一样!"像大多数传统主义者一样,露西做事有条理、目标明确,她喜欢客户可以依靠她来渡过难关。她喜欢为客户努力工作,就像为自己的家人工作一样。

露西喜欢融入他人的生活,也喜欢结识新朋友。当她依靠自己的情感功能时,便能处于最佳状态,能够在各方之间建立联系并营造出和谐的氛围。她尤其喜欢通过自己的努力帮助谈判双方达成共赢,并让他们在互动中感觉良好。露西性格外向,她喜欢与同事以及日常交往的许多人一起共事。

她的感觉功能帮助她在脑海中清楚地把握大量的细节。在一个典型的工作日里,她可能会与律师、抵押贷款经纪人、评估师、检察官打交道,更不用说买家和卖家了,所有这些人都会向她提供她不得不关注的重要信息。而且很多时候,为了顺利地完成交易,她还必须协助不同人员做好日程安排。在评估一套房子应该如何展示在公众面前,以及判断潜在买家对他们所考虑的房子的反应方面,她的感觉功能也发挥了很大的作用。

▶ 展望未来

在职业生涯的第二份工作中,露西认为自己在工作和生活之间取得了很好的平衡。最近,她还积极参与当地的政治活动,加入了孩子所在小学的家长教师协会,以及环保和世界和平组织。

"我给我的国会代表写过信，了解到大量的世界性问题。"

事实上，露西如今的视野更加开阔了。"我希望有朝一日可以做一些更有影响力的事情。但我知道最终会有重大影响的是我为我的孩子们所做的事情，以及我与他人打交道时所采取的方式。"这是一种连锁效应，感动一个人的结果是间接地感动更多的人。

▶ 共同之处

尽管露西、丹尼斯和克里斯汀各自拥有不同的教育背景、职业经历以及职业选择，他们之间依然存在一些共同点。虽然兴趣、能力和价值观有所差异，但他们具有相似的性格特征以及相同的心理功能层次，我们可以对 ESFJ 类型的人的需求做一些观察。

我们在下面列出了使 ESFJ 类型的人获得职业满足的重要因素——可以称其为衡量标准。鉴于每个人都是独一无二的存在——即便同属一种性格类型，其特点也各不相同——因此，这些因素并不能完全准确地描述所有 ESFJ 类型的人。重要的是，以下 10 个因素以不同程度影响着 ESFJ 类型的人如何获得真正意义上的职业满足。

查看完这 10 个因素后，我们建议你按照自身的标准对它们进行排序。在排序过程中，请回忆过去的工作经验并思考当前工作的体验，看看哪些经历令你特别满意或特别失望。同时，应寻找贯穿多个经历中的主题，而不是仅限于某个单一工作环境下成立，而在其他工作环境下却无效的情况。

作为 ESFJ 类型的人，要获得职业满足，你所做的工作应：

1. 允许我与他人建立并保持友好而真诚的人际关系，以切实可行的方式提高他们的生活质量。

2. 能给他人带来切实的利益，也让我有时间来学习和掌握必要的技能，然后把它们运用到工作中。

3. 能够让我掌控局面，因为在工作中与很多人共事，可以领导他们朝着共同的目标而和谐地工作。

4. 有明确的工作要求，并且对工作表现的评估是依据明确、确定的成文标准。

5. 是在一个和谐、合作的氛围中完成的，同事、上司、客户、患者彼此之间没有冲突和紧张的关系。

6. 为了确保任务能够出色地完成，我能自主地做一些决定，并采用高效的程序来执行任务。

7. 每天都有很多机会与他人交流互动，并且我能够成为决策过程中的重要一员。

8. 为了确保事情能够尽可能顺利、高效地进行，允许我安排自己以及周围其他人的工作。

9. 工作是在一个友好的气氛中进行的，他人会对我的工作成就表示赞赏，让我能够感受到认可和支持，而且我和同事之间相处得像朋友一样融洽。

10. 是在一个有章可循的环境中进行的，所有的指令和要求都是明确且清晰的，而且权威也得到充分的尊重。

第 17 章
ESFJ 类型（外向、感觉、情感、判断）：我能为你做些什么？

▶ 适合 ESFJ 类型的人的一般职业

在列举适合 ESFJ 类型的人的一般职业时，也请读者注意，每一种职业中都有各种性格类型的成功人士。以下职业可能是 ESFJ 类型的人会比较满意的职业，我们也将解释其中的原因。当然，我们无法详尽地列出所有适合的职业，只是为了给你提供一些你之前可能未曾考虑过的可能性。

虽然我们列出的这些职业都可能让你获得职业满足，但预计其中一些职业的未来需求可能会更大。

医疗保健类

- 护士
- 助理医生/牙科医生助理
- 语言病理学家/听力学家
- 运动生理学家
- 家庭医生
- 牙科医生
- 营养师/营养学家
- 按摩治疗师
- 验光师/配镜师
- 药剂师/药房技术人员
- 呼吸治疗师
- 兽医
- 家庭保健助手
- 初级保健医生
- 理疗师
- 家庭保健社会工作者
- 私人健身教练
- 临终关怀工作者
- 康复治疗师
- 放射治疗师
- 医疗保健管理人员
- 脊椎按摩师
- 矫形医学家
- 牙科保健人员
- 血液透析技术人员

医疗保健类工作对 ESFJ 类型的人有很大的吸引力，这是因为该类工作可以使他们以帮助者的身份直接为他人工作。无论是医生、护士还是医疗保健类的其他从业者，ESFJ 类型的人都乐于运用所学技能帮助患者减轻生理上的痛苦、减少心理上的创伤，让患者的生活更轻松一些。他们在需要实际操作技能和遵循标准操作程序的职业中表现出色。医疗保健领域的职业也能使 ESFJ 类型的人与患者以及同事之间建立并维持良好的人际关系。

教育类

- 小学老师
- 特殊教育老师
- 幼儿教育工作者
- 儿童保育员
- 体育教练
- 双语教育老师
- 护理老师
- 宗教教育主任
- 校长
- 野外探险领队

ESFJ 类型的人通过亲身参与和树立榜样的方式来开展教学。他们喜欢传授学生基本的技能和本领，因此，他们尤其喜欢教授低年级的学生和有特殊需求的学生。直接与孩子打交道能使ESFJ类型的人充分发挥他们的活力和热情。

通常，学校的环境是结构整齐、井然有序的，这种环境让许多ESFJ类型的人感到舒适。许多ESFJ类型的人还喜欢参加体育锻炼活动，并乐于向学生传授运动技能以及团队合作的重要性。

社会服务/咨询类

- 社会工作者
- 社区福利工作者
- 志愿者协调员
- 宗教教育工作者
- 咨询师
- 牧师/教士/修道士
- 新职介绍顾问
- 儿童福利顾问
- 药物滥用顾问
- 社会工作者（老年人和儿童日托问题）
- 立法助理
- 法庭书记员
- 法庭速记员
- 法律助理/法律秘书

ESFJ类型的人是他们所在社区的坚定支持者，他们经常自愿为建立和维护民间组织奉献自己的时间和精力。因此，他们在从事类似的职业时往往能获得满足感。他们经常在社会工作中参与一些人际交往，例如，帮助个人和家庭克服困难，使他们成为对社会有用的人，这些也是ESFJ类型的人喜欢做的

事情。一些ESFJ类型的人可以轻松自如地与人交往以及公开发表讲话，因此他们认为做社区服务工作很有意义。有的ESFJ类型的人喜欢以具体、实际的方式帮助他人，因此对他们来说，咨询、宗教教育等工作很有吸引力。ESFJ类型的人非常传统，他们喜欢在已经存在且具有深刻社会价值的组织或机构内工作，以做出自己的贡献。

商业类

- 公共关系客户经理
- 贷款专员/贷款顾问
- 市场调研协调人员/小组访谈协调人员
- 办事处经理
- 零售业主
- 管理顾问（人力资源/培训）
- 信贷顾问
- 商品规划师
- 客户服务经理
- 健身俱乐部经理
- 物业经理（商业/住宅）
- 幼儿园园长
- 客户关系经理（科技行业）
- 代言人（科技行业）
- 餐饮服务经理
- 苗圃和温室经理
- 酒店/汽车旅馆经理
- 房地产评估师

商业领域为ESFJ类型的人提供了许多与人打交道、努力工作以实现目标的机会。他们喜欢商业活动活跃而忙碌的快节奏，也喜欢与客户或顾客接触。

第 17 章
ESFJ 类型（外向、感觉、情感、判断）：我能为你做些什么？

如果是私人之间的业务往来，如房地产或个人金融业务，许多 ESFJ 类型的人也能够从中体会到取得成功的喜悦，因为他们想要与他人建立友好的关系，并且通过广泛的合作努力维护这些关系。

公共关系和市场营销等职业需要 ESFJ 类型的人具备出色的人际交往和沟通能力，而许多 ESFJ 类型的人都很擅长这些方面。这些职业都需要细致密切地关注细节，并且在所有项目中坚持到底。在这些职业中，ESFJ 类型的人出色的组织能力有了广泛的发展空间。

销售/服务类

- 销售代表
- 保险销售代理
- 保险和福利代表
- 空乘人员
- 客户服务代表
- 殡仪馆馆长
- 美发师/美容师
- 餐厅服务员
- 个人护理助手
- 厨师
- 筹款人员
- 旅游顾问
- 生态旅游专家
- 房地产经纪人
- 营销主管（广播/电视/有线广播行业）
- 口译员/笔译员
- 宗谱专家
- 家庭医疗保健产品销售人员
- 医疗设备销售人员
- 体育器材/体育商品销售人员
- 保险特派员
- 土地租赁和开发专家

ESFJ 类型的人之所以被吸引到服务领域，主要是因为他们能够直接与顾客打交道，并提供服务，帮助顾客获得更愉快或更轻松的体验。客户服务代表的工作为他们提供了这样的机会。在遇到困难的时候，ESFJ 类型的人是坚定而值得信赖的，在危急时刻，他们常常会挺身而出，处理所有的细节问题。

ESFJ 类型的人常常喜欢成为空乘人员，因为他们喜欢该职业中丰富多变的生活、到世界各地旅行以及广泛的人际往来。大多数 ESFJ 类型的人都热情大方，能够成为餐厅或餐饮服务行业中出色的经理人员或服务人员。一般来说，ESFJ 类型的人喜欢销售工作，并且能够成为优秀的销售人员，尤其是在销售真实、有形的产品时，他们可以利用自己的人际交往能力、机智的头脑和对他人需求的敏锐感知能力来发展和培养与客户的长期关系。零售业也是一个值得 ESFJ 类型的人关注的领域，因为它涉及大量的人际交往以及对特殊产品特点和优势的精通。

请读者注意，有许多适合 ESFJ 类型的人发挥独特才能以获得职业满足的职业，而我们以上推荐的仅为其中的一部分。

▶ 求职之路，因人而异

了解自己性格类型特有的优势和劣势，将使你的求职之路更加顺畅。从研究适合自己的工作岗位，到接触潜在雇主，再到准备求职资料（如个人简历）、安排面试、与对方协商薪酬待遇，直至最终获得工作，每一步都体现出个人的性格类型。因此，是否能够有效利用自身优势并弥补不足，将直接影响求职的成功几率。

不同性格类型之间的差异大小不一，有的微乎其微，而有的却极为显著。如果根据我们的建议做出细微调整，就可能将求职失败转变为求职成功。人际网络的概念就是一个很好的例子。外向型的人自然喜爱社交，我们鼓励他们大胆拓展社交圈；而内向型的人则偏好在小范围内进行交流，且更倾向于与熟悉的对象交流。感觉型的人乐于在有限范围内与人建立联系；而直觉型的人则会广泛寻求互动，即便某些社交对象似乎志趣不投。同样地，情感型的人重视人与人之间的连接，希望营造融洽的氛围；而思考型的人则表现得更为冷静和客观。判断型的人在人际交往时话题数量较少且内容严谨；而知觉型的人交流的话题则较为广泛！虽然有效的求职技巧可能只有一种，但成功路径却是千差万别的。

▶ 通向成功之路：发挥自己的优势

正如我们接下来将详细阐述的那样，你许多的人际交往才能和天赋，以及出色的组织能力，能使你高效地开展求职活动。但是要警惕，不要让求职过程中的不确定性使自己不知所措，也不

要因为被拒绝（即使这种拒绝并非针对个人）而灰心丧气。

对于 ESFJ 类型的人来说，最有效的求职策略建立在如下能力基础之上。

与面试官建立友好的关系。

● 向面试官表明自己能够轻松与人打交道，并在交往过程中让对方感到舒适。

● 运用自己敏锐的观察力发现你们共同的兴趣爱好，营造友好和睦的氛围。

内特准备向一家健康食品经销商应聘销售职位，这家经销商的客户主要是小型的私营健康食品商店。内特对这份工作很感兴趣，主要是因为他自己是一个素食主义者，想要经营一些自己信得过的产品。在停车场停车时，内特看到一位女士下车后走进办公楼。他之所以注意到她的车，是因为她轿车的保险杠上贴有"我喜欢拉布拉多犬"的贴纸。当他被领进面试官的办公室时，他认出了面试官就是刚才那位女士——那辆保险杠上贴着贴纸的轿车的主人。他随即问她是不是养了宠物狗。起初她对他知道这件事感到惊讶，直到他提到保险杠上的贴纸，并谈到他和妻子也养了一只拉布拉多犬。他们聊了几分钟关于养这种狗的乐趣以及它们给房间造成的混乱的情形。这次面试进行得非常顺利，因为内特通过努力，让面试官了解了一些他们共同的兴趣和爱好。

收集相关信息。

● 接触一些在你所感兴趣的领域工作的人，以更好地了解这些工作所要

第17章
ESFJ 类型（外向、感觉、情感、判断）：我能为你做些什么？

求的能力和条件。

- 广泛拓展你的联系人队伍，请求他人将你引荐给可能帮你找到合适工作岗位的人。

艾丽在社会工作领域寻求工作的过程中，她发动了所有的人际关系网进行助力。她从朋友和家人开始，然后扩展到包括大学教授，甚至小时候的钢琴老师在内的所有熟人。她重新建立起曾经的人际关系，并请求以前的老板和牧师帮她写了推荐信，详细介绍了她参与社区项目的情况，并证明她具备出色的人际交往能力。总之，她一共联系了将近50个人，与他们进行了会面、电话联系或电子邮件往来。所有人都很乐意帮助她。后来，艾丽受聘成为一个健康和营养项目的个案管理员，而该项目是针对城市里未婚先孕青少年设置的。为了找到这份特定的工作，在8个人的帮助下，她努力寻找了16年之久。

认真组织、精心策划求职活动。

- 为你的求职过程制定一个时间表和预算清单，包括求职过程中的所有花费，以及你预计求职活动持续的时间。每天都留出一部分时间记录下你联系过的人或公司，并预估每个工作选择获得成功的可能性大小。

- 把求职过程作为一个实例，表明自己将会成为什么样的员工。运用你出色的组织和管理能力，制作出清晰易读、设计精美的简历和求职信。参加面试一定要准时，面试后不要忘记进行跟进。

杰西卡一直这样开展自己的求职过程。她热情满满、细致入微且一丝不苟地准备自己的推销材料，而且对其中的每一个细节都了如指掌。她具备出色的组织能力和沟通能力，这些常常能给面试官留下深刻的印象。而且，对于给予她建议或提供信息帮助的人，她都会发送邮件表达谢意。她面临的唯一问题是，在连续两天里收到了两个同样不错的工作机会。最终，她还是决定选择能够发挥她在求职过程中所运用的那些能力和技能的那份工作，这样在以后的日常工作中她每天都要运用这些能力和技能。

把自己作为团队的一员进行推销，表明自己会为实现组织的目标而努力。

- 着重指出自己在一个组织内与不同群体共事的经历，或者自己的工作经历，提供一些面对挑战并运用那些技能和能力的情况作为实例。

- 通过阅读有关意向组织或公司负责人和近期事件的资料，尽可能多地了解组织或公司的"个性"。在参加面试之前，可上网查阅资料，并与了解该组织或公司情况的人进行交谈。

通过职业咨询，胡安把求职的目标锁定在了物业管理行业。但是，在调查和收集信息的过程中，他又听说一些房地产开发商在经营中采取了一些违背他个人道德准则的方法和手段。尽管如此，他仍然坚信物业管理是他想从事的工作，于是开始着手物色一家他愿意为之效力的公司。最终，他看中了一家私营房地产开发商。他与该公司的总裁进行了充分的交谈，了解了公司的目标和

231

理念，最后他确信自己愿意为这家公司工作。而有趣的是，不久之后有人告诉他，正是他的责任心和坚持原则的态度使他获得了这个工作机会，因为总裁认为他是一个值得信赖和可以依靠的人。

及时果断地做出决策。

- 一旦你决定了对某个职位感兴趣，就要马上采取行动，不要让机会轻易溜走。

- 在求职过程中及时排除不可行或不那么有吸引力的工作选择，这样你就能始终专注于自己的目标。对自己的技能、兴趣和需求保持清醒的认识，这样你就不会轻易被那些看起来很有魅力且令你心动，但无法提供你所追求的安全感和稳定性的职位所诱惑。

尽管丹尼斯一直很享受赛车运动带来的兴奋和刺激，但他还是排除了将其作为职业的可能性，因为他认为一旦结婚生子，做职业赛车手的工作无法提供他所需要的长期工作保障和稳定的收入。不过，他仍然保持着对赛车运动的兴趣，会在闲暇时间自己动手修车，并且偶尔在周末参加比赛。即便他有可能成为职业赛车手，但他还是选择做一名警察——因为这样才是最符合他长远利益的。

▶ 可能遇到的陷阱

虽然每个人都是独一无二的，但ESFJ类型的人仍然存在一些共同的潜在盲点。在这里强调"潜在"，是因为以下我们列出的条目中，其中一些明显与你相关，而另一些则可能不太符合你的实际情况。你会注意到，这些倾向不仅影响你对求职的看法，也渗透到你生活的各个方面。因此，在阅读下面的每一个条目时，不妨结合自己过去的经历，问自己："这对我来说是真的吗？"如果答案是肯定的，那么就继续问自己："这种错误的倾向是如何阻碍我实现目标的？"你很可能发现，要克服这些盲点，关键在于，有意识、精心地发展你的第三功能（感觉）和第四功能（思考）。当然，对于ESFJ类型的人来说，以下这些建议在实施过程中都会面临诸多困难，但是，这两种功能运用得越多，它们在将来给你带来的麻烦就会越少。

1. **避免过河拆桥或者急于求成。**

- 在考虑工作选择或者求职行情时，尽量不要把它们看成十全十美或者一无是处。要知道所有事物都存在灰色地带，要善于去发现它们，必要时要做出必要的权衡。

- 要给自己充足的时间来考虑各个工作选择。在收集了足够多的信息之前，不要仓促地做出决策。

2. **不要轻易气馁放弃。**

- 以积极的态度接受建设性的批评，尽量不要将其视为针对个人的人身攻击。

- 有时候，艰难的求职过程会让人彷徨，这时可以向朋友寻求支持和鼓励。向那些正处于求职过程或刚刚找到工作的人寻求帮助。

3. **做出决策时要依照客观的标准，而不是完全依赖个人的感受。**

- 退一步海阔天空，让自己能够

第 17 章
ESFJ 类型（外向、感觉、情感、判断）：我能为你做些什么？

更客观地看待问题。克制自己的冲动，不要因为对面试官的好恶而影响对这份工作的看法。

- 问问自己，接受一份工作或采取一项行动可能会带来哪些合乎逻辑的后果。

4. 调整视角，做出长远的职业规划。

- 为 1 年、5 年和 10 年后分别制定出目标。在考虑可能的工作机会时，用这一系列的目标加以衡量，看看它们是否有助于实现你的目标。

- 不要因为自己感到力不从心或对自己的安全感产生怀疑，就随便选择一份工作，以此作为权宜之计。尽量不要选择那些从长远来看无法给你带来满足感的工作。

5. 寻找全新的职业可能。

- 在列出可能的工作或职业时，问问自己"还有别的可能吗？"如果存在其他重要的求职标准，不妨考虑一些富有创意、不那么遵循传统的求职策略。如果必要的话，可以向了解你的朋友（尤其是直觉型的人）寻求帮助，一起集思广益，想出新颖的方法。

- 寻求一些方法来展示或证明你的技能如何能在不同的工作环境中转移运用。

▶ 最后一步：换工作还是保持当前工作……ESFJ 类型的人成功的关键

现在，你已经深刻理解了自己的性格类型，并且清楚自己天生的性格偏好所适应的职业类型。此外，了解自身性格类型的优劣势对于成功求职具有重要意义。然而，即使作为 ESFJ 类型的人，也需要意识到本章前面"适合 ESFJ 类型的人的一般职业"中列出的职业未必都适合你。因此，下一步也是最后一步，就是缩小搜索范围，从而找到理想工作的方向。

除了性格类型之外，一些其他因素，如你的价值观、兴趣爱好以及技能等，也会影响你对工作的满意程度。你与工作的契合度越高，你就越快乐。因此，请准备运用所学知识（包括本书内容以及生活经验）来制定你的战略性的职业规划吧。本书第 23 章中的练习就是专门为了这个目的而设计的。

然而，如果你觉得保持现有工作岗位或继续留在当前雇主身边更有意义（也许只是暂时的），那么做出这个决定可能基于多种合理的原因——如经济压力、家庭因素、所学专业就业形势严峻，以及转换工作的时机尚未成熟。但请振作起来！通过本书获得的知识同样能帮助你在现有的工作岗位上获得职业满足与事业成功。当需要做出重大职业调整的时候，你将更加清晰自己的发展方向，并明确如何找到理想的工作的方法。

▶ "所以，如果你目前还没有找到更适合的工作……那就热爱你现在的工作吧。"

事实上，大多数行业都提供灵活调

配的机会。这里有一些方法，可以让你的当前工作更适合你的需要，仅供参考：

- 请你的上司明确你的工作任务和要求。
- 努力解决与同事、上司、下属之间的冲突。
- 避免在人际关系紧张的环境中工作。
- 志愿投身于组织内部或外部的一个有重要意义的事业中。
- 确保每一天都有足够多的社交活动来刺激自己的工作状态。
- 设计能够高效运行的系统，并要求直接下属应用这个系统。
- 如果你不是管理人员，请寻找一个你认为能够发挥管理才能的项目，并主动接手这个项目。
- 找到与你在能力或性格上能够优势互补的人，请求他们为你提供建议和帮助，以平衡自己的表现。
- 设定一个短期目标，并努力实现它。

▶ ESFJ 类型的人能够发挥长处并克服不足

虽然杰奎琳很喜欢自己的工作和所在的公司，但她总觉得不是十分满意。于是，在一位朋友的鼓励下，她主动提出负责一年一度的联合劝募活动。由于她做事有条不紊且态度诚恳，因此她付出的努力得到了回报，这项联合劝募活动的贡献超出预期目标20%。杰奎琳感受到很大的成就感和满足，因为她为一家慈善机构做了一些实实在在的事情，而最终将能够使成千上万人受益。

▶ 利用已有资源获取所需之果

如何才能取得成功？简而言之，就是发挥你的优势，弥补你的弱点。这是否能够做到，将直接影响到你是取得成功还是遭遇失败，是热爱还是厌烦你的工作。我们接下来列举了一些你可能具备的优势和存在的弱点，希望能对你有所帮助。尽管每个人都是独一无二的个体，但作为 ESFJ 类型的人，我们所列举的这些总有一些比较符合你。

你在工作中的优势可能包括：

- 有充沛的精力和动力去完成任务并保持很高的产出。
- 能够有效地与他人合作，并和他们建立起和谐的人际关系。
- 具有实事求是的态度，并具备出色的处理事实和细节的能力。
- 善于培养和帮助他人，对于他人良好的行为能够给予赞扬和鼓励。
- 行事果断且稳重可靠。
- 能够维护组织传统的价值观和发展原则。
- 具有强大的组织能力和明确的职业道德。
- 对组织忠诚且相信在一个传统、稳定的组织中工作的价值。
- 具有很强的责任感；你能够说到做到，值得他人的信赖。
- 愿意遵循已经制定的常规程序。
- 通情达理，视角现实。

你在工作中的弱点可能包括：

第 17 章
ESFJ 类型（外向、感觉、情感、判断）：我能为你做些什么？

- 不愿意尝试或接受新颖且未经过验证的观点和想法。
- 对他人的批评和异议过于敏感；不喜欢紧张的工作氛围。
- 可能只关注当下的需求，没有太多的长远打算。
- 难以适应新情况，难以在不同的工作任务之间迅速转换思路。
- 容易表现得过于敏感，对不愉快的情况采取回避态度。
- 难以长时间独自工作；有强烈的社交需求。
- 有时可能会表现出偏袒。
- 容易因承担他人的情感负担而疲惫不堪。
- 在掌握的信息不充分的情况下有草率做出决策的倾向。
- 只关注具体的细节之处，而不能整体地把握事物的全貌或者事物的长远影响。
- 容易固执己见、思维僵化。
- 不愿意倾听和接受不同的观点和意见。
- 在得不到表扬或赞美的时候，可能会感到气馁。
- 只考虑眼下的需求，不愿意做长远的打算。

> 发挥你的优势其实很简单。
> ESFJ 类型的人成功的秘诀在于：
>
> 做事情要不疾不徐；考虑问题要关注目前尚不存在的可能性；客观地对待批评，不要随便把批评视为对自己的人身攻击。

第18章

ISFJ 类型（内向、感觉、情感、判断）：
以我的名誉发誓，我一定会尽职尽责……

人物 1　艾琳，注册护士

"帮助女性度过人生的重要时刻。"

▶ **工作概况**

艾琳是一名倡导者、指导者，也是一名亲密且不知疲倦的监护者。作为一名产科护士，她肩负着帮助产妇顺利产下健康宝宝的重任。她的任务是处理产妇分娩过程中的所有生理、社会和情感方面的问题，她必须全神贯注于每一个瞬间，并确保万无一失。她的工作的重要性不言而喻。

艾琳的日常工作包括监测产妇和婴儿在分娩过程中的健康状况，检查他们的生命体征、用药，以及帮助产妇从身体上和情感上应对这人生中最紧张的一次经历。"如果一位产妇想要做硬膜外麻醉，我会帮助她了解其中的风险、好处，以及什么时候进行麻醉比较好——并陪伴她度过这一过程。在分娩过程中，这样的选择无时无刻不在发生，而你就是她们在这一过程中的情感和身体的引导者。"艾琳还必须与医生和助产士沟通，并确保将分娩过程中的每一个细节都记录下来，以备日后合法使用。"任何细节都不能遗漏。"

▶ **背景介绍**

如果有人在艾琳的高中时期问她以后想做什么，她会毫不犹豫地回答：成为一名妇产科医生。"我上大学时就在想，'就是它了——我知道自己想做什么，而且我一定要做到！'"但在参加纽约市的一个暑期项目时，我的想法发生了转变。在跟随妇产科医生实习时，艾琳第一次意识到"也许这并不是我想象的那样。我曾设想帮助产妇度过这一人生的重要时刻，并全程陪伴她们。"但她的指导医生似乎花在诊断病情上的时间更多，而与产妇一对一交流的时间却很少。

回到学校后，艾琳学习了护理学课程，发现这些课程满足了她对学医的大部分期望，既从事医学工作，同时又能满足女性的情感和社交需求。"我之所以会被医学吸引，是因为这类职业能够陪伴和帮助他人，而我逐渐明白了，这正是护理工作的职责所在。医生的工作更多的是诊断、找出病因以及进行治疗。"与医生工作相比，护理工作无疑更加全面——你可以把一个人当作一个整体来对待，而不是仅仅关注出现疾病状况的部位。"于是她改变了专业方向，转而攻读护理学的速成学位。

大学毕业后，艾琳没能马上找到梦寐以求的产科护理岗位，而是先在胃肠手术和移植手术的术后病房里做护理工作。在病房工作的那几年对她来说并不轻松。她要同时照顾很多病人，感觉总是没有足够的时间去真正关心每一个病人。"我只能完成任务，却无法满足病人和家属在情感和社交方面的需求。"

之后的两年，艾琳一直密切地关注产科护理岗位的招聘信息，终于等到了机会。她不仅在网上申请了这个岗位，还亲自给医院院长发了电子邮件，结果她很顺利地调到产科病房工作。她在那家医院工作了两年半，后来因为个人原因转到了另一家医院的相同岗位，也就是她现在这份工作。"我真的很喜欢能够专注于一位患者、一个家庭，陪伴他们经历整个过程，而不是被各种事务牵扯得心力交瘁。"

▶ 职业满足分析

和许多传统主义者一样，艾琳具有服务意识，渴望为社会做出有意义的贡献。她的主导功能是感觉——在护理工作中，这一功能经常得到运用。事实上，对细节的关注有可能关乎生死。"一次分娩可能很快就从正常状态变成紧急情况，因此你必须时刻保持警觉，关注各种细节。"艾琳擅长深入学习并掌握例行程序，而固定数量的任务也让她感到安心。面对新情况时，她能够通过想象一系列她需要了解的步骤来应对，一旦掌握了这些步骤，她就会对自己的操作更有自信，技能也会得到提升。作为一位有条理的判断型的人，艾琳非常适合医院这种以工作程序驱动的环境。

艾琳的辅助功能是情感，这对于她的护士工作非常重要，因为她大部分时间都处于分娩这种"极度情绪化"的场景之中。她富有同情心且善解人意，这些都是优秀护士应该具备的品质，以便让患者放松下来。艾琳的情感功能还帮助她预测患者的需求，使她能够在情感和生理等方面给患者提供支持。

▶ 前景展望

对于艾琳来说，理想的工作是在一家更注重女性体验的医院担任分娩护士，在那里，她能够更加认同医院的价值观。这可能意味着医院会配备更多的助产护士、提供更多的分娩选择，以及配置一些不那么传统的设备，如分娩浴缸，并且有更多的人员，如导乐师或分娩教练等参与到分娩过程中来。此外，她还希望护士与产妇的比例尽可能接近1∶1。在她目前工作的医院，这个比例会根据当天的情况、人员配备和预算问题而有所不同。

总的来说，医院的结构体系和价值观是否健康、对员工是否有很大的支持力度，以及工作中是否受到足够的尊重，是否可以自由选择工作岗位对艾琳的工作满意度影响最大。这些条件越是得到满足,她就越开心。

人物 2　　　本杰明,会计师
"我的工作目标是协助各个组织实现它们的使命。"

▶ 工作概况

本杰明从上大学起就知道自己将来会成为一名会计师,但是,前段时间他发现会计这个工作令他身心俱疲,每天繁忙的工作使他几乎没有时间陪伴家人,不仅如此,到了报税的月份,为了完成工作任务他更是忙得不可开交。因此,他决定改变这一切,现在他已经找到了一份真正满意的工作,成为一名专门为非营利组织提供服务的独立注册会计师。

现在,本杰明专门为非营利组织提供审计服务。他的客户包括一所私立学校、一家受虐妇女庇护所、一个计划生育中心、一家收养机构、一个图书馆以及一些其他的社会服务机构。他会在审核完这些机构的财务报表后,附上自己的授权书,证明这份财务报表的内容是真实有效的。审计工作完成之后,本杰明会将最终的财务报表提交给该机构的执行董事或董事会。

成为社会服务机构的一员是本杰明对自己工作最满意的几个方面之一。"这些机构的工作人员都非常优秀,他们努力工作,目的是改善社区服务。他们的目标不是获取巨额利润,而是完成自己的使命,那就是帮助他人。我喜欢和他们一起工作。"

▶ 背景介绍

在预备役部队服役结束后,本杰明在一系列的公司里开启了他的会计职业生涯,而他每次转换工作都是从大公司到小公司。他的职业生涯始于一家大型公司,他是公司里的百名会计人员之一。一年后,他转换工作到了一家中型公司,与其他 15 名会计人员一起工作。接着,他又成为一家小型公司的 4 名注册会计师之一。每一次工作的变动都能使他接触到更多的客户,获得更大的职权范围。但是,所有这些工作的大部分时间都需要他做"核对和追查"方面的工作,而且与客户的交往也受到了很大的限制。"后来,我决定要建立自己的事业。我想要对业务的控制权、自由的工作时间,以及直接与客户打交道的机会。于是我开始了独自创业的历程,经过十多年时间的努力,建立起一家包括另外两名注册会计师和一个助理人员的工作室。能够独自做到这一点,我为自己感到自豪。"

但在那十几年里,本杰明在税务业务上承受了太多的紧张和压力。"这种转变是慢慢发生的。例行的个人和企业税务业务简直要把我逼疯了。因此我打算寻找一个办法,把自己从这种压力重重的困境中解脱出来。那时候,我确实赚了很多钱,但是我的生活却是苦不堪言。我的健康状况很不理想,而且我从来不能停止思考工作方面的事情。我必须要把剩余的工作带回家里完成,可是这又对我的家庭生活和兴趣爱好造成了干扰。我必须要做出一些改变，因此我辞掉了工作中那些不喜欢的部分，保留并扩展了自己喜欢的部分。"后来，他找到了一个有兴趣收购成熟的会计事务机构的人。"我真的非常幸运，能找到合适的人来接手我工作中有关税务方面的业务。这个人搬进来与我共用办公空间，承担员工管理方面的责任，购置了必要的办公设备和家具，还负责与客户打交道。我保留了自己喜欢的部分业务，在不会与我的生活产生冲突的范围内尽量将其发展到现在这样的规模。"

▶ 职业满足分析

像大多数感觉判断型的人一样，本杰明工作努力，对自己的职责非常严肃认真。他对工作非常满意，因为在工作中他可以运用自己非常熟悉和精通的技能，帮助不同的组织，维持它们的财政稳定。

大多数会计师，像本杰明一样，都是外向感觉型的人。大部分时间里，本杰明独自工作或者与他人合作，审核财务报表，报表上所有数据都要有根据、完整而准确。在工作中，非常微小的细节都是至关重要的，如果疏忽，有可能造成非常严重的后果。除此之外，本杰明还必须关注经常变化的税收政策，熟悉新的形式和程序。

▶ 前景展望

如今，本杰明专注于帮助各类组织实现它们的使命。每天都在为社会做出贡献，对他来说，职业满足就是与正直友好的人一起工作，努力以自己的工作成果回馈社会，同时保持自己的优先事项井然有序。从很多方面来看，本杰明的雄心壮志已不如从前。在过去，他认为拥有一个规模庞大、员工众多的大事务所很重要。"现在我明白了，那对我来说都意味着压力。相反，我现在更关心的是如何维持好自己的业务，这样我就能把大部分精力放在家庭上。在以前，无论是谁在报税截止日期前一天走进我的办公室，希望我能为他们准备报税材料，我都不会拒绝。过去我常常对他人有求必应，而现在，我不会那样做了。对于不讲诚信、没有道德底线的人，我不会跟他们打交道。我现在比较有选择、有区别地对待不同的人了。"

人物 3 夏洛特，特殊教育负责人

> "我要以积极的方式在世界上留下我的印记。"

▶ 工作概况

对于 ISFJ 类型的人来说，夏洛特的工作可能稍微有一点特别。她是一个小镇的特殊教育负责人，她非常喜欢这份工作。特别之处在于，夏洛特花费大量的时间与许多人一起协作，穿梭于镇上，与她所监管的 35 名专业人士共同出席有关会议，并走访了安置 40 名学生的校外场所。这份工作需要与家长、老师、其他教育专业人士和学校管理人员进行大量的沟通，并不断举行会议，而 ISFJ 类型的人通常不喜欢这样的工

作内容。但是，这是一份有意义的工作，是夏洛特自从成年以来一直热爱的特殊教育事业。

夏洛特把她大约70%的时间都投入到工作之中，会见老师和特殊教育专业人士（包括教育心理学家、语言病理学家、以英语为第二语言的老师），以及做她工作的主要内容——与特殊教育老师打交道。作为特殊教育负责人，夏洛特除了要处理资金预算、人员招聘以及管理其他例行的行政事务外，还负责确保学校遵从州政府和联邦政府的指示，即为所有残疾或智力有障碍的孩子提供免费且适当的特殊教育。她通过在课堂上观察学生来给他们做出评估，与家长会面以帮助他们了解自己孩子的特殊之处，并与老师、家长和其他必要的专业人士一起参加正式的诊断和安置会议，指导准确诊断和适当安置孩子们。她让他人随时都可以与自己取得联系。即使是在办公室的时候，她也总是在不停地回复家长和老师寻求建议、指导行动或寻找教育资源的电话和电子邮件。

夏洛特最喜欢她工作中的部分是能够为他人提供帮助。她喜欢给予帮助，并且从"关注事情的进展——有益处的进展，向好的方向转变"中获得极大的满足感。她与家长、老师和管理人员之间建立的友好关系，让她感到非常振奋。"我就是喜欢把事情坚持到底，把那些我们知道会向好的方向转变的事情变成现实。例如，当我知道有一所学校确实需要一名心理学家时，就竭尽所能把这个职位空缺填补上了。今天，看到那位心理学家在工作岗位上高效地工作，并且真正给学校做出了很大的贡献，我非常有成就感。"

▶ **背景介绍**

到目前，夏洛特已经在教育领域工作了22年。令她感到自豪的是，她没有像她认识的许多教育工作者那样感到精疲力竭。之所以能这样，她认为是因为特殊教育能使她产生强烈的工作热情。夏洛特最初在小学做了9年的特殊教育工作，她教过各个年龄段和各种残弱程度的学生。她先是管理教学资源室，然后她转到教学工作，在一间资源配备完善的教室开始给孩子们授课和训练，因为这样她能获得更多的控制权和独立性。为了寻求更多的职权，她在学校里创办了一个诊断中心。"这是一种独特的教学方法，因为我们在同一个环境中既进行测试和诊断，又进行授课和训练。我更喜欢这样的工作，因为在这个工作里我能发挥很多的专业知识和技能，而且还能和一些非常优秀的人一起工作。"5年后，她找到了一份更具挑战性的工作，她成了学校的一名管理人员。"在这份工作里，最令我满意的部分之一就是培训实习老师。正是在那个时候，我意识到通过培训老师，我能发挥更大的影响力，因为他们每个人都会影响到很多儿童的生活。"9年之后，一些在较小学区工作的同事告诉她，他们在工作中享有的职权和自主权比她这份大城市的工作要大得多。"我希望能更多地参与影响孩子们的重大决策，于是开始申请郊区的工作岗位。经过4次努力，我终于获得了现在这份工作。当时，我有丰富的工作经验，但没有像其他候选人一样拥有博士学位。后来，在一个规模很小，但是人际关系非常紧密的社区里，我获得了这个工作机会。这里的家长对特殊教育的支持性和参与度非常高。"现在，她的影响范围不再限于仅有12~15名学生的班级，而是对老师、实习老师、家长以及学生本人等群体均能产生更大的影响。

▶ 职业满足分析

夏洛特一生都在从事教育工作——这是一个许多传统主义者都能感到满意的工作环境。她工作在一个高度制度化且遵循传统的机构，有着明确的任务——负责一个学区的特殊教育工作。她的职责是满足学生和老师双方面的需求。她的大部分工作都涉及遵守联邦政府的指示和州政府的规定，以及确保工作的开展符合一定的程序。她所从事的几乎所有任务都是传统主义者特别擅长的。

要想给学生提供最适合的训练和指导，夏洛特需要掌握大量的信息，而她的主导功能——感觉，在这个方面对她助力很大。收集和传播信息是她工作的一个重要部分，她运用自己亲身的教学经验来指导自己完成这个方面的任务。夏洛特在处理和关注诸如预算编制、人员招聘以及完成行政事务等细节问题时，她的感觉功能发挥了很大作用，在课堂中观察和评估学生们的时候也是如此。

夏洛特对工作感到满意的另一个方面是，在工作过程中，她有机会与许多不同的人打交道。她在与学生、家长、老师和管理人员的交往互动中运用了的情感功能（辅助功能）。她心思敏锐，善于体会他人内心的想法，并能指导他们如何更有效地完成任务。她思维灵活，喜欢帮助他人做出决策。在细致全面地考虑如何改善学校的设施设备、如何改进学校的运行机制以及如何让师生更快乐的时候，她也充分运用了情感功能。通常，为了帮助那些残弱程度很高的孩子，她发动了自己与家长、老师的同心协作，群策群力解决了问题，她很喜欢这样的过程。

▶ 前景展望

目前，夏洛特还没有打算在短期内更换工作。"在准备去迎接新的职业挑战之前，我要先通过努力掌握尽可能多地应用在新职业中的知识和技能。也许有一天我会去做一所小学的校长。但就目前而言，我的目标是成为全州最出色的特殊教育管理人员。当我在这些方面感到满足之后，我可能会去找一份新工作，但也可能不会。"

▶ 共同之处

尽管夏洛特、本杰明和艾琳各自拥有不同的教育背景、职业经历以及职业选择，他们之间依然存在一些共同点。虽然兴趣、能力和价值观有所差异，但他们具有相似的性格特征以及相同的心理功能层次，我们可以对 ISFJ 类型的人的需求做一些观察。

我们在下面列出了使 ISFJ 类型的人获得职业满足的重要因素——可以称其为衡量标准。鉴于每个人都是独一无二的存在——即便同属一种性格类型，其特点也各不相同——因此，这些因素并不能完全准确地描述所有 ISFJ 类型的人。重要的是，以下 10 个因素以不同程度影响着 ISFJ 类型的人如何获得真正意义上的职业满足。

查看完这 10 个因素后，我们建议你按照自身的标准对它们进行排序。在排序过程中，请回忆过去的工作经验并思考当前工作的体验，看看哪些经历令你特别满意或特别失望。同时，应寻找贯穿多个经历中的主题，而不是仅限于某个单一工作环境下成立，而在其他工作环境下却无效的情况。

作为 ISFJ 类型的人，要获得职业满足，你所做的工作应：

1. 要求仔细观察、一丝不苟和准确无误，在这里我可以运用自己记忆事实和常规细节的能力。

2. 让我从事那些能帮助他人的实际项目，这些项目往往需要高度注重细节。

3. 使我通过默默无闻的努力工作，来表达自己对他人的同情以及对工作的热忱，同时希望我的贡献能得到认可和赞赏。

4. 是在传统、稳定、有序且制度化的环境中完成的，并且能为他人提供实用性很强的服务。

5. 要求我遵循标准化的工作程序，运用现实的判断力，并以谨慎、有条理的方式贯彻到底。

6. 让我一次专注于一个项目或一个人，并且做出来的产品或提供的服务能够带来可观的成果。

7. 允许我拥有一个独立的工作空间，这样我就能长时间地专注于工作，将受到的干扰降至最低限度。

8. 能让我主要以一对一的方式开展工作，不管是帮助他人，还是与那些志同道合的人打交道，而不是同时与好几个人一起工作或者同时为好几个人提供服务。

9. 在完成工作任务的过程中，要求条理清晰且效率很高。

10. 在把工作成果在众人面前展示之前，尽量给我充足的时间提前做好准备。

▶ 适合 ISFJ 类型的人的一般职业

在列举适合 ISFJ 类型的人的一般职业时，也请读者注意，每一种职业中都有各种性格类型的成功人士。以下职业可能是 ISFJ 类型的人会比较满意的职业，我们也将解释其中的原因。当然，我们无法详尽地列出所有适合的职业，只是为了给你提供一些你之前可能未曾考虑过的可能性。

虽然我们列出的这些职业都可能让你获得职业满足，但预计其中一些职业的未来需求可能会更大。

第 18 章
ISFJ 类型（内向、感觉、情感、判断）：以我的名誉发誓，我一定会尽职尽责……

医疗保健类

- 注册护士
- 牙科保健员
- 家庭医生
- 医学技术人员
- 理疗师
- 医疗设备销售代表
- 医疗保健管理人员
- 营养师/营养学家
- 语言病理学家/听力学家
- 验光师
- 医疗记录技术人员
- 药剂师/药房技术人员
- 放射科技术人员
- 呼吸治疗师
- 兽医
- 初级保健医生
- 家庭保健助理
- 医疗助理/牙科助理
- 药品销售人员
- 临终关怀工作者
- 医学研究员
- 生物学家
- 植物学家
- 牙医
- 正畸医生
- 职业治疗师
- 生物化学家
- 按摩治疗师
- 外科技术人员
- 牙科实验室技术人员
- 矫形治疗师
- 血液透析技术人员

这些职业是给 ISFJ 类型的人提供一个发挥作用的工作环境，在这里，他们能够直接与他人打交道并施加影响。这些职业的大部分都需要与客户或者患者进行直接的一对一交流。ISFJ 类型的人喜欢采用实际和切实的方式来帮助他人。这些职业的大多数岗位允许 ISFJ 类型的人在传统的、制度化的工作环境中相对独立地开展工作。医学领域能够充分发挥 ISFJ 类型的人学习和应用技术技能的能力，并为他们提供了与他人建立友好和谐的人际关系的机会。

社会服务/教育类

- 幼儿老师
- 图书管理员/档案管理员
- 社会工作者
- 个人顾问
- 缓刑监督官员
- 家庭保健社会工作者
- 儿童福利顾问
- 药物滥用顾问
- 个人护理助理
- 小学老师
- 特殊教育老师
- 策展人
- 教育管理人员
- 辅导员
- 宗教教育工作者
- 老年护理专家
- 职业康复顾问
- 历史学家
- 运动教练
- 住所顾问

教育是常常引起 ISFJ 类型的人兴趣的领域，因为该领域可以为他们提供帮助他人并为社会做出贡献的机会。通常，ISFJ 类型的人喜欢做小学老师，因为在从事该职业时可以有许多与学生进行互动的机会，可以向他们传授一些基本的技能。许多 ISFJ 类型的人喜欢从事教育管理方面的工作，尤其是当他们负责一个特定的专门领域（如特殊教育）或者一个相对较小的服务区域（一个小镇而不是大城市的学校系统）时。ISFJ 类型的人喜欢独立开展工作，但又希望所在的组织或者机构有明确的工作任务和业务目标，并且能够认可他们的贡献。

研究领域的工作能让 ISFJ 类型的人获得职业满足，因为这一领域能让他们独立地工作，并完成具体的研究、调查任务。例如，图书馆馆长需要创建和做好完整准确的工作记录，这能发挥他们出色的组织能力和记忆能力。

虽然社会领域的工作常常对个人具有很大的挑战性，但它们也往往能给 ISFJ 类型的人带来极大的满足感。ISFJ 类型的人发现他们付出努力取得的成果很有价值，因为通过与客户打交道，他们能够给客户的生活质量带来切实的改善和提高。而且，这些职业都给他们提供了与他人一对一交流的机会以及独立的工作环境，这些都契合了 ISFJ 类型的人的兴趣。

商业/服务类

- 行政助理
- 行政主管人员
- 客户服务代表
- 人事管理人员
- 房地产经纪人/房地产代理商
- 会计
- 信贷顾问
- 律师助理
- 家庭保健用品销售人员
- 草坪服务经理
- 有机农场主
- 技术支持人员
- 渔猎管理人员
- 园艺经营者
- 特许经营业主
- 零售店主
- 商品规划师
- 警方身份识别与记录专员
- 博物馆研究工作人员
- 殡仪馆馆长
- 拨款协调员
- 首席客户销售代表
- 民宿老板
- 产权审查人员

上述职业需要与人进行大量的面对面交流，通常深受 ISFJ 类型的人所喜爱。这类职业中的大部分都是辅助性的工作岗位，这使 ISFJ 类型的人能够充分发挥他们出色的组织能力和对重要细节的跟进能力，尤其当他们在为自己尊敬和钦佩的人提供支持的时候。这些职位也要求从业者具备广阔的知识面，运用技术技能和沟通才能来帮助他人获取所需的信息或支持。

零售和商品陈列类职业常常受到

ISFJ 类型的人的青睐，尤其是当他们在一家小型的专卖店或大型商场的一个小的销售部门工作时更是如此。ISFJ 类型的人通常能成为精品店擅长经营的老板。他们特别注重店铺外观和购物氛围中的细节问题，因此他们常常能赢得很多长期的回头客。他们喜欢一次照顾一位顾客，为他们已有的物品选择合适的商品或配饰进行搭配。ISFJ 类型的人还善于与顾客保持长久的友好关系，而且对待员工也非常友善和真诚。

创意/技术类

- 装潢设计师
- 电工
- 艺术家
- 音乐家
- 珠宝商
- 弦乐器维修人员

上述职业彼此之间的联系可能并不是很密切，但其中也存在一些共同的特点和要求。其中的每一种职业都需要从业者与日常生活中的实际事务打交道。作为一名装潢设计师，ISFJ 类型的人会运用自己的审美观为客户提供恰当的装饰。这个工作需要你非常关注细节，并且具备很强的与客户沟通和协作的能力，以满足他们对居室美观、舒适的需求和愿望。ISFJ 类型的人通常非常重视自己住房的装饰与设计，因此他们很容易理解并认同客户想要打造舒适家居的想法和愿望。

电工的工作职责是在遵守标准程序和规范的前提下，准确操作，解决电路上存在的问题。ISFJ 类型的人喜欢专注于需要动手操作的任务，并且喜欢运用自己掌握和精通的技能。如果他们觉得自己的贡献得到了他人的重视和赞赏，并且能与客户、合作伙伴或同事有着良好的互动关系，那么电工这份工作会令他们感到满意。

请读者注意，有许多适合 ISFJ 类型的人发挥独特才能以获得职业满足的职业，而我们以上推荐的仅为其中的一部分。

▶ 求职之路，因人而异

了解自己性格类型特有的优势和劣势，将使你的求职之路更加顺畅。从研究适合自己的工作岗位，到接触潜在雇主，再到准备求职资料（如个人简历）、安排面试、与对方协商薪酬待遇，直至最终获得工作，每一步都体现出个人的性格类型。因此，是否能够有效利用自身优势并弥补不足，将直接影响求职的成功几率。

不同性格类型之间的差异大小不一，有的微乎其微，而有的却极为显著。如果根据我们的建议做出细微调整，就可能将求职失败转变为求职成功。人际网络的概念就是一个很好的例子。外向型的人自然喜爱社交，我们鼓励他们大胆拓展社交圈；而内向型的人则偏好在小范围内进行交流，且更倾向于与熟悉的对象交流。感觉型的人乐于在有限范围内与人建立联系；而直觉型的人则会广泛寻求互动，即便某些社交对象似乎志趣不投。同样地，情感型的人重视人与人之间的连接，希望营造融洽的氛围；而思考型的人则表现得更为冷静和客观。判断型的人在人际交往时话题数量较少且内容严谨；而知觉型的人交流的话题则较为广泛！虽然有效的求职技巧可能只有一种，但成功路径却是千差万别的。

▶ 通向成功之路：发挥自己的优势

正如我们在接下来将详细阐述的那样，你在求职过程中的优势和才能在于你能够展示自己的效率、真诚和努力工作的愿望。虽然如此，如果你看不到其他可行的工作机会，你的求职之路可能会停滞不前，或者如果你把拒绝看作是对你的人身攻击，你可能会误入歧途。

对于 ISFJ 类型的人来说，最有效的求职策略建立在如下能力基础之上。

充分研究工作机会，收集所有相关的信息。

● 利用所有可以利用的资源，尽可能多地了解你正在考虑的公司、行业或职位的信息。

● 在进入面试阶段之前，给自己留有足够的时间来巩固自己的知识储备，直到自己已经胸有成竹。

当夏洛特开始考虑找新工作时，其他学区的几位同事建议她考虑一下规模比较小的学区，因为在那里可以获得她想要的更多职权。在申请现在的这份工作之前，她对工作地点所在的城镇进行了充分的调查，以了解该城镇的家长和居民对特殊教育项目的支持程度。因为她知道，这些因素对于她在工作中的满意程度以及是否能出色地完成工作至关重要，所以她事先与家长、老师和其他管理人员进行了交流，以了解该城镇的情感氛围。

根据实际情况，在深思熟虑之后做出决策。

● 把你的择业标准列出来，在求职过程中经常作为参考，并用它来衡量可能的工作机会。

● 在决策过程中尽量保持客观，以便对可能的工作机会有一个实际和现实的认识，而不仅仅是你希望它是什么样子。

在意识到个人生活和职场生活对他来说是同等重要之后，本杰明对自己的职业做出了重大的调整，开始为非营利组织工作。他希望有更多的时间陪伴家人，也有更多时间在工作之外发展自己的爱好。经过深思熟虑，并且权衡了职业转变的利弊之后，他认为这种改变能让他过上更轻松、更平静的生活，同时还能继续在会计方面运用自己的技能和经验。

精心策划并有条不紊地开展求职过程。

● 准备好简历和具有个性化的求职信，说明你对正在考虑的这份工作的兴趣所在以及所具备的相关资质。随后主动联系相关责任人，以争取面试的机会，而不是坐等他们联系你。

● 与那些为你提供信息或面试机会的人保持联系。适时给他们发送表示感谢的电子邮件，并在你找到合适工作

第18章
ISFJ 类型（内向、感觉、情感、判断）：以我的名誉发誓，我一定会尽职尽责……

时告知他们。

莱拉准备去一家大型百货商场工作，经过仔细研究招聘启事，她决定申请客户服务代表一职。她提前在网上查到了商场经理的名字和具体头衔，随后给他发送了一封电子邮件，里面附有自己个性化的求职信，重点突出了自己的工作经验和对这家商场的兴趣。经过几次邮件往来，她获得了与经理见面的机会，几天后，经理与她进行了面谈。由于当时没有职位空缺，因此莱拉继续寻找其他工作机会，同时也一直与这位经理保持着联系。一天，莱拉在网上读到一篇文章，其中介绍了那家商场因为零售业务发展的需要，正在开发一个新的优质客户追踪系统。她给这位经理发了一封电子邮件，附上了这篇文章和简短的说明。几天后，她被通知再次参加面试，并且获得了这份工作。后来，这位经理告诉她，正是她的坚持不懈使她战胜了那些更有经验的求职者，从而赢得了这份工作。

充分利用你扎实、稳定、可靠的工作经验。

- 向潜在雇主展示自己在以往的工作中取得的成果，包括任何嘉奖、推荐信或证书。
- 展示你自始至终地完成工作任务和实现组织目标的品质。

杰里米是一名大学生物老师，同时也是活跃的学生工作顾问。他一直对学生的流失问题（学生在毕业前离开学校）特别感兴趣。在他任职的多年时间里，他一直认真记录着学生的流失情况，这些信息来自他与自己学生的访谈、学校咨询中心的数据以及其他学生工作顾问提供的资料。

后来，当学生事务副院长的职位公开招聘时，杰里米很感兴趣。通常情况下，他可能不会成为合适的人选，但是他把这些年来收集起来的所有信息和资料整理成一份详尽的报告，这使他具备了很大的优势。他与学生事务院长会面，并分享了自己的看法和见解。最终，凭借他在学生动向方面的专业知识（是他自己取得的，并且已经被公认为专家见解），加之他作为一名关爱学生且颇受欢迎的学生工作顾问的良好声誉，他非常顺利地获得了这份工作。

▶ 可能遇到的陷阱

虽然每个人都是独一无二的，但ISFJ 类型的人仍然存在一些共同的潜在盲点。在这里强调"潜在"，是因为以下我们列出的条目中，其中一些明显与你相关，而另一些则可能不太符合你的实际情况。你会注意到，这些倾向不仅影响你对于求职的看法，也渗透至你生活的各个方面。因此，在阅读下面的每一个条目时，不妨结合自己过去的经历，问自己："这对我来说是真的吗？"如果答案是肯定的，那么就继续问自己："这种错误的倾向是如何阻碍我实现目标的？"你很可能发现，要克服这些盲点，关键在于，有意识、精心地发展你的第三功能（感觉）和第四功能（思考）。当然，对于 ISFJ 类型的人来说，以下这些建议在实施过程中都会面临诸多困难，但是，这两种功能运用得越多，它们在将来给你带来的麻烦就会越少。

1. 积极寻找并保持开放的心态去关注目前尚不存在的工作机会。

● 积极参与那些有时候会比较困难的头脑风暴练习：充分列出各种可能性，同时要克制住自己想要淘汰那些看似不可能的选项的冲动。把所有的想法和观点都保留下来，直到列出一系列可能的事情。仔细考虑每一个可能的事情，并不断地问自己"为什么不试一下呢？"不要轻易断言它们是不可能实现的。可能有些时候，你需要向能够更加自然地进行头脑风暴活动的朋友寻求帮助，这样整个过程会进行得更加顺利。

● 与目前正在从事你可能考虑的工作选择的人联系，向他们请教当时是如何求职或获得面试机会的，以便从中受到启发。不要因循守旧，可以考虑一些不太传统或非常规的求职方法。

2. 在计划和实施求职活动时要积极主动，或者至少要坚定自信。

● 意识到"会哭的孩子有奶吃"这句俗话往往是正确的，尤其在竞争激烈的人才领域更是如此。

● 充分发挥你出色的组织能力和跟进能力，牢牢把握住所有的工作机会。在与潜在雇主面谈之后，要保持与他们的沟通，适时提醒他们你对他们提供的职位仍然感兴趣。联系以往的朋友和业务伙伴，请他们帮你寻找一些能为你提供职业咨询或工作机会的人。最重要的是，主动寻求面试机会，并向面试官坦白自己的求职意向！

3. 要尽可能展示自己的热情和人际交往能力。

● 现在不是你展现谦虚的时候，留待其他时间和场合再展现吧。向潜在雇主充分展示你过去在工作中取得的成就。通过主动提供以往上司对自己工作能力的良好评价，以及他们为自己写的推荐信，来证明你所具备的出色才能。

● 要敢于大胆推销自己，向他们说明自己你正是潜在雇主所要寻找的那种人才，而且你可以为公司做出很大的贡献。这样调动起他们的兴趣，使他们相信你具有大多数雇主希望自己的员工所具有的那种自信和活力。

4. 要客观地看待事物，不要让个人情感成为重要决策的唯一标准。

● 在离开面试现场并在事后经过反复回顾之前，不要对任何人或任何职位做出评价。要明确一点，我们有时候容易把融洽和友谊混为一谈。

● 考虑你所做出决策的因果关系。把不同工作机会的可能结果或者效果列出来，运用你最初制定的求职标准衡量每一个工作机会，而不是把你对面试官或者工作场所的主观印象作为评判的标准。

5. 不要固执己见、不能通融，把工作机会看成要么十全十美要么一无是处。

● 再次参考你的求职标准。坚持那些你绝对不能妥协的方面，而对于那些不太重要的方面则要灵活一些，必要时可以放宽要求。

- 试着想象自己在每一个工作机会中的样子。请一位朋友帮你列出每个工作机会的优缺点，然后在做出任何决定之前要客观地看待这两个方面。

6. **不要把拒绝和反对都视为对自己的人身攻击，并因此而灰心丧气。**

- 要记住，你仅仅是从你个人这个角度来观察世界的，然而观察的视角是因人而异的。大多数拒绝和反对并不是针对你的人身攻击，而只是因为你的资历和条件不合适某个工作罢了。有时候找到一份真正适合你的工作需要几周甚至几个月的时间。如果你能够坚持下去，最终会得到回报的。

- 当你开始感到动力不足、信心下降时，向朋友或家人寻求支持和必要的鼓励。在他们的帮助下，慢慢调整好自己的心理状态。

▶ 最后一步：换工作还是保持当前工作……ISFJ 类型的人成功的关键

现在，你已经深刻理解了自己的性格类型，并且清楚自己天生的性格偏好所适应的职业类型。此外，了解自身性格类型的优劣势对于成功求职具有重要意义。然而，即使作为 ISFJ 类型的人，也需要意识到本章前面"适合 ISFJ 类型的人的一般职业"中列出的职业未必都适合你。因此，下一步也是最后一步，就是缩小搜索范围，从而找到理想工作的方向。

除了性格类型之外，一些其他因素，如你的价值观、兴趣爱好以及技能等，也会影响你对工作的满意程度。你与工作的契合度越高，你就越快乐。因此，请准备运用所学知识（包括本书内容以及生活经验）来制定你的战略性职业规划吧。本书第 23 章中的练习就是专门为了这个目的而设计的。

然而，如果你觉得保持现有工作岗位或继续留在当前雇主身边更有意义（也许只是暂时的），那么做出这个决定可能基于多种合理的原因——如经济压力、家庭因素、所学专业就业形势严峻，以及转换工作的时机尚未成熟。但请振作起来！通过本书获得的知识同样能帮助你在现有的工作岗位上获得职业满足与事业成功。当需要做出重大职业调整的时候，你将更加清晰自己的发展方向，并明确如何找到理想的工作的方法。

▶ "所以，如果你目前还没有找到更适合的工作……那就热爱你现在的工作吧。"

事实上，大多数行业都提供灵活调配的机会。这里有一些方法，可以让你的当前工作更适合你的需要，仅供参考：

- 找到和自己能力或性格互补的人，请求他们的帮助，以平衡自己的表现。
- 请求上司对你的工作任务和要求做出明确的规定。
- 努力解决与同事、上司和下属

之间的冲突和矛盾。
- 调离人际关系紧张的工作环境。
- 设计出能高效运行的体系或制度，并且要求直接下属应用它们。
- 积极主动地参与自己感兴趣的研究项目。
- 确保自己有充足且不受打扰的时间来完成工作任务。
- 在参加会议之前，提前了解会议议程。
- 设定自己能够达成的工作目标。

▶ ISFJ 类型的人能够发挥长处并克服不足

劳拉在一所大学的书店工作，然而她却一直对调查研究很感兴趣，并且自认为逻辑思维能力很强。当得知这所大学在留住学生方面遇到了一些麻烦时，她主动提出要开展一项调查，采访那些转学到其他学校的学生，以获得相关的信息。她不仅觉得这项调查工作很有意思，而且她所收集到的信息还帮助学校管理人员制定了新的方案，从而扭转了大量学生转学的趋势。能够以这样切实的方式帮助自己的学校，让劳拉感到非常满足。

▶ 利用已有资源获取所需之果

如何才能取得成功？简而言之，就是发挥你的优势，弥补你的弱点。这是否能够做到，将直接影响到你是取得成功还是遭遇失败，是热爱还是厌烦你的工作。我们接下来列举了一些你可能具备的优势和存在的弱点，希望能对你有所帮助。尽管每个人都是独一无二的个体，但作为 ISFJ 类型的人，我们所列举的这些总有一些比较符合你。

你在工作中的优势可能包括：
- 具有很强的专注力和关注重点的能力。
- 具备很强的职业道德；认真负责，工作努力。
- 具有良好的协作技巧；能与他人建立和谐友好的人际关系。
- 具有实事求是、脚踏实地的工作态度。
- 能够准确把握事实，并且十分关注细节。
- 乐于帮助他人；愿意给同事和下属提供支持和帮助。
- 善于维护组织或机构的传统，并了解组织或机构的历史历程。
- 具有很强的组织能力。
- 忠诚于传统的组织结构，并乐于在其中工作。
- 能够连续地工作，对重复性的程序或工作任务也不会感觉厌倦。
- 具有非常强的责任感；说到做到，值得信赖。
- 喜欢采用固定的工作方式；尊重他人由职衔所赋予的地位。
- 通情达理，视角现实。

你在工作中的弱点可能包括：
- 你可能会低估自己的能力；可能不会积极地维护自己的需要和利益。
- 不愿意接受和尝试新颖和未经检验的观点和看法。
- 对批评过于敏感；紧张的工作

环境会让你倍感压力。

- 可能只愿意关注细节和当前的情况，对整体和未来不够重视。
- 倾向于同时承担过多的工作任务。
- 难以迅速适应新环境，或难以在不同工作任务之间来回切换。
- 在需要同时处理多个项目或工作任务时，容易感到不堪重负。
- 如果感觉自己不再被人重视或者欣赏，就很容易灰心丧气。
- 一旦做出决策，就很难改变主意或者立场。

发挥你的优势其实很简单。
ISFJ 类型的人成功的秘诀在于：

学会大胆表达自己的想法；
试着考虑那些尚不存在的可能性；
努力变得灵活和随性。

第19章

ESTP 类型（外向、感觉、思考、知觉）：
让我们行动起来

人物 1　　卢，私家侦探

"我天生好奇心强，思维敏捷。"

▶ 工作概况

卢的工作可以用一个词来概括：私家侦探。事实上，他记得自己曾经对高中时的女朋友说过，有朝一日他会成为一名私家侦探。现在，他已经从事这一行 35 年。卢经历过各种各样的工作，才找到现在这份满意的工作，也就是做一家州公共辩护律师办公室的首席调查员。每一次，他都是掌握了应该学习的技能和知识，在感到厌倦之后离开。现在，他发现他所经手的案件中充满了挑战和阴谋，这让他非常满意。

卢负责管理分布在全州的 30 多个法庭的 50 多名调查员，并参与刑事辩护调查工作的所有方面——他们寻找重要的，但通常先前不为人知的信息来协助辩护。他的职责范围很广，涵盖了从少年法庭到包括处理死刑案件在内的重罪法庭。卢的工作常常需要在州内四处奔忙，协助其他调查人员处理复杂的案件，例如帮助他们获取诸如法医分析之类的特殊服务。卢还负责招聘员工、管理求职者的背景调查、开展培训以及进行任何敏感性的内部人事调查事宜。

"这份工作实际上是一项解决问题的工作，它需要大量的人身接触。我觉得工作中最能发挥活力的部分是寻找和解决问题。当我能找到一份好的辩护材料，而律师甚至未曾留意到那一点的时候，那才是最棒的！"

▶ 背景介绍

卢从小就立志从事调查工作，在经过两年的大学生活后，他又在海军陆战队服役了两年，之后成为了一名保险调查员。十年间，他调查了大量意外事故索赔案件，并管理着一间调查员办公室。之后他决定自己创业，于是他又从事了 15 年的私人调查和保险调查工作。"我最喜欢的还是私人调查工作，因为我觉得它们更具挑战性。"

他的下一份工作是副警长，之后又做了州检察院的调查员。这让他有机会了解调查中有关起诉方面的内容。但由于他的工作只局限于初级法院，接触到的案件不够"激烈"，因此 3 年后，他申请调到中级法院的公共辩护律师部门。他得到了那份工作，并一直工作到一年前，直到法院新成立了一个专门处理死刑案件的新部门。"我真的非常喜欢现在这份工作，直到一年前，这里才出现了职位空缺。这里的每一项工作都给了我更多的自由和自主权，同时，刑事案件的紧张和严重程度也随着工作量的增加而愈发激烈。"

▶ 职业满足分析

经验主义者最强烈的需求之一就是能够随心所欲地开展行动。卢对自己的工作内容进行了设计，为自己安排了很多需要外出执行的工作任务，这样，他就能体验到工作中更令人兴奋的方面，同时也满足了自己经验主义者的好奇心。他有各种各样的任务要完成，这确保了他很少会感到无聊。在遇到重大案件时，卢可能会被要求到其他州去寻找并带回证人，以便在第二天带着证人出庭。

调查员的工作需要大量运用感觉功能，而这正是卢的优势所在。在寻找线索的过程中，他的感官必须极其敏锐——留意到最细微、最隐秘的细节，寻找并追踪各种线索，仔细审查信息提供者告知的信息，以判断其是否可信或准确。

一旦卢掌握了所有信息，他就运用自己的思考功能对它们进行分析，最后得出合乎逻辑的结论，并运用推理来解决问题。他的思考功能还帮助他即使在面对最恐怖的凶杀案时，也要站在客观的立场上，而不会在其中掺杂过多的个人情感。

▶ 前景展望

卢觉得在目前的工作岗位上，他已经实现了自己的职业目标。"我想，如果有一个全国首席调查员的职位，我会去争取的。但是没有。我已经在自己的工作岗位上做到了极致，所以我很满意。我的工作确实就是我的生命，但这并不意味着我结婚 27 年的妻子和 3 个孩子对我来说不重要。"目前，卢计划在接下来的三四年内退休，并打算留在越来越需要他的孩子和年迈父母身边。

卢每天都充满热情地开始工作。"我从来不把工作视为苦差事。"他的秘诀在于从不把受到的挫折往心里去。"我只是把它们抛在脑后，然后继续前行。我申请过好几份工作，但都没能成功。但是只要你不放弃，不断去尝试，他们就会记住你。只要你挺起胸膛，人们就会记住你。有时他们会给你一点好处。最后，即便你在上一份工作中是一个失败者，在下一份工作中你也会成为赢家。"

人物 2　　尼基，攀岩教练

"我的任务是带人们体验奇妙之旅。"

▶ 工作概况

尼基每天从事的工作是很多人望而却步的。她是一名攀岩教练，大多数时候，她都会使用锚和绳索攀爬几十或上百米高的悬崖。她带着客户一起攀爬，让他们体验这种高强度的活动，尼基认为，自己的工作就是帮助人们获得奇妙的体验，并让他们发挥出最大的潜能。"无论我带他们去挑战恐惧，还是挑战技能，或者只是去一个偏远的地方徒步，每个人在与我告别时都比刚来时更有自信、更加快乐。每个人的情况都不同。但无论如何，这都是一段美好的时光。"

尼基的客户大多是20~50岁的女性，她们是从室内攀岩开始练习的。"她们在室内攀岩馆做相关练习，但因为对独立攀岩没有信心，还是愿意与比自己更懂身体状态和心理状况的人一起外出活动。"因此，尼基努力帮助她们认识到，"你完全可以成为攀岩方面的专家，不需要等着男朋友或丈夫带你一起外出活动。你可以学着去打锚点，不需要担心任何事情。"尼基会通过循序渐进的方式向客户逐一说明她们即将要做的事情，指导她们完成每一个步骤。而且她还可以在自己最喜欢的地方——户外，在大自然中教授这些课程。

▶ 背景介绍

尼基找到这份工作纯属偶然，她并没有做求职计划。"我的大学生活太忙碌了，需要为很多事情制定计划，例如选择专业、规划未来，甚至是报名参加暑期项目，要取得一点成果需要我付出很多时间和精力。"当她把攀岩作为业余爱好尝试时，立刻就被吸引住了。"这是我的第一次尝试，我一下子就爱上了这项运动。"由于她之前从未对任何事情有过真正的热情，她觉得还需要再思考一下。于是她辞去了市场营销部门的工作，独自去泰国攀岩。很快，尼基就在泰国的一个小岛上找到了一份攀岩向导的工作，职责是指导游客攀岩。

回到美国后，尼基原本打算找一份文职工作，但又觉得这个选择不太适合自己。她也考虑过其他道路，例如做一名老师。"可我为什么要去教室上课呢？户外才是我最喜欢的课堂。"于是，她报名学习了美国高山向导协会的所有课程，并获得了攀岩教练资格证书。"当时我确实不知道学这些课程有什么用处。我只是太喜欢了，那为什么不试试呢？"

不久，尼基搬到了内华达州的拉斯维加斯，这里是美国攀岩运动的中心。为了实现心中的梦想，她一边做服务员来维持生计，一边利用业余时间练习攀岩，并且不断结识攀岩圈子里的人，与他们建立友好的关系。"这一切都是自然而然的——认识合适的人，进入并融入攀岩圈子，认识关键人物。一切就这样顺理成章地发生了。"尼基开始积累自己的客户群：每年都有五六位女士会来到这里攀岩两三次，还有一些游客报名参加一天的攀岩活动。她找到了一份工作，在一家提供攀岩装备和保险的服务公司负责行政事务，这让她能够专注于自己最喜欢的事情：到户外去，结识更多的攀岩爱好者。

▶ 职业满足分析

对于大多数攀岩体验者来说，尼基

所从事的是他们梦想中的工作。尼基花费了大部分时间去创设惊险刺激的情境，并指导人们克服恐惧感。在她的指导下，客户感受到刺激带来的肾上腺素分泌飙升，以及通过娴熟技能加持而有惊无险，这种结合堪称完美。由于她的活动场所是一个游客众多的自然保护区，所以她经常和游客一起攀岩。"他们都会吃惊地看着你，像是在问'你在做什么？你怎么能那样做？'做一些让他人难以置信的活动，真的会让自己感到兴奋。"

尼基是一个典型的感觉型的人，她能够完全沉浸在当下的场景中——关注面前的客户、活动中可能出现的风险以及必要的安全预防措施。她已经掌握了指导这项运动所需的全部技能，并且有信心管理好每一个详细的安全程序，让客户能够放心地去冒险。这项运动的风险确实很高——悬挂在几十甚至上百米的高空中——每一个绳结、每一个锚点都必须准确无误。

尼基的辅助功能是思考，这使她能够在高压状态下时刻保持冷静。她不仅鼓励客户，还会清晰且简洁地一步步讲解他们即将要做的事情。虽然在体验过程中，一些客户难免会因为劳累或者遇到挫折而情绪崩溃，但尼基始终保持着积极向上的正能量，始终把协助客户成功登顶作为首要任务。

▶ **展望未来**

说回这项运动本身，尼基发现攀岩运动正在迅速流行起来，这主要得益于室内攀岩馆的兴起。许多攀岩者都在热门社交平台上展示自己的形象——在美丽的自然风光中展现自己矫健的身姿，从而吸引了一大批粉丝。"很多人都是被展现的形象吸引过来的，他们并非出于对这项运动纯粹热爱，而只是想要与山峰进行亲密的接触。"不过，这也有好的一面，那就是越来越多的人开始对攀岩运动产生兴趣，并冒险去尝试了解。现在，攀岩运动已被纳入夏季奥运会，这也很可能会让相关业务获得大幅增长。"这或许是一个转折点。"

尼基和她的搭档一直在考虑是否要开办自己的攀岩服务公司，以及选择开一家什么样的公司。"从纯粹的经济角度来看，收益最高的客户是那些大型企业团队，因为可以为他们设计很多团队建设活动，每项活动的利润都非常丰厚。但实际上，我更喜欢带那些无法充分享受社会服务的青少年外出活动。"她还有一个感兴趣的业务方向，那就是为那些主要在室内攀岩馆进行竞技攀岩训练的孩子们提供指导服务。"我认为，我们需要年轻人来为这项运动制定真正的道德准则，而不仅仅是为在竞争中胜出。业内太过于关注数据，却忽略了其中的体验感。"

人物 3　克里斯汀，生物医学设备技术人员

"参与其中。"

▶ **工作概况**

在医疗紧急情况下，时间就是生

命。生命支持监测仪能否平稳运行可能决定患者的生死。这就是克里斯汀的工作。作为美国空军的一名生物医学设备技术人员，克里斯汀需要随时待命，检查和修理那些能够挽救生命的设备。军队环境的高风险性又为她的工作增添了另一层挑战。每当克里斯汀被分配检修任务时，她永远不知道自己会面对什么样的设备，也不知道自己能获得什么样的资源支持。她需要具备处理突发情况以及在强大压力下保持思路清晰的能力——这些是她日常工作的一部分。

她工作中需要处理哪些细节取决于她所处的环境。"我最开心的就是创建工作场所。我搭过帐篷，修过水管，操作过发电机，还做过很多需要外出作业、弄得浑身脏兮兮的事情。"她对外界刺激引起的肾上腺素飙升非常敏感，并能将这种能量发挥到极致："如果一台救命设备出现故障，我会连续工作25小时，直到设备恢复正常运行，然后再在患者身边监测6小时，以确保它不会再出问题。"

▶ 背景介绍

克里斯汀从小就沉迷于研究事物的工作原理。"我的父亲是一名计算机网络工程师，在我小时候，我常常在他身边看着他拆卸和组装电脑。"10岁时，克里斯汀就开始"逆向研究"家用电器——拆卸录像机、收音机以及父母允许她碰的任何东西——只为弄清楚它们的工作原理。在初中和高中，克里斯汀一直是一个让老师和家长满意的好学

生，但上了大学之后，通识教育的先修课程未能引起她的兴趣，她感到学习索然无味，于是开始逃课，最终被学校开除。之后，她参加了暑期培训课程，成绩有所提高，并重新被大学录取。但她的父母不满意她的离经叛道，断绝了她的经济来源，她无力支付大学学费。

接下来的3年，克里斯汀说她自己"没有了生活的方向"。她上过社区大学，做过服务员，还在一家马具店工作过一段时间。最终，她开始做调酒师，这成了她人生的一个重要转折点。"一些顾客会跟我谈论他们的亲朋好友参军的事情，以及参军如何改善他们的生活。军队会为他们支付学费，还会给他们机会去学习和掌握一些宝贵的技能，日后他们可以凭借这些技能就业，养家糊口。下班后，他们谈论的这些成功的事例不断在我脑海中萦绕，于是我拜访了各个军种的征兵人员，跟他们交谈，看看哪个军种最适合我。"

最后，克里斯汀选择了去空军服役。她在军队职业能力测验中取得了很高的分数，征兵人员向她推荐了生物医学设备维修的工作，并向她保证她一定会喜欢上这份工作。"他说得完全正确！"在基础训练中，克里斯汀的成绩在班上名列前茅，之后她开始学习技术课程。在接下来的一年里，她针对各种医疗设备，学会了故障排查、维护和修理等方面的技能。毕业后，她被派往军队驻地，至今已服役六年半。在这段时间内，她荣获了一系列荣誉，如年度杰出生物医学设备维修空军人员奖。

▶ 职业满足分析

克里斯汀具备的技能和她的个性非常适合做这份工作。作为一名经验主义者,克里斯汀喜欢工作中那些需要亲自动手的部分。"最能让我精力充沛的就是那些需要我组装和拆卸东西的任务。"和许多经验主义者一样,克里斯汀面对突发状况可以迅速做出反应,并保持冷静。当她被派往危险环境中工作时,这一点至关重要。

作为一个典型的感觉型的人,克里斯汀极其务实,对事物运作的细节和机制有着敏锐的洞察力。她掌握了大量的专业知识和技术技能,并将它们应用到日常的维修工作中。

克里斯汀的辅助功能是思考,因此她思维逻辑清晰、态度客观冷静,能够在高压环境下保持镇定。她天生是一个务实的问题解决高手,喜欢排除各种故障。学校里那些让她感到厌烦的部分——所有理论性、学术性的课程以及室内的活动——在这份工作中都不存在。相反,她每一天的工作和生活都是一场冒险。

▶ 展望未来

当被问及梦想中的工作是什么时,克里斯汀毫不犹豫地回答说她已经找到了。军队里的工作不断调整,她无法预料自己 5 年后或 10 年后会在哪里工作。离开军队后,像她这种情况的人通常会去经营自己的维修店。尽管经营维修店是对自己精湛技艺的证明,但克里斯汀觉得这类工作会让她远离自己最喜欢的动手操作环节。幸运的是,她所掌握的维护和修理设备方面的技能很容易转化到民用领域,如果她愿意的话,退役以后可以继续从事同样的工作。

▶ 共同之处

尽管卢、妮基和克里斯汀各自拥有不同的教育背景、职业经历以及职业选择,他们之间依然存在一些共同点。虽然兴趣、能力和价值观有所差异,但他们具有相似的性格特征以及相同的心理功能层次,我们可以对 ESTP 类型的人的需求做一些观察。

我们在下面列出了使 ESTP 类型的人获得职业满足的重要因素——可以称其为衡量标准。鉴于每个人都是独一无二的存在——即便同属一种性格类型,其特点也各不相同——因此,这些因素并不能完全准确地描述所有 ESTP 类型的人。重要的是,以下 10 个因素以不同程度影响着 ESTP 类型的人如何获得真正意义上的职业满足。

查看完这 10 个因素后,我们建议你按照自身的标准对它们进行排序。在排序过程中,请回忆过去的工作经验并思考当前工作的体验,看看哪些经历令你特别满意或特别失望。同时,应寻找贯穿多个经历中的主题,而不是仅限于某个单一工作环境下成立,而在其他工作环境下却无效的情况。

作为 ESTP 类型的人,要获得职业满足,你的工作应:

1. 能让我与许多人自然地接触和

交流；每天都能体验到不同且有趣的事情。

2. 允许我运用敏锐的观察力以及吸收和记忆事实的能力。

3. 能让我运用自身能力去寻找解决问题的方法，凭借亲身经历，并对这些方法进行批判性分析，以找出最佳方案。

4. 充满活力、冒险以及乐趣，事情可能会突然发生，允许我冒险并时刻留意新的机会。

5. 使我能够采用非常规的方法自由地处理突发状况，巧妙地协商出令人满意的解决方案。

6. 在一个规则和限制较少的环境中开展工作，工作伙伴务实且充满活力，完成任务后便可以享受自由的时光。

7. 允许我依照自己的想法和需要来安排工作，而不是按照他人的标准。

8. 既实际又合乎逻辑，我可以运用自己的推理能力找出系统中逻辑上的漏洞或缺陷，并当场予以修正。

9. 让我能够自由地应对危机状况，并以灵活的方式处理紧迫问题。

10. 涉及真实的人和事，而不是理论或想法；我的努力可以直接创造出有形的产品或服务。

▸ 适合 ESTP 类型的人的一般职业

在列举适合 ESTP 类型的人的一般职业时，也请读者注意，每一种职业中都有各种性格类型的成功人士。以下职业可能是 ESTP 类型的人会比较满意的职业，我们也将解释其中的原因。当然，我们无法详尽地列出所有适合的职业，只是为了给你提供一些你之前可能未曾考虑过的可能性。

虽然我们列出的这些职业都可能让你获得职业满足，但预计其中一些职业的未来需求可能会更大。

服务/"行动"类

- 警察
- 消防员
- 急救员
- 侦探
- 调查员
- 纠察官员
- 内科急救医生（EMT）
- 运动生理学家/运动医学从业人员
- 呼吸治疗师
- 空乘人员
- 救护车司机和随车人员
- 保险欺诈调查员
- 私人健身教练
- 飞行教练
- 飞行工程师
- 商用直升机驾驶员
- 船长/船长助理
- 军官
- 情报专家
- 缓刑监督官
- 害虫防治专家
- 犯罪学家和弹道学专家

许多 ESTP 类型的人发现，从事公

共服务领域的工作很有满足感，因为这些工作提供了高度的行动性、多样性，以及与来自不同背景的各类人群互动的机会。许多这样的工作要求从业人员具备快速思考和应对迅速变化情况的能力，并能够在压力下保持冷静。由于ESTP类型的人天生好奇且善于观察，他们往往能成为出色的侦探和调查人员。

销售/金融类

- 房地产经纪人
- 体育商品销售员
- 保险理赔员/检查员
- 个人理财顾问
- 审计员
- 股票经纪人
- 银行家
- 投资者
- 预算分析师
- 保险代理人/经纪人
- 零售业销售人员
- 汽车销售人员

金融领域往往对ESTP类型的人充满吸引力，尤其是当它包含迅速变化的环境以及一定程度的冒险时。对刺激和冒险的热爱意味着他们经常活跃在股市中。ESTP类型的人现实且务实，喜欢需要解决问题的职业，即使这意味着需要采用非常规的方法。许多ESTP类型的人凭借自身的魅力和亲和力，是天生的销售高手。他们乐于与公众打交道，友善随和的行事风格有助于他们结识新朋友、拓展新客户并促成交易。ESTP类型的人喜欢保险销售或汽车销售这种竞争激烈的行业，并且擅长在为销售目标提供奖励的体制中工作。

娱乐/体育类

- 体育解说员
- 新闻记者
- 促销员
- 旅游代理人
- 舞者
- 调酒师
- 拍卖师
- 职业运动员/教练/裁判
- 健身教练/训练人员
- 攀岩教练
- 艺人经纪人
- 脱口秀主持人
- 电视摄像师
- 音乐家
- 录音室、舞台和特效技术人员
- 演员

这些娱乐行业为ESTP类型的人提供了大量寻找乐趣的机会，这是使他们获得职业满足的关键要素之一。ESTP类型的人喜欢活在当下，并且喜欢充满活力的工作。他们是天生的活动发起者，同时也热爱表演带来的冒险和刺激。许多ESTP类型的人是运动爱好者，擅长从事以体育为中心的工作，包括作为运动员参加竞赛和担任教练。他们喜欢尽可能多地与他人打交道，会成为有魅力且有说服力的调酒师和拍卖师。

贸易/技术类

- 木匠
- 手工艺人/工匠
- 有机农场主
- 总承包商
- 建筑工人
- 砖瓦工/石工/砌砖工/瓷砖和大理石铺设工
- 机器人和智能制造工程师
- 建筑与房地产开发工程师
- 车辆和移动设备机械师
- 机修人员/安装人员/维人员工（电气和电子设备）
- 团队装配人员
- 厨师
- 电气工程师
- 技术培训员（课堂教学）
- 物流和供应经理（制造业）
- 网络集成专家
- 城建工程师（交通基础设施维修）
- 生物医学工程技术人员
- 工业工程师/机械工程师
- 脑电图技术人员
- 放射学技术人员
- 飞机机械师
- 海洋生物学家
- 数据处理设备检修人员
- 物业管理人员（商业/住宅）
- 系统操作和安装调试员
- 电子游戏开发人员
- 草坪服务经理
- 交通协调员
- 公园自然学家
- 视听专家
- 景观设计师
- 森林管理员
- 运动生理学家
- 脊椎按摩师
- 老师（商业/工业/技术）
- 航空监察员
- 水土保持学家
- 专业摄影师
- 野外探险领队
- 飞机调度员/空中交通管制员
- 空乘人员
- 旅游顾问
- 建筑和施工检查员
- 铁匠
- 生态旅游专家
- 造船工人

上述职业之所以能够吸引 ESTP 类型的人，是因为从事这些职业，他们有机会亲身实践，并且能够以高效、经济和熟练的方式使用工具。他们通常对机械有很强的理解力，且善于动手操作。只要周围有其他人，ESTP 类型的人就喜欢独自工作。他们喜欢这些职业的自然且充满活力的本质，包括有时在有限的时间内工作的高压力（如农业或烹饪）。

▶ **通向成功之路：发挥自己的优势**

正如我们将在下面详细介绍的那样，你在求职方面的优势和才能包括精力充沛、好奇心强、实事求是以及具备

第 19 章
ESTP 类型（外向、感觉、思考、知觉）：让我们行动起来

随机应变的能力。不过，你也要注意，应避免在求职过程中过于随意，以免错失良机或让自己看起来不够认真负责。

对于 ESTP 类型的人来说，最有效的求职策略建立在如下能力基础之上。

开展一次积极的、充满活力的求职活动。

● 利用你庞大的朋友圈和同事关系网络来宣传你正在找工作，并探寻职业选择的信息。

● 把全部精力放在求职活动上。利用你非凡的能量，将寻找合适职业的过程视为一次冒险。

莱利对待求职就像解决生活中的其他事情一样——全力以赴。当他觉得在面对一些决策者时有些紧张时，他决定把求职变成一场游戏。他每天和自己打一个赌——一天之内他能遇见多少人，能找到几个工作机会。当他达到或超出赌注时，他就奖励自己去健身房打一场篮球。现在，莱利发现自己很期待每一天的到来，当他开始新工作时，他已经处于生活中的巅峰状态！

推销你自己。

● 迅速与面试官建立友好融洽的关系，以展示你面对陌生人时的从容不迫，让他们感觉与你相处很舒服。

● 努力让面试官对你的能力、才干和精力产生兴趣，让老板觉得你很有吸引力，你的到来能为公司增添很大的价值。

露露在准备到当地一家电视台与新闻部副主编进行面试时，感觉有点畏手畏脚。尽管她有着丰富的工作经验，以及来自家乡一家电视台的优秀推荐信，但由于这份工作是一个很大的职位提升，因此难免有些畏难情绪。她深吸一口气，告诉自己她能行，然后走进了副主编的办公室。在回答了几个标准问题后，露露被问及为什么她想来那家电视台工作。她开始谈起自己对新闻调查以及一些她所钦佩的记者所做的报道的喜爱之情。她发现自己放松了下来，变得与其说是紧张，不如说是兴奋。她流利的谈吐、旺盛的精力以及对工作的热忱给副主编留下了深刻的印象。离开副主编办公室时，她有点震惊和发愣，因为她得到了这份工作。

运用你的观察力去发现重要的环境因素。

● 仔细观察并捕捉从他人那里得来的细微线索，以了解他们是否真的喜欢正在工作的地方——从工作中的交流互动、隐私保护情况、私人时间的多少以及他们对工作的适应情况等方面进行观察。

● 将你了解到的关于工作机会的情况与你对自己能力的实际了解以及对你来说重要的因素进行比较。在对一个工作机会投入大量时间之前，先找出其中的缺陷。

卡尔很确定自己想从事房地产销售工作。他参加了相关培训课程并通过了考试，拿到了房地产经纪证书。现在，他只需要找一家合适的房地产中介公司入职。他向遇到的每一个人打听好的中介公司的信息。他把求职范围缩小到几家公司，最后选择去参加他首选的那家

公司的面试。然而，当他到达面试地点时，他又有了新的想法。这里的每个人看起来都那么紧张和愁闷。他已经做好准备要加入一家充满竞争和活力的公司，因此，当他看到似乎没有人在工作中得到乐趣时，他感到很失望。他还注意到，公司里的每一个人都至少比他大20岁——他原本希望在工作中结识一些新朋友。卡尔重新考虑了他的首选公司，在面试之后，他决定继续寻找一家让他感觉更舒适、更具挑战性的公司。

谈判要有效且有技巧。

● 事先决定哪些对你至关重要，以及哪些是你愿意让步的。然后以灵活合理的态度进行谈判。

从职业橄榄球队退役后，麦克应聘到一家地方电视台担任体育节目总监。虽然这份工作的几个要素对他很有吸引力——丰厚的薪水、良好的声誉地位、可以报道各类体育项目——但听起来对他的约束也不小。他不愿意负责管理其他几个体育节目主持人、安排任务，以及为了每天两次的直播而被困在演播室里。因此，麦克与电视台进行了谈判。

麦克同意接受这份工作并满足其大部分要求，让电视台得到一名在体育界经验丰富、人脉资源广泛的体育界知名人士应有的利益。但是，在略微降低薪酬的基础上，他要求台里保证他每年至少可以执行10次外出报道的特别任务，这让他走出演播室，进入一个更积极且充满活力的体育世界。在他外出执行任务期间，周末体育节目主持人将替代他工作，每个人都会很满意这样的安排。

评估并利用现有的资源。

● 开始联系你的朋友和同事（过去的和现在的），让他们帮你结识你有求职意向的公司或组织内有影响力的人。如果有必要，可以采用特殊的方法去结识那些用传统方法难以接触到的人。

● 一旦机会出现，迅速行动起来，用你最自然的本能去抓住它们，立刻表露出你的兴趣，并在突然到来的获得机会的最后期限前做出反应。

朱迪是一名体能专家。在得知一家企业正在建设健身中心的消息后，她立即致电该公司，询问他们何时开始接受求职申请。她是第一批申请者，也是第一批被聘用的员工之一。事实上，在健身中心竣工之前，她就已经被录用了，这让她有机会参与有关人员配备、办公室布局和购买关键健身器材等重大决定。

商业类

● 企业家

● 土地发展商

● 批发商

● 管理顾问（企业运营）

● 特许经营业主

● 互联网营销人员

● 保险申报审查员（财产和意外事故）

● 产品安全工程师

一般来说，许多 ESTP 类型的人认为商业世界的限制太多、节奏太慢，难以令人满意。然而，这些职业在时间安

第 19 章
ESTP 类型（外向、感觉、思考、知觉）：让我们行动起来

排、个人自由和多样性方面提供了更多的灵活性，这些可能会吸引 ESTP 类型的人的注意力。ESTP 类型的人是优秀的企业家，他们喜欢在创办新企业或在企业发展过程中发现冒险元素。他们喜欢谈判过程，并且是公平的仲裁者。

请读者注意，有许多适合 ESTP 类型的人发挥独特才能以获得职业满足的职业，而我们以上推荐的仅为其中的一部分。

▶ 求职之路，因人而异

了解自己性格类型特有的优势和劣势，将使你的求职之路更加顺畅。从研究适合自己的工作岗位，到接触潜在雇主，再到准备求职资料（如个人简历）、安排面试、与对方协商薪酬待遇，直至最终获得工作，每一步都体现出个人的性格类型。因此，是否能够有效利用自身优势并弥补不足，将直接影响求职的成功几率。

不同性格类型之间的差异大小不一，有的微乎其微，而有的却极为显著。如果根据我们的建议做出细微调整，就可能将求职失败转变为求职成功。人际网络的概念就是一个很好的例子。外向型的人自然喜爱社交，我们鼓励他们大胆拓展社交圈；而内向型的人则偏好在小范围内进行交流，且更倾向于与熟悉的对象交流。感觉型的人乐于在有限范围内与人建立联系；而直觉型的人则会广泛寻求互动，即便某些社交对象似乎志趣不投。同样地，情感型的人重视人与人之间的连接，希望营造融

洽的氛围；而思考型的人则表现得更为冷静和客观。判断型的人在人际交往时话题数量较少且内容严谨；而知觉型的人交流的话题则较为广泛！虽然有效的求职技巧可能只有一种，但成功路径却是千差万别的。

▶ 可能遇到的陷阱

虽然每个人都是独一无二的，但 ESTP 类型的人仍然存在一些共同的潜在盲点。在这里强调"潜在"，是因为以下我们列出的条目中，有些明显与你相关，而另一些可能不太符合你的实际情况。你会注意到，这些倾向不仅影响你对求职的看法，也渗透到你生活的各个方面。因此，在阅读下面的每一个条目时，不妨结合自己过去的经历，问自己："这对我来说是真的吗？"如果答案是肯定的，那么就继续问自己："这种错误的倾向是如何阻碍我实现目标的？"你可能发现，要克服这些盲点，关键在于有意识、精心地发展你的第三功能（感觉）和第四功能（思考）。当然，对于 ESTP 类型的人来说，以下这些建议在实施过程中都会面临诸多困难，但只要你运用得越多，它们在未来给你带来的麻烦就会越少。

1. **不要局限于只考虑当前很明显的工作机会。**

 • 不仅要考虑自己已经做过的，还要考虑自己可能想做的。把你的想法列出来，甚至包括那些你认为不切实际的想法。在排除任何一个想法之前，先详细了解它的全部信息。

- 关注未来，试着想象你的行动在未来可能产生的影响。一旦你的眼光超越了那些你可能追求的物质享受，你也许会发现，表面上（或当下）看起来不错的工作，从长远的角度看，最终可能并不令人满意。

2. **花时间制定一个长远的职业规划。**

- 抑制冲动，避免立即投入到可能最终成为错误方向的工作中。花时间仔细思考什么对你来说是最重要的，以及你的真正动机和愿望是什么，这将帮助你集中精力，避免从事没有发展前景的工作。

- 制定一系列获得职业满足的标准，然后制定长期和短期目标。这将为你提供一个评判标准，让你能够实事求是地衡量职业选择。

3. **努力培养自己坚持不懈和贯彻始终的精神。**

- 抵制只图解决眼前问题的冲动，要明白你需要进行一些很重要的后续行动，虽然这些行动可能并不令人激动，但它们是求职活动必需的。

- 尽可能多地了解职位情况、招聘要求以及公司的状况，为面试做好准备，这样在回答问题时，你才能很好地介绍自己并表达过去的工作经历。这一步骤还给你带来一项额外的优势：你会知道需要问些什么，才能清楚地了解工作的实际情况。

4. **避免被面试官认为你不可靠或不可预测。**

- 即使你认为自己不会选择某项工作，也要尝试探索意料之外的领域。通过遵守所有约定、准时或提前到达面试现场、按时回电话来证明自己的可靠性。

- 请记住，很多人都尊重公司内的标准做事方式。不要因为你天生不喜欢循规蹈矩，就冒险不遵守规则或冒犯他人。

5. **注重表达你的认真和严肃。**

- 你随和轻松的态度会让你很有个人魅力和感染力，但这也可能会向潜在雇主传达出你不那么严肃认真的信息。

- 注意不要过于直言不讳或对他人的感受麻木且迟钝。注意观察他人的反应，或许可以不要那么武断，以免冒犯他人。

▶ 最后一步：换工作还是保持当前工作……ESTP 类型的人成功的关键

现在，你已经深刻理解了自己的性格类型，并且清楚自己天生的性格偏好所适应的职业类型。此外，了解自身性格类型的优劣势对于成功求职具有重要意义。然而，即使作为 ESTP 类型的人，也需要意识到本章前面"适合 ESTP 类型的人的一般职业"中列出的职业未必都适合你。因此，下一步也是最后一步，就是缩小搜索范围，从而找到理想工作的方向。

除了性格类型之外，一些其他因素，如你的价值观、兴趣爱好以及技能

第 19 章
ESTP 类型（外向、感觉、思考、知觉）：让我们行动起来

等，也会影响你对工作的满意程度。你与工作的契合度越高，你就越快乐。因此，请准备运用所学知识（包括本书内容以及生活经验）来制定你的战略性的职业规划吧。本书第 23 章中的练习就是专门为了这个目的而设计的。

然而，如果你觉得保持现有工作岗位或继续留在当前雇主身边更有意义（也许只是暂时的），那么做出这个决定可能基于多种合理的原因——如经济压力、家庭因素、所学专业就业形势严峻，以及转换工作的时机尚未成熟。但请振作起来！通过本书获得的知识同样能帮助你在现有的工作岗位上获得职业满足与事业成功。当需要做出重大职业调整的时候，你将更加清晰自己的发展方向，并明确如何找到理想的工作的方法。

▶ "所以，如果你目前还没有找到更适合的工作……那就热爱你现在的工作吧。"

事实上，大多数行业都提供灵活调配的机会。这里有一些方法，可以让你的当前工作更适合你的需要，仅供参考：

- 四处看看，找些你喜欢的工作项目，并自愿参与其中。
- 考虑参加一个时间管理课程。
- 请求上司对你的工作任务和要求做出明确的规定。
- 找时间到户外做一些锻炼。
- 参加公司或外部机构组织的娱乐活动。
- 想一想 5 年后你想在工作上有什么进展。
- 经常走出办公桌或办公室，多观察周围及外界的情况。
- 找到和自己能力或性格互补的人，请求他们的帮助，以平衡自己的表现。
- 提出让工作更有趣的建议。
- 聘请一名效率高、条理清晰的助手。
- 如果可能的话，把项目的一些后续工作委托给他人。

▶ ESTP 类型的人能够发挥长处并克服不足

查理很喜欢她的工作，但希望公司的气氛不要那么沉闷。当她得知她朋友的公司有一项规定，允许员工在周五随意穿着打扮时，她立刻开始游说她的老板实施同样的措施。几个月后，这个计划被采纳了。尽管这并没有彻底改变公司的气氛，但它还是带来了一点思想上的转变，让查理和其他像她一样的员工在工作中感觉不再那么拘谨，可以更自由地做自己了。

▶ 利用已有资源获取所需之果

如何才能取得成功？简而言之，就是发挥你的优势，弥补你的弱点。这是否能够做到，将直接影响到你是取得成功还是遭遇失败，是热爱还是厌烦你的工作。我们接下来列举了一些你可能具备的优势和存在的弱点，希望能对你有

所帮助。尽管每个人都是独一无二的个体，但作为 ESTP 类型的人，我们所列举的这些总有一些比较符合你。

你在工作中的优势可能包括：

- 敏锐的观察力，对事实信息出色的记忆力。
- 能够看到需要做什么，并能现实地看待完成工作所需的条件。
- 有个人魅力，容易结交朋友。
- 精力充沛，你喜欢在工作中充满活力。
- 能够很好地适应环境的变化并迅速转换角色。
- 能让工作充满乐趣和激情。
- 乐于成为团队的一员。
- 务实，有现实的观察力以及丰富的常识。
- 能够享受工作的过程，愿意创造生动有趣的工作氛围。
- 适应力强，并且愿意冒险和尝试新的工作方法。
- 愿意接受各种不同，并且能够"顺其自然"。

你在工作中的弱点可能包括：

- 很难独自工作，尤其是长时间独自工作。
- 不喜欢提前做好准备，你很难合理安排自己的时间。
- 对他人的感受有迟钝、不敏锐的倾向，有时因为过于直率而显得麻木。
- 无法看到目前不存在的机会和选择。
- 对行政方面的细节和程序缺乏耐心，或无法容忍。
- 难以做出某些决定，或确定项目的优先次序。
- 容易冲动，容易受到周围事物的诱惑，或不能专注于做一件事情。
- 难以看到一些行动的长远影响。
- 不喜欢过多的规则和条条框框的官僚作风。
- 不喜欢制定长期目标，难以在截止日期之前完成任务。

发挥你的优势其实很简单。
ESTP 类型的人成功的秘诀在于：

学会三思而后行，懂得考虑他人的感受，坚持做到善始善终。

第20章

ISTP 类型（内向、感觉、思考、知觉）：
让一切顺利进行

人物 1　　西蒙，文身师

"在工作的时候，我会进入心流状态。"

▶ 工作概况

对于西蒙来说，文身艺术是一项严肃的工作。"自人类诞生以来，文身艺术就存在于每一种土著文化中，直到今天仍然在传承。我突然意识到，这是一个与他人一对一合作的过程，而创作出的作品会伴随人们的一生。这让我觉得我创作的艺术能拥有自己的生命，人们也能在最大程度上欣赏它。"尽管很多人认为文身是永久性的，但对西蒙来说，文身的存在时间其实是很短暂的。"这是一个关乎转变、放手、拥抱变化和向前迈进的过程。在艺术博物馆里，到处都是几千年前的艺术品，而我们只有为数不多的文身得以保存，基本都在木乃伊身上。文身不会长久存在。它们会回归大地，回到我们的来处。"

每一天，西蒙都会接待顾客，他们大多是通过一些社交平台看到他的作品——"这是文身师的命脉"。顾客会先跟他预约时间，然后来到店里接受服务。文身的图案有时会事先画好，有时则直接在顾客身上绘制。"这其实是一种合作，在我操作的过程中，他们可以随时提出意见，做出调整。"整个文身过程可能要持续几小时，具体时间的长短取决于图案的大小和复杂程度。"我喜欢调试机器这个步骤，对我来说，像是在完成一种仪式。我有自己的操作流程，我喜欢按这个流程来工作。一旦文身工作开始，我就不会停下来，直到作品完成。我发现在这个过程中我进入了心流状态。"

▶ 背景介绍

西蒙是一个简单纯粹的人，即便手里只有一支铅笔和一张纸，他也会很开心。"我一直知道自己会去上艺术学校，但毕业后从事哪方面的工作，我并不十分清楚。"西蒙学的是绘画专业，这段学习的经历让他打消了去画廊从事艺术工作的念头。"任何行业都是这样，一旦身处其中，就会看到它的方方面面，有好的，也有不好的。"西蒙对艺术圈的纸醉金迷、奢侈放纵不感兴趣。他一直在寻找更有意义的东西。

西蒙购买了一台文身机,通过在自己身上和"很多信任他的朋友"身上反复试验,自学了机器的使用方法。同时,他还在一家加工厂做自由职业来维持生计,工作内容是为各种场所定制木制品、金属制品,以及产品的整修和安装工作。

他的第一单文身业务的到来实属偶然,当时他刚搬了家,正在新家附近散步。"如果不是多走一个街区,并且不经意间朝某个方向看,我就不会留意到那家店。然后我就很随意地走了进去。"幸运女神眷顾了我,当时店里刚好离职了一位文身师,急需重新招一位。店主要求西蒙下周就来上班。他在那家店里做了一年半的学徒,之后在另一家店找到了新工作。他很感谢第一家店给了他进入这个行业的机会,但也渴望得到进一步的发展。"我需要进入一个更专注于文身文化的圈子。"

与他的第一份工作不同,西蒙现在的私人工作室只接待预约顾客。这家工作室的经营方式有点像一个共享平台,西蒙和其他的文身师向工作室租用工作间,并且每个人自行安排业务时间。"这种工作方式自由度很大,但相应的风险要自己来担,收益完全要靠自己去实现。但因为有了社交平台,我不发愁会缺少顾客。"西蒙的大多数顾客都是通过一些热门社交平台联系到他的。

▶ **职业满足分析**

西蒙所反感的那些艺术界的种种弊端——精英主义、难以接近等——在文身界统统不存在。西蒙用他的双手做着他最喜欢的事情,能够进入一种心流状态,将全部注意力集中在手头的操作上。他必须随时关注最微小的细节部分,并且敏锐地观察面前顾客的各种反应。这种全身心投入当下的状态,像西蒙这样的经验主义者比大多数其他气质类型的人更容易达到。

西蒙的工作与操作程序有很大的关系,这也运用了他的思考功能。"我喜欢文身的过程,因为整个操作是用机器来完成的。我喜欢使用机器。我可以自如地操作机器,如进行维护、调整、调试和更换零件等。"西蒙天生沉着冷静、干练果断且做事高效。和许多思考型的人一样,他喜欢研究和操作像机器这样的有逻辑的系统,并力求它们的运行了如指掌。

作为感觉型的人,西蒙对美有着很强的感知力,并且对细节高度敏感。他的作品十分复杂,其中的灵感来自水生生物、鸟类以及自然界。"我经常外出拍摄植物和动物的细节照片,将它们的纹理作为参考。"他创作的作品包括有着数百片相互交错鳞片的龙、巨大的老虎、精致的蜜蜂以及羽毛逼真的猎鹰。他还从日本的传统文身文化中汲取灵感。

对于ISTP类型的人来说,想要获得职业满足,最重要的部分或许是能够拥有很高的自由度。西蒙在工作室中拥有自己的工作间,业务完全独立自主。他可以自行安排时间提供上门服务,拒绝不想做的业务,还能自由安排工作

第 20 章
ISTP 类型（内向、感觉、思考、知觉）：让一切顺利进行

时间。

▶ 展望未来

西蒙已经在从事自己梦想中的工作了。但追求变化也是他性格中非常重要的一部分。"一件事做久了，我就会开始思考：我知道这件事该怎么做了，那么我还能做出怎样的改变？什么才算是好的文身？我对于'好'的标准一直在变，而这些念头也一直在我的脑海里萦绕。"

在西蒙从事文身工作的这段时间里，文身行业确实发生了巨大的变化。"现在获取信息的方式更多了。你可以在热门社交平台上浏览整个城市文身师的作品集。你可以选择更好的作品，并且找到更适合自己的文身师。获得一个满意的文身不用再像过去那样难了。"

人物 2　　亚历克斯，工程师

"我要做一些有趣而真实的事情，而不是做老师布置的作业。"

▶ 工作概况

亚历克斯认为世界上的很多问题都是可以解决的。其中的诀窍就是把问题拆解开来，然后再重新组合在一起。亚历克斯正在攻读能源系统工程专业的工程学硕士学位，他希望通过完成学业获得解决当今社会面临的最紧迫问题——可再生能源问题的技能。电力系统工程是整个电气工程领域的一个分支，内容涉及电力的产生、传输、分配和利用的方式。如今世界各国都在加快探索利用可再生能源的新途径，以减少对化石燃料的依赖，亚历克斯的工作比以往任何时候都更具有实用价值。

▶ 背景介绍

在 7 岁时，亚历克斯曾经认为自己可能会从事两种职业：要么当垃圾清理工，要么当建筑工人。高中时，他对天文学和望远镜产生了浓厚的兴趣，在大学预修课程中，物理成绩优异，并进入一所常春藤盟校主修天文学专业。在大四时，亚历克斯意识到，相比天文学专业，物理学专业应用面更广泛且更注重基础理论。于是他转换了专业，打算攻读工程学硕士学位。"这是转到工程领域的最直接、最实用的方法。"

目前，亚历克斯正在密歇根大学安娜堡分校攻读硕士学位，学习有关电力系统的一般知识，重点是可再生能源。为了完成毕业论文，他和一群朋友组成的团队正在参加伦敦商学院举办的清洁技术竞赛，这是一项面向初创企业或其他团队的全球性竞赛，旨在征集绿色技术的创意。亚历克斯的创意是通过在排气烟囱中安装一种装置，将车辆行驶过程中产生的废热直接转化为电能，从而消除长途牵引式拖挂车辆因夜间用电需求而不得不点火空转的现象——这是一种巨大的燃油浪费并且会造成空气污染。该装置白天运行，并将所转化的电能给车里的电池充电，到了晚上，电池中的电量足以满足驾驶室的用电需求。

竞赛主办方为参赛团队提供场地进行现场制作，每一个参赛团队都会被分

配两位导师，这些导师均为相关领域的学术或行业专家。各参赛团队有 24 小时的时间来解决他们的导师所认为的其项目面临的最大困难。最后，竞赛的获胜者将获得一大笔现金奖励，以帮助他们将创意变为现实。亚历克斯向来务实，他并不指望自己的团队真的能获胜，而是把这次竞赛视为一个绝佳的锻炼机会，既能完善自己的计划，又能与一些重要的业内专业人士和风险投资家建立联系。

▶ 职业满足分析

和许多经验主义者一样，亚历克斯最喜欢通过亲身实践来探索这个世界。亚历克斯的主导功能是思考，因此他能够轻松地看到并理解机械系统。他擅长用现实而具体的方式迅速解决实际问题。"我喜欢发现问题，然后着手收集数据，以便了解它们在正常情况下会是什么状态。接着我要确定所要制作的装置的尺寸和控制方式，然后从零开始，做出点东西来。"

亚历克斯的辅助功能是感觉，这使他能够开发出具体而复杂的操作系统，要想让这些操作系统能够顺利运行，他需要具备一系列具体的知识和技能。能够自主且独立地开展工作对他来说十分重要。而最让他有成就感的状态是"从自己发现问题开始，由找到自己的解决方案结束，并且能够专注于自己的项目。"他不太喜欢"坐在图书馆里根据实验数据绘制图表"的学习方式，而是对亲自动手，从头开始制作一些东西更

感兴趣。"我想做一些有趣而真实的事情，而不是像写作业一样完成老师布置的任务。"

▶ 展望未来

如果在伦敦参加的竞赛进展顺利，能收到一些积极的反馈，他们希望可以筹集到足够的资金制作几个原型，免费提供给卡车车队试用。如果这个项目能够顺利运行，亚历克斯将有兴趣创办一家企业。不管怎样，今年夏天他都会把原型制作出来，以完成毕业论文。"我们打算去伦敦'玩玩'，看看会得到什么样的结果。"对于亚历克斯来说，位居第二位的理想职业是在风力发电场、太阳能发电场等可再生能源领域从事项目开发，他绝对不想在能源部之类的机构做文职工作。"这更多的是要尽可能地优化现有的解决方案——充分利用出现的任何机会。"

人物 3 吉尔，产品设计师
"他人称之为危机，我却称之为娱乐。"

▶ 工作概况

在高中时，吉尔从未想过自己会有一份热爱的工作，更别提能做一番事业了。现在，她是一名成功而满足的产品设计师。吉尔之所以喜欢这份工作，是因为它具有多样性、自主性、个人性和创造性，以及为日常生活创造有趣且实用的产品的机会。

吉尔所在的公司是一家小型设计公

第 20 章
ISTP 类型（内向、感觉、思考、知觉）：让一切顺利进行

司，她是公司仅有的两名产品设计师之一。公司还有两名助理设计师和 3 名机械绘图员协助吉尔和另一名设计师。每天的工作内容都是不同的，这是吉尔最喜欢这份工作的因素之一。她会为产品绘制设计草图，如食品的外包装、办公用品，以及一些技术设备，如照明设备。从客户那里得到技术细节之后，她通常会独自完成大部分的设计工作。设计完成后，她要制作产品模型或样品，以便向客户展示以及在生产装置上进行测试。一旦设计被采纳，吉尔就会随时待命，处理生产过程中出现的任何问题，并检查流水线上实际产品。

"除了在办公桌前画画和发挥创意之外，我工作中最有趣的部分就是解决各种问题。在测试阶段，我可能会接到电话说设计需要做尺寸或比例上的调整，或者在实际生产时，出现包装和装配方面的问题。我会立刻赶到工厂，在生产线上直接处理这些问题。"

▶ 背景介绍

高中毕业后，吉尔对上大学毫无兴趣，于是，在接下来的两年里，她在几家不同的餐馆做服务员和调酒师。她还在一家马场帮过忙，因为这样她可以免费骑马。她的父母说服她重返学校，但她也没有选择上大学，而是进了一所职业艺术与设计学校，因为她一直都很喜欢画画。在这所学校，她发现了平面设计专业，并获得了平面与商业设计的学位。她走出校门后的第一份工作是在市里一家大型广告公司担任机械绘图员，

为杂志广告做版面设计。起初，这份工作是很有挑战性的，但不久，她就开始厌倦了这种重复性的工作，而且办公室里总是忙得不可开交，她甚至没有时间离开电脑去吃午饭。"我想做些设计工作，但是公司的体制太僵化了，如果你被聘用为机械绘图员，那么你永远不被允许尝试其他的工作。唯一的晋升途径就是离职。所以我这样做了。"

她的下一份工作是在一家印刷公司做一名运输管理员，在那里，她学到了很多生产方面的知识。她负责监督项目从设计到印刷的整个生产流程，例如安排印刷时间，订购纸张，以及准备成本预算。这份工作需要极强的组织能力和持续跟进的能力，而吉尔天生就不具备这些能力。此外，她每周要工作 60 小时，根本没有时间交朋友或做她喜欢的事情。不到一年，她就辞职了。不过，凭借她的生产经验，她找到了一份助理产品设计师的工作，并且通过执行设计师的想法，亲身体验了产品设计的过程。设计师会给她一张草图，她会准确无误地将其绘制出来。这份工作还让她能够偶尔跟着设计师去看看印刷机上的工作。这是她最喜欢的部分。4 年后，一位设计师离职了，她被提拔为设计师。那是两年前的事了，吉尔认为这份工作会持续很长时间。

▶ 职业满足分析

作为一名产品设计师，吉尔每年可能要设计几十种不同的产品。由于每个项目都有其独特的挑战和需要解决的问

271

题，因此吉尔的工作必然包含许多的变化。而且她还习惯用手工作——绘制草图和制作模型。和大多数经验主义者一样，吉尔喜欢相对自主的工作，也喜欢日常活动中没有体制上的限制。她还乐于帮助别的设计师解决技术上的难题。即使她选择了一个特别令人厌烦的问题，也会迅速找到解决的办法，通常是快速绘制几张简单的草图或者制作一个粗略的模型。"那几乎就像是变魔术一样，用几张纸或是摆放整齐的新容器来让周围的人眼花缭乱，或是解决各种问题。我总是很兴奋地应对这些情况。他人称其为麻烦，我不这样认为，我觉得它们很有趣。"

吉尔的主导功能是思考，可以帮助她思考如何才能让事情进展得更好。她大部分的工作是技术性的，需要密切关注细节，如尺寸、比例、颜色和空间关系等。她必须要保持客观。

吉尔利用她的辅助功能——感觉——来真实地了解哪种材料最合适，以及产品将被如何使用等。她设计的产品，如食品外包装和技术设备，主要用来满足实际需求。吉尔通过与生产人员交谈来收集必要的数据，在有些情况下，客户也是她获取数据的途径。

▶ 展望未来

吉尔没有太多的事业目标。她希望能平衡工作和家庭，偶尔也会考虑有一天能拥有自己的公司。"我不得不和那些真正优秀的人在一起工作，他们的工作值得我敬佩，而且他们会处理客户和业务方面的事情，这样我才可以自由地设计和度假！不管怎么样，我现在拥有职业满足的所有要素——乐趣、自由、丰厚的收入、具有挑战性的项目，以及与优秀的人一起工作。

▶ 共同之处

尽管西蒙、吉尔和亚历克斯各自拥有不同的教育背景、职业经历以及职业选择，他们之间依然存在一些共同点。虽然兴趣、能力和价值观有所差异，但他们具有相似的性格特征以及相同的心理功能层次，我们可以对 ISTP 类型的人的需求做一些观察。

我们在下面列出了使 ISTP 类型的人获得职业满足的重要因素——可以称其为衡量标准。鉴于每个人都是独一无二的存在——即便同属一种性格类型，其特点也各不相同——因此，这些因素并不能完全准确地描述所有 ISTP 类型的人。重要的是，以下 10 个因素以不同程度影响着 ISTP 类型的人如何获得真正意义上的职业满足。

查看完这 10 个因素后，我们建议你按照自身的标准对它们进行排序。在排序过程中，请回忆过去的工作经验并思考当前工作的体验，看看哪些经历令你特别满意或特别失望。同时，应寻找贯穿多个经历中的主题，而不是仅限于某个单一工作环境下成立，而在其他工作环境下却无效的情况。

作为 ISTP 类型的人，要获得职业满足，你所做的工作应：

1. 让我以最有效的方式识别和使

第 20 章
ISTP 类型（内向、感觉、思考、知觉）：让一切顺利进行

用可用的资源。

2. 让我练习、掌握并使用我所获得的技能，尤其是机械技能或需要使用工具的技能。

3. 让我运用我对周围世界的理解和技术知识，看到工作中潜在的逻辑原理；让我参与排除故障和解决问题。

4. 有明确的方向；在这里我可以方便地工作，生产出真实、实用的产品。

5. 有趣且充满活力，让我能够独立地开展工作，并且经常有机会走出办公室到户外去活动。

6. 在一个没有过多规则或他人强加的操作标准的环境中工作；在这样的环境中，我可以享受自发的冒险，也可以介入处理任何危机。

7. 让我在最小限度的监督下独立工作，而且也不要求我去密切监督他人。

8. 给我充足的时间去发展自己的兴趣和爱好。

9. 给我带来很大的乐趣，并具有持续的挑战性。

10. 让我有效地利用设备和能源，而不要求经过不必要的规则或程序。

▶ 适合 ISTP 类型的人的一般职业

在列举适合 ISTP 类型的人的一般职业时，也请读者注意，每一种职业中都有各种性格类型的成功人士。以下职业可能是 ISTP 类型的人会比较满意的职业，我们也将解释其中的原因。当然，我们无法详尽地列出所有适合的职业，只是为了给你提供一些你之前可能未曾考虑过的可能性。

虽然我们列出的这些职业都可能让你获得职业满足，但预计其中一些职业的未来需求可能会更大。

服务/"行动"类

- 消防员
- 警察
- 赛车手
- 救护车司机和跟车医护人员
- 船长
- 商用飞机驾驶员
- 飞行教练
- 飞行工程师
- 商用直升机驾驶员
- 飞机调度员/空中交通管制员
- 武器专家
- 情报人员
- 军官
- 法警
- 私家侦探
- 儿童抚养者/失踪人员调查员
- 中学和大学体育老师
- 犯罪学家和弹道学专家

对于 ISTP 类型的人来说，"行动"类职业的吸引力源自他们不希望被大量的条条框框和制度所束缚。他们能够凭借本能出色地开展工作，他们喜欢自然的环境，能够综合自己的能力迅速找到策略，然后采取适当的行动。ISTP 类型的人独自工作的能力很强，但必要时也会加入团队与他人协作。他们通常喜

273

欢熟练掌握某一特殊类型的工具或器械，也喜欢户外活动和体育锻炼。

技术类

- 电气/机械工程师
- 土木工程师
- 技术培训员（一对一形式）
- 信息服务开发人员
- 软件开发人员（应用程序/操作系统）
- 替代能源系统工程师
- 物流与供应经理（制造业）
- 网络专家
- 计算机程序员
- 海洋生物学家
- 质量保证技术员
- 可靠性工程师
- 系统支持操作员/安装员
- 网络系统/数据通信分析师
- 家庭网络安装员/IT 支持人员
- 测试员
- 软件工程师
- 地质学家
- 产品安全工程师

ISTP 类型的人常常能在技术性的职业中获得职业满足，这是因为他们对事物的运作方式及其原因很感兴趣。他们往往擅长机械方面的工作，因为他们具有很强的观察力，而且能够记住并利用重要的事实和细节。他们通常喜欢用手工作，并且喜欢提供给他们不断的感官信息来源的工作。当依据于他们自己通过 5 种感官收集到的可靠事实时，他们的逻辑分析能力得到最充分的利用。

医疗保健类

- 脑电图技术人员
- 放射技术人员
- 紧急医疗技术员
- 运动生理学家
- 牙医助理/卫生学家
- 外科技术人员
- 急诊内科医生
- 医疗后送协调员
- 交通协调员

上述医疗保健领域因其具备高度的技术性而尤其令 ISTP 类型的人感到满意。其中的每一种职业都要求具备严格的精确度、丰富的实践经验和对机械的感觉能力，以及在操作和维护敏感诊断设备时具有超强的耐心和专注力。

商业/金融类

- 证券分析师
- 采购代理/采购员
- 银行家
- 经济学家
- 律师秘书
- 管理顾问（企业运营）
- 律师助理
- 成本估算员
- 保险理赔员/检验员
- 体育器材/体育商品销售人员
- 药品销售人员

具备务实的工作态度以及对数字的准确把握能力，ISTP 类型的人可在商业和金融领域得到极大的乐趣。然而，工作环境是非常重要的，要让 ISTP 类型的人感到满意,工作场所必须允许他们享有个人自由和灵活性。允许 ISTP 类型的人自主开展工作、没有过多的会议或复杂的办公室政治的工作机会对他们来说是最好的。

ISTP 类型的人通常能将混乱的数据和难以辨认的事实整理得很有秩序。他们能够轻而易举地看到经济环境中的实际情况,并且能够随时应对突然出现的变化。

贸易/"手工"类

- 计算机维修人员
- 航空机械师
- 机器人/智能制造工程师
- 教练/培训师
- 木匠
- 自行车修理人员
- 摄影师
- 文身艺术家
- 机械师/安装工/修理工(电气和电子设备)
- 机械师/安装工/修理工(安全和火灾报警系统)
- 汽车产品零售商
- 商业艺术家
- 草坪服务经理
- 景观设计师
- 林务员
- 公园自然管理员/护林员
- 保险评估师(汽车损失)
- 刑事调查员
- 机车工程师
- 有机农场主
- 演播室/舞台特效专家
- 砖瓦匠/石匠/瓷砖和大理石铺装工
- 车辆/移动设备机械师
- 建筑工人
- 重型卡车/拖拉机司机
- 银匠
- 动物标本制作师
- 乐器工匠
- 素描画家
- 模型/模具制作者

贸易类职业所具备的独立性和实用性常常会吸引 ISTP 类型的人,他们喜欢真实、具体并能提供动手机会的工作。因此,如果他们热爱体育运动,那么他们会更喜欢做教练,而不是其他看似相似的贸易类职业。把爱好变成职业,是 ISTP 类型的人十分出色的一项策略。

请记住,这些只是为 ISTP 独特的天赋提供令人满意的表现形式的部分领域。

请读者注意,有许多适合 ISTP 类型的人发挥独特才能以获得职业满足的职业,而我们以上推荐的仅为其中的一部分。

▶ 求职之路,因人而异

了解自己性格类型特有的优势和劣势,将使你的求职之路更加顺畅。从研究适合自己的工作岗位,到接触潜在雇主,再到准备求职资料(如个人简历)、安排面试、与对方协商薪酬待遇,直至最终获得工作,每一步都体现出个人的性格类型。因此，是否能够有效利用自身优势并弥补不足，将直接影响求职的成功几率。

不同性格类型之间的差异大小不一，有的微乎其微，而有的却极为显著。如果根据我们的建议做出细微调整，就可能将求职失败转变为求职成功。人际网络的概念就是一个很好的例子。外向型的人自然喜爱社交，我们鼓励他们大胆拓展社交圈；而内向型的人则偏好在小范围内进行交流，且更倾向于与熟悉的对象交流。感觉型的人乐于在有限范围内与人建立联系；而直觉型的人则会广泛寻求互动，即便某些社交对象似乎志趣不投。同样地，情感型的人重视人与人之间的连接，希望营造融洽的氛围；而思考型的人则表现得更为冷静和客观。判断型的人在人际交往时话题数量较少且内容严谨；而知觉型的人交流的话题则较为广泛！虽然有效的求职技巧可能只有一种，但成功路径却是千差万别的。

▶ 通向成功之路：发挥自己的优势

正如我们将在下面详细介绍的那样，你在求职方面的优势和才能包括对细节的密切关注、对当前问题的逻辑分析以及朴实谦逊的交流方式。然而，你对诚实的要求可能会妨碍你看到与潜在雇主建立融洽关系的重要性。

对于 ISTP 类型的人来说，最有效的求职策略建立在如下能力基础之上。

收集并记住所有相关数据。

- 利用你强大的观察力，注意可能选择的工作场所的人和周围的环境。稍后，当你考虑这些工作环境是否适合你时，对比你记下的和想象中的情况。
- 向潜在雇主展示你强大的信息收集能力和记忆力，把自己描述为一个移动的信息库。举例证明这种能力对之前的工作多么有用。

当姗面试一份新工作时，她做足了功课。她找到了知识渊博的人和她钦佩的人，向他们征求意见。在面试之前，她努力去思考可能在面试中遇到的问题。一旦她做好了准备，她就可以在一些不太重要的问题上自由发挥了。

适应并利用现有的资源。

- 即使遇到困难，也要坚持不懈地把求职活动进行下去。
- 在求职或面试过程中，当面试官向你提出临时性的问题时，要展示自己及时解决问题的能力。

通过与朋友交谈，玛尔尼了解到面试法律秘书的那位律师喜欢问假设性的问题。由于玛尔尼知道自己擅长现场解决问题，因此她没有被吓倒，而是决定把这种假设的情况当作真实存在来表现。因此，当在面试中真的遇到这种情况时，她就能想出解决实际问题的好办法，并在这一过程中给律师留下深刻的印象。

向潜在雇主展示你周密、有逻辑性地思考问题的能力。

- 花一些时间，运用你的思维能力来评估潜在的工作机会，包括该组织和组织中的人员。问一问自己，如果你

第20章
ISTP类型（内向、感觉、思考、知觉）：让一切顺利进行

获得所期望的职位将如何适应其中。

- 在回答所有问题时都要直截了当、实事求是。

在一次绩效考核中，劳尔被问及他对新近采用的报告系统有何看法。他知道，完全诚实地回答可能会有损他晋升的机会，因为他认为这个系统并不是一种进步。劳尔没有像往常那样坦诚地回答，而是花了1分钟的时间思考，他说，虽然该系统很显然地提供了更多重要的信息，但他认为这并没有真正影响到他，因为他继续按照自己的高标准来工作。

客观地分析工作机会。

- 用你出色的逻辑思维去判断行动和选择之间的自然结果。

- 让潜在雇主知道，即使在计划发生意外的变化或遇到真正的危机时，你也能保持冷静。在你向潜在雇主列出的自己的能力中，应当包括在他人沮丧之时，你也能保持冷静的能力。

在参加一个城镇建筑部门测量员职位的面试时，苏尔发现自己的处境十分有趣。在面试开始了10分钟左右，作为面试官的镇长接到从工地打来的紧急电话。一名测量员摔伤了。看到大家慌乱地考虑该怎么办时，苏尔建议他们拨打911，而此时镇长已经开车前往现场。索尔打了电话，然后开着自己的车跟了过去，赶在急救队之前到达了现场。他从车里拿出一条毯子盖在伤者身上，让他舒服一些，同时在一边安慰伤者，直到急救队员赶到。得知伤者没有大碍之后，苏尔和其他面试者一起喝着啤酒一边继续接受面试。

尝试合理的冒险。

- 在适当的时候寻找求职的推进力和自然的机会。展现你的本真面貌——一个既喜欢努力工作，又愿意享受美好时光的人。如果你能让对方想象与你一起喝咖啡的情景，他们就会更有可能把你视为团队的一员。

- 通过观察研究潜在雇主面临的一些潜在的问题，并就如何解决这些问题提出你的建议，从而展示你解决问题的能力。

佩妮在一家大型保险公司的企业财务部工作，她对这份工作越来越厌倦。在她漫长的职业生涯中，做过许多种工作，在每个岗位工作几年后就会感到厌倦。就在她准备把工作岗位转换到自己感兴趣的新项目时，她被要求加入一个工作小组，去调查研究重组整个公司的方法。在对公司进行评估的过程中，她发现在新的结构体系下，公司不再需要她目前的工作岗位。她向公司报告了这一结果，并且明白自己可能会失去工作。而她也确实失去了那份工作。然而在公司重组之后，她得到了一个新的、具有挑战性的岗位。事实证明，这次冒险的结果是她胜利了。

▶ 可能遇到的陷阱

虽然每个人都是独一无二的，但ISTP类型的人仍然存在一些共同的潜在盲点。在这里强调"潜在"，是因为以下我们列出的条目中，其中一些明显与你相关，而另一些则可能不太符合你

277

的实际情况。你会注意到，这些倾向不仅影响你对于求职的看法，也渗透至你生活的各个方面。因此，在阅读下面的每一个条目时，不妨结合自己过去的经历，问自己："这对我来说是真的吗？"如果答案是肯定的，那么就继续问自己："这种错误的倾向是如何阻碍我实现目标的？"你很可能发现，要克服这些盲点，关键就在于：有意识、精心地发展你的第三功能（感觉）和第四功能（思考）。当然，对于ISTP类型的人来说，以下这些建议在实施过程中都会面临诸多困难，但是，这两种功能运用得越多，它们在将来给你带来的麻烦就会越少。

1. 尽量提前计划，才可以有条不紊地找工作。

● 在等待看到你之前的努力是否得到回报之前，不要转向更加令人兴奋的挑战。

● 有意识地培养你的毅力，要记住，只有努力工作和坚持完成自己的行动计划才会给你带来真正想要的结果。

2. 寻找目前尚不存在的工作机会。

● 尽量不要做临时性工作。抵制诱惑，不要过早地接受一个适当但并不真正让你满意的工作选择，从而过早地结束求职的过程。

● 为自己和职业发展制定长期目标。问问自己，从现在起，5年和10年后，你希望取得什么样的成就。评估你正在考虑的工作是否有助于你实现这些目标。

3. 小心避免只有在完全必要时才全力以赴的倾向。

● 避免走捷径，即使你能很轻易地看到它们。密切关注求职过程的各个阶段，并以同样的精力和勤奋来完成每个阶段。

● 请记住，雇主看重的是员工的认真负责。表明你愿意付出额外的努力来完成工作。

4. 不要将一个决定拖延太久。

● 果断做出决策后继续前进。淘汰那些可能性很小的工作机会，使自己一直在为找到一份真正想要的工作而努力。

● 不要因为拖延太久而让自己显得不可靠和缺乏求职方向。

▶ 最后一步：换工作还是保持当前工作……ISTP类型的人成功的关键

现在，你已经深刻理解了自己的性格类型，并且清楚自己天生的性格偏好所适应的职业类型。此外，了解自身性格类型的优劣势对于成功求职具有重要意义。然而，即使作为ISTP类型的人，也需要意识到本章前面"适合ISTP类型的人的一般职业"中列出的职业未必都适合你。因此，下一步也是最后一步，就是缩小搜索范围，从而找到理想工作的方向。

除了性格类型之外，一些其他因素，如你的价值观、兴趣爱好以及技能等，也会影响你对工作的满意程度。你与工作的契合度越高，你就越快乐。因此，请准备运用所学知识（包括本书内容以及生活经验）来制定你的战略性的职业规划吧。本书第 23 章中的练习就是专门为了这个目的而设计的。

然而，如果你觉得保持现有工作岗位或继续留在当前雇主身边更有意义（也许只是暂时的），那么做出这个决定可能基于多种合理的原因——如经济压力、家庭因素、所学专业就业形势严峻，以及转换工作的时机尚未成熟。但请振作起来！通过本书获得的知识同样能帮助你在现有的工作岗位上获得职业满足与事业成功。当需要做出重大职业调整的时候，你将更加清晰自己的发展方向，并明确如何找到理想的工作的方法。

▶ "所以，如果你目前还没有找到更适合的工作……那就热爱你现在的工作吧。"

事实上，大多数行业都提供灵活调配的机会。这里有一些方法，可以让你的当前工作更适合你的需要，仅供参考：

- 请求上司明确他们对你在工作量和绩效上的要求。
- 寻找机会运用你的谈判技巧。
- 努力得到尽可能多的自主性。
- 每天找时间到户外做一些运动。
- 思考一下 5 年后你能达到一个什么样的职位。
- 确保有足够多的不被干扰的时间专注于工作本身。
- 考虑参加一个时间管理课程。
- 寻求其他在能力和性格上与你互补的人帮你评估想法和观点。

▶ **ISTP 类型的人能够发挥长处并克服不足**

西奥对任何与技术相关的事情都很在行，在遇到问题时，沮丧的同事常常找他帮忙。尽管他乐于帮助他人，但这也干扰了他的正常工作，每当工作任务最后完成期限迫近时，他就会陷入困境。认识到自己的才能需要适当的机会去运用，于是西奥向老板建议减少他的部分工作职责（那些职责他真的一点也不喜欢！），这样他就可以在部门里担任兼职的 IT 顾问。这对西奥和他的同事以及整个公司都十分有利。员工们可以更快地解决问题，从而提高了工作效率；西奥也增加了自主性，可以花更多的时间解决技术问题——这些是他非常喜欢并且本来就擅长的事情。

▶ **利用已有资源获取所需之果**

如何才能取得成功？简而言之，就是发挥你的优势，弥补你的弱点。这是否能够做到，将直接影响到你是取得成功还是遭遇失败，是热爱还是厌烦你的工作。我们接下来列举了一些你可能具备的优势和存在的弱点，希望能对你有所帮助。尽管每个人都是独一无二的个体，但作为 ISTP 类型的人，我们所列举的这些总有一些比较符合你。

你在工作中的优势可能包括：

- 能够很好地完成规定的任务和

生产出实质的产品。
- 具有敏锐的观察力和对事实信息的出色记忆力。
- 将混乱的数据和可辨认的事实有序排列的能力。
- 善于独立开展工作或者与你钦佩的人协同工作。
- 在面对危机或压力之下保持头脑冷静的能力。
- 能够很好地适应环境的变化并迅速转换角色。
- 能够认识到什么是需要做的，什么是完成工作所必需的。
- 良好的动手和使用工具的能力。
- 个性务实且具备丰富的常识。
- 能够识别并充分利用现有资源。
- 性格随和，愿意冒险以及尝试新事物。

你在工作中的弱点可能包括：
- 难以预见行动的深远影响。
- 对语言交流缺乏兴趣，尤其是表面上的交谈。
- 不喜欢事先做好准备；你可能很难规划自己的日程。
- 对抽象、复杂的理论缺乏耐心。
- 不够圆滑，常常直言不讳，对他人的感受不够敏感。
- 有容易变得厌烦和焦躁的倾向。
- 难以看到目前尚不存在的机会和选择。
- 对行政上的细节和程序缺乏耐心。
- 喜欢新鲜感，不愿意重复做自己。
- 难以做出决策。
- 有很强的独立性，不喜欢过多的条条框框和官僚作风。
- 不愿意制定长期目标，难以按期完成任务。

发挥你的优势其实很简单。
ISTP 类型的人成功的秘诀在于：

学会与人进行沟通；
懂得考虑他人的感受；
信守自己的承诺。

第21章

ESFP 类型（外向、感觉、情感、知觉）：
保持好心情

人物 1　萨姆纳，自行车教练

> "我将带领你迷失在自己的身体里、教室里、挥洒的汗水里以及音乐里。"

▶ 工作概况

萨姆纳在社区内小有名气。她是一家热门室内自行车公司的高级教练——她和其他业内人士称自己是"精品健身指导者"。从表面上看，她的工作是教授 45 分钟的高强度单车课程，为每一名学员定制锻炼项目，甚至设计环境灯光，但实际上，萨姆纳的工作是在创造一种体验。"我们将带你踏上一次情感之旅。在旅程中，你将迷失在自己的身体里、教室里、挥洒的汗水里以及音乐里。"由于这种体验感非常强烈，学员充分释放自我，因此萨姆纳还要管理教室的氛围。"在这里，人们可以尽情地流泪、欢笑、释放情绪、庆祝任何值得庆祝的事情。而我们就是这个空间的守护者。"

萨姆纳最喜欢这份工作的地方在于她能够拥有一个单车社群。"我是为了社群的人们才回来的"。萨姆纳的老学员专门报名参加她的课程，而她的课程一经推出也很快就销售一空。她的座右铭是"你是什么样的人，你就会遇见什么样的人"。萨姆纳称自己的授课风格为"充满活力、相互联系和鼓舞人心"。而且，与拥有标志性授课风格同等重要的还有读懂整个教室的气氛。因此，萨姆纳必须全身心投入课程，灵活应对各种情况，对面前的学员做出反应——根据他们的需求调整锻炼的强度或课堂的氛围。

▶ 背景介绍

从 3 岁起，萨姆纳就是一名舞蹈演员。到了 7 岁，她开始参加比赛。在高二和高三时，她通过最基础的试镜开始加入一个竞技舞蹈队。"我周末可以和舞蹈队一起去旅行，还可以给那些著名的舞蹈编导做辅助工作，这种生活非常美好。舞蹈队简直太棒了，我们就像是一个大家庭。"萨姆纳还为舞蹈队设计服装样式，然后购买布料并请裁缝制作出来。

高中毕业时，她曾雄心勃勃地计划去学习时装和商品设计，并继续从事舞蹈工作。"但大学生活和想象中的并不一样。繁忙的学业占据了我几乎全部的时间。"萨姆纳完成了本科学业，在时尚界找了一份实习的工作，之后又在时尚界做了几份全职工作。"我还在上舞蹈课，但不是很认真。"

后来，她在一个嘻哈服装品牌找到了一份设计师兼制作经理的工作，这个品牌是由一对夫妻创立的，他们还都是高水平的舞蹈编导。"我一生都在仰慕这两位著名的舞蹈编导。现在我终于可以和他们一起工作了。但这对夫妻经常外出旅行，萨姆纳只能和一个让她不胜其烦的副手一起工作。因此，当一位前同事提到一家娱乐公司正在招聘舞蹈演员时，萨姆纳便接受了这份工作，重新回到了舞蹈界。"我们去墨西哥、委内瑞拉巡回演出，每天晚上都要表演，根据当地举办方的要求，演出持续一两个星期不等。能够重返舞蹈界真是太棒了。我属于这里。"

做完那份工作之后，萨姆纳找了一位舞蹈经纪人，开始参加音乐录影带和现场表演的试镜。"我和一位著名的流行歌星一起在德国巡回演出。就这样过了 5 年，我全身心地投入舞蹈之中。"后来，萨姆纳还是想找一份更稳定的工作。她一直有一个副业——教授芭蕾舞课。当一个单车教练的工作机会出现时，她的经纪人联系了她。"他们想聘用一位表演者。因为整个授课过程几乎就是在表演；那里有闪烁的灯光、无穷的动力、释放的能量，你熟悉的一切都在那里。这真是天作之合。"

5 年过去了，萨姆纳一路晋升，成为高级教练，这意味着她不仅对自己的日程安排有了更大的自主权，还有了更灵活的授课时间和更丰厚的福利待遇。她还得到了公司的股权奖励。

▶ **职业满足分析**

作为一名经验主义者，萨姆纳与她的工作非常匹配，因为她的工作实际上就是为客户设计体验。她的工作强度很大，需要她全身心地投入。由于每周要教授 12 节课，她必须像运动员一样保持良好的身体状态。

萨姆纳的主导功能是感觉，因此她对授课的细节部分也一丝不苟，甚至连每首歌曲的节奏都必须准确无误，这样音乐才能引导骑行的节奏。在授课的同时，她还能对教室的气氛做出反应，并在必要时做出调整。

作为一个外向型和情感型的人，萨姆纳非常注重与学员的沟通。"脆弱性是我关注的一个很重要的方面，因为很多学员在课堂上都会表现出脆弱的一面。我会向他们分享自己的经历，努力与他们产生共鸣，了解他们生活中正在经历的事情。有时候我觉得自己就像是一个心理医生。学员之所以向我倾诉他们的经历，是因为我营造了这样的氛围。也是因为运动过程中他们的内啡肽分泌增加了。"

▶ **前景展望**

在接下来的一年里，萨姆纳希望能成为一名大师级教练——这是目前最高级别的教练。这样，她工作的时间可以更灵活，薪酬也会更高，同时还能获得一定的社会地位。这也让她能够继续与新来的教练一起工作，这是她非常喜欢的事情。"这让我回到了刚入行的时候，想起了自己当时在想什么，需要什么。我会帮助新人渡过这些难关，这可并不容易——初来乍到的感觉，就像有人把你扔到了那里，至于以后怎么样，就看你的运气了。"

在审视精品健身领域时，萨姆纳认为它的发展具有可持续性。为了帮助更多的学员实现目标，公司一直在设计新的课程类型以及采用新技术。尽管课程价格不菲，但报名的学员仍然络绎不绝，他们追求的正是萨姆纳努力创造的那种体验。"他们体验后会发现，没有其他的健身方式能与我们的单车课程媲美。"

人物 2　　雅各布，儿科医生

> "我愿意把最好的态度给患者，并且为他们提供最好的护理。"

▶ 工作概况

雅各布是一家儿童医院的主治医师，同时也是一所大学儿科医学的助理教授，专攻儿童关节炎方向。他保留着从患者和他们的家人那里收到的感谢信。这是一种让他知道自己正在做一份好工作的方式。

他大约 60% 的时间用来诊治来自全国各地的 1~18 岁的孩子。他们中的大多数是在医生做出关节问题的估计后推荐而来的。雅各布查看以前的 X 光片，仔细检查孩子的身体状况，与孩子的父母交谈，然后得出诊断结果。雅各布擅长与孩子和他们的父母有效沟通病情并建立友善的关系。然后，他会制定治疗方案，通常包括药物治疗和某种形式的物理治疗，偶尔也会进行外科手术。"关节类疾病有 80~100 种，但实际上，我们常见的大约有 20 种。"

雅各布还从事教学工作。"大部分是对住院医生进行临床教学。我们会一起浏览诊断结果并给患者做检查。"另外，雅各布每月要为住院医师和助理医师做一到两次正式讲座，在医院进行社区性教学，偶尔进行全国性的教学。他参加了药物疗法的正式科学研究，并且为医学期刊写文章。

雅各布最喜欢的是护理患者。"给患者看病，与他们的家人协作，帮助患者减轻痛苦、改善身体机能——尽可能提供最好的护理——这就是我喜欢的。"

▶ 背景介绍

雅各布不记得自己决定要成为一名医生的事，他开玩笑说，也许是他母亲每天晚上在他睡着以后，在他耳边轻声说："你会成为一名医生。"他进入了一所侧重科学和数学课程的高中，然后成了大学里的医学预科生。在医学院第三年的专业选择时他选了儿科。"我喜欢孩子，每天都盼着去上班，所以我知道那会是我的选择。"在大学期间，他的一位老师，一位风湿病专家，对他的影响很大。"我喜欢他的言谈举止，每次都要和他聊上几小时。我从他那里学到了一些真正的智慧。"

受到导师的影响，雅各布选择了儿科风湿病专业。事实上，雅各布在见到他实际的老板之前，就同意到导师工作的医院工作。但是，他发现那是个错误的选择。两年后，雅各布重新定位，开始在大学的一家诊所进行一般的儿科实习。随着风湿病患者逐渐多起来，他减少了自己对儿科全科的诊疗数量。9年前，他被现在就职的这家儿童医院聘为内科医生，起初是兼职，3年后转为全职。在他入职时，该科室每年仅能为55个孩子提供服务，而雅各布在第一年就将其增加到了300个。现在，他每年大概接诊1200名患者，其中350名是新患者。

▶ 职业满足分析

雅各布的经验主义者的性质使他成为生活中的积极参与者，在择业过程中，他选择了不断从一个挑战走向另一个挑战，这一点也不让人意外。他天生的好奇心和对孩子的热爱结合在一起，驱使他去不断发现有关儿童疾病的重要事实，从而帮助他治愈疾病。而与孩子们在他们的心智水平上的互相影响，让他能够经常进行"玩耍"，这也是经验主义者获得职业满足的另一个重要标准。

雅各布觉得他的工作如此满意的原因之一是，这份工作要求并允许他不断地使用他的主导功能——感觉。他不断地收集有关患者的资料，用他敏锐的感官去观察、倾听、触摸，甚至聆听细微的症状和体征，这些都会帮助他正确诊断病人的疾病。雅各布会仔细跟踪病人的病情进展或症状的变化。

因为辅助功能是情感，雅各布天生具有同理心。他坚持他的患者应得到比较高的护理质量和护理的连贯性，他非常同情患者的父母，当患者在辗转多位医生后才找到导致其疼痛或残疾的真正原因时，他会感到很难过。

▶ 前景展望

雅各布实际上已经实现了在医院创建和运营一个优秀项目的主要职业目标。现在，他的目标更具学术性。他正在安排进行更多的研究，这些将使他发表更多的论文，从而获得更广泛的国内认可。他还希望通过增加一名医生来扩大这个项目，这样会减少一些让他烦恼的行政管理时间。

对雅各布来说，获得职业满足很容易，那就是每天早上起床后便迫不及待地投入工作。但同时，它还包括患者及其家人对他的认可和感谢，以及同行对他的反馈和支持。"我希望人们认为我是一个关心患者、业务称职的医生，我也希望我的家人和朋友认为我是一个关心他们、善于倾听、在他们需要的时候随时为他们提供帮助的人。"

人物 3　伊芙，托儿中心主任

"游戏工作。"

▶ 工作概况

伊芙把自己作为一家非营利性私营

第21章
ESFP 类型（外向、感觉、情感、知觉）：保持好心情

托儿所所长的工作形容为"儿童早期教育的倡导者"。只要有机会，她就会扮演这个角色，无论是直接面对孩子、老师，还是面对那些来托儿所参观并考虑让他们的孩子入托的家长。"我喜欢给人们一些他们可以一直有用的东西。例如分享确实是一个成年人的概念，然而我们期望3岁的孩子可以理解它。"

伊芙把大部分的时间花在"解决日常的迫切需求"上。每一天都可能是非常不同的。在日常工作中，伊芙可能会代替休假的老师上课，回答电话咨询，与有入托需求的家长和他们的孩子见面，和员工一起安排课程计划，策划员工发展计划和家长活动，并准备向董事会提交正式的月度报告。同时，她还是该地区托儿所合作组织质量委员会的成员，致力于确定托儿所的照护质量并评估其需求。她的目标是提高和丰富所有托儿所的质量水平。

▶ 背景介绍

伊芙已经在该托儿所工作了27年，最初是一名老师，现在是所长。她的职业生涯始于中学体育教育专业。"我一直是一个运动员，我想通过帮助年轻人培养对体育的兴趣来改变世界。"第一个孩子出生后，夏娃在附近一所大学校园里的托儿所找到了一份工作。她教了两年三四岁的孩子。"我很喜欢这份工作。我意识到我已经为自己找到了更好的方向。"

在经历了搬家、第二个孩子出生、离婚之后，伊芙开始找新的工作。因为当时的所长是她的朋友，她得知了一个职位空缺并顺利地被聘为兼职老师。在做老师的21年时间里，她一直在教4岁的孩子，在此期间，她获得了幼儿教育硕士学位。6年前，她决定是时候做出改变了。"托儿所开始出现大量的人事变更。我一直在做的就是花时间培训新所长！"于是，她申请了所长的职位并被聘用。

▶ 职业满足分析

"看到孩子们以创造性的方式做出反应和发展，看到我所相信的事情在行动之中，这就是这份工作最棒的地方。当我听到孩子们解决问题，或是看到他们第一次从高处跳下，或是用言语来表达他们的感受时，我感到非常满足！"看着员工们以积极且有创造性的方式处理各种情况，伊芙也感到非常振奋。"我知道我已经影响到他们了。"

伊芙最喜欢自然地对周围发生的一切做出反应。她喜欢参加各种各样的活动，也喜欢与她互相交流的人（学生、老师和家长）。总是有事情在发生，而且大多数是计划外的。爱玩是经验主义者的共同特点，也是伊芙性格中特别重要的一部分。

作为一台"人类雷达"，伊芙用她的主导功能——感觉——监控着一切。她不停地审视着所有正在发生的事情：用她的眼睛观察孩子是否顺利爬到滑梯顶端而没有摔倒；用她的耳朵倾听孩子与同伴之间讨论的问题；用她的手臂抱住不开心的孩子；甚至用她的鼻子去判

断哪个孩子的尿布需要更换！同时，她还要观察她的员工，看看自己如何在工作中帮助他们。

伊芙对儿童保育工作的强烈感受和信念来自她的辅助职能——情感。她与学生、教职员工和家长建立了一对一的长期个人关系，并为她现在的许多学生的家长也曾经是学校的学生而深感自豪。

▸ 前景展望

伊芙在工作上最重要的成就是"让这家托儿所继续办下去——乘风破浪，大有作为"。当她遇到一位从另一位满意的家长那里听说过托儿所的新家长时，她会觉得自己的付出得到了回报。"我喜欢在报纸上读到或听到这所学校的'毕业生'走向成功的消息。"她自己的职业目标每天都在实现。"我害怕退休，因为我不会再有挑战，我也不会再有那么多的任务。"

▸ 共同之处

尽管萨姆纳、雅各布和伊芙各自拥有不同的教育背景、职业经历以及职业选择，他们之间依然存在一些共同点。虽然兴趣、能力和价值观有所差异，但他们具有相似的性格特征以及相同的心理功能层次，我们可以对 ESFP 类型的人的需求做一些观察。

我们在下面列出了使 ESFP 类型的人获得职业满足的重要因素——可以称其为衡量标准。鉴于每个人都是独一无二的存在——即便同属一种性格类型，其特点也各不相同——因此，这些因素并不能完全准确地描述所有 ESFP 类型的人。重要的是，以下 10 个因素以不同程度影响着 ESFP 类型的人如何获得真正意义上的职业满足。

查看完这 10 个因素后，我们建议你按照自身的标准对它们进行排序。在排序过程中，请回忆过去的工作经验并思考当前工作的体验，看看哪些经历令你特别满意或特别失望。同时，应寻找贯穿多个经历中的主题，而不是仅限于某个单一工作环境下成立，而在其他工作环境下却无效的情况。

作为 ESFP 类型的人，要获得职业满足，你所做的工作应：

1. 让我从实践经验中学习，通过收集我所掌握的所有事实和运用常识来寻找解决问题的办法。

2. 让我亲身参与实际的任务，直接与客户或顾客打交道，在现场而不是远离行动。

3. 让我在一个活跃的工作环境中与许多人一起工作，工作内容丰富多彩、充满乐趣和具有自发性。

4. 需要巧妙地处理人际关系和冲突，缓和紧张的气氛，帮助团队更加和谐地开展工作的能力，以及激励他人的能力。

5. 能让我兼顾多个项目或活动，尤其是那些能发挥我的审美情趣和设计感的项目或活动。

6. 让我能够在整个工作日与其他平易近人、善于交际的人交流，他们与我有着同样的热情、活力和现实的观点。

7. 让我从事的项目具有直接实用性，并考虑到周围人的需求。

8. 在友好轻松的环境中工作，没有隐藏的政治目的。

9. 奖励我的辛勤工作和良好意愿，让我感到自己的贡献得到了赞赏。

10. 让我享受乐趣，享受每天的惊喜，而且官僚作风、规则或限制达到最低程度。

▶ 适合 ESFP 类型的人的一般职业

在列举适合 ESFP 类型的人的一般职业时，也请读者注意，每一种职业中都有各种性格类型的成功人士。以下职业可能是 ESFP 类型的人会比较满意的职业，我们也将解释其中的原因。当然，我们无法详尽地列出所有适合的职业，只是为了给你提供一些你之前可能未曾考虑过的可能性。

虽然我们列出的这些职业都可能让你获得职业满足，但预计其中一些职业的未来需求可能会更大。

教育/社会服务类

- 幼儿老师
- 小学老师
- 儿童保育员
- 老师（艺术/戏剧/音乐）
- 特殊教育老师
- 体育教练
- 社会工作者
- 家庭保健社会工作者
- 老年人护理专家
- 个人护理助理
- 药物滥用顾问
- 儿童福利顾问
- 娱乐治疗师
- 职业康复顾问
- 艺术治疗师
- 职业治疗师
- 教育软件开发人员

ESFP 类型的人常常会对教育类职业感到满意，尤其是与小孩子一起工作时。幼儿期和小学阶段的学习有时不那么正规和有组织，有很多自然的学习机会。ESFP 类型的人喜欢教授基础技能和帮助孩子们和睦相处，这也是低年级学习的一个重点。他们喜欢小学环境中的学习活动、充沛的精力和学习的多样性。ESFP 类型的人通常活泼好动，身体素质比较好，他们喜欢做运动员或运动教练。对 ESFP 类型的人来说，参加体育运动、学习团队合作和户外活动都是令他们愉快的活动。他们是热情、鼓舞人心和有支持力的教练和老师。社会工作领域能使 ESFP 类型的人接触到许多不同的人并与他们合作，帮助他们找到可用的资源。他们很容易与人建立融洽的关系，并能从帮助他人减轻生活负担中获得职业满足。

医疗保健类

- 急诊室护士
- 医疗助理
- 牙医助理
- 执业护士

- 理疗师
- 初级保健医生
- 家庭保健助理
- 营养学家/营养师
- 验光师/配镜师
- 紧急医疗技术人员
- 运动生理学家
- 按摩师
- 药剂师
- 放射技术人员
- 呼吸治疗师
- 兽医
- 驯犬师/宠物美容师
- 诊断医学超声技术人员
- 临终关怀工作者
- 急诊室医生
- 足科医生
- 语言病理学家/听力学家
- 儿科医生
- 脊骨神经科医生
- 注册护士
- 护理讲师
- 心脏病专家
- 移植手术协调员

医疗保健领域为 ESFP 类型的人提供了帮助他人的机会。这些职业需要掌握并反复使用各种技能。大多数 ESFP 类型的人喜欢直接与他人打交道，并能在多变和快节奏的工作中茁壮成长。急诊室护理工作要求有快速思考和在危机中安抚受惊吓者的能力。许多 ESFP 类型的人喜欢动物，喜欢在医疗场所或作为驯兽师与动物打交道。

娱乐/"行动"类

- 旅游顾问/旅游组织人员
- 摄影师
- 电影制片人
- 音乐家
- 舞蹈家
- 喜剧演员
- 促销员
- 特别活动协调员
- 画家/插画家/雕塑家
- 服装/服饰专家
- 新闻节目主持人
- 演员
- 公园博物学家/护林员
- 海洋哺乳动物训练员
- 健身教练
- 飞行教练
- 商用直升机驾驶员
- 娱乐和体育经纪人
- 森林管理员
- 摄影师
- 漫画家/动画师
- 保险欺诈调查员
- 消防调查员
- 警察
- 野外探险领队
- 攀岩教练
- 广播/电视广播员
- 素描画家
- 有机农场主
- 木匠

ESFP 类型的人喜欢与朋友一起以正式或非正式的方式娱乐他人。他们通常具有极强的审美意识，善于发现流行和美丽的事物。有些 ESFP 类型的人喜欢展现他们自己的艺术特长，有些则只想在令人兴奋、瞬息万变的娱乐世界中与其他艺术家一起表演。ESFP 类型的人善于同时处理多个计划或一个计划中的多个元素，他们常常能在特别活动协调方面获得职业满足。

商业/销售类

- 零售商品推销员/策划师
- 公共关系专家
- 资金募集人
- 劳动关系调解员
- 接待员
- 行政助理
- 商品规划员
- 多样性、公平性和包容性总监
- 团队培训师
- 旅游销售员/经纪人
- 保险代理/经纪人（健康保险或人寿保险）
- 客户服务代表
- 保险和福利代表
- 房地产经纪人
- 商品展示员
- 体育器材销售员/营销员
- 零售业销售员/经理
- 生态旅游专家
- 家庭保健用品销售员
- 制造商服务代表

一般而言，ESFP 类型的人不喜欢商业世界，尤其是集体的世界。但是，那些与他人互动频繁、日程安排较少的工作却能让 ESFP 类型的人感到愉快。他们通常很喜欢做房地产销售，因为他们大部分时间都不在办公室，直接与各种人打交道，向人展示各种各样的房子。他们通常喜欢涉及公关、筹款和调解工作，因为在这些工作中，他们可以发挥自己天生的说服力。这些职业能让他们发挥人际交往的技巧和收集信息的能力。许多 ESFP 类型的人会被零售业所吸引，尤其是当他们能够利用自己的时尚眼光和戏剧天赋时。

服务类

- 空乘人员
- 服务员/咖啡师
- 秘书/接待员
- 花艺设计师
- 警察/惩教人员（尤其在治疗训练、再就业、指导等方面）
- 景观设计师
- 厨师/厨师长
- 室内设计师
- 猎场看守人
- 园艺师和场地管理员
- 展品搭建人员

服务行业吸引 ESFP 类型的人的主要原因是该行业提供运用他们人际交往能力和所学技能的机会。ESFP 类型的人通常热情友好，而且有能力让他人感到放松和舒适。他们喜欢许多餐馆和俱乐部的氛围，是善于交际和慷慨大方的主人。他们对生活的态度是活在当下，因此与他们相处非常有趣，据说聚会常常追随着 ESFP 类型的人。

科学类

- 环境科学家
- 社会资源保护管理者
- 动物学家
- 海洋生物学家
- 地质学家

ESFP 类型的人通常对科学很感兴趣，他们天生善于仔细观察、收集事实和证据。他们对自然界特别感兴趣，如果能在动物学或海洋生物学领域从事与动物打交道的工作，将会让他们感到非常满足。ESFP 类型的人可以成为自然世界的出色管理者和保护自然的不懈倡导者。

请读者注意，有许多适合 ESFP 类型的人发挥独特才能以获得职业满足的职业，而我们以上推荐的仅为其中的一部分。

▶ 求职之路，因人而异

了解自己性格类型特有的优势和劣势，将使你的求职之路更加顺畅。从研究适合自己的工作岗位，到接触潜在雇主，再到准备求职资料（如个人简历）、安排面试、与对方协商薪酬待遇，直至最终获得工作，每一步都体现出个人的性格类型。因此，是否能够有效利用自身优势并弥补不足，将直接影响求职的成功几率。

不同性格类型之间的差异大小不一，有的微乎其微，而有的却极为显著。如果根据我们的建议做出细微调整，就可能将求职失败转变为求职成功。人际网络的概念就是一个很好的例子。外向型的人自然喜爱社交，我们鼓励他们大胆拓展社交圈；而内向型的人则偏好在小范围内进行交流，且更倾向于与熟悉的对象交流。感觉型的人乐于在有限范围内与人建立联系；而直觉型的人则会广泛寻求互动，即便某些社交对象似乎志趣不投。同样地，情感型的人重视人与人之间的连接，希望营造融洽的氛围；而思考型的人则表现得更为冷静和客观。判断型的人在人际交往时话题数量较少且内容严谨；而知觉型的人交流的话题则较为广泛！虽然有效的求职技巧可能只有一种，但成功路径却是千差万别的。

▶ 通向成功之路：发挥自己的优势

正如我们将在下面详细介绍的那样，你在求职方面的优势和才能在于你随和友善的性格以及你轻而易举与人建立友好关系的能力。不过，小心你把玩耍置于工作之前的倾向，以免使你的求职活动不了了之。如果这样的情况发生了，你可能会变得灰心丧气，于是屈就于一份不太理想的工作，而不是坚持下去并最终找到真正适合自己的工作。

对于 ESFP 类型的人来说，最有效的求职策略建立在如下能力基础之上。

建立友善的关系，推销你自己。

- 将自己作为工作团队的一员，渴望接受新的挑战并与他人和睦相处。
- 展示你适应新环境和在危机中保持冷静的能力。

第 21 章
ESFP 类型（外向、感觉、情感、知觉）：保持好心情

当杰克赶来学校参与他与校长的面试，以应聘社会学老师一职时，校长在门口迎接了他，并向他解释说他们遇到了一个紧急情况，面试不得不推迟。情况是这样的：在一次例行的消防演习中，办公室自动喷水灭火系统被启动，几间办公室被淹；目前水还在从天花板往外冒，已经通知了消防队，但他们还没有赶到。杰克主动提出帮忙。他脱下外套，拿起扳手，爬上办公桌。几分钟后，水停了，杰克帮助校长把一张桌子和两把椅子搬进了一间干燥的教室，在那里他们进行了面试。然后，杰克得到了这份工作，不仅因为他丰富的工作经验和良好的推荐信，还因为校长已经把他视为团队的一员了。

运用你的常识和适应能力，将意外事件转化为机遇。

- 通过回想在过去的工作中，你是如何成功处理问题的事例，向面试官展示你解决困难的能力。
- 寻找合适的方法解释你的技能如何在不同的工作环境中得到应用。

萨姆纳已经做好了改变的准备。她一直从事舞蹈演员的工作，但也在寻找更稳定、福利保障更好的工作。当她通过面试成为一名室内自行车教练时，她能够将自己的体能、强烈的职业道德和天生的表演魅力从舞台转换到运动教室。此外，脚踏实地的工作态度、随机应变的思考能力也是她从事这两份工作所必需的，毕竟不管出现什么情况，演出都是不能中断的！

表现出妥协的意愿，在谈判中要有灵活性。

- 事前决定在工作中哪些标准对你至关重要，哪些是不重要的。在不太重要的方面做出让步，以表现你的灵活性。

从兽医学校毕业后，罗布面试了一份在一家著名的动物急救诊所的工作。虽然罗布的条件与其他许多应聘者相似，但他还是得到了这份工作，因为他愿意接受一份相当不寻常的工作安排。在一年的时间里，他同意每月有 3 个周末要连续工作 24 小时。剩下的时间中，除了每个月有两天随时待命处理紧急情况外，其余的时间都是他自己的。其他的候选人有家庭，或者对这样的工作时间安排不感兴趣。罗布并不介意，因为这种工作安排让他有空闲时间和朋友们在一起，还可以追求他的新兴趣——滑翔运动——一种在大多数人有空闲的时候极为拥挤的运动项目。

利用你敏锐的观察力和让他人开口说话的能力收集大量的信息。

- 直接与你正在考虑的公司的员工交谈，了解一些不太明显但值得考虑的非常重要的因素。
- 注意你正在考虑的公司员工的穿着打扮，以及办公室和休息区的情况，以确保你考虑的职位是你希望整天工作的地方。

塔姆拉和丈夫搬家后，她开始寻找另一份零售商品的推销工作。她首先去了许多大型百货商场，亲眼看到了它们的工作环境。她与几位销售代表谈话，了解他们有多喜欢自己的工作、商场的

管理情况以及工作条件有多大的灵活性。在把选择范围缩小到4家商场后,她利用过去出色工作表现得来的个人推荐信获得了面试机会。塔姆拉可以参考真实的信息来做出选择,而不仅仅是商场管理者希望她了解的那样。

利用你庞大的朋友和同事关系网络,来获取更多的求职信息。

- 大多数人都乐于帮助你,因此请他们把你推荐给其他可能知道空缺职位的人。向那些对你的能力和技能非常熟悉的过去的老板求助。

- 请向那些你提供面试信息的人展示你所具备的技能,让他们帮你分析一下你可能适合或胜任的工作或职业。

尽管贾登已经离开大学好几年了,但当他要换工作的时候,还是去找了以前在大学时的就业指导老师。一天,他们在一起吃了午饭,根据贾登的性格类型、具备的技能、兴趣爱好,以及他实际工作4年来所积累的经验,列出了一份可能的职业选择清单。贾登的就业指导老师帮助他看到了目前职业之外的其他不太明显的可能情况。

▶ 可能遇到的陷阱

虽然每个人都是独一无二的,但ESFP类型的人仍然存在一些共同的潜在盲点。在这里强调"潜在",是因为以下我们列出的条目中,其中一些明显与你相关,而另一些则可能不太符合你的实际情况。你会注意到,这些倾向不仅影响你对于求职的看法,也渗透至你生活的各个方面。因此,在阅读下面的每一个条目时,不妨结合自己过去的经历,问自己:"这对我来说是真的吗?"如果答案是肯定的,那么就继续问自己:"这种错误的倾向是如何阻碍我实现目标的?"你很可能发现,要克服这些盲点,关键就在于:有意识、精心地发展你的第三功能(感觉)和第四功能(思考)。当然,对于ESFP类型的人来说,以下这些建议在实施过程中都会面临诸多困难,但是,这两种功能运用得越多,它们在将来给你带来的麻烦就会越少。

1. **在开始求职之前,先花时间准备一份求职计划。**

- 花些时间反思一下自己过去的工作经验,以及近期和远期的目标,为自己的思想里加入一个长远的计划。

- 在匆忙行动之前,先审视一下自己对职业的实际需求和真正的动机。

2. **考虑现有可能性之外的其他可能性。**

- 制作一份可能性列表,在这一过程中,不要预先判断其中的任何可能性。即使是那些看似荒诞不经的工作,或者那些你可能认为自己没有资格胜任的工作,也要包括在内。

- 请一位有创造力的朋友帮助你想象一下,在你目前的职业领域之外你可能从事的工作,并列出你的技能如何转移到另一个领域。

3. **制定并落实求职计划。**

- 即使是求职过程中乏味的部分——面试后通过电子邮件跟进、随时了解工作机会——对于找到合适的工作也是很重要的。

- 当出现更有趣的情况或朋友邀请你参加社交活动时，要克制住放弃已经开始的求职活动的冲动。有时，将求职活动本身视为一份工作也会有所帮助。

4. **尽量不要把拒绝看成是针对个人的。**

- 如果你遭到拒绝，请记住，你只是被一份工作拒之门外。许多老板做出的决定是十分客观的，这并不是对你个人的彻底否定。
- 当事情没有像你希望的那样迅速发生时，尽量不要让自己气馁。找到合适的工作可能需要几个月的时间，但要获得职业满足是值得等待和努力的。

5. **不要拖延做出决策。**

- 等待收集足够的信息后再做出决策是明智之举。但是，如果你等待的时间太长，你的机会可能会被淘汰，你的选择可能会被取代。
- 运用批判性思维，看清你正在考虑的选择方案的因果关系。排除选项可以帮助你专注于最适合你的选择。

▶ 最后一步：换工作还是保持当前工作……ESFP 类型的人成功的关键

现在，你已经深刻理解了自己的性格类型，并且清楚自己天生的性格偏好所适应的职业类型。此外，了解自身性格类型的优劣势对于成功求职具有重要意义。然而，即使作为 ESFP 类型的人，也需要意识到本章前面"适合 ESFP 类型的人的一般职业"中列出的职业未必都适合你。因此，下一步也是最后一步，就是缩小搜索范围，从而找到理想工作的方向。

除了性格类型之外，一些其他因素，如你的价值观、兴趣爱好以及技能等，也会影响你对工作的满意程度。你与工作的契合度越高，你就越快乐。因此，请准备运用所学知识（包括本书内容以及生活经验）来制定你的战略性的职业规划吧。本书第 23 章中的练习就是专门为了这个目的而设计的。

然而，如果你觉得保持现有工作岗位或继续留在当前雇主身边更有意义（也许只是暂时的），那么做出这个决定可能基于多种合理的原因——如经济压力、家庭因素、所学专业就业形势严峻，以及转换工作的时机尚未成熟。但请振作起来！通过本书获得的知识同样能帮助你在现有的工作岗位上获得职业满足与事业成功。当需要做出重大职业调整的时候，你将更加清晰自己的发展方向，并明确如何找到理想的工作的方法。

▶ "所以，如果你目前还没有找到更适合的工作……那就热爱你现在的工作吧。"

事实上，大多数行业都提供灵活调配的机会。这里有一些方法，可以让你的当前工作更适合你的需要，仅供参考：

- 确保你有足够的时间与同事

交流。
- 考虑参加一个时间管理课程。
- 请求上司对你的工作任务和要求做出明确的规定。
- 每天找时间到户外做些运动。
- 试着寻找与自己优势相反的人一起探讨自己的观点和意见。
- 志愿帮助管理和/或参与娱乐性的或在社会上有声望的活动。
- 考虑一下，5年后你想成为什么样的人。
- 制定一些可以实现的短期目标。
- 确保自己可以从事各种各样的任务；尽量避免做那些常规性的任务。
- 避免长时间独自工作。

▶ ESFP 类型的人能够发挥长处并克服不足

由于工作中增加的责任，赛琳娜发现自己再也不能定期去健身房锻炼了。作为一名前健身教练，锻炼是她非常喜欢和怀念的事情。在对公司的其他员工进行了非正式的调查之后，赛琳娜发现有几个人对午餐时间的普拉提课程很感兴趣——如果由她来授课的话。她说服了思想进步的人力资源部经理，让他相信经常锻炼的员工更快乐、更健康（更少的员工请病假!），因此工作效率更高。人力资源部经理为她提供了一个房间，买了20个垫子，并同意先试行6个月，看看这个计划的效果如何。

▶ 利用已有资源获取所需之果

如何才能取得成功？简而言之，就是发挥你的优势，弥补你的弱点。这是否能够做到，将直接影响到你是取得成功还是遭遇失败，是热爱还是厌烦你的工作。我们接下来列举了一些你可能具备的优势和存在的弱点，希望能对你有所帮助。尽管每个人都是独一无二的个体，但作为 ESFP 类型的人，我们所列举的这些总有一些比较符合你。

- 你在工作中的优势可能包括：
- 精力充沛，喜欢在工作中表现得很活跃。
- 能够很好地适应变化并迅速转换角色。
- 对人们的需求很敏感，并希望以实际行动帮助他们。
- 富有爱心；你是一个善于合作的团队成员。
- 让工作充满乐趣和激情的能力。
- 实事求是，常识丰富。
- 忠诚于你所关心的人和组织。
- 以体验过程为导向的生活态度；你能创造生动有趣的工作氛围。
- 具有灵活性，愿意承担一定的风险并尝试新方法。
- 渴望合作、参与并以实际具体的方式帮助他人。
- 能够清楚地评估当前的资源和条件，并可以立即看到需要做什么。

你在工作中的劣势可能包括：
- 难以独自工作，尤其是长时间的独自工作。
- 倾向于接受事物的表面价值而忽略其深层的含义。
- 不喜欢提前准备；你很难安排

第 21 章
ESFP 类型（外向、感觉、情感、知觉）：保持好心情

自己的时间。
- 难以看到目前不存在的机会和选择。
- 有将批评和负面反馈视为针对个人的倾向。
- 难以做出决策。
- 冲动，容易受到诱惑或不专注。

- 不喜欢过多的规则和官僚作风。
- 如果客观决定与个人感受相冲突，则难以做出客观的决定。
- 抵制制定长期目标，难以按期完成任务。
- 难以约束自己或他人。

> 发挥你的优势其实很简单。
> ESFP 类型的人成功的秘诀在于：
>
> 学会考虑未来的影响；
> 不要把批评或拒绝当成针对个人；
> 坚持履行自己的承诺。

第22章

ISFP 类型（内向、感觉、情感、知觉）：思想起决定作用

> **人物 1　马特，唱片制作人**
> "音乐是以人为本的"。

▶ 工作概况

无论是录制还是制作音乐，抑或是随乐队一起巡回演出，音乐都是马特生命中的挚爱。他每天都在自己的工作室里，与艺人和乐队合作，将他们的音乐推向世界。由于马特是一名独立唱片制作人，他与艺人的关系至关重要。马特经常在巡回演出中结识艺人和乐队，当他们有录制唱片的需求时，就会想到马特。他必须确保自己的收费和服务态度相比于竞争对手——大型录音工作室——更具吸引力。

制作过程在艺人实际进入录音室的几周之前就已经开始了。那时，马特会与客户交流他们对专辑的构想，并聆听他们的样带或"临时音轨"。一旦乐队或艺人进入录音室，马特就会按照他们的时间表来工作。他努力争取最佳的录制效果，鼓励并管理艺人的情绪，同时还负责操作包括麦克风、乐器和电缆在内的二三十件硬件设备。他还经常参与歌曲创作，用不同的乐器来填充歌曲的各个部分，他可以说是个多才多艺的音乐人。有时，这个过程是与全国或世界各地的艺术家远程合作完成的，"整首歌的录制都可以通过电子邮件往来完成。"录制完成后，马特会对歌曲进行混音，添加特殊的效果，确保每个部分的音量都恰到好处，然后再进行母带处理，这样歌曲就可以面世了。

▶ 背景介绍

自从四年级时拿起萨克斯风，马特就对音乐着了迷。他在高中时加入了校内的爵士乐队，参加各种比赛和演出，并且还在校外的三支不同乐队担任吉他手。然而，马特身边并没有很多职业音乐家可供他模仿，"从来没有人真正建议过我可以靠创作歌曲或演奏音乐为生"。于是，马特上了大学，花了几年时间才选定专业，即音乐和美国海洋研究的双主修专业。

在大学期间，马特接触到了无伴奏合唱和其他声乐编曲，并开始思考自己能否从事编曲和录制音乐方面的职业。大四那年，他结识了一些在音乐行业工

作的校友。毕业后，马特选择去佛罗里达州的一所艺术与技术学校学习录音艺术专业。在那里，他开始熟悉录音的技术层面，学习信号流和电学知识，了解录音设备的工作原理。"我学会了如何拆卸和组装设备，如何使用所有器材，还学到了声学方面的知识——所有这些实用的技术内容。"他还精通录音软件，毕业后，他搬到了洛杉矶，开始向各大录音工作室申请实习机会。

在几家录音工作室实习和工作了一段时间后，马特在一家大型录音工作室谋得了一份助理录音工程师的工作。尽管工作很辛苦——每周工作7天，每天工作14小时，但马特很高兴自己的能力得到了很大的提升。"能参与其中，能以任何方式为这些大型乐队做出贡献，对我来说意义重大。"他很快就开始负责剪辑工作，当乐队发现他会吹奏铜管乐器时，他便开始在录音中加入自己的部分音乐。"那真是太棒了——我不仅能做剪辑，还能为这些唱片贡献音乐。"一年后，马特开始更多地负责录音方面的工作，并与艺人合作，从而积累了更多的经验，工作的独立性也更强了。

四年后，马特已经学到了足够多的东西，可以独自闯荡了。他开始以自由职业者的身份与歌手和词曲作者合作，在洛杉矶和纽约交替从事音乐创作、工程设计和录音工作。"我的收入肯定会大幅下降，而且我也不再从事我之前习惯的那种可以登上排行榜前十的知名项目。但是没有任何人对我指手画脚，我可以自己做主，这种感觉真的很好。"他还加入了一支颇受观众欢迎的即兴乐队，现在每年有六到七个月的时间作为萨克斯风手和伴唱进行巡回演出。

▶ **职业满足分析**

作为一个ISFP类型的人，马特的主导功能是情感。他讲话轻声细语，性格平和且很有耐心，他的特长就是他所说的"工作室风度"——就像医院中的"病床边风度"。他说："我善于让录音的艺人们感到自在和安心，因此他们也往往会录出好的作品。他们在录音室里开心又舒适，他们喜欢和我一起录音，因为我能让他们放松。"马特感觉到他的工作对他人产生了影响，看到人们喜欢他的劳动成果，这让他感到非常欣慰。

马特的辅助功能是感觉，他善于把握当下，对音响工程和录音的复杂技术层面有着很强的理解能力。作为一个内向型的人，马特觉得录音室的环境很理想，在这里，他能与艺人们建立真正的一对一互动关系。作为一名经验主义者，马特认为自由职业更有吸引力，因为他可以当自己的老板，自主安排时间，不受工作中朝九晚五的束缚。"我想不出世界上还有哪份工作是我愿意花时间去做的。"

▶ **前景展望**

马特认为自己已经拥有了梦想中的工作。他出过几张黄金唱片，甚至还获得过格莱美奖的提名。不过，如果可以的话，他还是想做一些调整，比如减少与乐队的演出时间。一年中有4个月在巡回演出，8个月在家里创作音乐，这才是最理想的状态。5到10年后，他希望能够继续从事现在的工作，但要留出更多的时间待在家里。他能想象自己安定下来，并且组建家庭。

人物 2　　卡莉，医疗助理

"我是办公室的和事佬。"

▶ 工作概况

卡莉新近才发现职业满足感是在3年前。在成年之后的大部分时间里，她都在保险行业就职，做着自己不喜欢也不期待的工作。"在孩子们还小的时候，我必须把他们放在第一位，上班对我而言简直就是在熬时间。我总是希望有一天能找到自己喜欢的工作。"现在，卡莉期待着去上班，因为在那里她感到自己被需要、有价值且受人欣赏。卡莉是一个业务繁忙的内科医疗团队的医疗助理。在患者们候诊、等待去见5位医生之一时，卡莉帮他们做各种医疗诊断检查。

卡莉的工作有90%都在与患者打交道。她要帮患者做各种医学检查，从测量血压、体重和脉搏到进行更复杂的X光、心电图检查和尿液分析。在诊断过程中，她协助医生，并在诊断之前或之后帮助患者。"我照顾过很多老年患者，他们上下检查台或检查后穿衣服都需要帮助。我也照看过很多儿童患者，我喜欢为他们做眼科检查和一些学校要求的

体检项目。"在接诊病人的间隙，卡莉要整理病历，为第二天的患者安排时间，并处理初级的账单和保险事宜。当办公室特别忙的时候，卡莉还负责接听电话，为患者开具处方和安排预约。

"我非常热爱这份工作，因为它让我可以接触到患者。我对整个医学领域非常着迷，对疾病的成因及患者康复的原理充满好奇。我每天都在进行有趣的程序并不断学习！人体的内部运作之复杂令我惊叹。我喜欢不断探索新事物。我向医生们提出许多问题，并且在完成对患者的工作职责之后，持续关注他们病情的进展情况。"

卡莉形容自己性格随和。"我知道如何通过深呼吸来缓解压力。我甚至能使其他员工平静下来。在每一天结束的时候，我把工作留在办公室，把注意力转移到我的家人身上。"

▶ 背景介绍

卡莉的家庭一直是她的中心。她在一所自由艺术大学毕业后，开始工作，两年后结了婚。她曾考虑继续学业以便进入专业医疗和护理领域工作，但离婚后，她去了一家保险公司工作。在那里，她遇到了后来与之共度18年的丈夫，并在接下来的12年里一直在各种理赔岗位工作。孩子们还小的时候，卡莉要么做兼职，要么做临时工，这样她就可以在夏季和学校放假时抽出时间陪伴孩子。"每份工作都差不多——都是与数字打交道的工作。我坐在办公桌前，用计算器完成表格，计算费用和

佣金。"

大约 3 年前，卡莉再次成为一家保险公司的临时员工，这让她有了更大的灵活性，可以开始寻找更有趣的工作。她看到了一则临时医疗助理职位的招聘启事。"他们提供在职培训，这对我来说再好不过了，因为我有兴趣却没有技能。我立刻喜欢上了这份工作，甚至在医生为我提供固定岗位之前，我就辞掉了其他的工作。终于，我找到了一份稳定的工作，并一直工作到现在。"

▶ 职业满足分析

卡莉喜欢她的工作如此忙碌这一事实。她的工作将许多经验主义者感到满意的因素结合在了一起：有机会使用他们已经掌握的特定身体技能，以及有机会与不同的人一起运用这些技能。和许多经验主义者一样，卡莉是一个好奇心很强的人，她最好奇的是人体是如何工作的。她的工作就是研究并不断学习了解人体，这让她觉得非常有趣。

卡莉的主导功能是情感，她天生富有同情心和爱心。她的优势在于应对多变、易怒、有时甚至难以相处的患者。"我能够安抚那些苛刻的患者，也能容忍办公室里的人际纷争。我喜欢营造欢乐的氛围，所以我自认为是个和事佬。我相信，只要你对他人好，他人通常也会对你好。"她利用这种能力在办公室忙碌不堪时保持镇定，从而帮助事情顺利进行。对卡莉来说，整天帮助他人并看到自己对他人的积极影响，也是一种极大的满足。

卡莉整天都在处理各类数据。记录患者的病史、进行化验、记录化验结果、向患者解释并实施治疗程序，以及协助医生进行某些程序和治疗，这些都是她运用感觉功能的具体方式。

▶ 前景展望

随着年龄的增长，卡莉意识到自己一直有成为一名护士的愿望，但早年的时光只关注眼前，而没有为将来做过多的规划。"我从来都不是一个特别有事业心的人，我把孩子和丈夫放在第一位，而把其他事情放在次要位置。现在我觉得我真的很想在某个时候去攻读护理学位。我想我会喜欢医院的工作环境，也可能会对医疗领域的很多工作感到满意。当我准备好的时候，我就会去做。"

人物 3　托马斯，自行车工匠

> "对我而言，工作和娱乐不存在真正的界限。"

▶ 工作概况

托马斯是一位极为优秀的工匠，制作着一些大多数人永远不会拥有的东西。他设计并制作定制的轻型、高端自行车车架，并组装自行车。作为一名自行车赛车手，托马斯在设计和制造车架方面是一位不折不扣的完美主义者。他独自经营生意将近 20 年，做着一件对他而言近乎爱好的事情。"这是我的事业，但它也代表了我的身份。"

托马斯的客户遍布全国各地，他们

向他订购最优质的自行车车架。车架是自行车最关键的部分，尤其是对于赛车手而言，因为车架哪怕只有一点点不对齐，都可能给赛车手带来麻烦甚至伤害。尽管他的许多客户永远不会骑着他制作的自行车参加比赛，但他们所有人还是会得到顶级制作的产品。托马斯把他的自行车比作定制的高性能汽车，或者至少是量身定做的服装。车架是根据骑车人的体型、骑行方式和操控风格来制作的。在完成一系列详尽的测量后，托马斯会将最优质的管材切割成相应的尺寸，然后采用复杂而精细的连接工艺进行组装。他还专门定制车架的油漆，并进行装饰性的表面处理，使车架既美观又实用。托马斯独自在工作室工作，每年能制作80到100个车架。"这是一项极其精密的操作过程，十分耗时，但这里没有一丁点儿作假。"

▶ 背景介绍

托马斯从事自行车制作工作纯属偶然。在等待迟到的大学录取通知书的那6个月里，他去了欧洲旅游，以"消磨时光，做点有趣的事"。当时，他已经成为一个狂热的自行车爱好者，于是在一个家族经营的自行车制造企业里找了一份学习制作自行车的工作，只为积累经验。回到美国后，他又一次非常巧合地在一家自行车进口商那里找到了一份工作，而这些自行车正是他在欧洲工作过的那家家族企业生产的。

在那两年半的时间里，他帮助公司拓展自行车产品线，参加贸易展会，做一些维修工作，并担任技术专家。"我知道的仍然不是很多，我只是很高兴自己可以用公司的钱来制造自行车。渐渐地，老板开始向我施压，要求我提高生产力，我的工作开始变成一件苦差事。我根本不具备更快地制作自行车的本事。我努力了一段时间，但最终还是离开了。"他利用家里的少量投资，在没有任何商业计划或长远规划的情况下，开始了自己的创业之路。"我只是想继续做自己喜欢的事情。"

▶ 职业满足分析

与许多经验主义者一样，托马斯对工作的满意度源于其充满乐趣的特性。他热爱与自行车有关的一切——制作、骑行和比赛。因此，托马斯既享受制作过程，也钟爱最终的产品，即自行车本身。托马斯对工作的另一个满意之处在于它赋予他的自由。他可以完全自主地决定何时关闭商店——无论是去骑车1小时，还是去旅行一个星期——全凭他的心情。此外，托马斯还喜欢在制作自行车的过程中锻炼身体，这也是许多经验主义者所看重的一个方面。

对托马斯而言，制作自行车是一种充满个人情感的劳动。他将自己的全部身心投入到每一辆自行车的制作中。事实上，每当他卖出一辆自行车时，他都会有一种掏空自己的感觉。这种深刻的情感，以及他坚信自行车必须按照每个人的独特规格手工制造并达到绝对一流的质量，都源自他的主导功能——情感。然而，托马斯也与客户建立了一些持久的关系，他了解客户的需求，并经常与他们保持多年的联系。

托马斯以多种方式运用他的辅助功能——感觉。首先，他需要了解客户的所有相关信息，包括体型、体重、身材、踩踏方式以及他们希望用自行车做什么。然后，他会进行细致的测量。他亲自完成自行车制作中的所有体力活，包括弯曲金属、锉磨和精加工。此外，他的感觉功能还能帮助他处理订单、买卖和结算工作。

▶ 前景展望

这些年来，托马斯一直为自己的事业长盛不衰而感到自豪，但他又谦虚地表示，这仅仅是因为他从未停止过自己的事业。他在自行车杂志和其他媒体上获得了大量的公众关注，并常常被描述为一个不妥协的人。"作为一名赛车手，我的经验让我始终牢记，我制造的自行车质量必须完美。但我也很高兴，因为我擅长制造真实的东西，能给人们带来快乐。"他把一大箱感谢信放在店里，这就是客户满意的具体证明。

我想，让我感到成功和满足的部分是，我没有试图去推销任何东西，我只是在做我喜欢的事情，我诚实并忠实于我的信念。但这一切都取决于我的客户是否喜欢我所做的。当我创造出符合我的高标准的产品，人们试用后告诉我这辆自行车和他们想象中的一样好时，我感到极为满意。他人可以对我的作品给予褒奖和赞誉，而我只是喜欢我所做的，也喜欢他人喜欢我所做的。

▶ 共同之处

尽管卡莉、托马斯和马特各自拥有不同的教育背景、职业经历以及职业选择，他们之间依然存在一些共同点。虽然兴趣、能力和价值观有所差异，但他们具有相似的性格特征以及相同的心理功能层次，我们可以对ISFP类型的人的需求做一些观察。

我们在下面列出了使ISFP类型的人获得职业满足的重要因素——可以称其为衡量标准。鉴于每个人都是独一无二的存在——即便同属一种性格类型，其特点也各不相同——因此，这些因素并不能完全准确地描述所有ISFP类型的人。重要的是，以下10个因素以不同程度影响着ISFP类型的人如何获得真正意义上的职业满足。

查看完这10个因素后，我们建议你按照自身的标准对它们进行排序。在排序过程中，请回忆过去的工作经验并思考当前工作的体验，看看哪些经历令你特别满意或特别失望。同时，应寻找贯穿多个经历中的主题，而不是仅限于某个单一工作环境下成立，而在其他工作环境下却无效的情况。

作为ISFP类型的人，要获得职业满足，你所做的工作应：

1. 符合内心强烈的价值观，是自己非常关心并愿意为之贡献精力和才智的事情。

2. 如果是与他人一起工作，应在一种支持和肯定的氛围中，作为团队中忠诚且富有合作精神的一员。

3. 需要关注细节，工作涉及惠及他人且具有实际应用价值的真实事物。

4. 提供独立工作的自由，同时也能与其他合群且有礼貌的人共事，且不会受到过多规则、结构或僵化操作程序的限制。

5. 能够赋予适应能力，同时保持坚定不移；能够赋予目标感，并能看到和体验到成就所带来的实际结果。

6. 能够通过自己的品位和审美观来改善实际工作空间，使其个性化，并让他人感觉更舒适。

7. 在安静、愉快且合作的环境中工作，尽量减少人际冲突。

8. 提供机会，在认为重要的工作环境中体验内心的成长和发展。

9. 能够及时、简单地处理问题，并提供实际帮助。

10. 不需要经常在公共场合发言，领导一群不熟悉的人，或给予负面反馈。

▶ 适合 ISFP 类型的人的一般职业

在列举适合 ISFP 类型的人的一般职业时，也请读者注意，每一种职业中都有各种性格类型的成功人士。以下职业可能是 ESFP 类型的人会比较满意的职业，我们也将解释其中的原因。当然，我们无法详尽地列出所有适合的职业，只是为了给你提供一些你之前可能未曾考虑过的可能性。

虽然我们列出的这些职业都可能让你获得职业满足，但预计其中一些职业的未来需求可能会更大。

手工艺/工匠类

- 时装设计师
- 木匠
- 珠宝商
- 音响设计师
- 音乐家
- 录音工程师
- 园丁
- 陶艺家
- 画家
- 舞蹈家
- 设计师（室内/景观）
- 厨师
- 艺术家
- 漫画家/动画师
- 素描艺术家
- 裁缝
- 乐器制作师
- 平面设计师

对 ISFP 类型的人来说，这些职业的主要吸引力在于他们有机会用自己的双手创造出既吸引人又十分有用的东西。他们喜欢以实用的方式运用自己的五种感官，并与现实世界中的真实事物打交道。许多这类职业为 ISFP 类型的人提供了灵活的工作时间和自由安排工作的机会。大多数 ISFP 类型的人更倾向于独立自主，而不是严格遵守具体的行政准则。

医疗保健/社会工作类

- 巡诊护士

第 22 章
ISFP 类型（内向、感觉、情感、知觉）：思想起决定作用

- 理疗师
- 按摩师
- 放射技术人员
- 医疗助理
- 牙医助理/卫生师
- 家庭保健助理
- 初级保健医生
- 营养师/营养学家
- 验光师/配镜师
- 运动生理学家
- 职业治疗师
- 艺术治疗师
- 呼吸治疗师
- 执业护士
- 外科技术人员
- 健身教练
- 外科医生
- 兽医
- 兽医助理
- 语言病理学家/听力学家
- 药剂师
- 急诊室医生
- 儿科医生
- 心脏学专家
- 听力测定人员
- 药物研究人员
- 注册护士
- 临终关怀工作者
- 个人护理助理
- 药物滥用顾问
- 血液透析技术人员
- 娱乐治疗师
- 家庭保健社会工作者
- 艺术治疗师
- 儿童福利顾问
- 社会工作者（老年人和儿童日托问题）
- 危机热线接线人员

ISFP 类型的人经常会在医疗保健和社会工作领域中获得职业满足，尤其是那些能够直接与委托人和患者打交道的职业。他们喜欢在危机中或危机后帮助他人，为他们提供身体上和精神上的关怀。他们的观察力通常非常敏锐，能够对细微变化做出良好的反应，并且喜欢在短期内解决问题。对于 ISFP 类型的人来说，在这些职业以及其他任何职业中获得职业满足的一个基本要素是能够看到和体验到对他们所做贡献的反馈，并且相信自己所从事的工作是十分重要的。

科学/技术类

- 林务员
- 植物学家
- 地质学家
- 机械师
- 海洋生物学家
- 动物学家
- 电视摄像师
- 水土保持学家
- 考古学家
- 系统分析员
- 航空检查员
- 家用电器修理工

相对于理论研究工作而言，ISFP 类型的人通常更喜欢处理事实性的工作。他们愿意运用实际且灵活的技能。

户外工作的机会对 ISFP 类型的人特别有吸引力，他们也欢迎丰富多样的工作内容。

销售/服务类

- 小学老师（科学/艺术）
- 警察/惩教人员
- 店员
- 美容师
- 旅游销售人员
- 客户销售代表
- 商品规划人员
- 体育器械销售人员
- 家庭保健商品销售人员
- 动物美容师/驯兽员
- 学前教育老师
- 特殊教育老师
- 老师助理/专业人员助理
- 景观设计师
- 儿童保育员
- 老年人护理专家
- 渔猎管理员
- 自行车设计师/修理工
- 保险欺诈调查人员
- 口译员/笔译员
- 机车工程师
- 飞机调度员/空中交通管制员
- 商用飞机/直升机驾驶员
- 高中和大学体育教练
- 宗谱学家
- 住宅顾问
- 园艺家
- 花店店主
- 有机农场主
- 消防员
- 野外探险领队

许多 ISFP 类型的人在服务性行业中找到了充实的工作。有些行业能让他们以具体而实在的方式帮助人们或动物，满足他们的需求。他们倾向于喜欢与自己价值观相同的工作环境，喜欢促进和鼓励和谐的人际关系，愿意合作并且欣赏他人的职业。许多 ISFP 类型的人喜欢教授某一特定领域的课程，通常是幼儿课程，因为他们有机会体验大量的自发爱好和乐趣。

商务类

- 簿记员
- 律师秘书
- 文书主管
- 行政人员
- 律师助理
- 保险确定人
- 保险审查员（财产和意外事故）

如果环境合适，从事文职工作也能让 ISFP 类型的人获得职业满足。关键因素是能够在支持和肯定的氛围中发挥他们出色的实际技能。ISFP 类型的人最擅长的工作方式是作为团队的一员，在一个尊重个人隐私和成长需求的稳定工作群体中工作。他们更喜欢那种允许他们创造并保持愉快且个性化的工作环境。

请读者注意，有许多适合 ISFP 类型的人发挥独特才能以获得职业满足的职业，而我们以上推荐的仅为其中一部分。

第 22 章
ISFP 类型（内向、感觉、情感、知觉）：思想起决定作用

▶ 求职之路，因人而异

了解自己性格类型特有的优势和劣势，将使你的求职之路更加顺畅。从研究适合自己的工作岗位，到接触潜在雇主，再到准备求职资料（如个人简历）、安排面试、与对方协商薪酬待遇，直至最终获得工作，每一步都体现出个人的性格类型。因此，是否能够有效利用自身优势并弥补不足，将直接影响求职的成功几率。

不同性格类型之间的差异大小不一，有的微乎其微，而有的却极为显著。如果根据我们的建议做出细微调整，就可能将求职失败转变为求职成功。人际网络的概念就是一个很好的例子。外向型的人自然喜爱社交，我们鼓励他们大胆拓展社交圈；而内向型的人则偏好在小范围内进行交流，且更倾向于与熟悉的对象交流。感觉型的人乐于在有限范围内与人建立联系；而直觉型的人则会广泛寻求互动，即便某些社交对象似乎志趣不投。同样地，情感型的人重视人与人之间的连接，希望营造融洽的氛围；而思考型的人则表现得更为冷静和客观。判断型的人在人际交往时话题数量较少且内容严谨；而知觉型的人交流的话题则较为广泛！虽然有效的求职技巧可能只有一种，但成功路径却是千差万别的。

▶ 通向成功之路：发挥自己的优势

正如我们将在下面详细介绍的那样，你在求职方面的优势和才能在于你随和友善的性格以及你轻而易举与人建立友好关系的能力。不过，小心你把玩耍置于工作之前的倾向，以免使你的求职活动不了了之。如果这样的情况发生了，你可能会变得灰心丧气，于是屈就于一份不太理想的工作，而不是坚持下去并最终找到真正适合自己的工作。

对于 ISFP 类型的人来说，最有效的求职策略建立在如下能力基础之上。

进行研究并收集大量信息。

- 尽可能多地阅读有关你正在考虑的领域、职位或组织的信息。通过在线调查和与已在该公司工作的人一对一交谈，收集有关特定公司的信息。

- 作为面试准备的一部分，去公司或企业实地考察。观察那里的员工的着装、举止以及他们对工作的感受。你能想象自己在那里工作的情景吗？

马克正在准备向一家科学博物馆申请助理馆长的职位。他决定在面试前尽可能熟悉这个博物馆及其最近的几次展览。他在博物馆里待了几个小时，以便了解其布局和规划。他还尽可能多地阅读了新馆长的资料，了解她的职业历程和对博物馆的规划目标。到面试时，马克已经对许多问题做好了准备，当被问及他能为组织做出什么贡献时，他也能提出具体的想法。

进行有限且有针对性的网络联系。

- 向你的好友、家人和同事（过去的和现在的）征集一份名单，名单上的人也许会知道适合你的工作。

- 与那些正在从事你所考虑的工

作的人进行面谈。向他们询问有关工作的情况，以了解工作内容、职责和限制。

罗希特是在一个每年都要与朋友举行的夏季后院野餐会上建立起关系网的。他开始向朋友们诉苦，说他已经厌倦了目前的工作，以及他多么迫切地想做些不同的事情。他的朋友们开始集思广益，然后提出一些罗希特可以与之谈论工作的人。这与其说是一项任务，倒不如说是一场游戏，而罗希特惊奇地发现，仅仅一个晚上的谈话，就让他得到了如此多的帮助。

建立并使用广泛的支持体系。

- 请记住，找工作往往比做工作花费更多的时间和精力。在这个困难时期，你可以向朋友寻求建议并获得他们的支持。

- 接受他人提供的帮助。许多最好的人际关系都是通过纯粹的社会关系建立起来的。不要把任何人排除在信息来源之外。

在实践中学习。

- 寻找在职培训的机会，或是由雇主提供的培训机会。完成培训计划的应聘者通常会优先被考虑录用。

- 要学习你准备从事的职业所需的工作技能，可以考虑无酬工作的方式。这样你既可以掌握所需的技能，又能积累一些实践经验，以便向未来的雇主展示。

卡罗尔就是这样找到她喜欢的工作的：她参加了医务办公室提供的短期在职培训。当时她在之前的工作岗位上做临时工作，主动参加了培训。这样她就有机会一边工作一边学习技术，并很快了解了这份工作的真实情况。幸运的是，她不需要再次参加培训。

追随自己的冲动和天生的好奇心。

- 利用你的短期问题解决能力，将有时漫长而令人不知所措的求职过程分阶段进行管理。当你完成每一个阶段的任务时，奖励一下自己。

- 如果遇到障碍和困难，要勇于适应并且迎接挑战。向未来的雇主展示你接受和应对不断变化情况的能力。

经过一番仔细的考虑，科琳决定成为一名驯犬师——这符合她的兴趣，她喜欢动物，而且这份工作能使她有机会与狗及其主人接触。她找到了一家非常热门的宠物美容和训练培训中心，但令她失望的是，这里没有培训师的职位空缺。然而，该中心给她提供了美容部门的一个工作机会，并且告诉她以后会有做培训师的可能性。她渴望与动物在一起工作，而且面试中看到的与高质量运营部门合作的机会让她觉得值得尝试，于是她接受了这份工作。她认为这是一个值得赌一赌的机会，这同样使她有机会向雇主展示自己快速学习的能力，证明自己是一名有价值的员工。4个月后，科琳的耐心得到了回报，一个培训师的职位出现了，她得到了这份工作。

▶ 可能遇到的陷阱

虽然每个人都是独一无二的，但ISFP类型的人仍然存在一些共同的潜在盲点。在这里强调"潜在"，是因为以下我们列出的条目中，其中一些明显与你相关，而另一些则可能不太符合你的实际情况。你会注意到，这些倾向不仅影响你对于求职的看法，也渗透至你生活的各个方面。因此，在阅读下面的每一个条目时，不妨结合自己过去的经历，问自己："这对我来说是真的吗？"如果答案是肯定的，那么就继续问自己："这种错误的倾向是如何阻碍我实现目标的？"你很可能发现，要克服这些盲点，关键就在于：有意识、精心地发展你的第三功能（感觉）和第四功能（思考）。当然，对于 ISFP 类型的人来说，以下这些建议在实施过程中都会面临诸多困难，但是，这两种功能运用得越多，它们在将来给你带来的麻烦就会越少。

1. 考虑你能获得的所有数据，即便其中有些数据可能与你的个人感受相矛盾，也不要轻易放弃。

● 考虑你的行为和决定所带来的严重后果。列出一份工作的优点和缺点，这样你就能同时考虑到正面和潜在的负面影响。

● 制定分析信息的方法，然后再全面评估。

2. 寻找除目前现有工作之外的其他选择。

● 列出一份可能的工作选择清单，而不要局限于你过去做过的工作或你马上可以胜任的工作。

● 将你对理想工作的想法作为跳板，进行更有创意的思考。请一位熟悉你的朋友帮助你，把它当作一个游戏。

3. 努力分清活动的轻重缓急，把事情安排得井井有条。

● 将大的任务分解为一系列小任务，制定短期计划来完成各项任务，避免因任务过于繁重而感到不知所措。

● 为你的求职活动制定一个完整的大纲，包括求职过程中所有可预见的必要步骤。

4. 尽量做出更客观的决定。

● 不要过分强调与面试官建立融洽关系的重要性。尽量对他人保持健康的怀疑态度，避免过于信任他人。

● 注意那些不太明显但至关重要的因素，如企业文化和雇主的理念，这将有助于防止你在接受工作后产生幻灭感。

5. 将注意力集中在未来，这样你就能超越当前的现实，在更大的背景下理解自己的选择。

● 试着想象一下 1 年、5 年和 10 年后的工作。这个工作机会会让你成长，还是会限制你在公司或组织中的发展？

● 审视市场中的企业，判断其未来的发展或变化是否仍能为你所接受。确保这份工作吸引你的不仅仅是现在与你共事的人。

▶ 最后一步：换工作还是保持当前工作……ISFP 类型的人成功的关键

现在，你已经深刻理解了自己的性格类型，并且清楚自己天生的性格偏好所适应的职业类型。此外，了解自身性格类型的优劣势对于成功求职具有重要意义。然而，即使作为 ISFP 类型的人，也需要意识到本章前面"适合 ISFP 类型的人的一般职业"中列出的职业未必都适合你。因此，下一步也是最后一步，就是缩小搜索范围，从而找到理想工作的方向。

除了性格类型之外，一些其他因素，如你的价值观、兴趣爱好以及技能等，也会影响你对工作的满意程度。你与工作的契合度越高，你就越快乐。因此，请准备运用所学知识（包括本书内容以及生活经验）来制定你的战略性的职业规划吧。本书第 23 章中的练习就是专门为了这个目的而设计的。

然而，如果你觉得保持现有工作岗位或继续留在当前雇主身边更有意义（也许只是暂时的），那么做出这个决定可能基于多种合理的原因——如经济压力、家庭因素、所学专业就业形势严峻，以及转换工作的时机尚未成熟。但请振作起来！通过本书获得的知识同样能帮助你在现有的工作岗位上获得职业满足与事业成功。当需要做出重大职业调整的时候，你将更加清晰自己的发展方向，并明确如何找到理想的工作的方法。

▶ "所以，如果你目前还没有找到更适合的工作……那就热爱你现在的工作吧。"

事实上，大多数行业都提供灵活调配的机会。以下是一些方法，可以让你的当前工作更适合你的需要，仅供参考：

- 寻求帮助，解决人际冲突。
- 考虑参加一项明确的培训课程。
- 请求上司对你的工作任务和要求做出明确的规定。
- 在白天找时间给自己充电，以便恢复体力和精力。
- 做一些能让你帮助、支持同事并与他们建立联系的事情。
- 尽量确保你的日常活动丰富多彩。
- 参加一些娱乐活动。
- 寻求其他与你在技能上能够互补的人帮助评估想法。
- 设想一下 5 年后你能达到的目标。
- 设定可以实现的短期目标。
- 尝试在工作中寻找与你在兴趣和价值观上相似的人。

▶ **ISFP 类型的人能够发挥长处并克服不足**

达娜曾在一家大型制药公司工作。丈夫去世后，她开始意识到公司里有许多其他女性也面临着独自工作和抚养孩子的挑战。虽然达娜并不是一个很好的组织者，但她还是通过电子邮件询问大家是否有兴趣成立一个小组，互相帮助解决日常难题，如拼车接送孩子参加活动、照看孩子等。令她惊讶和高兴的是，有十几个人回复了她。这个小组不仅满足了她目前最迫切、最实际的需

第 22 章
ISFP 类型（内向、感觉、情感、知觉）：思想起决定作用

求，还成了她的情感支持来源，她也因此与许多人建立了亲密而持久的友谊。

▶ **利用已有资源获取所需之果**

如何才能取得成功？简而言之，就是发挥你的优势，弥补你的弱点。这是否能够做到，将直接影响到你是取得成功还是遭遇失败，是热爱还是厌烦你的工作。我们接下来列举了一些你可能具备的优势和存在的弱点，希望能对你有所帮助。尽管每个人都是独一无二的个体，但作为 ISFP 类型的人，我们所列举的这些总有一些比较符合你。

你在工作中的优势可能包括：
- 欢迎变化和适应新环境的能力。
- 对人们的需求敏感，并希望以实际的方式帮助他们。
- 务实且现实的观念。
- 良好的常识。
- 热情和慷慨。
- 忠诚于你所关心的人和组织。
- 关注重要细节，尤其是与人相关的细节。
- 体贴入微，能够关注当前需求。
- 愿意支持组织的目标。
- 能够清楚地评估当前状况，并看到需要解决的问题。
- 具有灵活性，愿意承担一定的风险并尝试新的方法。

你在工作中的劣势可能包括：
- 倾向于接受事物的表面价值，而忽略其深层含义。
- 无法看到目前不存在的机会和选择。
- 倾向于对批评和负面反馈耿耿于怀。
- 不喜欢提前准备，可能难以安排自己的时间。
- 难以做出决策。
- 不喜欢过多的规则和过于严谨的官僚作风。
- 如果决策与个人情感相冲突，则很难做出合乎逻辑的决定。
- 不愿意冒不和谐的风险来争取自己的想法或立场。
- 容易被大型或高度复杂的任务压垮。
- 抵制制定长期目标，难以按期完成任务。
- 难以约束直接下属或批评他人。

发挥你的优势其实很简单。
ISFP 类型的人成功的秘诀在于：
学会坚持自己的主张；懂得退后一步，
在全局的背景下考虑问题；
客观地看待事物。

第23章

综述：为自己制定职业计划

从我们前面各章分析的那些独特个体可以看出，对于各种性格类型的人来说，存在许多能够让他们获得职业满足的工作机会。事实上，可能有多种职业会让你感到满意。然而，仅仅从与你同一性格类型的其他人认为满意的职业列表中选择一份工作是不够的。即使你了解自己的性格类型，这也不够。如果真正想获得成功，你必须认识到自己性格类型所包含的优势和劣势，并将其与对个人兴趣和价值观的诚实评估结合起来。我们的目标是找到合适的职业匹配——那种能让你发挥所长、享受其中，符合你个人兴趣且与你的基本性格类型和价值观相一致的职业。这样的组合对你来说是独一无二的。

为了帮助你直观地了解这一过程，下面先举几个例子，说明以下几位不同性格类型的委托人是如何成功地将自己的技能、经验与个人兴趣爱好结合起来，最终找到他们梦寐以求的职业的。

厄尼曾经有过一个许多 ENFP 类型的人都会喜欢的职业。作为一名组织发展顾问，厄尼与企业团队合作，帮助他们增进相互间的了解，以便更有效地协作。虽然他也很享受自主工作的生活，但年复一年地教授几乎相同的课程让他越来越感到厌倦，他也渴望学习新知识，寻求智力方面的挑战。当我们要求厄尼列出一系列感兴趣的工作时，他把法律类职业放在了最前面。他的父亲曾经是一名律师，他一直对法律体系非常着迷，而且喜欢看有关律师的电视节目和电影。然而，他对法律的技术层面并不感兴趣，不想去法学院读书并成为一名律师。因此，他决定充分利用自己的咨询技能和对心理学方面的了解，成为一名诉讼顾问。现在，厄尼直接与律师合作，帮助他们提高自身的沟通和表达能力。同时，他还帮助律师选择那些更愿意支持他们的一方的陪审员。

保拉是一个 ENTJ 类型的人，她曾经做过近 20 年的新闻记者，后来还成为了一家影响力很大的日报社的社论员。她很高兴工作中有机会"揭露社会中的不公正现象"，并推动政府做出重大变革。她很享受工作中的挑战，也喜欢每天都能看到自己的文章被发表。

保拉是移民的后代，在大学期间，她积极参与并支持社会正义团体，毕业以后，她仍然继续参加有关反偏见工作的培训和讨论。在担任社论员的时候，她开始认为自己有能力为实现那些长期坚持的目标和兴趣做更多的事情。她决定要成为一名政策的制定者,而不仅仅是社会变革和发展的评论者。

于是,保拉列出了她所在地区所有她尊敬且价值观与她相似的人的名单。她拜访了这些人,邀请其中的许多人共进早餐或午餐,向他们打听适合她的可能的工作机会。在一次吃早餐的时候,她会见了一位她所崇拜的政治家。他告诉她,不久后他的行政助理岗位将会出现空缺。他要求所有的应聘者都要做一项准备,就一项高度复杂的金融战略写一份演讲稿。在接下来的两天里,保拉充分研究了相关信息,并在截止日期之前提交了一篇十分出色的演讲稿。她获得了这份工作,并且很享受这个新机会,因为她能够真正发挥作用并参与重要决策。

乔妮是一个 ISFJ 类型的人,她在一家繁忙的房地产开发商那里找到了一份行政助理的工作。虽然她与其他几个助理职员交了朋友,薪资待遇也相当不错,她甚至不介意长时间连续工作,但她觉得自己没有做出什么重大贡献。她天生乐于助人,然而在这里她唯一要帮助的人就是她的老板——让他变得更富有。在高中时,乔妮曾考虑过将来要做一名护士或医生,但她的父母负担不起她读护士学校或医学院的费用。虽然她也设法攒了一些钱,但还是不够辞掉工作去读书。经过再三考虑,乔妮决定实现自己最初的理想,但她知道自己必须寻找一种费用更低的方法来成为一名护士或医生。她报名参加了一个牙科保健员的夜间培训课程。她继续在开发商那里工作,每周有几次不去吃午餐,为另一名助理值班,这样她去上夜间培训课程的时候那位助理能够在必要时替她值班。两年后,乔妮终于可以辞去那份行政助理的工作,开始在一家注重对患者开展科普教育的小型牙科诊所工作。乔妮能够利用自己新学到的技能,帮助他人了解牙齿卫生和健康保健方面的知识。通过与患者的密切合作,使他们变得更健康、更快乐,乔妮也找回了她一直失去的满足感。

▶ 将你的个性与你热爱的职业匹配起来

正确评估一个工作机会,看它是否真正适合你,有时候这是一项艰巨的任务。在职业满足衡量标准和适合你性格类型的求职策略的指导下,你很可能已经在考虑具体的工作机会了,或许是正在心里比较各种工作机会的可能性。为了将这些可能性转化为具体的工作机会,你需要仔细研究它们,看看它们是否适合你。可能对一个人来说是一份很好的工作,但对另一个人就不一定合适——即使他们有着相同的性格类型。

▶ 制定个人职业计划的 10 个步骤

就像在分析你性格类型章节中所做的那样,向其他和你一样的人学习是有益处的,甚至还很有趣,然而,你是一个独特的个体，因此现在你需要花一点时间在纸上写下对自己真实的评估。我们为你设计了以下练习，你可以在这里完成它们，以便充分利用你从属于自己的性格类型章节中所学到的东西。我们强烈建议你在这个重要的程序中慢慢来，因为尽可能认真和诚实地回答这些问题能够帮助你锁定使你满意的工作机会，然后设计一个能实现既定目标的求职活动。祝你好运！

步骤 1：你个性中独特的长处和缺陷

这个练习可以帮助你测定是否已经识别了你真正的性格类型，并且突出你的一些最重要的性格特征。看以下这些简短的描述是否适合你？

使用你在第 3 章中了解的类型特征，列出那些特别适合你的关键词或短语，并举例说明这些特质。

1. _____
例子：_____
2. _____
例子：_____
3. _____
例子：_____

哪些短语（如果有的话）不适合你？

1. _____
例子：_____
2. _____
例子：_____
3. _____
例子：_____

再次利用在第 3 章中了解到的类型特征，列出两个特别适合你的缺陷。然后举 1 到 2 个例子，说明这些缺陷是如何阻碍你完成或实现你想要的目标的。

1. _____
例子：_____
例子：_____
2. _____
例子：_____
例子：_____

步骤 2：与工作相关的长处和缺陷

我们最大的满足来自做自己最擅长的事情。这就是为什么确定你在工作中的长处和缺陷是如此重要，这样我们才能确保在工作中是愉快和满足的。

参考属于你的性格类型章节中与工作相关的部分内容，排列出你的 3 个最大的长处，并提供 1 到 2 个你工作和生活中的例子，说明你是如何成功地运用每个长处的。

长处：
1. _____
例子：_____
2. _____
例子：_____
3. _____
例子：_____

参考属于你的性格类型章节中与工作相关的部分内容，排列出你的 3 个最大的缺陷，并提供 1 到 2 个你工作和生活中的例子，说明它们是如何阻碍你完成或实现你想要的目标的。

缺陷：
1. _____
例子：_____

第 23 章
综述：为自己制定职业计划

2. _____
例子：_____
3. _____
例子：_____

步骤 3：职业满足的标准

回顾属于你的性格类型章节中"共同之处"部分内容，查看其中获得职业满足的重要标准。按照优先次序重新排序这些标准，确定对你而言哪些是最重要的，哪些是最不重要的。这需要你进行认真而仔细的考虑，因为有时候很难判断其中某些标准对你的重要程度。但你付出的努力会得到回报，因为这个结果能够让你比以前更清楚地了解什么才能让你真正地满意。

- 请将最优先的 5 项标准记录在下面：

1. _____
2. _____
3. _____
4. _____
5. _____

步骤 4：工作中的职业满足

考虑一下你目前的工作（如果你对它满意的话）或过去令你感到满意的工作，描述一个或多个包括上述最优先的 3 项标准的情况。

- 将你的观察结果记录在下面：
_____
_____
_____

步骤 5：你对什么事情感兴趣

想一下你最感兴趣的事情。它们可能是远足旅行或创作等具体的活动，也可能是音乐或商业之类的一般领域。无论是哪种情况，都要试着找出那些你非常喜欢，甚至愿意无偿去做的事情（如果你负担得起的话）。

- 将你的观察结果记录在下面：
_____
_____
_____

步骤 6：识别你的特长

要确定自己擅长什么，请仔细考虑下面这些技能和能力。决定哪些技能（以及其他没有列出的技能）最恰当地描述了你。选择你最擅长的 5 项技能，并举例说明你在过去是如何运用这些技能的（不要将你的观察局限于过去的工作经历，也可以考虑在娱乐活动中运用这些技能的时候）。

技能和能力：
写作
公开演讲
劝导
推销
谈判
与团队协作
与他人合作
监督他人
教学
培训
咨询
协调项目/任务
管理
易于与人交往
处理数据
收集信息

313

解说资料
解决有关定量的问题
集中/专注
研究
关注细节
动手能力
了解工具/机械的工作原理
体力
按时完成任务
精度
审美
想象力
约束他人
决策
预见可能性
指导
提供便利
解决冲突
开发原型
准确观察
制定程序/规则
管理危机
综合处理信息
分析问题
制定战略
维护系统
评论
评估优先次序
学习新技能
理解复杂的概念
运用理论
适应不断变化的情况
灵活性

- 请在下面记录你最擅长的五大技能：

1. _____
2. _____
3. _____
4. _____
5. _____

- 记录下你分别运用它们的例子：
_____
_____

步骤 7：可以考虑的职业

列出你目前感兴趣的你可能从事的职业或工作。请参考属于你的性格类型章节中的"适合……类型的人的一般职业"部分，从中选择，此外，你也可以添加任何不在其中的你确实感兴趣的职业或工作。简要说明每种职业吸引你的地方。

- 将你的观察结果记录在下面：
_____
_____

步骤 8：评估你的职业或工作选择

逐个分析每个职业或工作，问自己以下问题：

1. 它能在多大程度上利用我最擅长的技能和能力？

2. 它是如何发挥了我在工作方面的长处的？（请参考步骤 2，"与工作相关的长处和缺陷"）

3. 它是如何符合我对职业满足的最优先的 5 项标准的？（请参考步骤 3，"职业满足的标准"）

- 将你的观察结果记录在下面：

第 23 章
综述：为自己制定职业计划

_____
_____

步骤 9：探索你可能适合的职业或工作

为了尽可能多地了解上述你已经认定的确适合你的具体工作领域或职业，你需要对它们进行深入的调查和研究。以下是一些评估理想职业选择的提示和建议：

1. 向已经从事该领域工作的人询问，了解该工作或领域的真实情况，以及他们是如何找到这份工作的。向面试官询问，他们认为你的兴趣、技能和资质与所讨论的具体工作是如何匹配的。

2. 如果需要接受额外或专门的培训或教育，可以调查和研究当地的学院、大学或培训机构，了解此类培训所需的费用和时间。也可以考虑参加在线培训和获取相关学位。

3. 对感兴趣的领域和特定的公司进行调查和研究。浏览他们的网站，尽可能多地了解相关情况。

4. 考虑地理方位方面的因素，如工作地点、是否需要搬迁，以及这对你来说是否可行。

步骤 10：如何由此找到满意的工作

制定一个个性化的求职计划，充分利用你的天生才华和能力，弥补自己任何可能与性格类型有关的缺陷——这是接下来关键的一步。

仔细研究每一条成功之路，从过去的经历中找出一些你展示这些能力的例子。（记住，不要让你的观察只局限于工作活动）

- 将你的观察结果记录在下面：

_____
_____
长处：_____
例子：_____
长处：_____
例子：_____
长处：_____
例子：_____

现在，仔细考虑每一个可能遇到的陷阱，再次从过去的经历中找出一些自己没有充分注意到这些盲点，从而不能实现某些目标或陷入某种困境的例子。

- 将你的观察结果记录在下面：

盲点：_____
例子：_____
盲点：_____
例子：_____
盲点：_____
例子：_____

▶ **各就各位……预备……出发！**

现在，既然你已经有机会确定至少一个——也许还有好多个——可能让你感到满意的工作，我们建议你在属于你的性格类型章节中做好标记，并在开始实施行动计划时，随时参考"求职之路，因人而异"部分。

▶ **最后的一点启示**

写这本书让我们学到了很多东西，其中大部分是我们直接从那些我们采访过的许多优秀的、对工作感到满意的人身上学到的。我们想要和大家分享的最重要的一点是：如果你对某件事情的信念足够坚定，如果它真的适合你，或者你觉得你注定要做这件事，那么你就能够充分发挥你内在的潜力来做这件事情。工作可以是令人兴奋、充实、有价值和有趣的；它可以是你所需要和希望的，而且你还可以获得丰厚的报酬！至少有一个伟大的职业在等着你，上面写着你的名字——一份真正能发挥你的天赋，让你做你最喜欢和最擅长的事情的职业。这是可能的，你值得拥有，而且你不必勉强自己去做任何你不愿意做的事情。

第24章

再来一次！再来一次！成功案例第二弹

"不要温和地走进那个良夜！"

当英国诗人迪兰·托马斯写下这句话时，他指的是不要向死神屈服。但我们想把这句话的意思改成"退休后不要放弃寻找满意的工作"。事实上，许多人在他们的"再次职业生涯"中体验到的成就感，会比在他们做了大半生的工作中体验到的更大。本章旨在帮助你做到这一点。

对许多人来说，65岁就退休已不再现实。其中的一个原因是，许多人积累的财富不足以应对整个老年生活。与此同时，美国人的平均预期寿命已增加到78岁半（男性76岁，女性81岁）。因此，那些在60多岁退休的人其实可以用平均10到20年的时间来做……某些事情。本章将帮助你发现真正的职业满足，因为它能发挥你的天赋，并与你的价值观保持一致。换句话说，你可以在退休后继续做你喜欢的事情。

▶ 一个好消息……一个坏消息……还有一个更好的消息

首先是一个好消息：你可能会比你的父母活得更久。接着是一个坏消息：你可能会在你想退休或是你存够退休资金之前就被迫退休。但更好的消息是，你现在有机会找到一份工作——无论是做有偿工作还是做志愿服务——这将给你带来前所未有的职业满足。

《Parade》杂志2021年有一项读者调查："如果一切可以重来，你会选择同样的职业吗？"59%的人表示他们不会选择同样的职业，这可能会让你感到惊讶。造成这种情况的原因有很多，下面我们来简要说明一下：大多数人都是在他们无法做好准备的时候做出最重要的职业决定的。十六七岁的学生即将高中毕业，在这个时候，他们需要认真考虑自己的未来。他们会不会上大学（对于那些足够幸运能够有这个选择的人来说），如果选择上大学，他们会学什么专业？大多数的大学都要求学生在高二结束之前——也就是他们19岁或20岁的时候——申报专业。那时做出的决定将会影响他们的一生。

花点时间回想一下，你在那个年龄能有多了解自己。如果你和大多数人一样，答案可能是"不太了解自己！"尽管如此，我们还是会在压力下做出一些改变人生的重要决定。

看看下面这个很常见的场景：正在

读高中的布伦登是个聪明的孩子,他没有什么特别的爱好。但是因为他喜欢争辩,他的父母从小就告诉他,他会成为一名出色的律师。于是,高中毕业后,布伦登进入了一所文理学院,19岁时,他决定主修政策和政府专业——这通常是法学预科生的推荐专业。虽然他喜欢所学的课程,但这些课程既没有激发也没有点燃布伦登对法律的热情。

布伦登的父母为他的本科学习投入了20多万美元。毕业时,他们向布伦登施压,要求他进入法学院学习,确保他们的教育投资能够得到回报。3年后,布伦登通过了本州的律师执业考试,成为一名受人尊敬的律师。入学前,为了支付法学院的学费,布伦登申请了助学贷款,因此从他毕业的那天起,他欠下了15万美元的债务。

现在,压力真正开始了。很幸运,布伦登很快就在一家中型律师事务所找到了一份律师助理的工作。虽然他的收入还算不错,但他的工作很辛苦,每周经常要工作50到60小时。尽管如此,他还是非常幸运的,因为一年后,他的许多同学仍在拼命寻找他们的第一份工作。

很快,3年过去了。现年27岁的布伦登有了一个未婚妻,他每月要支付高额的学生贷款、汽车贷款、房产按揭贷款和房产税,以及每月高额的生活费用。尽管布伦登的工作时间长得离谱,他还是希望能抓住机会,有朝一日成为事务所的合伙人。

唯一的问题是,布伦登并不喜欢当律师。而且,在他的专业领域里,其他更奇特、收益更丰厚的工作对他也没有吸引力。

遗憾的是,布伦登的故事并非绝无仅有:在美国律师协会的调查中,几乎有一半的律师表示对自己的职业不满意,只有40%的人表示会向他人推荐法律职业。相比之下,布伦登还算幸运!对于那些没有选择读大学的十七八岁的学生来说,要想找到满意和充实的工作可能会面临更大的挑战。

虽然听起来很奇怪,但这是一个事实:大多数人把更多的时间和精力花在研究买哪辆新车上,而不是花在研究哪种职业能给他们带来最大的满足感和成就感上。我讲这个故事的目的是要说明,我们中的许多人——也许是大多数人——最终从事的职业在本质上并不令他们满意。

尽管我们可能很早就意识到了这一点,但我们却迟迟没有做出重大的职业改变。时间过得很快:日复一日,周复一周,月复一月,年复一年。对我们中的许多人来说,总有那么一刻,我们会觉得自己无法做出改变。

▶ 但现在情况不同了

你更了解自己了。随着年龄的增长和阅历的积累,你拥有的智慧也越来越多。你了解自己的长处和缺陷。你也知道哪些活动能让你精力充沛,而哪些活动会让你精疲力竭。你还知道什么样的人会让你抓狂,希望你也知道了如何避开他们。

随着你思想的成熟，你的价值体系也在不断完善。时间的流逝让你有能力更好地纵观全局，知道什么才是你生命中真正重要的。显然，在过去的 20 年、30 年或 40 年里，你身上的许多东西都发生了变化。但没有改变的是你的性格类型和气质类型——这是找到一份更满意、更充实的工作的关键所在。

▶ 为什么气质类型是获得职业满足的关键

本书的第 4 章介绍了气质类型理论，我们认为，依照天性，可以把人们分为 4 种不同的气质类型。

对于那些喜欢更深入了解气质类型的读者来说，现在可以花上几分钟的时间重新回顾一下第 4 章的内容。但是，大多数人都会发现，我们在这里提供的摘要和总结足以让你了解自己所属的气质类型在帮助你找到满意的职业方面所起的重要作用。

你可能还记得有四种气质类型，我们将它们分别称为传统主义者、经验主义者、理想主义者和概念主义者。每种气质类型下又分为 4 种性格类型。

"传统主义者"（SJ 类型）：ESTJ ISTJ ESFJ ISFJ

"经验主义者"（SP 类型）ESTP ISTP ESFP ISFP

"理想主义者"（NF 类型）ENFJ INFJ ENFP INFP

"概念主义者"（NT 类型）ENTJ INTJ ENTP INTP

为什么气质类型对获得职业满足和事业的成功如此重要？因为它反映了我们的核心价值观和主要动机。下面是四种气质类型的总结。

传统主义者（SJ 类型的人，感觉判断者）/约占美国人口的 46%

传统主义者需要归属感，需要服务他人。他们具有超强的责任心，而且非常勤奋。他们说到做到，言出必行。传统主义者会采取一种经过长期验证的生活方式，并且非常重视家庭和制度的重要性。他们信任并尊重权威人士，遵守各项规则，并希望他人也能如此。

职业满足因素：

- 能够为他人提供服务。
- 对工作具有高度的责任感和掌控力。
- 稳定、可预测的工作环境。
- 明确的工作任务、要求和努力方向。
- 能够看到自己努力的成果。

经验主义者（SP 类型的人，感觉知觉者）/约占美国人口的 27%

经验主义者喜欢充实的生活，也愿意有尽可能多的人生体验。他们可以自由地随性而为，并对出现的机会做出反应，这会让他们感觉自己充满了活力。经验主义者更愿意采取一种悠闲、随意的生活方式，并常常会身体力行。

职业满足因素：

- 能够享受生活的乐趣；身边有自己喜欢的工作任务和同事。
- 行动自由；不受过多规则的

约束。
- 工作环境简单、随意，没有太多条条框框的束缚。
- 可以身体力行，即刻行动。
- 运用自己已经具备的技能完成真实、具体的任务。

理想主义者（NF 类型的人，直觉情感者）/约占美国人口的 16%

理想主义者追求有意义的人际关系，并以此为乐。他们对人有敏锐的洞察力和极强的同理心，从帮助他人中获得极大的满足感。对于理想主义者来说，真实——无论是对自己还是对他人——都是不容置疑的要求。理想主义者富有创造力和协作精神，他们经常会觉得自己有义务从事改善人们生活的事业。

职业满足因素：
- 从事对个人有意义的工作。
- 从事能够帮助他人的工作。
- 无紧张、支持性的工作环境
- 可以与同事、客户等建立密切的个人关系。
- 能够对工作提供创造性的意见。

概念主义者（NT 类型的人，直觉思考者）/约占美国人口的 10%

概念主义者终生追求对知识的学习。他们学习速度快，喜欢参加智力挑战，能够创造性地解决问题。他们具有全球视野和战略眼光，对自己和他人都有很高的要求，并且非常重视能力的培养。独立自主也是这类人的特点，他们

有强烈的追求成功的欲望。

职业满足因素：
- 能够不断挑战自己的工作。
- 可以运用自己的创造力解决问题。
- 具有不断学习和发展新能力的环境。
- 可以拥有极大的独立性。
- 有职业晋升的机会。

▶ 本章将为你提供哪些帮助

在本章中，你将看到两种不同性格类型的人的实例，他们都依照自己的性格特点找到了满意的工作。对你来说，最重要的是阅读与你性格类型相同的人的实例，这些介绍应该能引起你的强烈共鸣。每个实例都描述了主人公的第一份职业和第二份职业。接下来，我们会分析为什么第二份职业对他们每个人来说都是一个好的选择。

在我们的分析中，讨论了气质类型的重要性以及每个人的主导功能。大家可能还记得我们在第 5 章所说的，每种性格类型都有一个方面代表了该性格类型最大的天赋优势，我们称之为主导功能。为什么了解自己的主导功能很重要？因为当运用主导功能时，我们会更满意、更成功。发挥主导功能实际上会让我们充满活力。例如，假设你的主导功能是直觉（看到可能性并建立联系）。经过一天漫长的工作，你可能会非常疲惫。但如果有一个朋友请你为他遇到的问题出谋划策，想出一些可行的解决方案，你可能会突然恢复活力，就

像得到新的能量来源。这是因为你将有机会运用你的主导功能。不难看出，当人们的工作允许他们经常使用自己的主导功能时，他们的满意度会高很多。而当他们的工作不允许他们经常使用自己的主导功能时，他们就会非常不满意。

我们的分析还涉及每个人的类型发展在做出一个好的职业选择中所起的作用。为什么这一点很重要？

性格类型理论的奠基者卡尔·荣格认为，我们每个人的性格类型都是与生俱来的，而且终生不会改变。然而，当我们步入中年，开始接受我们的人生旅程终将结束的事实时，就会去寻求"完整"。这就需要运用我们的性格类型中不那么自发的部分。其他性格类型专家甚至设计了一个时间线，根据这个时间线，16种性格类型中的每一种都会在不知不觉中发展出自己的各个方面。因此，尽管我们可能会说"一日为 ISTJ 性格类型，终生为 ISTJ 性格类型"（其他性格类型也是如此），但一个50岁的 ISTJ 类型的人可能会发现自己与一个20岁的 ISTJ 类型的人所运用的功能不同。

举个例子：如果一个天生的思考型（主要表现为具有逻辑性和客观性）的人现在正在发展自己的情感功能（主要表现为敏感和价值驱动），那么她可能会对他人表现出更多的兴趣，并有更多的机会进入自己的情感生活。一份职责帮助他人解决问题的工作在她职业生涯的早期可能并没有吸引力，而现在有可能变得非常吸引她。（有关类型发展的更深入讨论，请参阅第6章）。

第24章
再来一次！再来一次！成功案例第二弹

下面是每种气质类型之下的两种性格类型的案例。

▶ **传统主义者**

人物 1　　　杰伊

"从经营公司到管理教室。"

杰伊在大学里学的是政府专业，他的第一份工作是报社记者，每周的任务是写四五篇文章。"在奥尔巴尼这样的小镇上，能够走出去与人们交流，然后写新闻稿，这种感觉很棒。"虽然杰伊很喜欢这份工作，但两年后他还是离开了，新工作是去一家公关公司做宣传经理。几年后，由于家庭原因，他搬回了康涅狄格州。他的下一份工作是财务分析师，在工作的同时还获得了工商管理硕士学位。杰伊非常喜欢会计工作，觉得做财务分析很有趣，但5年后，为了能获得一个家族制造企业的工作机会，他又一次辞职了。

杰伊最初在这家家族制造企业做销售员，公司已经有160多年的历史，主要业务是生产服装行业所用工业缝纫机的零配件。仅过了两年，杰伊就升职为车间经理。"我喜欢能把在学校学到的一切应用到现实的小企业中。但是，作为工会工厂的管理者，也面临着一些真正的挑战。"由于大部分的服装加工业务已经从美国本土转移到墨西哥、中美洲国家、印度和中国，因此业内的竞争非常激烈。

杰伊意识到，如果他继续留在这里，他的大部分时间将会在出差中度过，他决定是时候离开了。事实证明，公司的业务状况一路走低，一年后，老板把公司卖掉了。

在管理公司的同时，杰伊还兼职做体育教练。他有 4 名儿童学员，他们的年龄差是 6 岁，他得到了很多授课方面的练习。于是，他决定追随自己的内心，成为一名老师。在接下来的 4 年里，他一边在学校代课，一边获得了课程与教学专业的第二个硕士学位。

▶ 继续，继续

在不同的行业工作了 25 年之后，杰伊在 46 岁时开始了他的"再次职业生涯"，在新英格兰地区的一所位于郊区的高中教授历史和社会学课程。杰伊最喜欢的教学的一点是，他可以制定教学计划，让所有的学生都能受益。他乐于看到自己的计划得到实施，也乐于看到每个学生的成长。杰伊之所以选择教高中生，是因为学生的年龄已经足够大，可以将课程与他们的生活经历联系起来，达到更高层次的教学效果。但和以往的任何工作一样，在教学工作上杰伊也会遇到挫折："我很难接受我不能为这些孩子做我认为我应该做的一切。"

"每天的时间都不够用。"

杰伊面临的另一个挑战是，老师们每年都被要求教授新课程。"虽然这让我更加多才多艺，但也很难重复造轮子。坦率地说，我更希望能够深入钻研，真正了解课程内容——这样会让我的教学更轻松。"同样让杰伊感到疲惫的还有需要把大量时间投入到工作上："最初的几年是残酷的——我了解到的是，如果你的效率稍微放松一点，很容易发现自己一周要工作 7 天。"

至于他决定要辞职，杰伊说，"虽然这几年我在经济上做出了一些牺牲，但我真的很高兴我实现了职业的改变——真希望我能早点这样做。"

▶ 为什么杰伊的职业生涯如此成功

执教 4 年后，杰伊获得了终身教职。虽然所有性格类型的人都希望自己的工作有足够的保障，但传统主义者尤其看重工作的保障和所提供服务的价值："在我余下的职业生涯中，我的职责就是尽我所能帮助更多的人。他很欣赏公立学校的结构和明确的期望，如与教学核心能力相关的要求。杰伊喜欢承担很大的职责，也愿意对自己的工作有掌控权。"对于每学期的教学内容，我手里都有详细的指南，但我更喜欢自己制作教案。"最后，让杰伊看到自己努力的成果是很重要的："我喜欢看到那些学习有困难的孩子们在不断进步。通过他们的努力学习和老师的额外辅导，他们能够真正掌握知识。"

作为一个 ISTJ 类型（内向，感觉，思考，判断）的人，杰伊的主导功能是感觉，因此不难理解他为什么会被历史课程的教学所吸引——历史是对真实事件的记录，是真实的人在漫长岁月的真实经历。但是，有大量的线索表明，杰伊正在发展他的第三功能——情感。在过去的几年里，"确保自己在所做的每一件事中都要成为孩子们的好榜样，这变得比以往任何时候都重要。"随着他和妻子周游世界，他对文化落后地区人们的困境变得更加敏感。他说自己"非常钦佩"妻子阿什利，阿什利创办了一个非营利组织，该组织在坦桑尼亚修建学校，以发展当地的教育。除了支持她的工作，杰伊还对当地人的需求产生了新的共鸣，经常利用假期到施食处工作。

人物 2　罗布

"从保险理赔员到成人大学咨询人员。"

想获得传播学学士学位之后，罗布向一家大型保险公司提交了求职申请，希望在那里找到一份公共关系方面的工作。遗憾的是，由于公司招聘冻结，他在两年内都无法进入这家公司。当招聘冻结解除之后，罗布发现进入理赔部门要容易得多，他计划以后找机会转到公共关系部门。但工作18个月以后，罗布被提升为部门主管，这样他就在理赔部门站稳了脚跟，在接下来的12年里，他一直担任部门主管和团队领导。

罗布最喜欢悉心指导部门的员工，帮助他们把工作完成得更好。"很多员工都是刚毕业的大学生，我很高兴为他们提供了第一次进入商业界的机会，并帮助他们理解公司的制度。"罗布最不喜欢的是收集数据和填写报告——这类任务不涉及业务中的人际关系。虽然从技术层面来讲，他是一名现场员工，但他积极参与了公司全国认可的教育中心的培训工作。"公司不断培养我，我也不断培养他人，这是互惠互利的。这让我有机会不仅可以自己掌握知识，还能与他人分享。"他还喜欢结识来自全国各地来教育中心学习的人，并为自己能够让保险工作充满乐趣而感到自豪。

几年后，罗布转到另一家保险公司，成为一名主管兼客户经理，负责商业客户业务。"虽然我学到了一些完全不同的东西——商业保险和合同业务——但我仍然希望能做更多的培训和指导工作。"在继续工作的同时，罗布回到研究生院攻读组织行为学硕士学位。

罗布的下一份工作也是在保险行业，但这次担任的职位是培训与发展总监。开始，公司的发展非常迅速，然而在失去主要客户后，公司被迫倒闭了。于是，罗布又转到了另一家保险公司——这家公司专门提供医疗事故保险服务。"我一直非常尊重医生。但是我只能把这种尊重记在心上。我不希望发生医疗事故，因此在这份工作中，我必须得指出医生的错误，并帮他们做得更好。"

罗布在这家公司一干就是10年。然而，当经济形势发生变化时，罗布再次被解雇了。这次不知道是幸运还是天意，他发现了大哈特福德地区领导力组织开展的一个帮助管理人员和专业人士在非营利部门求职的项目。该项目为他提供了技能培训，拓展了他的人际网络，并且增强了他的自信，之后，他便获得了下一份工作——在当地一家医院担任组织发展顾问，职责是协助各工作小组的工作。虽然罗布很享受这种令人兴奋的工作节奏，但从整体上看，这份工作并不适合他。

▶ 继续，继续

几年前，罗布在当地一所大学找到了他梦寐以求的职位。"每个人都有自己的道路，我尝试过很多职业方向，但这是我迄今为止最棒的一份工作。"这份工作使他能够发挥自己的许多特长，服务于他深信不疑的人生目标。作为成人学术服务中心的副主任，罗布负责为那些希望获得本科或研究生学位的成年人提供招生和咨询服务。具有讽刺意味的是，这份工作中有相当一部分属于公共关系范畴，而这正是罗布多年前想要从事的领域。

除了招生和提供咨询，罗布还做了大量的外联工作，在社区大学、公司和专业协会发表演讲。该项目中约有150名成年人，他们正处于攻读学位的不同阶段。"毕业那天，当我见到他们的家人，庆祝他们为接受教育而做出的巨大牺牲得到回报时，内心特别感动。我非常有幸，可以帮助这些学生发展他们的技能，并增强他们在人生道路上继续前进的信心。"

▶ 为什么这份工作适合罗布

作为一个ESFJ类型（外向，感觉，情感，判断）的人，罗布不仅是一个传统主义者，也是一个主导功能是情感的人。罗布如此喜欢这份工作的一个重要原因在于，它与他的许多传统主义者的价值观相契合：罗布全心全意地相信这份工作所包含的使命，而且他每天都能以实际、具体的方式帮助他人。罗布清楚地知道人们对他的期望是什么，他也被赋予了做好工作的责任和各项资源。像罗布这样的传统主义者，他们有很强的职业道德，希望看到自己辛勤工作带来的成果。罗布的工作需要与学生建立个人联系，当他收到反馈说他的努力帮助学生取得了成功时，这种联系的需要也会常常得到强化。

对于罗布这种类型的人来说，现在到了发展他们的第三功能——直觉——的时期。几年前，罗布发现自己开始更多地追问"为什么"，寻求过去没有深入思考过的问题的答案。这表现在他对新事物有了更多的好奇心和求知欲。毫不意外，就在这个时候，他决定重返校园攻读硕士学位。罗布还表示，他的思想变得更加开放，"对生活中发生的那些不可避免的变化也更加包容。"

▶ 经验主义者

人物 1　　　　辛迪

"我不是一个典型的银行业务人员！"

大学毕业后，辛迪在接下来的12年里在银行业担任过各种职务：零售银行经理、私人银行业务专员、负责监管的经纪服务区域销售经理，最终成为培训与发展经理。尽管她喜欢银行业某些方面的工作——尤其是帮助客户和与同事建立联系，但也有很多事情让这个天性热爱自由的人感到不适应。她发现日常工作中的一些职责重复且乏味。而且银行里的规章制度太多。"我想按照我认为最好的方式完成工作，但这不是银行认可的工作方式。我的态度是'告诉我你要我做什么，给我一个最后期限，然后别管我，让我自己去做。'但实际上我必须按部就班地做事。"

辛迪渴望能有更多机会与人们真实地互动，于是报名参加了一个研究生课程，完成该课程将获得培训硕士学位，她甚至还让所就职的银行为她支付了学费。辛迪明智地选择了一个非常适合她的课程："他们的重点不是理论。我不学理论，那不是真实的。我不喜欢概念性的东西；我很务实，喜欢关注与实际应用有关的方面。"为了获得一些实践经验，辛迪找到她的经理，主动提出愿意为新员工做培训。由于她之前就有管理经验，因此当金融服务部门出现培训经理职位空缺时，她就有了提出申请并被录用的绝佳机会。辛迪喜欢与团队一起制定各种培训计划，但一旦计划实施完毕，她就会感到重复而枯燥。当她所在的银行被收购后，她转而担任高级培训经理一职，并在那里又工作了两年。

之后，辛迪结了婚，搬到了丈夫工作的新罕布什尔州。她的银行职业生涯即将发生重大变化。她原来就职的银行有18000名国内员工，而她现在的新社区银行只有135名员工。辛迪很喜欢这种变化，因为她的教学成果可以得到实际应用，她能够亲自观察到新员工们正在使用她前一天教给他们的技能。尽管辛迪一开始做的是兼职工作，但很快她就被提拔为员工教育与发展副总裁。她在这一职位上工作了10年，而且"几乎每分钟都很喜欢。他们很少拒绝我想做的事情，用一只手都能数得过来。"

最近，辛迪和家人搬到了弗吉尼亚州。在银行工作了25年之后，她休息了一年多，成立了自己的咨询公司。但很不幸，正好遭遇国内经济不景气，一切都不顺利。于是在2010年，她又回到了银行业。

▶ **继续，继续**

辛迪的第一份职业是银行业务人员，而她的新职业则是银行业务人员的培训者。"我在银行里找到了一种自由且独立的工作方式。"辛迪现在是弗吉尼亚州一家社区银行的培训主管，她身兼数职，负责设计、开发和实施培训计划。"我喜欢授课，也喜欢设计课程。开发新客户的工作也不是不能做，但会耗费我大量的精力。"她还从事组织发展方面的工作——帮助人们与团队之间进行更有效的沟通，以及设立开发领导力方面的课程，帮助人们建立相互信任的关系。"我帮助人们了解他们的最佳学习方式，这样他们就能吸收所需的知识，从而在工作中取得成效。我坚信，要充分利用人们的优势，帮助他们真正了解自己的天赋。"

▶ **为什么这份工作适合辛迪**

经验主义者辛迪的完整性格类型是ESTP（外向，感觉，思考，知觉），这份新工作适合她的原因有很多。辛迪是一个天生的行动派，喜欢从事各种各样的任务，这些在她在这份工作上每天都能体验到。作为银行教育部门的负责人，她对自己的工作内容和工作方式有很大的掌控权。辛迪处于自己的舒适区，可以在自己熟悉的行业中运用自己具备的技能。

和所有经验主义者一样，辛迪喜欢活在当下，喜欢随性而为。例如，她可能正在培训学员应用一个功能模块，但突然意识到团队需要朝完全不同的方向发展。"我喜欢这种灵活应对的自由。"由于她的主导功能是感觉，因此她"能看到他人看不到的东西"，而她的辅助功能思考几乎在迫使她把看到的东西指出来。不过，辛迪的类型发展对她的成功也起到了一定的作用。在这个阶段，ESTP类型的人会自然而然地发展情感功能（他们的第三功能）。辛迪已经成为一个更有耐心、更善于倾听的人，她善于转述他人的话，并帮助他们从新的角度看待问题。

人物 2　塞尔吉奥

"从法院职员到报税员。"

塞尔吉奥出生于阿根廷，8岁时随父母移居美国。进入社区大学时，塞尔吉奥还不知道自己想做什么，于是他退学并尝试了各种不同的选择。其中的一份工作是在一个高中同等学力课程中担任数学助理老师。"那很棒。他们让我做任何我想做的事。"他最喜欢用学生能理解的现实生活中的例子来教学。

最终，塞尔吉奥回到了大学，并获得了写作专业的学士学位。由于需要一份工作，他写了一份申请并成功获得了资助，将其用于一档由不能充分享受社会服务的孩子们制作的公共电视节目。

"孩子们负责了所有的工作，从编写剧本、制作道具到设计布景和拍摄节目。"该节目一共播出了12集，非常成功。之后，塞尔吉奥申请并获得了3份工作的邀约。他选择了其中那份本州司法部门的工作。

塞尔吉奥开始担任儿童抚养方面的法院职员。他的工作内容包括梳理数据，找到拖欠抚养费的人，设法达成协议让他们履行抚养义务，然后将他们的案件提交给不同的法官。他喜欢的这份工作给予他的管理案件的灵活性。"我可以自行设定优先事项，安排好自己的时间，让一切都能顺利进行。"当塞尔吉奥被委以重任负责创建一个教育计划时，他感到非常兴奋。他走遍了全州，教工人们如何使用计算机系统以及如何在法庭上陈述案情，还负责编写一份定期发布的通讯。当这个教育计划变成一项长期固定的项目，而且交给其他人负责时，他感到非常失望。

至于他的日常工作，塞尔吉奥觉得有很多他都不满意。"每一个法官都不一样，所以几乎没有什么一致性。部门到处都弥漫着政治因素，也没有团队精神。要想获得晋升，在很大程度上取决于你认识谁。"他升职为主管后，情况变得更糟："我失去了所有的自由。现在，我不得不管理很多……疯子。"——部门的一些人会因为一些他认为毫无道理的原因对他提出琐碎的投诉。"每天一进办公室门，我就在想：'好戏又要开场了！'"

不过，政府部门的工作确实给他提供了很大程度的保障，塞尔吉奥因此能够有精力履行家庭义务，所以他一直在这一领域工作，直到 56 岁时退休。

▶ 继续，继续

很不幸，塞尔吉奥退休后不久，他的妻子就病倒了，随着病情的发展，他们原本的旅行计划也被迫取消。塞尔吉奥对税务一窍不通，但数学很好，于是他心血来潮，就报名参加了一家全国性报税公司的培训课程。这个课程吸引他的原因之一是，如果他通过了考试，就能得到一份工作，而他也确实通过了考试。

从那以后，塞尔吉奥就开始帮助人们报税。"我很享受工作中的这种多样性。我的客户中有驯象师，也有礼仪老师。人们带着各种各样的问题来向我求助，而我也能帮到他们。塞尔吉奥还喜欢这份周期性的工作给他带来的灵活性。他大约有 4 个半月的时间非常忙碌，而在剩下的时间里，他可以参加各种课程，既增长了知识，又能提高收入。"我讨厌冬天却喜欢夏天，这份工作让我有很多时间去做我喜欢的事，如骑自行车、划皮艇和打网球。"这份工作需要的是一项很扎实的技能，而且公司世界各地都有办事处，这给塞尔吉奥提供了很多选择。他认为自己可以在这份工作上干上一段时间。

▶ 为什么这份工作适合塞尔吉奥

虽然乍一看，报税工作似乎太过平淡无奇，不适合通常喜欢寻求刺激的经验主义者，但实际上它却提供了许多经验主义者所渴望的东西：多样性、灵活性和自由。塞尔吉奥的第一份工作是法院职员，尤其是他后来担任主管时，他最不满意的一点就是缺乏自由和自主权。工作多年以后，他基本上已经见过了所有的情况——所有的业务都经历过，也都做过。但在他的第二份工作中，每个走进他办公室的人都有不一样的故事。

作为一个 ESFP 类型（外向、感觉、情感、知觉）的人，塞尔吉奥的主导功能是感觉，这使他在这份需要高度关注细节的工作中表现出色。

而且，他所面对的是面临真实挑战的真实的人，这也让更注重实际的感觉型的人乐在其中。但是，真正驱使他去帮助他人的，是他的辅助功能——情感。而且，塞尔吉奥的情感功能也因为每天都能帮助他人而得到了滋养。

至于塞尔吉奥的类型发展，他现在有更多的机会运用他的第三功能——思考。例如，他说，"如果是现在，以前严厉上司的批评根本影响不到我，但以前可不是这样。"

▶ 理想主义者

人物 1　　格斯里

"从大学教授到心灵生活导师。"

格斯里毕业于普林斯顿大学，在接下来的 4 年里，他"辗转于美国和欧洲，四处旅行，打零工，做各种疯狂的事情"。搬到纽约后，他在图书出版业谋得一份行政助理的工作，很快就升任推广部总监。这份工作为这位前英语专业的毕业生提供了许多绝佳的机会。有一天，他问一位编辑同事，能否让他先读一读这位编辑认为会成为下一部畅销书的作品。那本书就是约翰·欧文（John Irving）的《盖普眼中的世界》（The World According to Garp）。

格斯里回忆道，"这就是我进入出版业的原因。这本书太神奇了！我对它爱不释手，一有空闲时间就想方设法吸引读者，争取让这本书进入书店上架销售。"当他见到约翰·欧文时，他告诉欧文，"我觉得自己就像《麦田里的守望者》（The Catcher in the Rye，美国作家杰罗姆·大卫·塞林格的作品）中的霍尔顿·考尔菲德！有时我真想打电话给一位作家聊一聊，没想到这位作家竟然出现在我的办公室里。"

后来，出版业大规模裁员，格斯里也没有摆脱被裁员的命运。他做了一段时间出版方面的自由职业工作，之后回到了家乡，开始尝试做新闻记者。他最喜欢的是当记者拥有工作的自主性以及写自己感兴趣的故事的机会，然而，他对自己"只能使用六年级的词汇写文章"而大为沮丧。于是，他离开了报社，成为了一名自由记者。有一天，他接到一项任务，而这项任务需要他所不具备的历史背景知识。意识到自己的欠缺，"我开始努力读书，一直读到拿到了博士学位。"

进入研究生院后，格斯里的目标是成为一名大学教授。"我对学术界的第一印象是，我可以使用我所有的词汇！整个工作似乎都是为了交流思想和寻找真理——在历史中寻找意义，这样人们就能更深刻、更全面地理解现在。"

虽然他很享受掌握知识、清晰地呈现知识以及看到学生们投入学习并取得进步的过程，但最终教学工作对他的吸引力开始减弱。"我对利用像历史这样的学术学科来探寻真理的整个事业失去了信心。我已经向自己证明了我的能力，但我还需要更多的意义"。

▶ 继续，继续

在象牙塔里待了 7 年之后，格斯里开始了他的第二个职业——人生导师。也许有多少个人生导师就会有多少种指导人生的方法，但格斯里的方法显然是精神层面的："我让人们在最深层次上认识自己。"格斯里的工作非常个人化且深入。"我为人们创造足够的安全感，让他们分享内心深处的痛苦和脆弱。人们常常认为这种痛苦是他们软弱和失败的证明。但我帮助他们理解这种痛苦是多么珍贵，因为它不仅能帮助他们欣赏自己的人性，还能帮助他们欣赏其他人的人性。"格斯里真正找到了自己的使命，"这是我最擅长的事情，而且还能服务于他人，这让我感觉非常满足。"

格斯里还在一家培训学校任教。他主持在线课程，开展小组活动，并向其他教练提供指导。"一对一的工作非常棒，能对学员产生最大的影响。在很短的时间内，我就能从深入地了解我的学员，并在他们的成长道路上为他们带来一些改变——尤其是让他们相信，自己有能力为客户带来改变。"

做人生导师显然很有成就感，但偶尔也会遇到挫折。作为一名个人执业者，格斯里也得操心业务上的琐事，而常常让他感到精疲力竭。而且，"在一场特别振奋人心的课程之后，再回去处理那些日常的事务都更难了。"但格斯里非常清楚自己这种天生的缺陷，并利用它来帮助自己和客户成长。"我努力做到言行一致。我总是严格要求自己为课程做好充分的准备，并做好财务上的安排。虽然这些对话可能会让人感到不舒服，但我的客户却从我这种积极的做法中得到了成长。"

▶ 为什么这份工作适合格斯里

在4种理想主义者类型中，INFP类型（内向，直觉，情感，知觉）的人，就像格斯里一样，认为最重要的是从事对个人有意义的工作，并与他们最深层的价值观产生共鸣。真诚不仅是格斯里的核心价值观，而且他的使命之一，那就是"帮助他人发现并成为真实的自我"。通过培训个人、指导其他培训师和举办研讨会，格斯里与许多人建立了深厚而珍贵的个人关系。他非凡的同理心使他能够体验他人的痛苦和快乐，而这种品质正是由他发达的、占主导地位的情感功能所驱动的。

在过去的5到10年里，格斯里越来越意识到帮助他人和将思想完全融入自己身体的重要性。他通过在树林中漫步、健身和练习瑜伽来做到这一点——有意识地运用自己的第三功能——感觉。在每天帮助他人成为最完整、最真实的自我的过程中，格斯里发现自己也在发展最真实的自我，没有什么比这更让他满意了。

人物 2　　德布

> "从电话公司的销售人员、经理到治疗师和职业顾问。"

德布拯救世界的计划意外地走了一段弯路，她去购买一部新手机，结果在接下来的24年里，她一直在电话公司工作。

大学毕业时，德布获得了儿童发展专业的学士学位，并辅修了人类性学专业，她原本计划成为一名性治疗师。"我幻想着成为下一个马斯特斯和约翰逊。"在找工作的时候，德布偶然走进了一家手机店，发现那里在招聘职员，薪水几乎是她在托儿中心工作时的两倍，而且还能报销学费。德布觉得她可以先做这份工作，等拿到硕士学位，再继续拯救世界。

德布的职业生涯始于美国电话电报公司（AT&T），负责向小型企业销售长途电话服务，在她职业生涯的大部分时间里，她一直在向跨国公司销售国际服务。她喜欢建立友好的人际关系、做销售、做指导和做培训。"我真的相信我是在通过提供服务来帮助他人的。"随着她在公司的职位越来越高，她开始有机会与非常有权势的人共事，并到世界各地处理业务。"我可以假装自己是他们中的一员，这让我觉得自己的位置很重要。他们接受我的意见，尊重我，这让我感到被肯定。"

这份工作中她不喜欢任务的是必须要关注细节，以及做出预测并向客户或员工传达坏消息。此外，在她的工作环境中，很少有人能容忍一个人自由表达自己的情绪，这使得她有时很难表现她作为感觉型的人的一面。在现实中，大多数商业决策都是由底线（而不是客户的需求或感受）驱动的，德布对这一点感到非常沮丧。虽然她很享受这份重要工作带来的很多乐趣，但当客户遇到危机，她必须立即做出反应时，压力就会特别大。"每当我不得不出差离开家人时，我都会带走满满一行李箱的愧疚。"

德布在美国电话电报公司工作了24年后，生病住进了医院。但即使是在病中，她也得处理工作，这种情况让她开始觉醒。"我意识到，我总是在照顾他人，而不是自己。"巧合的是，她的工作岗位需要应用越来越多的专业技术，随之而来的就是她需要接受更多的培训，但这并不是她感兴趣的领域。因此，德布决定提前退休。作为与公司协议的一部分，公司可以支持她取得一个硕士学位。她花了两年的时间学习，又花了3年的时间实习，之后开了一家诊所，成为一名有执照的婚姻家庭治疗师和职业顾问。

▶ **继续，继续**

德布的治疗方法不拘一格，但她的大部分时间都花在为处于婚姻过渡期的夫妇提供服务上："尤其令我满意的是，由于我对商界非常了解，许多来自商界的客户都能与我产生共鸣。尤其是男性，因为我了解他们的压力和挫折，会用他们习惯的方式交流，所以他们跟我在一起有足够的安全感，我能够理解他们的各种情绪。她还向那些希望转行的人、刚刚大学毕业进入企业的孩子以及想知道下一步该怎么走的退休人员提供帮助和指导。

由于她与电话公司的大多数同事都非常不同（她是一个直觉情感型的人，而公司的文化则更注重直觉思考型），因此德布常常觉得自己是个异类。虽然对于成为治疗师来说，她的职业道路似乎是一种非传统的方式，但德布却认为，"如果可以重来一次，我不会改变任何事情。我长期在企业工作的经历让我与其他治疗师不同。我觉得我能够带来与众不同的、非常有用的视角，而这是其他人所不具备的。"德布对自己的职业道路感到非常兴奋。"我比以往任何时候都快乐。虽然走了一段时间的'弯路'，但我觉得我终于找到了真实的自我。"

▶ **为什么这份工作适合德布**

在治疗师中，理想主义者这种气质

类型比其他气质类型更多，这是有原因的。直觉和情感的结合，赋予了德布非凡的洞察力和同理心。与客户坐在一起时，德布不仅能感受到他们的痛苦，还能看到如何使他们痊愈的途径。"我天生非常乐观，我能够向人们保证，隧道尽头会有曙光：他们会好起来的。"德布还拥有高超的沟通技巧，这也是许多理想主义者所共有的品质。

在德布的第一份工作中，最有成就感的部分之一就是与客户和同事建立密切的个人关系，而这正是由她的主导功能——情感所驱动的。在这份工作中，德布寻找一切机会向他人提供帮助和支持。而作为一名治疗师和咨询师，德布这位 ENFJ 类型（外向，直觉，情感，判断）的人所拥有与生俱来的天赋每天都在被运用和滋养。

随着德布的第三功能——感觉和第四功能——思考的发展，她对生活的态度也变得更加务实。过去，她总是以牺牲自己为代价来帮助他人。"现在，我能够先戴上氧气面罩，深吸一口气，然后问自己，'我这么做是为了谁，是为了他人还是为了我自己？'我感觉很好，因为答案是为了我自己。"

▶ 概念主义者

> **人物 1　　　亚当**
>
> "从记者到国际儿童福利倡导者。"

亚当在为大学校报撰稿时发现了自己的第一个爱好——新闻报道。这项活动最终成就了他在《波士顿环球报》长达 22 年的职业生涯。亚当最初是做一名文字编辑，在任职期间，他做过大约 20 种不同的工作，包括外国编辑、华盛顿新闻编辑、外交记者、国家政治记者以及家庭和儿童问题记者。

除了实际写作，亚当最喜欢的是"记录历史"，"新闻业真正重要的使命是塑造人们的认识，从而改变对人们生活产生实际影响的政策和做法"。他发现，报道当天最重大的新闻，包括战争、重大刑事审判和几次总统选举，是一件令人振奋和激动的事情。"这些都是与人们生活息息相关的重要事件——有些是改变历史的事件，有些则是微小却感人的故事。"

亚当最不喜欢的是"官僚主义和细节方面的东西"，如参加编辑会议，讨论报道什么新闻，并且由谁来写稿件，当然还有处理内部政治、预算和其他细枝末节的琐事。

▶ 继续，继续

亚当还在《波士顿环球报》工作时，他和妻子收养了他们的儿子，这为他的第二个职业生涯播下了种子。在他参加的第一次信息交流会上，亚当对收养过程感到兴奋。"我看到了一个我不太了解的世界，很少有人了解它，但它却影响着这么多的人。"他向编辑们推荐了一个由三部分组成的领养系列图书。虽然编辑们一开始很抵触，但亚当坚持了下来，最终这个系列图书不仅出版了，还获得了普利策奖的提名。亚当解释说，"每个记者都想写一本书，而我也找到了我的主题。"他请假去写了《收养国度》一书——他写这本书的目的是教育世界并产生持久影响。《收养国度》一书改变了人们对收养的看法，现在被认为是一本影响深远的著作。

通过研究，亚当意识到写书不仅仅是一项新闻工作。"这本书既关乎我的孩子，也关乎他人的孩子，还关乎对许多人不公平的政策。"他重写了这本书，在其中加入了更多个人化的内容，这帮助他明确了自己的新使命，并点燃了他作为儿童福利倡导者的第二职业。

作为一名全国知名的专家，亚当的声誉日益提高，他决定做一名顾问，并很快获得了一个全国性非营利组织的执行董事的职位，该组织是其领域内最杰出的研究、政策和教育组织。

作为执行董事，亚当的主要职责是履行其机构的使命：改善每个被收养者的生活。他刚到任时，该组织刚好陷入困境，很快就耗尽了资金。令亚当引以为豪的是，他扭转了这个局面，帮助该组织从两名员工扩大到9名员工，并确保了组织的财务基础非常健康。亚当的日常工作涉及各种重要而又不同的任务。他负责制定计划、提供证词、撰写和编辑出版物、筹集资金、管理董事会和员工。亚当还花费大量时间利用媒体来接触专业和非专业人士，以进一步推进他的使命及其影响。在他的领导下，该组织"已成为一个积极的智囊团，开发、综合和传播知识，并致力于实施最佳实践"。

亚当最大的满足感来自"看到我们为人们的生活带来的改变"。他喜欢在演讲和培训时的个人互动。当他接到一个机构的电话，说他们使用了他的最佳实践来培训其他人时，他就感到非常振奋。"这才是真正让我觉得自己做对了的事情。"

▶ 为什么这份工作适合亚当

作为一个概念主义者，像亚当这样的人对能力有着强烈的需求。因为他们对自己和他人都有着很高的要求，所以无论他们选择做什么，他们都能够出类拔萃。与亚当有相同气质类型的人往往也是终身学习者，他们不断寻求增加自己的知识和专业技能，就像亚当成为收养领域的国际思想领袖一样。概念主义者是典型的梦想家，他们往往信心激励他人接受他们的想法和事业。

与大多数主导功能是思考的人一样，亚当对公平的追求近乎痴迷。他看到人们受到的不公平待遇，感到自己有必要努力去纠正这些错误。亚当逻辑严密、态度客观，在表达自己的观点时很有主见。与其说他帮助的是个人，倒不如说他是在推动影响大众的政策变革。

在大多数组织的高层管理者中都能找到与亚当的性格类型相同的人——ENTJ（外向，直觉，思考，判断），这不足为奇。他们的主导功能——外向——吸引着他们进入这个世界，他们的气质类型为他们提供了清晰的视野，而他们的辅助功能——判断——则迫使他们对事物产生影响。随着亚当年龄的增长，他的第三功能——感觉——不断发展，他也因此对实现真正的变革需要的时间有了更加现实的认识。

人物 2　　罗尼

"从企业内部人力资源部门到外部咨询公司。"

"你在人事方面会做得很好。"正是一家大型零售百货公司的面试官说的这句话，让罗尼走上了在企业人力资源部门工作30多年的道路，并拥有培训师、顾问、老师和社区志愿者等多个身份。

尽管罗尼并不完全清楚"人事"一词的含义，但她还是被聘为管理培训生，并在一家商店找到了人事工作。最棒的一点是，"他们把我们当成管理团队的一员——人事工作被战略性地整合到业务之中。"4年后，她转换工作到另一家百货公司，从事人力资源工作。又一个4年后，准备迎接新挑战的罗尼受聘担任一家大型连锁书店的第一任人力资源总监，但这份工作只持续了18个月。"可以说，我与公司的意见并不一致。事实上，我太冒险了，想做的事情也太多了。例如，我想改变工资系统，而我当时对工资系统的了解还不够，无法承担这么大的项目。"

之后，罗尼被华尔街一家著名的大型律师事务所聘为人力资源总监，她很快就站稳了脚跟。"他们都是全世界最聪明的人，而且他们很有干劲。他们会鞭策着你，让你不断努力——他们鞭策着每一个人。"罗尼最喜欢什么？"任何我认为有问题的东西，我都要去接触并解决。"随着时间的流逝，很快，罗尼就怀上了第二个孩子，她厌倦了每天上下班的劳累，渴望有更多的时间和家人在一起。"另外，我意识到我在那里已经做了我能做的一切。"之后，她在离家更近的北卡罗来纳州找工作，被一家业内知名的创新领导中心聘用。

她热爱这家创新领导中心的使命，但一段时间后，她意识到自己更适合一个以业务为中心、更少关注流程的组织。"我从华尔街来到这家中心，在华尔街工作的10年里没有人拥抱过我，而在中心的第一次大型员工会议则是以集体拥抱结束的。"3年后，罗尼重新回到了零售业，但在此之前，中心对她进行了培训，她成为了一名培训师。

罗尼的下一个任务是担任一家珠宝公司的人力资源副总裁。这份工作最好的方面是，她成为了负责业务战略的管理团队的一员。在珠宝公司，她开始明白，"仅仅是制定正确的计划，将其付诸实施，然后继续前进，这并不能保证你取得成功——你还得建立良好的人际关系。"而且，由于已经与珠宝公司协商好每周工作4天，罗尼得以继续为老东家创新领导中心做兼职培训师。"所有这些变化的驱动因素之一是，我学会了如何利用愿景来设定可实现的目标。"当珠宝公司破产时，罗尼带领公司完成了清算和破产程序，同时创建了一个家庭工作室、建立了人际关系网络，开始了她的咨询业务。

▶ **继续，继续**

从那以后，罗尼开始同时做管理人

员培训师和人力资源顾问。她还在北卡罗来纳大学 MBA 课程中教授领导力和职业生涯课程。此外，罗尼还是一名活跃的志愿者，与支持家庭和儿童的组织合作。"人们认为我是一个完美的人际交往者，我认识镇上的每一个人。"似乎这还不是全部，她还是一个艺术家团体的董事会主席。

罗尼认为为非营利组织提供咨询是她的强项："我把商业战略和财务这些硬性的指标与组织发展这些软科学结合起来。"对罗尼来说，能够同时处理几项工作，而且每项工作都能满足不同的需求，这使她充满了活力："做培训时，我通过听人们讲述他们的故事，将过去发生的事情联系起来，并且审视和分析其中所有的因素，最终帮助他们实现目标。"作为一名帮助组织提高效率的志愿者，罗尼可以运用自己所有的商业和战略技能。

▶ 为什么这份工作适合罗尼

像罗尼这样的概念主义者需要不断学习和成长。他们从不满足于过去的成就，而是不断寻求新的挑战，这种倾向在罗尼的职业道路上体现得淋漓尽致。他们也是天才的问题解决者和战略家；罗尼可以利用这些优势帮助个人和组织实现目标。

罗尼是一个 ENTP 类型（外向，直觉，思考，知觉）的人，她的主导功能是直觉，因此她可以看到无处不在的可能性，很容易在各种事物之间建立联系，并善于解决问题。在整个工作历程中，罗尼一次又一次地选择同时从事多种工作——这是许多概念主义者的共同特点，对 ENTP 类型的人来说尤其如此。

到了中年，与罗尼性格类型相同的人往往会接触到自己不够发展的功能——情感。当准备送最小的孩子去上大学时，罗尼才惊讶地发现孩子们全部独立离开家对她的影响有多大。罗尼最近想创建一个家庭群，并与每个家庭成员紧密联系，这进一步证明了她的情感功能正在得到发展。

第25章

写给职业专家的话

如果这是你第一次接触性格类型,那么毫无疑问,这个强大、有效的工具肯定会深深打动你,因为它在委托人求职过程的各个方面都会提供强大的指导作用。阅读本书是一个好的开始,但这也仅仅只是一个开始。如果你是成千上万的已经在工作中运用性格类型的职业专家之一,本书已经证实了你所掌握的许多知识,而且也可能已经提醒你还有很多东西需要学习。

由于性格类型为我理解他人以及他们的职业需求提供了如此丰富的模型,一个人要想成为这个方面的专家,并不是只要读一本、两本甚至10本这样的书就可以的。要有效地、合乎道德地帮助他人选择适合的职业,还需要与许多不同类型的委托人打交道的丰富经验,以及参加一些深层次的专业培训。

▶ 规范地使用性格类型

我们经常提醒培训班的学员,性格类型是一种强大的工具——与锤子在本质上并无区别。在米开朗琪罗等艺术家的手中,它可以被用来雕刻出像《圣母怜子》这样的不朽杰作。但在疯子的手中,它可以用来砸碎他人的头颅。

区别在于使用它的人的技巧和动机。我们希望强调的是这一点:人们对自己的性格类型结果非常重视,有时甚至比我们预计的还要多得多。因此,我们尤其有义务确保我们在使用性格类型时既技术熟练又动机良好。有关使用性格类型的道德问题非常具有争议。原因有很多,其中包括使用性格类型的方法有许多,而且使用者运用性格类型所受的训练和他们的背景也大不相同。

为了促进性格类型的规范使用,心理类型联合会(Association for Psychological Type,APT)制定了一套规范原则。由于并非所有本书的读者都是APT的会员,因此可能以前看不到这些指导原则,经过APT的同意,我们将其转述如下。希望所有职业专家熟悉这些指导原则,并在与委托人合作时遵循这些指导原则。

心理类型联合会"规范原则"[①]

1. 在使用MBTI之前,应告知受测者做测试的目的以及测试结果的用途。

---

① 经许可,摘录自"规范原则",心理类型联合会,1994—1995。

与其他的心理测试工具一样，MBTI 测试必须是受测者自愿参加的。

2. 未经受测者许可，不得将其性格类型结果告知他人。

换句话说，个人性格类型属于机密信息。虽然如此，没有指明个体的群体数据是可以公开的。例如，如果你对一个高一英语班进行了 MBTI 测评，那么只要不指明个人姓名，是可以把性格类型分布情况的表格公开的。

3. 性格类型信息应该用来提高个人或团体的满意度，而不允许以任何方式限制个人或团体的活动自由或合法权益。

MBTI 应用于改善工作场所和工作氛围。在招聘过程中使用 MBTI 来淘汰候选人是不道德的行为。此外，仅根据一个人的性格类型来决定或限制他的工作分配也是不道德的行为。在组建团队和了解职员的行为偏好的时候，运用性格类型可以起到一定的帮助作用。

4. 必须在面对面的情况下向受测者提供有关性格类型理论和个人测试结果的详细信息。

当有人想参加 MBTI 测评并通过信函或电子邮件的方式接收自己的类型结果时，这往往会使测试专家左右为难。提供面对面的信息反馈的主要原因是为了使测试专家有更多的机会帮助他们准确地识别性格类型，并且他们有足够的时间来充分了解自己的 MBTI 测评结果。虽然面对面的反馈更可取，但如果受测者有足够多的机会向测试专家提出问题，并一起深入讨论他们对自己测试结果的任何疑问，电子邮件也能有效地发挥作用。

5. 受测者应该有机会来核实自己的性格类型测试结果是否准确。

在我们看来，这可能是最重要的一条指导原则，但遗憾的是，许多人常常不能很好地遵守这一原则。我们认为，任何使用 MBTI 或性格类型的从业者都应该有足够的能力和时间来帮助所有受测者核实他们的性格类型测试结果，其中包括对委托人的类型测试结果做出详尽的描述，然后交给他们来审核测试结果。

6. 应使用"偏好""趋势"和"倾向"等词语，并且以正面、非评判性的方式描述性格类型特征。

7. 应告诉受测者，性格类型反映的是个人的偏好，而不是能力水平或智力水平，也不是能否成功的预测方法。不应该单凭他们的性格类型特征来推荐或阻止他们从某些工作。

实际上，类型偏好往往与某些能力有关。例如，外向情感型的人——ESFJ 类型和 ENFJ 类型——常常具有较好的"人际交往能力"。然而，由于这是一种倾向而不是绝对的真理，因此，将特定的技能归因于特定的类型是很危险的做法。危险之处在于，某种性格类型的人可能会由于不具备这种技能而感到不安，或者人们可能不相信另一种性格类型的人也具备这种技能。

至于推荐或阻止人们从事某些工作，这里的关键词是"单凭他们的性格类型特征"。虽然性格类型是预测职业满足的一个重要因素，但它肯定不是必须考虑的唯一因素。

8. 通常来说，受测者个人被认为是性格类型描述是否"符合"的最佳判断者。

对于有部分经验的类型理论实习人员来说，这常常会发生冲突，因为经常会出现这样的情况：委托人认为自己属于某一种性格类型，而咨询顾问却坚信委托人属于另一种性格类型。

我们建议你试探性地向委托人描述你对其性格类型的判断，但最终还是要由委托人来决定他们感到最适合的性格类型结果，你必须尊重他们的决定。

9. 咨询顾问不应声明或暗示性格类型可以解释一切，因为性格类型只是非常复杂的人类性格的一个重要的组成部分。

许多迷恋性格类型的人都认为"性格类型可以解释一切"。因为这个模型有太多的应用途径，很容易让人误入歧途。因此，咨询顾问应该注意这种倾向，以避免掉入陷阱。

10. 性格类型阐释人员应该敏感地意识到自己的类型偏好，尽量不要将这些偏好作用到委托人身上。

这一原则说起来容易做起来难，因为每个人都有基于他们各自性格类型的类型偏好。对于刚接触此方法的人来说，要密切地关注自己是如何表达类型概念和描述类型偏好的，以确保自己是以尽可能以正面的方式，或者至少是以中性的方式来表达的，这一原则尤为重要。

训练这种技能的方法之一是练习向具有不同类型偏好的人解释他们的性格类型，并请他们对你的讲解的客观性做出评价。

11. 从业者不应使用可靠性和有效性未经证实的心理类型指标。

尽管MBTI是使用最广泛的类型评估方法，但近年来也开发出了其他同类的评估工具，各类工具好坏不一。咨询顾问必须意识到这一点，并像使用其他测试工具一样，必须保证测试工具的可靠性和有效性。

12. 从业者应该向接受类型信息测试的受测者实事求是地表述自己的能力和经验。

我们认为这一原则适用于所有的咨询从业人员，而不仅仅是性格测试领域的。

最后，APT强调，所有类型理论的使用者都有义务熟悉有关性格类型方面的研究数据。对性格类型的推断结果或任何性格类型指标的评估都不应超出这些数据范围。《心理类型期刊》（*Journal of Psychological Type*）和位于心理类型应用中心的类型资源库是进行性格类型研究的非常好的资源。

▶ 性格类型适用于哪些人

对于所有年龄段和发展阶段的人来说，性格类型都是一个有用且强大的工具。一个人的年龄会在很大程度上影响他们可能获得的自我理解水平，但通过不带偏见和准确的解释，大多数客户都能够利用新的洞察力为自己做出更好的职业决定。在职业咨询中，我们发现性格类型对以下人群特别有用。

1. 初、高中学生
2. 大学生
3. 研究生
4. 被解雇的人
5. 中年改行的人
6. 退休人员或"再次职业生涯"寻求者

对于运用性格类型的客户，一般指导原则如下：

1. 讨论受测者研究自己性格类型的目的，同时在这一过程中，了解他们对参与这一过程的反应：在他们做好接受结果的准备时，让他们相信性格类型没有好与坏、健康与不健康、聪明或愚笨之分——无论他们的性格类型是什么都没有关系——同时，他们所提供的关于他们自身的信息在他们职业发展过程中非常有用。向他们解释，在研究性格类型的过程中，他们所有的结果都是保密的。

2. 解释性格类型典型有 4 个维度，并描述 8 种偏好的最重要特征。你可以得到许多不同的材料，这些材料以列表的形式描述了偏好之间的差异，可以参阅本书的第 2 章。

3. 在你解释完每一个维度后，让委托人估计他们在每个维度上的偏好。记下他们的猜测。

4. 下一步是让委托人阅读本书第 3 章中与他们性格类型相关的描述，或使用其他验证资料，如《职业与生活规划档案》中的"性格简述"部分。从中对比他们可能的性格类型，看看到底哪一种最适合他们。有些委托人需要阅读多种性格类型的描述，直到找到最适合他们的性格类型。

5. 一旦你确定了委托人的性格类型，就可以开始解决他们最初向你咨询的问题：职业选择、求职帮助等。

▶ 向委托人提供性格类型结果反馈

向委托人提供性格类型结果反馈是整个过程的重要部分，因此，我们在获得许可的情况下，转述了著名教育家、《人的类型和虎的斑纹》一书的作者戈登·劳伦斯所著的《MBTI 解读指南》中的一些重要建议，并根据我们的经验补充了一些建议。

1. 解释 MBTI 不是一种"测试"，而是一种"指标"，它没有对错之分，没有好坏之分。所有性格类型都同样有价值，都有不同的天生的长处和缺陷。

2. 指出分数并不表示任何特定偏好的质量，只是一种元素相对于另一种元素的相对强弱。

3. 尽量简单明了地解释性格类型的概念。指出我们描述性格类型时所用到的词语（如思考、情感）往往与我们日常生活中所说的话中用到的词语有着不同的内涵。

4. 注意自己可能存在的性格类型偏向，尽可能以中立和正面的态度介绍信息。

5. 应使用"倾向"或"模式"等词语来描述性格类型偏好。在提供性格类型测试结果时，应避免下断言："你就是这样的人。"而是要问："这符合你吗？"

6. 你的讲解可能会有不清晰的地方，准备好向委托人保证这是正常反应。解释性格类型概念需要技巧和耐心。

▶ 利用性格类型成为更有效的咨询顾问

除了帮助你的委托人，了解性格类型对你作为咨询顾问也有很大帮助。从根本上说，我们的工作就是沟通——理解他人，并努力传达有益的想法。但是，任何一位开明的教育家都知道："你必须接触到他们，才能教会他们。"

虽然这不是一个关于沟通的研讨会，但我们认为它将有助于你把所学到的一些关于性格类型和沟通的知识传递给其他人。

1. 相同或相似性格类型的人往往能很容易相互理解。（这并不意味着他们总是同意彼此的观点）。

2. 相反，一般来说，你与委托人的性格类型差异越大，沟通不畅的可能性就越大。最后往往是双方都感到沮丧而结束。

3. 在沟通时，我们通常会遵循黄金法则：我们应以我们希望他人对待我们的方式来对待他人。然而，若要使沟通更为有效，白金法则则更为可取：以他人希望的方式对待他们。换句话说，我们需要用他们的语言与之沟通。

4. 性格类型提供了一种强有力的工具，能够帮助我们更有效地与各种性格类型的委托人进行沟通。

作为职业咨询顾问，你们常常需要与性格类型与自己截然不同的委托人打交道。为了帮助你们应对这一挑战，我们将向你们介绍具有不同偏好的人可能存在的特点，以及与他们进行有效沟通的具体建议。

对于你们来说，最重要的是要记住：人们并非仅仅是单纯的外向或内向、感觉或直觉等类型，而是多种偏好的组合体。

因此，在查看以下建议时，仍需将其考虑在内。为便于理解，以下建议是按个人偏好分类提出的。

外向型

- 他们容易随意提供信息，行动迅速，有时不够深思熟虑。
- 他们更倾向于从广度上思考问题，需要鼓励他们深入探讨问题。
- 他们常常需要帮助，才能坚持完成一些持续时间长且进展缓慢的练习或活动，应鼓励他们将想记住的内容写下来。

咨询顾问面临的一个挑战是如何让外向型的人放慢脚步，在采取行动之前真正地把事情想清楚。一些建议如下：

- 鼓励他们多发言。
- 拓展话题范围。
- 增加口头交流。
- 预期他们精力充沛。
- 要求他们认真倾听。

内向型

- 他们不太可能主动表达自己的想法和感受。
- 他们可能难以将想法转化为积极的行动。在向他们提出问题时，应给予他们足够的时间去思考回答（时间可能从几秒到几天不等，取决于问题的重要性）。
- 内向型的人，尤其是内向感觉型的人，通常不喜欢参与集思广益或幻想未来的可能性，他们更擅长具体的操作。

如何帮助内向型的人从思考阶段进入行动阶段，是咨询顾问面临的一项挑战。一些建议如下：

- 先提问，再倾听。
- 一次只讨论一件事。
- 给予他们充分的时间思考和准备。
- 提供相关阅读材料。
- 让他们掌握节奏。

感觉型

- 他们不太可能去设想或看到各种机会或集思广益的可能性。
- 他们更容易受过去经验和已知做事方法的影响。咨询顾问可以利用他们关注细节的能力，帮助他们准确了解自己的优势和技能。
- 与幻想练习相比，他们更擅长完成具体的任务，也更容易从中获益。

咨询顾问面临的一个挑战是如何帮助感觉型的人看到目前不存在的可能性，并关注大局和长远的影响。一些建议如下：

- 准确陈述事实。
- 使用真实、具体的例子；表述要明确。
- 逐步表述信息。
- 强调实际应用。
- 提出具体的建议和意见。

直觉型

- 他们不善于也不愿意处理具体问题，更喜欢关注全局。
- 他们从全局的角度思考问题。咨询顾问可以利用他们（尤其直觉思考型的人）解决问题的能力，让他们参与分析过程。应避免进行那些乏味的、需要耐心处理细节问题、密切关注事实的练习。
- 他们可能难以坚持完成任务或听从指示（尤其是 ENP 类型的人）。

咨询顾问面临的一个挑战是如何帮助直觉型的人现实地评估职业选择和计划。一些建议如下：

- 谈论全局和影响。
- 谈论各种可能性。
- 使用类比和比喻。
- 调动他们的想象力。
- 不要让他们过多地了解细节。

思考型

- 他们以逻辑和客观的方式评估想法和决定。
- 在他们投入精力之前，需要让他们相信某项具体的练习或活动是有意义的。可能很难发现他们对问题的真实感受，而且他们可能不认为自己的感受与手头的事情特别相关。由于他们天生爱挑剔，他们不太可能对咨询顾问的能力或关心表示感谢。了解这一点可以帮助咨询顾问（主要是情感型的人）避免将其视为对其个人的不满。

- 他们对能力和最终结果印象深刻。

咨询顾问面临的一个挑战是提醒思考型的人关注其决定中的人为因素，包括他们自己和其他人。一些建议如下：

- 保持条理和逻辑性。
- 关注后果。
- 强调结果和成果。
- 询问他们的想法，而不是感受。
- 避免重复自己的话。

情感型

- 他们根据自己的价值观做出决策，更注重人际交往，更了解他人的感受。
- 他们喜欢取悦他人，可能需要鼓励他们主动满足自己的需求。
- 他们在友好、支持、合作的环境中最快乐，任何潜在的工作环境都应考虑是否符合这一重要标准。

咨询人员面临的一个挑战是如何帮助情感型的人更客观地评估各种选择，而不是将拒绝或挫折视为针对个人的攻击。一些建议如下：

- 在评论之前先提到你们的一致之处。
- 赞赏他们的努力和贡献。
- 承认他们感受的合理性。
- 谈论以人为本的关切。
- 尊重他们的价值观。

判断型

- 他们喜欢吸收足够的信息来做出决策，喜欢制定计划并按计划行事。
- 他们通常很有条理，因此有组织的练习对他们很有吸引力（尤其是对于 STJ 类型的人）。他们会为实现目标而努力，但如果遇到太多的延误，就会感到沮丧。
- 他们可能需要帮助将计划调整为更易于管理的步骤。

咨询人员面临的一个挑战是如何帮助判断型的人推迟过早做出决策，并对新信息保持开放的态度。一些建议如下：

- 保持有条理、准时并做好准备。
- 得出结论，尝试解决问题。
- 果断明确。
- 提高效率，不要浪费他们的时间。
- 指出灵活处理的好处。

知觉型

- 他们倾向于不做出决策，而是继续收集信息，保持选择的开放性。
- 他们喜欢那些能让他们学到新东西的练习和活动，并从中获得乐趣。
- 他们灵活，适应性强，转换速度快，因此能够接受多种不同的方法和技巧。他们天生的好奇心使他们乐于探索各种选择。

咨询顾问面临的一个挑战是如何帮助知觉型的人完成任务，并在适当的时候引导他们做出决策。一些建议如下：

- 预期会有很多问题。
- 不要强迫他们做出决策（除非迫不得已）。
- 提供讨论选项的机会。
- 留出处理的时间。
- 指出决定并非不可更改。

▶ ……各位，这就是全部内容了

我们所看到和听到的每一件事都证实了我们的信念：我们的社会正在朝着要求每个人对自己的事业加强自我指导、加强自我管理的方向发展。我们对自己了解得越多，就越能帮助我们的委托人了解他们自己，也就越有能力应对我们将面临的诸多变化，并为我们的生活做出更明智的决定。性格类型是开始和推进这一发现过程的强有力的方式。而你们，作为专业人士，正在准备好迎接这一激动人心的技术浪潮。

我们鼓励你们继续学习的历程，并邀请你们帮助我们继续我们的学习。如果你们对本书的未来版本有任何想法或建议，或者你们想与委托人分享使用性格类型的经验，我们非常欢迎你们的来信。

至此，我们祝你们好运，并祝你们在最重要的任务——帮助人们找到真正满意的职业满足中取得成功。

保罗·蒂格尔
芭芭拉·巴伦
凯利·蒂格尔

反侵权盗版声明

电子工业出版社依法对本作品享有专有出版权。任何未经权利人书面许可，复制、销售或通过信息网络传播本作品的行为；歪曲、篡改、剽窃本作品的行为，均违反《中华人民共和国著作权法》，其行为人应承担相应的民事责任和行政责任，构成犯罪的，将被依法追究刑事责任。

为了维护市场秩序，保护权利人的合法权益，我社将依法查处和打击侵权盗版的单位和个人。欢迎社会各界人士积极举报侵权盗版行为，本社将奖励举报有功人员，并保证举报人的信息不被泄露。

举报电话：（010）88254396；（010）88258888
传　　真：（010）88254397
E-mail：　dbqq@phei.com.cn
通信地址：北京市万寿路173信箱
　　　　　电子工业出版社总编办公室
邮　　编：100036